编　委　会

主　　任　李庚香　何白鸥
副 主 任　孟繁华　唐玉宏　王喜成
　　　　　　王朝纪　张钢杰

主　　编　李庚香　何白鸥
执行主编　李新年

成　　员　关玉梅　何泽斌　李同新
　　　　　　郭继英　李　明　齐善兵
　　　　　　王沛栋

◎主编 李庚香 何白鸥

中原智库

ZHONG YUAN ZHI KU

2015

河南人民出版社

图书在版编目(CIP)数据

中原智库.2015 / 李庚香,何白鸥主编. — 郑州 : 河南人民出版社,2016.1
ISBN 978-7-215-09866-4

Ⅰ. ①中… Ⅱ. ①李… ②何… Ⅲ. ①区域经济发展－研究－河南省②社会发展－研究－河南省 Ⅳ. ①F127.61

中国版本图书馆 CIP 数据核字(2016)第 027898 号

河南人民出版社出版发行
(地址:郑州市经五路 66 号 邮政编码:450002 电话:65788056)
新华书店经销 河南文华印务有限公司印刷
开本 710 毫米×1000 毫米 1/16 印张 26.75
字数 430 千字
2016 年 1 月第 1 版 2016 年 1 月第 1 次印刷

定价:60.00 元

目　录

专题一　学习贯彻党的十八届五中全会精神

李庚香	牢固树立"五大发展理念"　打赢全面实现小康的决胜战	3
张光辉	从三个维度深刻领会五中全会精神	9
王喜成	突出顶层设计　凸显治国理政新理念	12
梁周敏	"五大发展理念"对科学发展观的丰富和创新	16
吴宏亮	现代化理论的创新发展	19
刘荣增	中国未来发展的"十字"真经	23
丁　素	让共享发展在全面落实"四个全面"中实现	26
梁　丹	河南编制"十三五"发展规划的理念及工作重点	28
袁建伟	强化基层党组织整体功能　夯实决胜"十三五"党的组织基础	31
刘　云	河南省水安全形势不容乐观	34
耿明斋	"创新"是实现第一个百年奋斗目标的基本推动力	37
杜书云	坚持"创新驱动"　构筑城镇化的新未来	40
郭　军	坚持人民主体地位是我国社会主义制度性质使然	42
李晓峰	全面放开二孩政策将对中国经济社会产生巨大影响	45

专题二　全面建成小康社会

何白鸥	深刻把握全面建成小康社会的保障、目标和关键	51
赵铁军	走好实现民族复兴中国梦的关键一步	55
张宝明	关于河南省全面建成小康社会的几点思考	57
刘光生	努力探索农业大省全面建成小康社会的新路	60
耿明斋	尽快启动大郑州都市区规划　加快推进中原经济区核心区一体化发展	63
苗长虹	加快构建全方位内陆开放新体系	66
李政新	把握新常态下人才强省战略实施方略　为全面建成小康社会提供人力支撑	69
郭　军	河南全面建成小康社会的两个制约与突破	73
牛苏林	全面建成小康社会要补齐贫困治理这块短板	76
赵士红	全面建成小康社会必须全面从严治党	79
李剑力	进一步加强精准扶贫工作　确保全面建成小康社会	82
李燕燕	撬动民间资本　推动河南经济新常态下实现跨越式发展	85
陈爱国	河南省全面建成小康社会存在的问题及对策	88

专题三　全面深化改革

李庚香	全面深化改革要自觉把握改革的规律	95
王喜成	以全球视野抢抓"三个支撑带"战略的重要机遇	98
谷健全	推进河南体制机制创新的几点思考	103
陈益民	全面深化改革需深化金融体制改革	107
刘光生	找准全面深化农村改革的切入点	109
孙德中	全面深化改革需要务实推进	112
郭　军	全面深化改革的重心是政府及公务人员观念的转变	114

许贵舫	以全面深化改革为统领　科学谋划"十三五"规划	116
杜书云	深化经济体制改革　优化房地产金融生态环境	119
金美江	以深化改革回应人民所呼	121
周颖杰	我省科技金融模式创新的政策建议	123
刘玉来	协力丝绸之路　推进区域发展	125

专题四　全面推进依法治省

李庚香	从社会主义核心价值观的"法治"追求看"全面依法治国"	131
王永苏	把改革与法治有机结合起来	134
程传兴	全面推进依法治省　让全民守法成为社会新常态	137
王喜成	建设法治社会　实现全民守法	140
张光辉	弘扬法治精神　树立法治信仰	145
郭学德	全面推进依法治省　必须抓住领导干部这个关键少数	147
丁同民	全面把握依法治省的着力点	151
丁　素	实施依法治省关键在找准着力点	154
苗连营	加强立法工作　提高立法质量　推进依法治省	156
张嘉军	坚持全面依法治省　建设和谐平安河南	159
张林海	关于全面推进依法治省若干问题的思考	162
焦占营	司法执法公正是公民信仰法律的推动力	165

专题五　全面从严治党

李庚香	坚持"三严三实"　推进全面从严治党	171
何白鸥	全面从严治党要把握好几个着力点	177
王喜成	深刻把握"三严三实"的理论意蕴和实践要求	180
吴宏亮	坚持问题导向　创新管党治党的理论与实践	185

赵传海	推进全面从严治党从严格组织生活做起	190
徐喜林	从"全、严、治"着力　彰显治党实效	193
袁建伟	严肃党内政治生活要用好"六种思维"	197
丁　素	全面从严治党要找准问题求综合实效	201
赵士红	全面从严治党必须严明党的纪律	203
田宪臣	紧紧抓住领导干部这个"关键少数"	206
张守四	抓好制度建设这个关键　切实贯彻全面从严治党新要求	209
朱金瑞	坚守底线思维　牢牢把握全面从严治党的主动权	213
赵增彦	全面从严治党的第一要义是从严落实党风廉政建设责任制	216
李　勇	全面从严治党的关键是加强党内制度建设	219

专题六　深入调研　服务决策

李庚香　王喜成		关于申建中国（河南）自由贸易实验区的若干思考	225
李庚香　王喜成　李二梅		关于推动传统媒体和新兴媒体融合发展的研究报告	242
李庚香　王喜成　李二梅		实施创新驱动发展战略　推进河南"四个大省"建设研究报告	292
王喜成　齐善兵		关于加强和改进党的群团工作的调研报告	338
王喜成		领导干部要牢牢掌握意识形态工作的领导权和主动权	355

专题七　聚焦"互联网＋"

李庚香	以"互联网＋"让河南现代公共文化服务体系更加出彩	367

何白鸥	以"互联网+"提升党的群团工作水平	370
张占仓	"互联网+"行动计划的战略重点及对策	374
杨迅周	河南省智慧城市建设的主要内容与路径	378
汪振军	"互联网+"引发文化大变革	384
杨建国	"互联网+"成产业园区发展助推器	386
张广宇	"+互联网"与"互联网+"政府统计调查有关问题思考	389
高 璇	"智慧河南"建设的五大误区	393
林园春	"互联网+"助推河南农业走进3.0时代	397

专题八　加强信用体系建设

王建国	把握关键点　加快推进社会诚信体系建设	403
郭 军	社会信用关系的经济理论思考	406
单玉华	社会信用体系建设中的诚信意识养成	410
孙发锋	河南省信用体系建设的几个关键问题	413
陈爱国　毕亚斐	浅谈服务型企业持续性信任关系的建立	416
乔法容	社会信用体系建设的几个问题	418

| 后　记 | | 420 |

专题一

学习贯彻党的
十八届五中全会精神

牢固树立"五大发展理念"
打赢全面实现小康的决胜战

李庚香

全面小康是我们党确定的"两个一百年"奋斗目标的第一个百年奋斗目标。"十三五"时期,要如期实现这一奋斗目标,必须牢固树立创新、协调、绿色、开放、共享的发展新理念,在全面建成小康社会的决胜战中干在实处、走在前面。

一、"五大发展理念"彰显发展新境界

(一)"五大发展理念"是关系我国发展全局的一场深刻变革

从18世纪人类进入工业时代以后,把经济增长当作发展全部内容的发展理念逐步确立和强化。在这一理念的指导下,人类迎来了一个全新的工业社会,但也带来了生态危机、资源危机等弊端。对这些弊端的反思,使人们认识到单一的经济增长不等于发展,真正的发展应该是经济社会和人的全面发展,是人与自然的和谐发展,是可持续发展。在党的十八届五中全会提出的发展新理念中,创新是发展的动力,协调是发展的方法,绿色是发展的模式,开放是发展的途径,共享是发展的目的。这就要求我们要深刻认识创新、协调、绿色、开放、共享的发展理念的重大意义、丰富内涵和实践要求,自觉以新的发展理念指导新的发展实践。

(二)以发展理念转变引领发展方式转变,以发展方式转变推动发展质量和效益提升

习近平总书记提出,"发展理念是发展行动的先导,是发展思路、发展

方向、发展着力点的集中体现"。十八届五中全会确立的创新、协调、绿色、开放、共享的发展理念,是我们党在实现"什么样的发展、怎样发展"这个问题上做出的又一次新提升、新成就。这"五大发展理念",虽然只是简单的10个字,却包含了"十三五"及今后一段时间中国经济社会发展需要解决的主要问题、主要矛盾,需要实现的主要目标、主要任务。尤其需要我们注意和把握的是,"五大发展理念"是环环相扣、紧密相关的,其中创新发展强调的是发展动力问题;协调发展强调的是要注重解决发展不平衡的问题;绿色发展强调的是在发展过程中间如何处理好人和自然的关系,如何通过生产发展、生活富裕、生态良好实现生态文明的问题;开放发展注重解决内外联动的问题,强调的是中国的发展如何和世界的发展对接;共享发展注重解决公平正义问题,强调的是全体人民要共同迈向全面小康。因此,创新、协调、绿色、开放、共享的发展新理念,将成为"十三五"及今后一段时间经济社会发展必须遵循的原则和要求。任何一项目标措施的制定,都要围绕这10个字展开,都要有利于这一发展理念的确立和实现。"五大发展理念"相互贯通、相互促进,是关系我国发展全局的一场变革,是"十三五"乃至更长时期我国发展思路、发展方向、发展着力点的集中体现,反映出我们党对发展规律的新认识。

(三)开拓新的发展境界

"十三五"时期,是中国经济社会的大转型时期,需要新境界引领。思想是行动的先导,理念是实践的指南。党的十八届五中全会,用新的发展理念揭示发展规律,推动中国特色社会主义道路越来越宽广。"五大发展理念"深化了对共产党执政规律、社会主义建设规律、人类社会发展规律的认识,是针对当前发展阶段提出的科学理念,具有重大意义。只有遵循经济规律,才能科学发展;只有遵循自然规律,才能可持续发展;只有遵循社会规律,才能包容性发展。遵循经济规律的科学发展,是"实实在在、没有水分"的发展,是"质量更高、效益更好、结构更优、优势充分释放"的发展。遵循自然规律的可持续发展,是"绿水青山就是金山银山"的发展,是"经济要上台阶、生态文明也要上台阶"的发展,是"生产发展、生活富裕、生态良好"的发展。遵循社会规律的包容性发展,是"坚定不移走共同富裕的道路"的发展,是以"人民对美好生活的向往"为奋斗目标的发展,是让"人民群众有更多获得感"的发展。遵循经济规律的科学发展,遵循自然规律的可持续发展,遵循社会规律的包容性发展,"三种规律""三大发展",正是引领经济新常态的目标方向。完整地把握这些新的发展理念,并贯彻落实到具体实践之中,将使我国进入发展的新境界。因此,我们要充分认识这场变革的重大现实意义和深远历史意义,坚持用新的发展理念引领发展行动,不断提高统一贯彻"五大发展理念"的能力和水平,破解发展难题,增强发展动力,厚植发展优势,努力开拓发展新境界。

二、向着全面建成小康社会砥砺奋进

(一)向着"第一个百年目标"奋进

到2020年全面建成小康社会,是我们党向人民、向历史作出的庄严承诺,是我们党确定的"两个一百年"奋斗目标的第一个百年目标。在"两个百年"的视野中,在实现"中国梦"的征程上,"十三五"规划的五年,恰是中华民族复兴史上特殊而关键的五年。因此,"十三五"时期是全面建成小康社会、实现我们党确定的"两个一百年"奋斗目标的第一个百年奋斗目标的决胜阶段。全会明确提出了"十三五"规划的指导思想、基本原则、目标要求、基本理念、重大举措,反映了党的十八大以来党中央的决策部署,顺应了我国经济发展新常态的内在要求,体现了"四个全面"战略布局和"五位一体"总体布局,是动员全党全国各族人民夺取全面建成小康社会伟大胜利的纲领性文件,是今后五年经济社会发展的行动指南。贯彻"五大发展理念",实现百年奋斗目标,使全面小康增加了新内涵。在这个意义上,"五大发展理念"是全面建成小康社会决胜纲领的灵魂。所以,十八届五中全会指出,"十三五"时期是全面建成小康社会的决胜阶段,"十三五"规划必须紧紧围绕实现这个奋斗目标来制定。

(二)协调推进"四个全面"战略布局

党的十八大以来,习近平总书记围绕"全面建成小康社会"提出了一系列新思想、新论断、新要求,科学回答了全面建成小康社会面临的诸多重大问题,并与全面深化改革、全面推进依法治国、全面从严治党共同构成了

"四个全面"战略布局。在"四个全面"战略布局中,全面建成小康社会是我们的战略总目标,全面深化改革、全面依法治国、全面从严治党是三大战略举措。

(三)打赢全面实现小康的决胜战

十八届五中全会是在全面建成小康社会进入决胜阶段召开的一次重要会议,是在我国经济发展进入新常态的关键时期召开的一次重要会议,对坚持和发展中国特色社会主义、实现"两个一百年"奋斗目标、实现中华民族伟大复兴的中国梦具有十分重要的意义。这将是中国跨越"中等收入陷阱"的艰难跃升,将是迎来全面建成小康社会这"第一个百年目标"的最后冲刺,也是跋涉在民族复兴之路上的社会主义中国的关键一程。如果说"四个全面"是战略布局,那么"十三五"规划就是战役部署。对于河南这样一个中西部省份、粮食主产区来说,实现全面建成小康社会目标要求,需要付出更多艰辛努力,全省上下必须砥砺奋进、奋发有为,确保如期实现全面建成小康社会这一目标,为更长远的发展奠定牢靠的基础。这就要求我们也必须准确把握战略机遇期内涵的深刻变化,按照适应新常态、把握新常态、引领新常态这一总的要求,把转方式调结构作为"十三五"时期的关键任务,决战决胜,推动发展迈上新台阶,奋力夺取全面建成小康社会的伟大胜利。

三、贯彻落实全会部署,让"中国梦"更加精彩

党的十八大以来,中央对河南发展寄予厚望。习近平总书记要求"让中原在实现中国梦的进程中更加出彩";李克强总理希望"河南成为国家的重大战略支撑"。当前,我省正处在爬坡过坎的关键时期,要在"十三五"发展中占据主动,赢得先机,不辜负党中央的厚望,必须切实用新的发展理念引领河南经济发展。

(一)在学深悟透上下真功夫

当前和今后一个时期,全党全国的一项重要政治任务,就是深入贯彻落实全会精神,推动全会精神深入人心。党的十八届五中全会描绘了未来五年我国发展的宏伟蓝图,在发展理念、发展举措、发展体制上有一系列新的重大突破,必将对坚持和发展中国特色社会主义产生重大而深远的影响。要深入领会全会精神,把握精神实质,全面准确把握"十三五"时期我国经济社会发展的指导思想、总体思路、目标任务、重大举措。五中全会是座金矿,有很多政策需要认真领会。很多政策之所以在实践中难以落地,或者说走了样,一个重要原因就是对政策一知半解,没有真正掌握它的精髓。要在全社会迅速掀起学习贯彻五中全会精神的高潮,社科界应自觉走在前面,发挥自身的理论优势和报刊网络理论宣传阵地,广泛开展五中全会精神宣传阐释活动,推动兴起学习宣传贯彻全会精神的热潮,把干部群众的思想统一到党中央的决策部署上来。

(二)认真编制我省"十三五"规划建议

我省"十三五"规划编制工作,已进入倒计时的关键时刻。要按照五中全会精神,结合我省实际,聚焦"十三五"发展的目标要求,在《河南省全面建成小康社会加快现代化建设战略纲要》的基础上,发展新经验、扩大新成果,认真编制我省"十三五"规划建议。一要准。我省"十三五"规划的编制,在总体思路上要做到与全会精神准确对接。二要实。要从我省实际出发,坚持问题导向,谋划一批符合"五大发展理念"要求的重大项目落地,切忌华而不实,不接地气。三要新。要适应发展新常态,开辟发展新路径,培育发展新领域,避免老生常谈,没有新气象。在新上,要注意以下七个方面的问题:一是要打造"混合动力",既要研究如何发挥消费对增长的基础作用、投资对增长的关键作用、出口对增长的促进作用,又要重视改革、开放、创新三大"新动力",推动河南"十三五"发展。二是唱好创新驱动大戏,注重发挥郑州航空港经济综合实验区和"互联网+"的作用,努力实现大众创业、万众创新。三是形成区域联动新板块,围绕中原城市群、黄淮四市、豫西、豫西南经济区、豫北经济区进行主体功能定位,打造"一区三圈八轴带"的发展格局。城镇化水平低是我省发展的突出短板,也是我省经济社会发展诸多矛盾的症结所在。新型城镇化具有"牵一发而动全身"的作用,既反映发展水平,更体现民生质量;既是发展结果,也是发展动力。要把城镇化水平作为全面建成小康社会的重要指标,按照核心带动、轴带发展、节点提升、对接周边的原则,打造"米"字形城镇发展轴带。要认真分析"十三五"时期

推进新型城镇化的条件、空间等,研究城镇化水平能够达到什么样的程度。四是念好河南人才经。人才问题是中原崛起必须解决好的关键问题。要更加重视教育,重视人才和人力资源建设。五是打好河南资本牌。六是高度重视河南的软实力建设。软实力事关民族凝聚力、国家创新力、国际竞争力和国际亲和力,对于地域发展也十分重要。在"十三五"发展中,河南一定要高度重视软实力建设。七是要优化政治生态。

(三)努力做出河南社科界的贡献

在全面建成小康社会的决胜阶段,贯彻落实"五大发展理念",是一个重大的理论问题和实践问题。在重大战略问题上研究不深、把握不准,即便取得局部的成绩、一时的成绩,也不能保持好的发展态势。要组织社科界专家学者围绕"五大发展理念"和"十三五"规划等重大问题,开展系列主题理论研讨活动,广泛深入宣传全会精神,推出有深度的阐释和研究文章。要重点研究开放带动、创新驱动、厚植优势等重大战略问题,研究动力转换问题,研究空间格局问题,研究产业体系问题,研究基础支撑问题等,向省委省政府提出科学有效的建议。要认真学习李克强总理考察河南工作时的重要讲话和指示精神,紧扣破解新型城镇化关键难题谏真言,紧切大众创业、万众创新献良策,紧贴加快中原崛起成为国家的重大战略支撑出实招。同时,要研究实现全面小康的短板是什么、怎样在补齐短板上用力等问题,全力做好补齐短板这篇大文章,提高发展的协调性、平衡性和可持续性。

(作者系省社科联主席、研究员)

从三个维度深刻领会五中全会精神

张光辉

十八届五中全会是我们党在全面建成小康社会进入决胜阶段召开的一次重要会议,会议明确了"十三五"时期我国经济社会发展的基本思路、主要目标,提出要以新的发展理念推动发展,顺应了我国经济发展新常态的内在要求,体现了"四个全面"战略布局和"五位一体"总体布局,有很强的思想性、战略性、前瞻性、指导性。笔者认为可以从以下几个方面去领会和把握相关的精神实质。

一、在指导思想上,要深刻把握以习近平同志为总书记的党中央统揽全局、高瞻远瞩的战略思维

强调战略思维、战略定力、战略自信,注重从战略上谋篇布局,是以习近平同志为总书记的党中央治国理政的突出特点。早在2003年任浙江省委书记时,习近平同志就在《浙江日报》上发表文章指出:"各级党政'一把手'要站在战略的高度,善于从政治上认识和判断形势,观察和处理问题。""要努力增强总揽全局的能力,放眼全局谋一域,把握形势谋大事。"2013年12月,在纪念毛泽东同志诞辰120周年座谈会上的讲话中,习近平同志再次指出:"实现我们确立的奋斗目标,我们既要有'乱云飞渡仍从容'的战略定力,又要有'不到长城非好汉'的进取精神。"

在这种战略思维、战略定力和全局眼光的指导下,十八大以来,从宏观层面来讲,我们党不但形成了"四个全面"的战略布局,也逐步构建了政治、经济、文化、社会、生态"五位一体"的中国特色社会主义事业总布局;从具

体层面来讲,我们在思想体系方面提出了"三个自信",在经济方面推出了"一带一路"战略,在外交方面坚持统筹国内国外两个大局,这次五中全会又提出了"创新、协调、绿色、开放、共享"的"五大发展理念"。这些新理念新思想新战略,是党和人民意志的集中体现,是中国特色社会主义理论体系的最新发展,也是马克思主义中国化的新境界,是指导全党全国各族人民全面建成小康社会、实现"两个一百年"奋斗目标、实现中华民族伟大复兴中国梦的强大思想武器。

二、在目标原则上,要深刻把握以习近平同志为总书记的党中央坚持人民主体地位、以人为本的执政理念

五中全会提出了全面建成小康社会新的目标要求,其中包括"经济保持中高速增长""产业迈向中高端水平"的双中高目标,"贫困县全部摘帽,解决区域性整体贫困";在发展理念上,坚持共享发展,"注重机会公平,保障基本民生,实现全体人民共同迈入全面小康社会",等等。这些改善民生、增进百姓福祉的举措不仅是中国共产党对全国各族人民和全体国民的庄严承诺,更是我们党坚持人民主体地位,以人为本执政理念的深刻体现。

人民群众对美好生活的向往,就是我们的奋斗方向。我们追求的全面小康,是全国亿万人民共同的小康,是多领域协同发展、不分地域、不让一个人掉队、不断发展的全面小康。在《关于〈中共中央关于制定国民经济和社会发展第十三个五年规划的建议〉的说明》中,习近平同志再次强调:"我们不能一边宣布全面建成了小康社会,另一边还有几千万人口的生活水平处在扶贫标准线以下,这既影响人民群众对全面建成小康社会的满意度,也影响国际社会对我国全面建成小康社会的认可度。"从这些话语中可以看出,我们所追求的是"不让一个人掉队"的全面小康,是中国共产党执政为民、以人为本理念的最好说明,体现了社会主义制度的优越性。

只有在中国共产党的领导下,在社会主义制度下,我们才能够超越不同党派、不同阶层、不同团体的利益,团结最广大的人民群众为了共同的理想和目标奋斗,形成全国一盘棋的局面。几十年来,我们从一个贫穷落后、人口众多的国家一跃成为世界第二大经济体,实现了政治安定、社会和谐、经

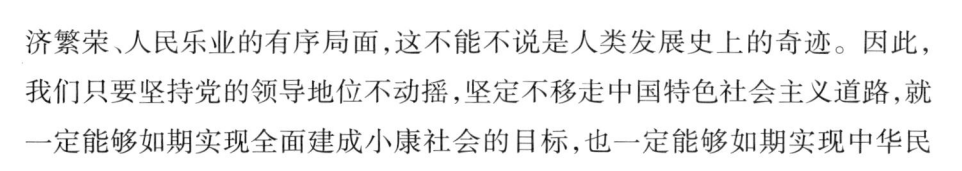

济繁荣、人民乐业的有序局面,这不能不说是人类发展史上的奇迹。因此,我们只要坚持党的领导地位不动摇,坚定不移走中国特色社会主义道路,就一定能够如期实现全面建成小康社会的目标,也一定能够如期实现中华民族伟大复兴中国梦的目标。

三、在发展理念上,要深刻把握以习近平同志为总书记的党中央坚持以发展为第一要务的价值追求

"保持战略定力""厚植发展优势"是五中全会的两大关键词。"厚植"就是深根固本、深厚坚实,其着眼点在于长远和全局。以前我们所强调的"发展"或许更多地指向经济和社会层面,而这次五中全会所提出的"五大发展理念"是整体的、系统的、全方位的发展,是一次理论和实践上的重大创新和突破。这"五大发展理念",是"十三五"乃至更长时期我国发展思路、发展方向、发展着力点的集中体现,反映出我们党对我国发展规律的新认识。

"五大发展理念"是我们党治国理政,尤其是关于发展的新理念,是全面建成小康社会决胜纲领的灵魂。把握住这个灵魂,就能更好地领会"十三五"规划这份文件的精神实质和内涵外延,就能更好地贯彻落实这份文件提出的指导思想、基本原则、目标要求、重大任务和重大举措。可以预期,贯彻落实这"五大发展理念",我国的发展战略、发展思路、发展模式、发展动力等就能得到全面提升,我国发展将迎来一场关系全局的深刻变革。我们要充分认识这场变革的重大现实意义和深远历史意义。这样的"发展新思维",不仅有利于破解我国发展难题,增强发展动力,厚植发展优势,引领中国经济新常态的目标方向,也有利于顺利完成"十三五"规划任务,确保如期实现全面建成小康社会。

(作者系《河南日报》副总编、高级编辑)

突出顶层设计　凸显治国理政新理念

王喜成

党的十八届五中全会审议通过的《中共中央关于制定国民经济和社会发展第十三个五年规划的建议》(以下简称《建议》),有很多新理念、新思想、新战略,是我们全面建成小康社会的纲领性文件。当前和今后一个时期,社科理论界的一项重要任务,就是深入学习并宣传贯彻全会精神,为把《建议》确定的各项决策部署和工作要求落到实处而提供智力支持。

一、吹响全面建成小康社会的集结号

"十三五"规划不仅将决定中国未来的发展方向,也将影响世界经济能否复苏向前,其意义非同寻常。正是基于这样的历史使命,五中全会从经济、政治、文化、社会、生态文明和党的建设六大方面,全面设计了"十三五"规划的指导思想、基本原则、目标要求、基本理念、重大举措,提出了一系列具有标志性的重大战略、重大工程,确立了发展的理念,明确了发展的方向、思路、重点任务等,内容极为丰富。而且这个设计具有很强的思想性、战略性、前瞻性、指导性,既全面深刻,又重点突出,体现了"四个全面"战略布局和"五位一体"总体布局,顺应了经济发展新常态的内在要求,对于我们实现"两个一百年"奋斗目标、实现中华民族伟大复兴的中国梦,具有十分重大的现实意义和深远的历史意义。

二、体现了发展指导思想的新发展

以习近平总书记为核心的党中央高度重视对发展规律的总结。前一段,《人民日报》"任仲平"和"学习小组"撰文指出,习近平总书记2014年7月8日在主持召开经济形势专家座谈会上提出:"发展必须是遵循经济规律的科学发展,必须是遵循自然规律的可持续发展,必须是遵循社会规律的包容性发展。"这"三个规律"与"三大发展",是习近平总书记近两年来一直对"十三五"规划如何制定的一个思考。这次全会在对"十三五"规划的制定上就凸显了这个指导思想和精神,在发展目标上明确提出了这样的要求。如《建议》提出:"经济保持中高速增长,在提高发展平衡性、包容性、可持续性的基础上,到2020年国内生产总值和城乡居民人均收入比2010年翻一番。"这就是说,五中全会关于"十三五"的指导思想,既是一脉相承的,又是有所突破的,体现出了新一届领导集体的施政理念和对科学发展观的新发展,这种指导思想将对我们的经济社会发展产生重大影响。

三、"五大发展理念"是核心和灵魂

"五大发展理念"的提出,是这次五中全会的核心和灵魂,它在理论和实践上都有新的突破。这是以习近平同志为总书记的党中央深刻分析和把握中国经济进入新常态后作出的重大战略考量。但鉴于当前我国经济社会发展面临的诸多不平衡、不协调、不可持续的突出问题,我们再也不能继续原来的发展方式了,它已经在不少方面达到了人们所能承受的极限。所以,五中全会毅然提出了新的发展理念。这些理念充分体现了发展的系统性、整体性和协同性,体现了增长与保护、局部与整体、当前和长远之间的最佳平衡,体现了"生产发展、生活富裕、生态良好"的有机统一,做到了坚持目标导向和问题导向相统一,立足于国内和全球视野相统筹,全面规划和突出重点相协调,战略性和操作性相结合,是"十三五"乃至更长时期我国发展思路、发展方向、发展着力点的集中体现,是改革开放30多年来我国发展经验的集中体现。这样的发展理念,能够指引我们破解发展难题,增强发展动力,厚植发展优势,是关系我国发展全局的一场深刻变革,为推进"四个全面"战略布局提供了有力的理论和实践支撑。

四、始终坚持问题导向

五中全会的一个突出特点是坚持问题导向,聚焦突出问题和明显短板,回应人民群众的诉求和期盼,提出了一系列新的重大战略和重要举措。如全会提出了两个"中心说",即:既要坚持以经济建设为中心,加大结构性改革力度,加快转变经济发展方式;又要坚持以人民为中心的发展思想,把增进人民福祉、促进人的全面发展作为发展的出发点和落脚点。两个"中心说"的各自内涵固然不同,但新的中心说的提出意义非凡。这一指导思想和精神的实施,必将大大促进科学发展观的深化和落实。全会还针对新常态下经济发展方式中的问题,提出"发挥消费对增长的基础作用,着力扩大居民消费,引导消费朝着智能、绿色、健康、安全方向转变,以扩大服务消费为重点带动消费结构升级"。这意味着我们的经济发展方式要进行实质性的重大改革,要从原来的投资、出口拉动型转变为消费主导型,要大力扩大内需,这将带来经济结构的重大调整。全会还针对社会财富、地区差异、分配方式中出现的问题,提出"坚持共享发展",强调"调整国民收入分配格局,规范初次分配,加大再分配调节力度""使全体人民在共建共享发展中有更多获得感"。这将推进分配方式的重大改革,它将进一步解决贫富两极分化问题,劳动、资本、技术的收益占比问题,地区、城乡发展的差异化问题,等等,从而实现共同富裕。

五、着力补齐民生短板

这次五中全会的一个重大着力点就是补齐民生这个不平衡的短板,因而全会对这方面提出的措施最为具体和扎实,深受全国人民关注与拥护。如《建议》提出的推动经济社会持续健康发展必须遵循的六大原则,把"坚持人民主体地位"列在首位,把着力点强烈地指向了"人民",指向了"民生",它说明一些突出的民生问题的解决将取得重大进展。如《建议》提出加大对革命老区、民族地区、边疆地区、贫困地区的转移支付。实施脱贫攻坚工程,建立健全农村留守儿童和妇女、老人关爱服务体系。普及高中教育,实现家庭经济困难学生资助全覆盖。缩小收入差距,坚持居民收入增长和经济增长同步,劳动报酬提高和劳动生产率提高同步,完善最低工资增长机制,完善市场评价要素贡献并按贡献分配的机制。实行医疗、医保、医药联动,建立覆盖城乡的基本医疗卫生制度和现代医院管理制度。全面实施二孩政策,以及推进以人为核心的新型城镇化,贫困县全部摘帽,等等,其力度之大,前所未有。这一系列具体的制度安排,充分体现了新一届领导集体在解决民生方面的决心和举措,这一政策的实施可以让老百姓真正享受到看得见摸得着的、实实在在的利益与实惠。

(作者系省社科联副主席、研究员)

"五大发展理念"对科学发展观的丰富和创新

梁周敏

党的十八届五中全会审议通过的《中共中央关于制定国民经济和社会发展第十三个五年规划的建议》,站在新的历史起点上,提出了"创新、协调、绿色、开放、共享"的"五大发展理念"。"五大发展理念"既是对"十三五"乃至更长时期我国发展思路、发展方向、发展着力点的统一部署,也是对改革开放30多年来我国发展经验的集中总结,更是对科学发展观的继承与创新。从"三位一体"到"四位一体",再到"五位一体",我们党逐渐明确了在推进发展过程中,应重点着力的对象与领域。在对科学发展的认知上,"五大发展理念"解决了从"发展什么"向"如何发展"的过渡,极大地丰富了科学发展观,总结了中国发展的最新实践,是中国原创的发展理念。在当今世界,没有任何一个国家向全世界宣告要实现共赢发展,没有一个国家像中国这样主动地、积极地推行协调发展,倡导绿色和开放发展,更没有一个国家能向其人民宣布要实现共享发展。

一、创新发展着力解决的是发展动力的问题

1776年蒸汽机的应用、美国《独立宣言》的签署、亚当·斯密《国富论》的出版,标志着人类进入了技术创新、政治创新、经济创新的新时代。此后创新的深度与广度成了大国崛起的标志。今之中国,GDP总量虽已稳居世界第二位,但同发达国家的科技经济实力差距仍主要体现在创新能力上。种种迹象表明,我国现有的发展动力亟待强化,仅仅依靠加大劳动力和其他

生产要素投入来驱动发展的路子已经行不通了,必须通过加强创新,把发展基点放在创新上,把创新摆在国家发展全局的核心位置,不断推进理论创新、制度创新、科技创新、文化创新等各方面的创新,才能为经济发展注入新的动能。

二、协调发展着力解决的是发展不平衡的问题

自 18 世纪 60 年代英国工业革命始,直至开启现代化发展的国家都曾遭遇过发展不平衡的问题。今之中国,经济与社会发展的不平衡、城乡之间发展的不平衡、东西部发展的不平衡、"四化"同步之间的不平衡、硬实力与软实力发展的不平衡等问题也日益突出。唯有坚持协调发展理念,才能正确处理发展中的重大关系,在协调发展中拓展发展空间,在巩固薄弱领域的过程中增强发展后劲,形成平衡发展新结构,推动整体性发展,让身处各发展层次的国民在全面建成小康路上不掉队。

三、绿色发展着力解决的是人与自然和谐的问题

早在 3000 多年前,我国先圣便对人与自然的和谐有着精辟的论断。"五经之首"的《周易》以"天地风雷"寓人之命、国之命,道家鼻祖老子提出"人法地,地法天,天法道,道法自然"的天人合一思想,中国传统文化的核心理念即是人与自然的和谐。在迈向现代化的征程中,西方也曾陷入过"先污染,后治理"的误区。因此我们提出绿色发展理念,就是为了走生产发展、生活富裕、生态良好的文明发展道路,使发展可持续,让天更蓝、水更清、空气更洁净,实现人与自然和谐发展的现代化建设新格局。用习近平总书记的话讲便是"我们既要绿水青山,也要金山银山。宁要绿水青山,不要金山银山,而且绿水青山就是金山银山"。

四、开放发展着力解决的是我国经济深度融入世界经济的问题

以史为鉴,中国古代的汉唐盛世,曾是当时世界最开放包容的国家之一,而近代中国的封闭落后正始于"闭关锁国"。在当今多元化的时代,开放既是合作,也是包容。总书记提出的"一带一路"战略堪称坚持开放发展

理念最好的注解,它借用了中国曾经强大的历史符号,主动打造国家新型合作伙伴关系,打造政治互信、经济融合、文化包容的利益共同体、命运共同体和责任共同体,是更大范围、更高层次、更高水平的对外开放。我们只有继续深入坚持开放发展理念,才能发展更高层次的开放型经济,才能以开放促创新促改革,进而加快整个世界深度融合的互利合作格局的形成,构建广泛的利益共同体和命运共同体,实现中国发展与世界发展的更好互动。

五、共享发展着力解决的是发展目的的问题

从儒家的"大同世界"到孙中山的"天下为公",从我党革命时期的"翻身做主人"到建设时期的"发展依靠人民,发展为了人民",可以看出,共享不仅是中国共产党的一种治国安邦之道,更是中国人独有的家国情怀。随着中国国力与世界影响力的提升,以习近平总书记为首的新一代领导集体更是把共享理念上升为人类发展的共生哲学,具体化为中华民族和人民的利益共同体、责任共同体、命运共同体,用总书记的话说即"亲望亲好,邻望邻好"。这种"命运共同体"思想必能使全体人民在共建共享中得到更多获得感的同时,也收获其他国家的尊重与认可。

党的十八届五中全会提出的"五大发展理念"是一个整体,相辅相成。创新是引领发展的第一动力,协调是持续健康发展的内在要求,绿色是永续发展的必要条件,开放是国家繁荣发展的必由之路,共享是社会主义发展的本质要求。"五大发展理念"在全面丰富科学发展观内涵的同时,更是对中华民族和人民"命运共同体"治国思想的全面展开:对内,我党要带领全国人民分享发展成果,实现全体人民的共同富裕;对外,我党要带领中国实现伟大复兴,和平崛起,实现与世界其他国家的共商共建,互惠互利,以有担当的大国形象屹立于世。

(作者系省委党校副校长、教授)

现代化理论的创新发展

吴宏亮

十八届五中全会提出的"创新、协调、绿色、开放、共享"的五大发展理念,是关系我国发展全局的一场深刻变革。这一新的发展理念,是现代化理论的创新发展。中国的现代化理论是在中国共产党的领导下中国人民如何进行现代化建设的理论,它由中国共产党的领导集体制定,被用于指导中国的现代化实践。中国的现代化理论发轫于毛泽东思想,初步形成于邓小平理论,逐渐完善于中国特色社会主义理论体系。中国的现代化理论是在中国特色社会主义的伟大实践中不断丰富和完善的。

一、中国现代化理论发轫于毛泽东思想

毛泽东思想是马克思列宁主义在中国的运用和发展,是被实践证明了的关于中国革命和建设的正确的理论原则和经验总结,是中国共产党集体智慧的结晶。毛泽东思想对中国共产党现代化理论的主要贡献是:

第一,把马克思主义与中国实际相结合,找到了在中国这样一个半殖民地半封建的社会中,通过武装斗争夺取政权的正确道路。在毛泽东思想的指引下,中国共产党领导中国人民实现了民族解放、国家独立,建立了社会主义新中国,为中国进行现代化建设确立了制度前提,使现代化的主动权牢牢掌握在中国人民自己的手中。

第二,使中国共产党成为领导中国现代化事业的核心力量。现代化事业必须有现代化的政党来领导。在中国共产党成立以前,中国的现代化政党只有中国国民党。中国共产党成立以后,历经革命、建设和改革三个主要

历史阶段,使中国的现代化步伐大大加快,现代化建设成就令世界瞩目。

第三,选择社会主义现代化模式,对中国的社会主义现代化建设进行了有益的探索。新中国在完成了国民经济恢复和发展之后,毛泽东提出了从新民主主义向社会主义过渡的思想,明确指出中国必须走使全体人民共同富裕的社会主义道路,强调过渡时期必须实现国家的工业化,并从1953年开始进行了大规模的经济建设,提出了要实现"四个现代化",把我国建设成为社会主义现代化强国的重要思想。

二、中国现代化理论初步形成于邓小平理论

党的十一届三中全会后,以邓小平为主要代表的中国共产党人,开辟了社会主义事业发展的新时期,逐步形成了建设中国特色社会主义的路线、方针、政策,阐明了在中国建设社会主义、巩固和发展社会主义的基本问题,创立了邓小平理论。邓小平理论对中国社会主义现代化的主要贡献是:

第一,科学地坚持了毛泽东思想,拨乱反正,实现了党和国家工作中心的转移,使经济建设成为中心任务,使实现现代化真正成为全党和全国人民的奋斗目标。邓小平深刻地论述了马克思主义的基本道理是解放生产力,发展生产力。强调要把党和国家的工作重心坚决转移到经济建设上来,要始终扭住经济建设这个中心不放,一心一意搞建设,聚精会神谋发展。

第二,在真正坚持历史唯物主义的基础上,揭示了社会主义的本质,赋予社会主义以新的内涵和生命力,消除了长期影响中国实现现代化的姓"资"姓"社"之争,廓清了中国通向现代化道路上的迷雾。邓小平关于什么是社会主义和如何建设社会主义的一系列重要论述,把我们党对社会主义的认识提高到了一个新的水平。

第三,全面论述了社会主义现代化的发展道路、发展动力、发展目标、依靠力量、政治保证等一系列基本问题,强调进行现代化建设必须从中国实际出发,要坚持党的基本路线一百年不动摇。邓小平具体规划了中国现代化建设"三步走"的发展战略,明确提出了我国现代化的奋斗目标是到21世纪中叶基本实现现代化,达到中等发达国家水平。

三、中国现代化理论不断完善于中国特色社会主义理论体系

党的十八届五中全会通过《中共中央关于制定国民经济和社会发展第十三个五年规划的建议》，强调必须牢固树立并切实贯彻"创新、协调、绿色、开放、共享"的发展理念，这对于指导我国的社会主义现代化建设，实现民族复兴伟大中国梦，具有重大现实意义和深远历史意义。

坚持创新发展，就是把创新摆在国家发展全局的核心位置，不断推进理论创新、制度创新、科技创新、文化创新等各方面的创新，让创新贯穿党和国家一切工作，让创新在全社会蔚然成风。必须把发展基点放在创新上，形成促进创新的体制架构，塑造更多依靠创新驱动、更多发挥先发优势的引领型发展。培育发展新动力，优化劳动力、资本、土地、技术、管理等要素配置，激发创新创业活力，推动大众创业、万众创新，释放新需求，创造新供给，推动新技术、新产业、新业态蓬勃发展。

坚持协调发展，就是要牢牢把握中国特色社会主义事业总体布局，正确处理发展中的重大关系，重点促进城乡区域协调发展，促进经济社会协调发展，促进新型工业化、信息化、城镇化、农业现代化同步发展，在增强国家硬实力的同时注重提升国家软实力，不断增强发展的整体性。积极推动物质文明和精神文明协调发展，加快文化改革发展，加强社会主义精神文明建设，建设社会主义文化强国，加强思想道德建设和社会诚信建设，增强国家意识、法治意识、社会责任意识，倡导科学精神，弘扬中华传统美德。

坚持绿色发展，就是要坚持节约资源和保护环境的基本国策，坚持可持续发展，坚定走生产发展、生活富裕、生态良好的文明发展道路，加快建设资源节约型、环境友好型社会，形成人与自然和谐发展的现代化建设新格局，推进美丽中国建设，为全球生态安全作出新贡献。促进人与自然和谐共生，构建科学合理的城市化格局、农业发展格局、生态安全格局、自然岸线格局，推动建立绿色低碳循环发展的产业体系。

坚持开放发展，就是要顺应我国经济深度融入世界经济的趋势，奉行互利共赢的开放战略，发展更高层次的开放型经济，积极参与全球经济治理和公共产品供给，提高我国在全球经济治理中的制度性话语权，构建广泛的利益共同体。开创对外开放新局面，丰富对外开放内涵，提高对外开放水平，

协同推进战略互信、经贸合作、人文交流,努力形成深度融合的互利合作格局。

坚持共享发展,就是要坚持发展为了人民、发展依靠人民、发展成果由人民共享,作出更有效的制度安排,使全体人民在共建共享发展中有更多获得感,增强发展动力,增进人民团结,朝着共同富裕方向稳步前进。按照人人参与、人人尽力、人人享有的要求,坚守底线、突出重点、完善制度、引导预期,注重机会公平,保障基本民生,实现全体人民共同迈入全面小康社会。

(作者系郑州大学党委副书记、教授、博导)

中国未来发展的"十字"真经

刘荣增

中国未来的发展理念一直是全世界关注的热点问题,它决定着中国未来发展的方向和路径。十八届五中全会全面系统地阐述了我国未来的发展理念,为"十三五"规划定了调。五中全会公报不足6000字,却用了3000多字的篇幅阐释"五大发展理念",即"十字"真经:创新、协调、绿色、开放、共享。"五大发展理念"的排序,充分体现了创新是我国未来发展的永恒动力,协调、绿色、开放是发展的基调或者具体方式,共享是发展的目的。

关于创新发展,当前,我国正处于一个发展转型的关键时期,面临诸多矛盾叠加、风险隐患增多的严峻挑战,全会强调必须把创新摆在国家发展全局的核心位置,不断推进理论创新、制度创新、科技创新、文化创新等各方面的创新,让创新贯穿党和国家一切工作,让创新在全社会蔚然成风。全会从培育发展新动力、拓展发展新空间、深入实施创新驱动发展战略、大力推进农业现代化、构建产业新体系、构建发展新体制、创新和完善宏观调控方式等方面系统阐释了我国未来实施创新发展战略的整体思路和框架。全会公报关于创新发展的一段,30处提到创新。结合国际、国内发展的客观实际,无论是我国要摆脱中等收入陷阱困局,还是未来要协调、绿色、开放持续地发展,创新是整个发展的关键或者是牛鼻子,没有思路、理念和科技上的创新,一切发展都是空谈。

关于协调发展,首先强调必须牢牢把握中国特色社会主义事业总体布局这个大方向,在此基础上正确处理发展中的重大关系。全会从推动区域协调发展、推动城乡协调发展、推动物质文明和精神文明协调发展、推动经

济建设和国防建设融合发展四个方面详细阐述了协调发展的基本理念。首次明确提出了经济建设和国防建设的融合发展以及在增强国家硬实力的同时注重提升国家软实力,不断增强发展整体性。

关于绿色发展,全会强调必须坚持节约资源和保护环境的基本国策,坚持可持续发展。全会从促进人与自然和谐共生、加快建设主体功能区、推动低碳循环发展、加大环境治理力度、筑牢生态安全屏障五个方面阐释了中国如何走绿色发展之路,最终形成人与自然和谐发展的现代化建设新格局,推进美丽中国建设,首次在这么重要的会议明确提出了要为全球生态安全作出新贡献的重要理念。

关于开放发展,特别强调指出必须顺应我国经济深度融入世界经济的趋势,奉行互利共赢的开放战略,发展更高层次的开放型经济,积极参与全球经济治理和公共产品供给,提高我国在全球经济治理中的制度性话语权,构建广泛的利益共同体。并从开创对外开放新局面、完善对外开放战略布局、形成对外开放新体制,深化内地和港澳、大陆和台湾地区合作发展以及积极参与全球经济治理、积极承担国际责任和义务等方面进行了全方位的论述。

关于共享发展,突出了人民的主体地位,强调必须坚持发展为了人民、发展依靠人民、发展成果由人民共享,在制度层面作出更有效地安排,使全体人民在共建共享发展中有更多获得感,增强发展动力,增进人民团结,朝着共同富裕的方向稳步前进。按照人人参与、人人尽力、人人享有的要求,坚守底线、突出重点、完善制度、引导预期,注重机会公平,保障基本民生,实现全体人民共同迈入全面小康社会。最终实现两个百年的奋斗目标。具体从增加公共服务供给、实施脱贫攻坚工程、提高教育质量、促进就业创业、建立更加公平更可持续的社会保障制度、推进健康中国建设、促进人口均衡发展等方面就老百姓关心的国计民生问题进行了全面阐释。

纵观"五大发展理念",十个字,言简意赅,内容丰富,结合国际、国内当前的客观环境,充分体现了务实、创新的治国理念。感受最深的有如下几点:

一是充分体现了负责任大国的形象。从全会公报内容可以看到明确提

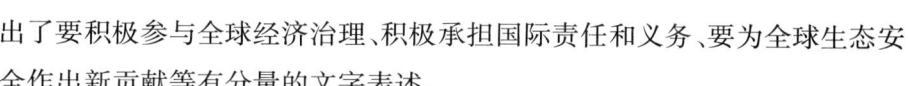

出了要积极参与全球经济治理、积极承担国际责任和义务、要为全球生态安全作出新贡献等有分量的文字表述。

二是创新是未来一个较长时期中国经济和社会发展的原动力,也是中华民族屹立于世界民族之林的关键,必将摆在我国未来发展全局的核心位置。

三是用"创新"代替了我们常提的"改革",寓意更深,内涵更丰富。要求我们要用比改革更大的勇气和胆略去解决思想、制度、文化、科技、经济等方面遇到的问题和羁绊。

四是用"绿色"代替了常用的"生态、环保"。在强调生态保护和实行最严格的环境保护制度情景下,凸显了低碳循环、人与自然和谐、筑牢生态安全屏障等理念。

五是开放发展中"开放"一词已经不是一般意义上我们提的对外开放概念,而是顺应我国经济深度融入世界经济的趋势,发展更高层次的开放型经济,积极参与全球经济治理和公共产品供给,提高我国在全球经济治理中的制度性话语权,构建广泛的利益共同体。

六是共享发展中除了我们经常提到的增加公共服务供给、脱贫攻坚、提高教育质量、促进就业创业、建立合理的社会保障制度等方面的内容,还创新性地提出了推进健康中国建设、促进人口均衡发展等百姓最关注的、最需要解决的内容。

(作者系新乡医学院党委副书记、教授、博士)

让共享发展在全面落实"四个全面"中实现

丁 素

共享发展,让全体人民有更多的获得感是五中全会提出的新理念,是党在发展理念上的重要提升,是党在新时期、新阶段坚持人民主体地位的再彰显,是党在新的实践中对当代中国社会发展提出的新要求。实现共享发展,从根本上说只有在全面落实"四个全面"中才能实现。

一、让全体人民受益改革的"获得感",只能在人民对美好生活的新期待与"四个全面"全面落实的结合中才能实现

改革开放以来,人民群众的期待不断发生着新变化,概括起来讲至少有六个方面:一是在共享发展愿景、目标性成果基础上对享有实际可见、可得性成果的期待;二是在共享发展数量性成果基础上对享有质量性发展成果的期待;三是在共享个别、局部和较低水平成果基础上对享有更加广泛、更加多元、更加全面和对较高水平发展成果的期待;四是由部分社会成员享有发展的成果向着更多社会成员共享的期待;五是由政策性、机遇性享有发展成果向规制性、公平性共享发展成果的期待;六是由偶发性,甚至是巧取豪夺式的享有发展成果向公正性、法治性共享发展成果的期待。这些期待会必然性和逻辑化地为实现全体人民有更多的获得感提出了要有充分实现条件的新要求。而"四个全面"的全面落实,则会为这种新要求的实现提供根本保障。概括起来,一是从实现目标上,全面建成小康社会确定了人民群众实现获得感的实际内容;二是从实现方式上,全面深化改革明确了人民群众实现获得感的具体路径；三是从现实条件上，全面推进依法治国提供了人民群众实现获得感的法治环境；四是从实现保障上，全面从严治党构成人民群众实现获得感的根本要求。

二、让全体人民有更多的获得感，又为"四个全面"落实的实际成效提供着检验标准

"四个全面"是否得到落实以及落实的水平和程度，根本上要以人民群众是否具有因实际的获得而不断形成的"更多获得感"来衡量。这种检验的尺度当以"应然性获得"与"实然性获得"是否相一致，"可能性获得"与"现实性获得"是否能结合，"存量性获得"与"增量性获得"是否可统一，"数量性获得"与"质量性获得"是否会吻合为标准。而这些要体现在"四个全面"落实的具体要求上。从质与量的实现程度上讲，一是人民群众是否有实际的获得，对生活的改善能看得见，摸得着；二是人民群众是否有内在的获得，对生活的提高有真实的含金量；三是人民群众是否有整体的获得，对生活的影响是全方位的；四是人民群众是否有持续的获得，对生活的愿景永远有希望；五是人民群众是否有可靠的获得，对生活的预期总有现实的感受；六是人民群众是否有公正的获得，对生活的感受总有公平感。而实现这样的获得，也只有把真实的获得感作为推进"四个全面"的出发点和落脚点，把促进协调发展作为推动"四个全面"的首要任务与基础要求，把促进公平正义作为实现"四个全面"的基本准则和根本保证，把人民群众的真切感受与实际所得作为评价落实"四个全面"的价值尺度与衡量标准才能做到。

（作者系省委党校哲学部主任、教授）

河南编制"十三五"发展规划的理念及工作重点

梁　丹

全面认识国家"十三五"发展理念,在此基础上确定河南编制"十三五"发展规划的理念和相关工作重点,对河南实现"十三五"发展目标至关重要。

一、全面认识国家"十三五"发展理念及其对各个区域的指导意义

五中全会提出的"五大发展理念",是统筹国家"十三五"发展规划的灵魂。其中,创新是发展的核心和基点,协调是发展的规则和要求,绿色是发展的方向和保障,开放是发展的支撑和特征,共享是发展的动力和目标。要实现"十三五"发展目标,这五个方面不仅缺一不可,而且具有互动关系。

虽然五中全会针对全国提出的"十三五"发展理念对国内各个区域具有普遍的指导意义,但并不意味着国内各个区域编制"十三五"规划时都必须照搬照抄。各个地区完全可以依据自身的发展现状和"十三五"发展需要,对五中全会提出的"五大发展理念"在排序上稍作调整,以突出问题导向和区域特色。

二、河南"十三五"发展理念的定位及相关工作重点

建议按照"创新、开放、绿色、协调、共享"这一顺序对河南"十三五"发展理念进行排列。

第一,创新驱动能力不足的问题,河南更甚于沿海发达地区,更应该把

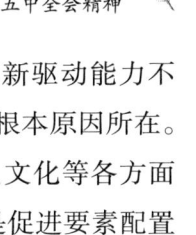

"创新发展"摆在河南发展大局的核心位置和首要位置。创新驱动能力不足是制约河南推进产业转型升级、实现经济发展方式转变的根本原因所在。河南在编制"十三五"发展规划时要把推进理论、制度、科技、文化等各方面的创新作为发展的基点,重点采取以下几个方面的措施：一是促进要素配置升级、资源禀赋转变。二是优选富有发展前景的新兴产业和前沿技术,尽快组建河南的研发团队,加大孵化、培植力度。三是大力实施"互联网＋"行动计划,促进产业融合、创新发展。四是结合郑州航空港建设、全面融入"一带一路"、国家级高新区产业升级以及180个产业集聚区转型提质增效,形成一大批技术创新成果。

第二,"十三五"时期是河南落实对外开放基本省策、实施开放带动"主战略"、建设郑州航空港和内陆开放高地、全面融入"一带一路"的关键阶段,应该把"开放发展"放在河南发展大局的重要位置,给予更多的关注。

从河南自身的角度看,开放型经济发展近年来已经渐入佳境。但是推进全省开放型经济发展的总体部署和规划才初步展开,开放带动主战略的威力才初步显现,郑州航空港建设还处于打基础阶段,尚未形成规模,融入"一带一路"的方案也刚刚出台。"十三五"时期是提高河南开放型经济发展水平的关键时期,开放型经济发展的成效如何将会对河南全面建成小康社会目标的实现有着举足轻重的影响,理应把"开放发展"排在河南"十三五"发展理念的第二位。

从全国开放型经济发展的总体情况看,目前沿海与内地开放型经济发展水平的差距突出表现为发展阶段上的差距。在现阶段,坚持"开放发展"的理念,对内陆地区显然更为重要,自然应该排在更加重要的位置,给予更多的关注。"十三五"时期河南坚持开放发展要重点发挥郑州航空港的引领作用：一是要充分发挥郑州航空港这个内陆地区对外开放的主要门户和河南对外开放的最高平台的作用,引领全省开放型经济的发展。二是要发挥郑州航空港的引领和带动作用,促进河南全面融入"一带一路"建设。

第三,把"绿色"排在"协调"之前主要是基于河南农业大省的位置以及推进产业结构转型升级、保护资源和环境的紧迫性,更好地落实主体功能区作为国土空间开发保护的基础制度。

河南作为农业大省、资源和原材料加工大省，坚持绿色发展，实现人与自然和谐发展，坚持节约资源和保护环境，是保障国家粮食安全、加快建设主体功能区、推进产业转型升级、建设美丽河南的客观要求，也是河南实现"十三五"发展目标的重要保障。保护资源和生态环境，发展生态农业，优化产业结构，为全省人民提供宜居舒适的生活环境，是全面建成小康社会的应有之义。河南作为农业大省，保护国家粮食安全，是河南省委省政府和全体河南人民理应承担的民族责任和政治担当。近年来，中央对保障粮食安全非常重视，落实国家主体功能区制度也已经提上议事日程。河南在编制"十三五"发展规划的过程中，应该把保障国家粮食安全作为重要目标，把严格按照主体功能区定位推动发展作为指导思想。河南作为资源和原材料加工大省，重化工业占比重大一直是河南产业结构的一个突出特点，既不符合产业结构优化升级的方向，还对大气、水、土壤造成了严重污染。"十三五"时期，河南要转变要素禀赋，推进产业转型升级，必须秉持绿色发展的理念，把建设清洁低碳、安全高效的现代能源体系和绿色低碳循环发展的现代产业体系作为"十三五"的一项重要任务。

（作者系省委党校经济管理部主任、教授）

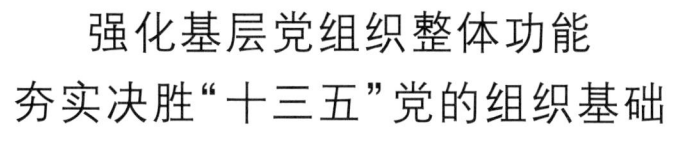

强化基层党组织整体功能
夯实决胜"十三五"党的组织基础

袁建伟

党的十八届五中全会通过的《中共中央关于制定国民经济和社会发展第十三个五年规划的建议》提出:"强化基层党组织整体功能。"这是我们党基于新形势新任务对基层党建工作提出的新要求,也是今后一个时期特别是"十三五"时期基层党的建设的一项重要着力点。

一、"强化基层党组织整体功能"的重要性和必要性

首先,"强化基层党组织整体功能"是贯彻全面从严治党战略任务对基层党建工作的内在要求。"全面从严治党"是十八大以来党中央提出并确立的"四个全面"战略布局的重要一环。"全面从严治党",基础在"全面"。"强化基层党组织整体功能",就是要求全面增强和发挥基层党组织的功能,体现了"全面从严治党"对基层党组织建设的内在要求。

其次,"强化基层党组织整体功能"是解决基层组织功能上存在问题的迫切要求。一段时期以来,在基层党建工作的实践中,基层党组织的整体功能弱化。有的政治功能弱化,有的服务功能不强,还有的两个方面的功能发挥不出来。政治功能的弱化突出表现为:一些基层党组织"党要管党,从严治党"意识不强,贯彻落实党的路线方针政策和上级党组织决策部署的本领不高,党的组织活动不正常,思想政治工作、群众工作不愿做、不会做等突出问题。服务功能不强突出表现为:既缺乏服务的意识、又缺乏服务的本领。这些问题的存在,使基层党组织的凝聚力、战斗力、创造力削弱,基层党

组织的战斗堡垒作用和共产党员的先锋模范作用难以充分实现。

再次,"强化基层党组织整体功能"体现了担当历史使命对基层组织建设的时代要求。我国经济社会的发展即将进入"十三五"时期,处在一个重要的历史节点上。在此期间,到2020年全面建成小康社会,是我们党确定的"两个一百年"奋斗目标的第一个百年奋斗目标。古人讲,行百里路半九十。决胜"十三五",如期实现全面建成小康社会的奋斗目标,任务艰巨而繁重,必须强化党"打铁先要自身硬"的意识和担当,不断加强党的各级组织建设。在党的组织体系中,基层党组织是"党的全部工作和战斗力的基础"。面临诸多矛盾叠加、风险隐患增多的严峻挑战,只有充分发挥基层党组织的整体功能,"党的工作和全部战斗力的基础"才能不断夯实,为担当好历史使命奠定坚实的组织保证。

二、基层党组织整体功能的基本内涵

党章规定了基层党组织的八项任务,体现了基层党组织的基本功能。从党章的规定可以看出,基层党组织最基本功能主要有两个方面,一是政治功能,二是服务功能。首先,基层党组织具有鲜明的政治属性,政治功能是其核心功能。发挥政治功能,就是要充分发挥基层党组织领导核心、政治核心等作用,切实把基层党组织打造成为贯彻落实党的路线方针政策和各项决策部署的坚强战斗堡垒。其次,基层党组织又具有社会属性,服务功能是其基础功能。在长期执政、市场经济和改革开放的历史方位上,作为处在群众中的基层党组织,如果不能够发挥服务功能,密切联系群众就难以实现。注重强化基层党组织的服务功能,是十八大以来基层党组织建设的显著特点。强化基层党组织的服务功能,其基本着眼点在于使基层党组织的领导方式、工作方式、活动方式更加符合服务群众的需要,以服务为纽带贴近群众、团结群众、引导群众、赢得群众,不断增强基层党组织的凝聚力、战斗力和创造力,使巩固党的执政基础和执政地位具有广泛、深厚、可靠的群众基础。其三,必须正确把握党组织两大功能的关系。基层党组织的政治功能和服务功能是辩证统一的关系,两者相互联系、相互融合、相互促进,密不可分。这两个功能统一于我们党的性质和

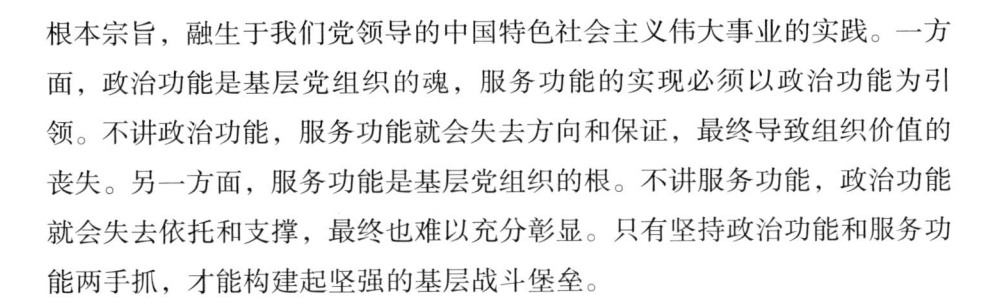

根本宗旨，融生于我们党领导的中国特色社会主义伟大事业的实践。一方面，政治功能是基层党组织的魂，服务功能的实现必须以政治功能为引领。不讲政治功能，服务功能就会失去方向和保证，最终导致组织价值的丧失。另一方面，服务功能是基层党组织的根。不讲服务功能，政治功能就会失去依托和支撑，最终也难以充分彰显。只有坚持政治功能和服务功能两手抓，才能构建起坚强的基层战斗堡垒。

三、"强化基层党组织整体功能"的总体思路

首先，"强化基层党组织整体功能"，必须把握正确的目标导向。"围绕中心，服务大局"是基层党建的一条重要原则。加强基层党组织建设，强化基层党组织功能，必须围绕党的中心任务和奋斗目标来展开。现阶段，要紧紧围绕"决胜'十三五'，实现全面建成小康社会"的目标和任务来推进。把抓党建、促发展的实际成效作为判断工作得失成败的重要标准。

其次，"强化基层党组织整体功能"，必须用好党建责任制这个总抓手。实践充分证明，抓住党建工作责任制这个"牛鼻子"，坚持上下两级党组织党建责任同落实，基层党建工作才能不断得到加强。"强化基层党组织整体功能"，也必须如此。既要明确和加强基层党组织提升整体功能的主体责任，也要明确和加强上级党组织抓基层党组织提升整体功能的领导责任。"强化基层党组织整体功能"，绝不能变成基层党组织的"独角戏"。离开上级党组织的坚强领导、大力支持，基层党组织的整体功能很难得到有效的提升。

最后，"强化基层党组织整体功能"，必须坚持刚柔并济。思想建党和制度建党，各有其独特功能。只有将两者紧密结合，才能形成推进党组织自身建设的强大合力，使基层党组织整体功能的发挥获得不竭的力量源泉。

（作者系省直党校副校长、副教授）

河南省水安全形势不容乐观

刘 云

十八届五中全会着眼于绿色发展的理念,提出要"实行最严格的水资源管理制度,以水定产、以水定城,建设节水型社会",此举对河南意义重大。河南省是一个严重缺水地区,由于长期过度开采,用水需求增加与水资源、水环境和水生态承载能力不足的矛盾进一步加剧,水安全形势不容乐观,在谋划"十三五"发展中必须积极应对。

一、河南省水安全面临的严峻形势

(一)水资源长期处于超用状态

河南属于典型的极度缺水地区,2000 年以来有 11 年总用水量超过可用水资源量,仅有 2000 年与 2003 年两者基本持平,说明全省总用水量已经经常性超过水资源自然循环系统的动态水量。

(二)重点发展地区的水资源压力巨大

从省内各省辖市的情况看,大部分地区的用水压力都很大。在 18 个省辖市中,用水量普遍超过可用水资源量。用水量进一步超过水资源总量的有 11 个,集中分布在经济比较发达的中原城市群地区和豫北地区,区域经济发展与水资源承载力之间的矛盾十分突出。

(三)地下水严重超采

在水资源量已经难以支撑经济社会发展的用水需求的情况下,大量抽取浅层地下水,甚至大量开采中深层地下水成为必然的选择。

（四）浅层地下水储量减少

随着对地下水资源的过度抽取，浅层地下水储量持续减少。2013年末，全省浅层地下水位与上年比普遍下降，平均下降0.89米。2004年以来的10年间，地下水储存量有8年为减少，只有2年为增加，地下水储量呈明显的净减少趋势。

二、实现水资源可持续利用应关注的几个问题

（一）未来全省水资源的配置只能是一种"存量配置"

当前河南水资源安全面临的突出矛盾是：在既定水资源和用水方式条件下，经济社会发展对水资源的开发利用超出了水资源、水环境和水生态的承载能力。更严峻的形势还在于，河南作为一个追赶型经济体，"十三五"时期的发展任务还很重，用水需求增加与水资源支撑不足的矛盾还在进一步加剧。在这种背景下，未来全省水资源的配置只能是一种"存量配置"。这意味着今后全省经济社会发展中产生的新增用水需求，几乎都需要通过用水效率的提高来满足；意味着水资源对经济社会发展的约束将会进一步加深，需要以水定需、量水而行、因水制宜，进而以水定产、以水定城，进一步建立与水资源承载力相匹配的产业体系和城镇体系。

（二）落实最严格的水资源管理制度必须诉诸于经济手段

河南省发展任务重，在最严格耕地管理制度条件下，尚有基本农田"上山下滩"的情况，最严格水资源管理制度的实施，难免也要遭遇各类经济主体的抵触。因而，在水资源管理中，要真正把这种外在的、自上而下的、倒逼型的管理内化到各级政府及其各用水主体的行为中去，实现水资源的合理配置和高效利用，必须诉诸于经济手段，让市场在水资源配置中发挥主导作用。为此，要积极开展水资源使用权确权登记，为水权、水资源在各经济主体之间、城乡区域之间的流动创造条件；同时加快推进水价制度改革，提高水资源、水产品价格，让稀缺的水资源和脆弱的水环境、水生态通过水价格真实反映出来，让使用者为此付费。

（三）区域性缺水、城市缺水将是水资源短缺的主要表现形式

河南不仅严重缺水，而且区域经济布局与水资源分布不匹配、耦合程度

低,中原城市群9市和豫北三市GDP占全省比重的70%,但是其水资源量仅为全省的40%。随着以郑州为中心的中原城市群发展加快,该地区水资源压力将继续加大,尤其是河南即将跨过50%的城镇化门槛,城市化的快速推进将会对水文、水质和地下水系统产生怎样的影响,如何推进城市节水,推进城市雨水资源化利用,探索新型的人水关系、城水关系,我们还缺乏足够的经验。

(四)地下水压采任务艰巨

根据河南省最新公布的数据,2014年全省超采区总面积44393平方公里,占全省16.7万平方公里国土面积的四分之一。其中浅层地下水超采区14195平方公里,深层承压水超采区27996平方公里。其中郑州市区、航空港区、开封城市中心区及近郊存在深层承压水严重超采区。地下水遭到过度开采后恢复时间长,特别是深层承压水,是一种宝贵的不可再生资源,一旦遭到超采恢复需要上万年。河南的严重超采区集中分布在以郑州市为中心的中原城市群地区,属于全省的重点发展地区,如何在繁重的发展任务下完成地下水压采任务,修复水资源自然循环系统,实现可持续利用,我们面临严峻挑战。

此外,河南省水资源污染情况也十分严重,根据水污染形势的变化,"十三五"期间应高度关注城镇生活污染排放和农业污染排放。

(作者系省政府发展研究中心农村处处长、研究员)

"创新"是实现第一个百年奋斗目标的基本推动力

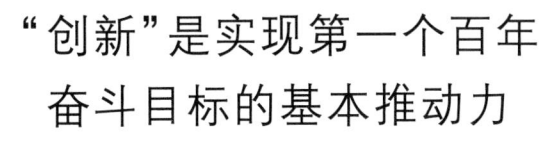

耿明斋

一、目标宏伟,任务艰巨,创新是基本途径

《中共中央关于制定国民经济和社会发展第十三个五年规划的建议》开宗明义,到2020年全面建成小康社会,是我们党确定的"两个一百年"奋斗目标的第一个百年奋斗目标。基本经济指标是到2020年国内生产总值和城乡居民人均收入比2010年翻一番。要实现这一目标,未来五年经济必须继续保持中高速增长,底线是GDP年均增速不能低于6.5%。在经济进入新常态,下行压力持续增大,今年前三季度增速降到6.9%,全年保七任务艰巨,普遍预期,明后两年增速会继续回落至更低的水平上。在此背景下,要实现上述目标,难度可想而知,"十三五"时期确实是全面建成小康社会决胜阶段。也正因为此,自党的十一届三中全会以来反复强调的"发展是第一要务"、"发展是硬道理"、"以经济建设为中心"等原则在《建议》中被进一步强化。要实践上述发展原则,保持经济中高速增长,圆满实现全面建成小康社会的目标,出路只有一个,那就是"创新"。创新是实现第一个百年目标的基本推动力。这也是创新被确立为"五大发展理念"首位的原因。

二、创新的重要性源于发展阶段的转换和全球化竞争

创新的重要性首先源于发展阶段的转换。中国经济以2008年金融危机为界,可以明确地分为前后两个不同的发展阶段。前一阶段的优先需求

是温饱和基础设施建设，投资是基本动力，投资高增长催生了能源原材料等一系列资源型及其初级加工型产业的迅速膨胀，带动了整个经济的高增长。本质上，这个阶段经济增长靠的是资源开发，包括物质矿产资源、劳动力资源及环境资源的低成本开发。进入新常态新阶段以后，温饱需求早已满足，基础设施建设也逐渐趋于饱和，资源环境和劳动力的低成本不复存在，投资需求弱化，投资增速放慢，经济增速也随之放缓。原来赖以实现经济高速增长的因素不复存在了，在未来的阶段，经济要继续保持中高速增长，只能靠开拓新的需求领域，靠节能降耗，靠提升管理水平。这些都要依赖创新。

创新的重要性还源于全球化竞争。经过30多年的改革开放，特别是2001年加入世界贸易组织以后的加速开放，中国经济已经深度融入全球经济体系中。这一方面使我们利用国内国外市场加快发展，另一方面也使我们面临全球市场的竞争。可以说，今天我们所有的产业和产品都必须在全球市场有竞争力，才能持续发展和不断扩张。如果不具备全球市场竞争力，靠保护本地市场来生存基本没戏。因为市场高度开发，你的产品不好，消费者不会买账，一定会转向购买国外的同类产品。中国人热衷购买日本产婴儿纸尿布就是典型的案例。中国产业和产品要拥有和保持全球竞争力，唯有创新，别无他途。

三、实现创新的途径是调动创新主体的积极性

企业是最重要的创新主体。因为企业是靠市场生存的，市场冷暖变化企业最先感知。企业最知道市场需求演化的方向，也最知道该向哪个方向创造新产品。企业最能感受生存的压力，也最具为降低成本而持续创新的动力。所以，政府要通过减免税收、设立基金、奖励、人才激励等各种政策措施来鼓励企业创新。

推动大众创业万众创新。在市场经济条件下，广义上每个人都是经济活动的主体，也都是创新主体，科学家要实现基础研究的突破，工程师要实现技术上的突破，工人要在自己岗位上实现工艺上的突破，等等，所有工作及经济活动岗位都有创新的空间，都要承担创新的任务，都要努力实现创新和创业。这也是李克强总理反复强调大众创业万众创新的意义所在。

搭建平台,实现产学研结合是实现创新和成果转化的有效途径。在高等院校、科研院所工作的大量科学技术人员,是创新创业的最主要群体,要充分调动他们的积极性。企业是创新创业的实施主体和成果转化主体,所以要搭建平台,实现产学研结合,推动科研成果产业化转化。也要推动科研体制和收入分配体制的改革,让科研人员可以分享创新成果所带来的经济收益。

总之,调动了上述三个方面的积极性,以创新驱动经济实现中高速增长就有了保证,第一个百年奋斗目标的实现也就有了保障。

(作者系河南大学中原发展研究院院长、教授、博导)

坚持"创新驱动" 构筑城镇化的新未来

杜书云

党的十八届五中全会所阐明的"五大发展理念",指明了我国未来三十年的发展方向。如果将1949年至改革开放视作第一阶段,改革开放至今视为第二阶段,那么五中全会将引领我国经济和社会发展走向以"创新"为典型特征的第三阶段。

一、"十三五"规划关于"城镇化未来"的描绘

未来城市将呈现如下四个特征:

第一,城市增长边界管控,"摊大饼式"发展被约束。规划要求"坚守耕地红线,全面划定永久基本农田",这意味着城市土地容量将存在上限。城市增长边界的管控,将对土地财政、土地利用效率、城市空间组织、房地产市场等产生重要影响。

第二,城市规划和管理水平逐步提高。规划要求"拓展基础设施建设空间,实施城市地下管网改造工程"。龙永图曾经说过,看一座城市管理水平如何,就看下雨后怎么样。暴雨后看海,现在是很多城市的新景点。改造地下管网,疏通城市血管,才能焕发城市活力。

第三,打造绿色城市,智慧城市。规划"支持绿色城市、智慧城市、森林城市建设和城际基础设施互联互通"。雾霾,交通拥堵,居住拥堵将得到改变。城市经济圈将进一步拓展。

第四,以人为核心的城镇化。规划指出:深化户籍制度改革,促进有能力在城镇稳定就业和生活的农业转移人口举家进城落户,并与城镇居民有

同等权利和义务。实施居住证制度,努力实现基本公共服务常住人口全覆盖。这些都回答了半城镇群体的福利分享问题。留守儿童、留守老人等问题也将得到缓解。

二、城镇化的动力转变:要素驱动与创新驱动

尽管创新意味着机会,但并不是所有个体都愿意创新,敢于直面创新背后的风险,城镇化的决策者同样如此。当前我国城镇化进程已进入质量提升的关键阶段,滋生于"要素驱动"的"半城镇群体福利缺失、土地财政依赖、土地利用效率低下以及城市蔓延"等病态特征亟须矫正。城镇化的动力机制需要向"创新驱动"转移,通过城镇化内部系统的内在变革,城镇化外部环境的创新溢出以及城镇化系统的内外协同构建我国城镇化的美好未来。

优化要素组合,提升要素效率,构成了"创新驱动"城镇化的第一个层面。城镇化是人口、土地、资本等要素支撑下的动态演化过程。要素偏好及组合特征决定了地方政府的城镇化模式。通过创新驱动城镇化,并不意味着放弃上述要素。实际上,通过对要素组合进行优化,有助于进一步"破解困局,提升质量",可以理解为对城镇化内部系统的变革,即内在创新。

外部环境的创新溢出,构成了"创新驱动"城镇化的第二个层面。这一层面的创新驱动国内学者已经进行了较多讨论,包括因产业空间组织优化、技术进步等外部环境的创新带给城镇化的正面作用,我们将其总结为"外部环境的创新溢出"。以城镇化为载体,通过创新,构建城镇化与外部环境的良性互动机制,将为产业布局、技术研发、信息技术的扩散等起到重要作用。

"创新驱动"城镇化需要基于内外协同,对上述两个层面"创新"进行融合。在城市增长边界划定的背景下,城镇化决策者面对创新的态度,应当是"主动创新,积极适应"。通过两个层面的创新矫正城镇化的病态表现,引导我国城镇化道路回归城镇化的本义:即每个人都因城镇化而获得福利改善。唯有如此,城镇化的主体融入城镇化的方式,才有可能从"被动城镇化"演变为"主动城镇化",我国城镇化的美好未来才会在不久后到来。

(作者系郑州大学旅游管理学院院长、教授、博导)

坚持人民主体地位
是我国社会主义制度性质使然

郭 军

中共十八届五中全会强调,如期实现全面建成小康社会奋斗目标,推动经济社会持续健康发展,必须坚持人民主体地位,并把它作为未来发展必须遵循的六大原则之首,不仅凸显出当代中国发展以马克思主义理论学说为指导,回归建设社会主义"自由人联合体"的信心与决心,更表现出新一代中央高层决策者的科学思维与战略谋划,及其引领经济新常态,实现中华民族伟大复兴的中国梦的担当气势。

一百多年前,马克思在分析了当时的资本主义社会基本矛盾后,提出了社会主义替代资本主义,建立社会主义"自由人联合体"的憧憬。马克思指出,社会主义之所以要替代资本主义,主要取决于资本主义生产过程把人不当人,对人的奴役,从而制约了生产力的发展;社会主义制度的建立则恰恰是解放生产力,释放劳动力,让每一个人都能够自由地全面地发展,"他是一个自由人联合体",这就奠定了人在社会主义社会的主体地位的制度性质与特征。一百多年来,马克思主义的追随者为此做出了不懈的努力,不断地发展和丰富着这一理论。在我国,从毛泽东到邓小平,以及江泽民、胡锦涛,对此都有着深刻的见解。如毛泽东指出,人是世间第一个可宝贵的资源,历史是人民创造的,人民、只有人民,才是创造世界历史的动力;邓小平多次告诫我们,经济能不能快一点,关键在人;江泽民提出,要"促进人的全面发展";胡锦涛将以人为本视为科学发展观的核心。而习近平更是强化了要坚持人民主体地位,即进一步鲜明地从人的主体地位上赋予了理论的、实践的、制度的内涵与外延,把坚持人民主体地位写进党的最高纲领性文献应该是第一个,也是第一次。

值得指出的是,由于长期以来对社会主义理论和制度认识上的偏见,使得我们在发展过程中不同程度地出现了见物不见人、认物不认人,从而挫伤了社会主义劳动者的积极性、主动性和创造性,使本来应该生机盎然的社会主义失去了活力。我们一直期望增强企业活力,殊不知这个活力正是看劳动力活起来了没有。改革开放,特别是面对西方资本主义国家一百年过去了垂而不死、腐而不朽,相反却呈现了异样生机的势头,甚至一些人怀疑马克思主义理论出了问题。其实,并非马克思主义理论存在失误,而是资本主义国家在近一百多年的发展中修正了它的劳动关系,把社会生产关系的完善,从不注重人到关注人,解决人的问题,走了一条以人为本的人本主义路子。亦如与西方接触交流过的人说,资本家没有不看《资本论》的,他们正是从《资本论》中看到了他们的死结,领悟了怎么样依靠人创造出更多的剩余价值,从而发展到现在。

在我国,尽管领袖们都拥有人是生产力中的决定性因素的意识,但实践中却往往事与愿违,包括改革开放,招商引资、购买国外设备和工艺技术,多出现重物轻人,以及人—机—物的适应与对接,大大降低了改革开放的边际效应,使我们付出了高昂的成本和代价,浪费了珍贵的时间能量。那么为什么会出现这样的不协调,现在看来,无论从理论还是实践政策上,我们都是应当深刻反省的。显然,一是没有真正关注和解决好人的问题,或是提出了以人为本的思想,但是没有真正明晰人在经济社会中的主体地位。比如,收入分配差距的拉大并不都是积累率低、分配方式不完善、地区行业条件差别因素,也有人们到底应当处于什么样的经济社会地位的问题。农民工工资低,拖欠农民工工资几乎成为经济社会常态,就是因为农民工没有一定的经济社会地位,整个经济社会没有把农民工看成是一个个的产业劳动者,只讲农民工群体,不讲农民工主体,不从制度、体制、机制上给予主体地位,农民工也许什么时候都是经济社会的弱势群体,而这一群体利益不能得到有效保障,难免在什么时候对社会秩序产生冲击。二是没有从生产关系、制度体制层面,落实人的经济社会主体地位。人的主体地位是社会生产关系的反

映，需要从制度体制机制上体现和保证。社会主义制度保障公有经济与非公有经济体在内的全社会劳动者，都应该自由地全面地发展自己的智力和体力，在愉悦劳动中贡献自己的聪明才智，同时享受着应有的利益和社会福利待遇。令人欣慰的是，中共十八届五中全会不仅重新诠释了人在经济社会发展中居于主体地位这个社会主义制度的本然内容，更是把此置于中国特色社会主义生产关系的立论基础和轴线坐标，必将大大调动劳动者与党、与国家一道破解发展难题，厚植发展优势的新动能、新贡献。

中共十八届五中全会不是一般地讲坚持人民主体地位，而是有着具体的内容和要求。全会提出，社会主义必须作出更有效的制度安排，坚持发展为了人民、发展依靠人民、发展成果由人民共享，并且使全体人民在共建共享发展中有更多获得感，增强发展动力，增进人民团结，朝着共同富裕方向稳步前进。同时，按照人人参与、人人尽力、人人享有的要求，坚守底线、突出重点、完善制度、引导预期，注重机会公平，保障基本民生，实现全体人民共同迈入全面小康社会。全会要求，从解决人民最关心最直接最现实的利益问题入手，把坚持人民主体地位与促进人的就业创业、人的收入增长，以及人力资源转化为人才资源等紧密结合起来，实施就业优先战略和更加积极的就业政策，完善创业扶持政策，加强对灵活就业、新就业形态的支持，提高技术工人待遇；缩小收入差距，坚持居民收入增长和经济增长同步、劳动报酬提高和劳动生产率提高同步，健全科学的工资水平决定机制、正常增长机制、支付保障机制，完善最低工资增长机制，完善市场评价要素贡献并按贡献分配的机制；加快建设人才强国，深入实施人才优先发展战略，推进人才发展体制改革和政策创新，形成具有国际竞争力的人才制度优势。

（作者系河南财经政法大学教授）

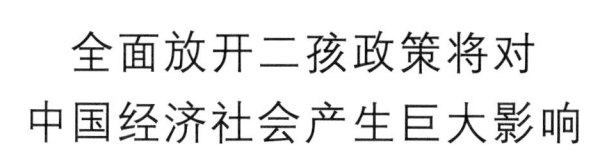

全面放开二孩政策将对中国经济社会产生巨大影响

李晓峰

从中共十八届五中全会发布的全会公告来看,对普通老百姓而言最大的亮点应该是全面实施一对夫妇可生育两个孩子的政策了。而该政策调整也意味着自1979年实施了30多年的独生子女政策已经走向历史终结。这也是2013年十八届三中全会启动实施单独二孩政策之后我国人口政策的又一次大调整。可以说,这次人口政策大调整,不仅会对中国的人口消长产生重大影响,也将对中国经济社会各方面产生重大影响。

中国的独生子女政策的推行,最早是在1973年12月,第一次全国计划生育工作汇报会确定了"晚、少、稀"的方针,要求晚婚、一对夫妇生育两个孩子、时间要相隔4年,计划生育工作全面推行。1978年10月,修改为提倡一对夫妇生育子女数最好一个最多两个,生育间隔时间三年以上。

1979年下半年起,全国不少地方按照独生子女的要求修改计划生育规定。除了部分少数民族外,独生子女政策开始在全国城乡全面实行,仅云南、青海、宁夏、新疆农村可生育两个孩子。

中国推行的独生子女计划生育政策对当时的人口急剧膨胀起到了十分明显的抑制作用,从而使得中国的人口增长率在短短的36年的时间里达到了与发达国家基本持平的程度。但是当年的独生子女人口政策是以当时的计划经济所必然导致的短缺经济为基本出发点的,认为按照当时的人口膨胀速度很快就会让中国各种资源消耗殆尽,国家没有能力来应对过度膨胀的人口增长,从而使得中国的经济社会发展步入困境甚至危境。独生子女

政策一旦形成制度,就会导致路径依赖,日后要改变起来会难上加难,这一政策一执行就延续了36年。从20世纪90年代开始,就有不少学者和专家对中国独生子女政策推行可能面临的严重问题提出质疑。当时人们关注这个问题,主要是集中在两个方面,即曾经带来中国经济快速增长的"人口红利"的消失以及中国社会加速老龄化的问题。其实,除了这两个原因之外,还有更为重要的一条,那就是独生子女的非社会化生存的问题。

首先,如果把目前中国经济增长放缓的问题都归咎于"人口红利"的消失,从而使中国将陷入"中等收入国家的陷阱",未必完全正确。因为,从目前的人口结构上看,独生子女政策虽然使得中国的劳动力人口占比越来越小,但是这些都可能通过劳动力人口的素质提高、人口健康水平提升而延长工作年龄、现代科学技术进步来弥补的。比如,近三十年来,中国的人口素质提高出现了前所未有的态势,而劳动力素质的提高当然是劳动生产率提高最为主要的推手。另外,即使放开独生子女政策也未必能真正使我们解决"人口红利"问题。因为,按照人口普查的信息,现阶段,全国符合"全面两孩"政策条件的夫妇有9000万对。其主力是80后,但80后多是独生子女,有生育能力,但受经济及非经济因素的影响,生育意愿不高。比如,实施"单独两孩"政策之后,当时预测每年可增加200万新生婴儿,但是实际增加新生婴儿只有47万,仅达到预期的四分之一稍强。"全面两孩"政策实施之后,80后并非是生育的主力军,生育主力军是70后,这一组人群可能会抓住最后的生育机会。不过,尽管这部分人群的经济条件比80后要好,也有生育意愿,但这一群体的人生育能力却在严重下降,甚至于部分人已经没有生育能力。所以,放开两孩生育政策之后,虽然新增的人口会有增加,但不会如目前不少人分析的那样,出现一个爆发式新生婴儿增长潮。

其次,由于独生子女政策而导致人口的更替水平失衡(即一对夫妇生育的孩子数量小于2),也是目前面临的问题,这将导致中国社会老龄化程度不断提高。但是,按照国际经验来看,中国人口的老龄化问题显然被夸大了。因为与日本和欧洲发达国家相比,我国的人口老龄化问题明显相差甚远。统计数据显示,2014年中国的老龄化程度为10%(即60岁以上人口占总人口的比重),而日本则达到26%、德国是21%,整个欧洲的水平大抵与德国相当。我们与日本相差 25 年,与欧洲相差 15 年。也就是说,与日本相比,中国化解老龄化问题还有近 20 年的时间余地。

再次,更为重要又恰恰容易被忽视的问题,并非仅是人口结构的重要变化以及人口更替水平的失衡,而是独生子女政策所导致的从其一出生就在一个非社会化的环境下生存的问题。在独生子女家庭,既不存在孩子之间的竞争也不存在孩子之间的合作,使得这些独生子女的人格培养、价值观的形成、道德的养成等方面完全非社会化,从而使得这些独生子女一进入社会就面对着许多障碍;或由他们组成的社会无法满足几千年来人类文明社会演进生存的法则。可以说,相对当前的国际外部世界来说,由独生子女所组成的社会肯定是最没有应对能力的社会。当前独生子女所衍生出来的最为严重的问题就表现在这些方面。如果中国独生子女政策不改变,由于这一代独生子女严重地非社会化,它将是中国社会经济发展与繁荣的严重障碍,而新的人口政策允许普遍生育两个孩子,将会从根本上改变这种状态。

总之,中国的人口政策重大调整将对未来中国社会经济产生巨大的影响,这不仅在人口数量增长与结构变化方面,更在于新增人口的社会化提升方面。

(作者系河南财经政法大学教务处处长、教授)

专题二

全面建成小康社会

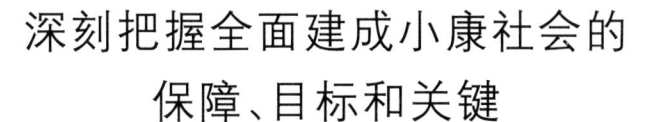

深刻把握全面建成小康社会的保障、目标和关键

何白鸥

全面建成小康社会是"四个全面"的龙头,在"四个全面"战略布局中具有总揽全局的地位。如期全面建成小康社会,事关中国梦实现的大格局,事关中华民族的伟大复兴。实现这个目标,是实现中华民族伟大复兴中国梦的关键一步。深刻把握全面建成小康社会的保障、目标和关键,是实现这个目标的基础和前提。

一、全面深化改革、全面依法治国、全面从严治党是实现全面建成小康社会的根本保障

关于"四个全面"战略布局的内在逻辑关系,习近平总书记在省部级主要领导干部学习贯彻十八届四中全会精神全面推进依法治国专题研讨班开班仪式上作了集中论述。他指出:"全面建成小康社会是我们的战略目标,全面深化改革、全面依法治国、全面从严治党是三大战略举措。"换言之,全面建成小康社会是"四个全面"的龙头,在"四个全面"战略布局中具有总揽全局的地位,其他"三个全面"要始终服务于这个战略目标。其中,全面深化改革为全面建成小康社会提供不竭动力,全面推进依法治国是全面建成小康社会的引领和规范,全面从严治党是全面建成小康社会的根本保证。

目标引领举措,举措保障目标的达成。实现党的十八大提出的全面建成小康社会的奋斗目标,必须不失时机深化重要领域改革,坚决破除一切妨碍科学发展的思想观念和体制机制弊端,构建系统完备、科学规范、运行有

效的制度体系,使各方面制度更加成熟更加定型。从党的十八届三中全会启动全面深化改革,到十八届四中全会全面推进依法治国,两次全会、两大主题、两个决定,都体现了以习近平为总书记的党中央采取的全面建成小康社会的重大战略举措。在这个过程中,始终不渝的一个根本原则就是坚持中国共产党的领导。因为,坚持中国共产党的领导是中国特色社会主义制度的本质特征,全面建成小康社会、全面深化改革、全面依法治国都必须始终不渝地坚持中国共产党的领导,而全面从严治党不仅是坚持党的领导的必然要求,更是全面深化改革、全面依法治国、全面建成小康社会的根本保证。

二、实现"五位一体总布局"全面协调发展是全面建成小康社会的目标指向

党的十八大报告指出,"建设中国特色社会主义,总布局是经济建设、政治建设、文化建设、社会建设、生态文明建设五位一体。""五位一体"总布局与社会主义初级阶段总依据、实现社会主义现代化和中华民族伟大复兴总任务有机统一,也为全面建成小康社会设定了完整的目标框架。

全面建成小康社会是经济、政治、文化、社会、生态文明建设五位一体的全面小康,是不可分割的整体。从经济发展指标看:转变经济发展方式取得重大进展,在发展平衡性、协调性、可持续性明显增强的基础上,实现国内生产总值和城乡居民人均收入比2010年翻一番;科技进步对经济增长的贡献率大幅上升,进入创新型国家行列;工业化基本实现,信息化水平大幅提升,城镇化质量明显提高,农业现代化和社会主义新农村建设成效显著,区域协调发展机制基本形成;对外开放水平进一步提高,国际竞争力明显增强。从民主法治指标看:民主制度更加完善,民主形式更加丰富,人民积极性、主动性、创造性进一步发挥;依法治国基本方略全面落实,法治政府基本建成,司法公信力不断提高,人权得到切实尊重和保障。从文化建设指标看:社会主义核心价值体系深入人心,公民文明素质和社会文明程度明显提高;文化产品更加丰富,公共文化服务体系基本建成,文化产业成为国民经济支柱性产业,中华文化走出去迈出更大步伐,社会主义文化强国建设基础更加坚实。

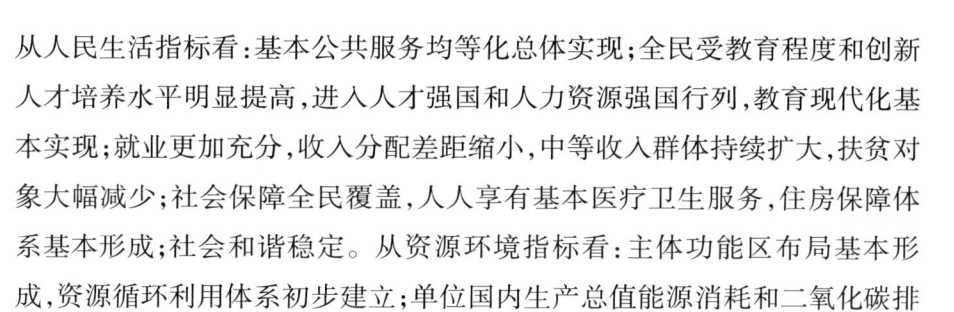

从人民生活指标看:基本公共服务均等化总体实现;全民受教育程度和创新人才培养水平明显提高,进入人才强国和人力资源强国行列,教育现代化基本实现;就业更加充分,收入分配差距缩小,中等收入群体持续扩大,扶贫对象大幅减少;社会保障全民覆盖,人人享有基本医疗卫生服务,住房保障体系基本形成;社会和谐稳定。从资源环境指标看:主体功能区布局基本形成,资源循环利用体系初步建立;单位国内生产总值能源消耗和二氧化碳排放大幅下降,主要污染物排放总量显著减少;森林覆盖率提高,生态系统稳定性增强,人居环境明显改善。这五个方面相互依存、有机统一,任何一方面都不可偏废。

三、发展仍然是解决我国所有问题的关键,也是全面建成小康社会的关键所在

当前,全面建成小康社会已进入决定性阶段,距离夺取全面建成小康社会的最后胜利,只剩下五年时间。如何抓住和用好这一发展的重要战略机遇期,解决好经济发展中存在的不平衡、不协调、不可持续的问题,是全面建成小康社会的关键所在。

(一)牢牢扭住经济建设这个中心

以经济建设为中心是兴国之要,是我们党和国家兴旺发达、长治久安的根本要求。只有推动经济又好又快发展,才能筑牢国家发展繁荣的强大物质基础,才能筑牢全国各族人民幸福安康的强大物质基础,才能筑牢全面建成小康社会的强大物质基础。改革开放30多年来,我们坚持以经济建设为中心,推动社会生产力以前所未有的速度发展起来,这是我国综合国力、人民生活水平、国际地位大幅度提升的根本原因。在全面建成小康社会的决定性阶段,我们也必须继续牢牢坚持发展是硬道理的战略思想,牢牢扭住经济建设这个中心,决不能有丝毫动摇。

(二)进一步把握发展规律,创新发展理念,破解发展难题

要以科学发展为主题,进一步把握发展规律、创新发展理念、破解发展难题,推动小康社会全面建成。首先,要始终把实现好、维护好、发展好最广大人民根本利益作为党和国家一切工作的出发点和落脚点,多谋民生之利,

多解民生之忧,在学有所教、劳有所得、病有所医、老有所养、住有所居上持续取得新进展。其次,要全面落实经济建设、政治建设、文化建设、社会建设、生态文明建设五位一体总体布局。最后,要正确认识和妥善处理中国特色社会主义事业中的重大关系,统筹改革发展稳定、内政外交国防、治党治国治军各方面工作,统筹城乡发展、区域发展、经济社会发展、人与自然和谐发展、国内发展和对外开放,统筹各方面利益关系,充分调动各方面积极性,努力形成全体人民各尽其能、各得其所而又和谐相处的良好局面。

(作者系省社科联党组书记)

走好实现民族复兴中国梦的关键一步

赵铁军

习近平总书记指出:"中国已经进入全面建成小康社会的决定性阶段。实现这个目标是实现中华民族伟大复兴中国梦的关键一步。"深刻认识全面建成小康社会的重大意义及其在"四个全面"中的地位和作用,对于我们坚定中国特色社会主义道路,增强"三个自信",实现中华民族伟大复兴的中国梦,加快推进中原崛起河南振兴富民强省有着重要的现实意义。

一、充分认识全面建成小康社会在"四个全面"战略布局中的统领和核心地位,增强推进的自觉性和紧迫感

在"四个全面"战略布局中,全面建成小康社会是处于统领地位的战略目标,其他三个全面为实现这一战略目标提供了强大动力、可靠保障和根本支撑。没有全面深化改革,就不能冲破体制机制的束缚和利益固化的藩篱;没有全面依法治国,就不会有良好的社会秩序和安定的社会环境,就无法保证人民群众对公平正义的追求;没有全面从严治党,全面建成小康社会就会缺乏坚强有力的领导核心。后三个方面做得越扎实、越深入,全面建成小康社会的目标就会实现得越好越快。

二、准确把握全面建成小康社会所蕴含的共同富裕的价值取向,充分发挥制度优势

我们追求的全面小康,是全国亿万人民共同的小康,其中所蕴含着共同富裕的价值取向,体现了社会主义制度的优越性。靠着这种制度优势,几十

年来,我们从一个贫穷落后、人口众多的国家一跃成为世界第二大经济体,实现了政治安定、社会和谐、经济繁荣、人民乐业的有序局面,这不能不说是人类发展史上的奇迹。只要我们坚定不移走中国特色社会主义道路,就一定能够如期建成全面小康社会,也一定能够如期实现民族复兴的中国梦。

三、深刻理解全面小康"五位一体"的丰富内涵,建成让百姓更加幸福的全面小康社会

全面建成小康社会的核心是"全面",这个全面不仅包括物质层面的富足,也包括政治、文化、社会、生态以及人民群众精神层面的小康,不仅强调国家层面的繁荣富强,更强调社会中每一个人的全面发展,是宏观层面和微观层面的辩证统一与双重实现。共产党以人为本、执政为民的要求之一,就是不断满足人民日益增长的物质和精神需要,在国家实力、经济实力有了极大增长的情况下,个体层面价值的实现同样需要关注,这是我们党执政思想和执政理念的深刻变化。

四、聚焦关键点,找准着力点,齐心协力把《战略纲要》落到实处,为我省全面建成小康社会鼓与呼

河南要想在实现中国梦的进程中更加出彩,就必须走好全面建成小康社会这关键的一步。我们现在的主要任务就是把《战略纲要》落实好,实现服务全国大局和加快自身发展的有机统一。省委书记郭庚茂指出:"全面建成小康社会站在新的历史起点上,现代化建设展现出光明前景,我们从未像现在这样接近中原崛起河南振兴富民强省的目标,比以往任何时期都更有信心、更有能力实现这个目标。"作为全省舆论宣传的主阵地和主力军,我们有责任有义务去描绘我省全面建成小康社会的美好画卷,去倾听和感受人民群众对美好生活的期盼和向往。我们将努力为人民书写,为时代放歌,讲好这一伟大时代的伟大故事,为中原更加出彩奋力鼓与呼。

(作者系省委宣传部副部长,河南日报报业集团党委书记、董事长、社长)

关于河南省全面建成小康社会的几点思考

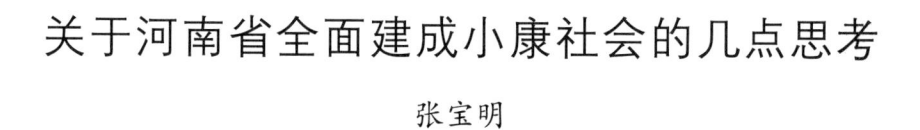

张宝明

"小康社会"是邓小平同志1979年12月6日在会见日本首相大平正芳时首次提出。1982年召开的中共十二大正式引用了这一概念,并把它作为20世纪末的战略目标。1997年,江泽民在十五大报告中提出"建设小康社会"的历史使命。21世纪初,我国进入全面建设小康社会的新阶段。2002年,党的十六大提出了全面建设小康社会的奋斗目标,并作出具体的战略部署。全面建设小康社会是我国实现现代化建设第三步战略目标必经的承上启下的发展阶段,也是完善社会主义市场经济体制和扩大对外开放的关键阶段。2012年,党的十八大进一步提出了到2020年全面建成小康社会的目标,并且为此提出了全面深化改革的重大任务。

从"建设小康社会"到"全面建设小康社会",再到"全面建成小康社会",我们距离小康社会的目标已经越来越近了。不仅如此,我们对小康社会的认识也越来越全面深刻了。最初我们认为,小康社会是介于温饱社会和富裕社会之间的一个发展阶段。后来逐渐认识到,不能仅从生活水平的角度来理解小康社会,小康社会具有更加丰富的内涵,它应当是一个体现经济和社会全面协调发展的发展阶段。其发展目标包括人民生活目标、经济发展目标、政治发展目标和社会发展目标等方面的内容。今天当我们谈到小康社会时,已经达成一个共识:小康社会是一个经济发展、政治民主、文化繁荣、社会和谐、环境优美、生活殷实、人民安居乐业和综合国力强盛的经济、政治、文化全面协调发展的社会,是中华民族走向伟大复兴的重要发展阶段。就我省而言,应当以《河南省全面建成小康社会加快现代化建设战

略纲要》（以下简称《纲要》）为指导，认真贯彻省委各项决策部署。

一、深刻把握《纲要》提出的战略方针

全面建成小康社会，必须坚持中国特色社会主义根本方向，坚持党的领导，不断增强道路自信、理论自信、制度自信，协调推进全面建成小康社会、全面深化改革、全面推进依法治省、全面从严治党；必须坚持以人为本，一切为了人民，一切依靠人民；必须坚持党的实事求是的思想路线，把握科学思想方法，走出一条符合我省实际的科学发展路子，少走弯路，不走错路，力避邪路，确保实现目标。这是我们必须坚定遵循的总方针，不能有丝毫动摇。

二、深刻把握《纲要》提出的战略布局

《纲要》指出，要打造富强河南、文明河南、平安河南、美丽河南"四个河南"，推进社会主义民主政治制度建设、加强和提高党的执政能力制度建设"两项建设"。《纲要》还提出，要正确处理好五个方面的关系，即经济建设与其他方面建设的关系、富民与强省的关系、立足当前与着眼长远的关系、发展经济与保护环境的关系、改革发展稳定的关系，推动全面协调可持续发展。这一战略布局充分体现了对全面建成小康社会内涵的深刻把握，我们必须认真贯彻落实。

三、深刻把握《纲要》提出的战略重点

《纲要》突出强调，要聚焦实施粮食生产核心区、中原经济区、郑州航空港经济综合实验区三大国家战略规划，着力推动"一个载体、四个体系、六大基础"建设，夯实强大物质技术基础。三大国家战略规划是全面建成小康社会的战略支撑和实现路径，"一个载体、四个体系、六大基础"是实施三大国家战略规划的有力抓手。我们要牢牢把握难得的历史机遇，在战略重点方面实现历史性突破，推动经济转型升级，加快中原经济崛起步伐。

四、深刻把握《纲要》提出的战略举措

《纲要》提出了五项战略举措，就是要持续扩大对外开放、全面深化改

革、全面推进依法治省、加强思想文化建设、推进社会治理体系和治理能力现代化。这五项战略举措涵盖了经济、政治、文化和社会发展的方方面面，每一项举措都具有重大意义。尤其是在思想文化建设方面，《纲要》提出，要推进文化强省建设，把河南建成华夏历史文明传承创新区，提升中原文化整体实力和影响力。这是河南在全面建成小康社会过程中绝对不可忽视的重要一环，其地位和意义不亚于经济实力的提升。

五、深刻把握《纲要》提出的战略保证

《纲要》强调，全面建成小康社会、加快现代化建设，关键在党。必须坚持党要管党、从严治党，牢牢把握加强党的执政能力建设、先进性和纯洁性建设这条主线，全面提高党的建设科学化水平。尤其是要推动作风建设常态化，大力弘扬焦裕禄精神、红旗渠精神、愚公移山精神，践行"三严三实"，切实把作风建设抓常抓细抓长；要坚定不移反对腐败，始终保持严惩腐败的高压态势，努力实现干部清正、政府清廉、政治清明。

（作者系河南大学副校长、教授、博士）

努力探索农业大省全面建成小康社会的新路

刘光生

我省是农业大省,农村人口多、底子薄,要打造"四个河南"、推进"两项建设",实现中原崛起河南振兴富民强省、到2020年与全国同步全面建成小康社会,重点、难点、关键点都在农村。相对于快速推进的工业化、日新月异的城镇化和风起云涌的信息化,农业现代化的差距依然很大,农民收入仍然较低,农村经济发展滞后,靠天吃饭的传统农业面貌还没有根本改变。在全面建成小康社会的过程中,必须高度注重农村经济的发展和农民收入的增加。

一、坚持以增加农民收入为核心,着力构建农民持续较快增收的长效机制

检验农村工作成效的一个重要尺度,就是看农民的钱袋子鼓起来没有。要从实现好、维护好、发展好广大农民群众根本利益出发,多渠道增加农民收入。要大力发展现代农业,利用农业多种资源,拓展农业多种功能,发展农业多种业态,深入推进农业结构调整,大力发展现代畜牧业,加快发展林果业,积极发展花卉产业,做大做强农产品加工流通业,挖掘农业内部增收潜力。要着力拓展农民外出就业空间,增加农民工资性收入。加强技能培训,发展职业教育,搞好就业服务,促进更多农民转移就业。要大力支持农民创业,落实农民工返乡创业扶持政策,以创业促就业,激发创业活力,让留乡人口安居乐业,促进和带动更多农民增收。

二、坚持以保障农民物质利益为中心,建立农业转移人口农村权益退出和补偿机制

农业转移人口在农村的权益是法律赋予农民的权利,也是农户享有的一项社会福利。一是要保护农业转移人口的农村权益,现阶段农业转移人口落户城镇,是否放弃宅基地和承包的土地,必须完全尊重农民本人意愿,不得强制或变相强制收回。二是政府在农业转移人口退出农村权益的过程中要起到引导和监督作用,逐步建立引导农户退出农村权益的引导机制、促进农户主动退出农村权益的激励机制以及完善农户退出农村权益的保障机制。三是建立农业转移人口农村权益自愿退出补偿制度。要尽快制定农村转移人口自愿放弃、转让农村权益的相关规定,鼓励和支持在城镇拥有较为稳定职业及收入来源、有稳定住所,自愿迁入城镇定居的农民放弃农村权益。对迁入城镇定居,自愿放弃承包地、宅基地等农村权益的农业转移人口,政府可从耕地开垦费、新增建设用地土地有偿使用费、农业综合开发等收益中,按其退出的承包地、宅基地面积给予补偿和奖励;集体经济有实力的地方,也可经集体组织成员(代表)大会讨论同意,用集体经济组织收益给予一定补偿。

三、坚持以落实好强农惠农富农政策为根本,健全完善农业支持保护体系

一是进一步完善惠农补贴政策。认真落实涉农补贴"增加总量、优化存量、用好增量、加强监管"的政策。不断加大农业补贴力度,完善农资综合补贴动态调整机制,推进种粮大户专项补贴试点工作。二是进一步支持现代农业生产发展。大幅度增加对农业基础设施、政策性农业保险制度等的投入力度,增加农业综合开发财政资金投入,让农业获得合理利润,让农业大县财力逐步达到全国或全省平均水平。三是大力扶持发展多种形式的新型农业经营主体。坚持农户家庭经营的基础性地位,加快培育种养大户、家庭农场、农民合作社、产业化龙头企业、农业社会化服务组织等新型农业经营主体,鼓励农民兴办多元化、多类型的合作组织。支持合作社改善生产经营条件、增强发展带动能力。

四、坚持以改善农村民生和提高公共服务水平为重点,加快推进社会主义新农村建设

推进城乡基本公共服务均等化,让广大农民平等参与现代化进程、共同分享现代化成果。一是持续加强农村基础设施建设。搞好社会主义新农村建设规划,规划要一步到位,为改变乡村"脏、乱、差"面貌打好基础。同时要把城市建设管理的理念引进到农村,把公共服务延伸到农村,推进农村建设管理现代化,让农民过得更加体面,让农村成为安居乐业的家园。二是加快发展农村社会事业。完善农村社会保障制度,提高农村最低生活保障、新型农村合作医疗、农村养老保险标准,有条件的地方加快城乡社会保障制度并轨。三是探索建立农村公共产品和公共服务长效供给机制,明确各级政府间和政府、集体、农民间的支出责任。

五、坚持以创新体制机制为动力,增强农业农村发展活力

加快完善城乡发展一体化体制机制,促进城乡要素平等交换和公共资源均衡配置。一是构建起"以工补农、以城带乡"的长效机制。通过公共财政等手段,减缓农业农村资源要素外流,进一步催生农业农村内部活力,增强农业农村自我发展能力。二是建立有利于资源要素向农村配置的激励机制。积极鼓励和引导资金、技术、人才、管理等要素向农村流动和聚集,使城乡共享现代文明,经济社会全面、协调、可持续发展。三要健全城乡统一的生产要素市场。改革和完善土地征用制度,确保农民在土地增值中的收益权。切实促进城乡经济社会文化相互渗透、相互融合,逐步实现城乡社会统筹管理和基本公共服务均等化。四是完善利益补偿机制。加大对传统农区的投入和利益补偿力度,提高对产粮大县奖励标准,支持在传统农区布局对地方财力具有支撑作用的重大项目,增强传统农区发展后劲。

(作者系信阳农林学院党委副书记)

尽快启动大郑州都市区规划
加快推进中原经济区核心区一体化发展

耿明斋

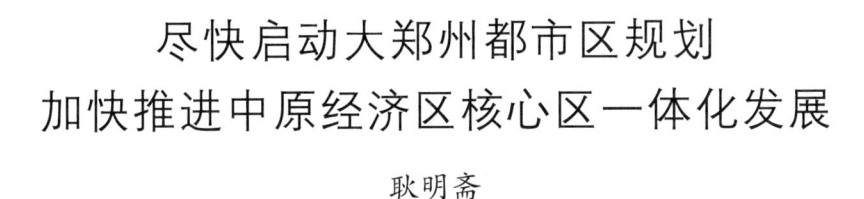

一、大郑州都市区的含义

所谓大郑州都市区,是指郑汴洛焦新许(济)6(7)城市,以郑州为中心,相互对接,融合发展所形成的都市连绵区,也就是《国务院关于支持河南省加快建设中原经济区的指导意见》(国发〔2011〕32号)所指中原经济区核心区。

二、形成都市连绵区是全世界现代化发展的普遍规律

以工业化和城镇化为核心内容的现代化的基础是交通,人流物流信息流围绕交通枢纽持续聚集,并最终形成大都市乃至大中小城市和小城镇密集布局,相互对接融合发展的都市连绵区,是全世界所有已经完成了现代化的国家和地区城镇体系演化的共同规律,中国也不会例外。从日本东京、大阪和名古屋三大都市圈到美国东西海岸以波士顿、纽约、旧金山和洛杉矶为中心的都市带,再到国内以京津为核心的京津冀、以沪宁杭甬为中心的长三角和以广深为中心的珠三角等城市密集区,均是此种格局。

三、郑州周边有条件形成都市连绵区

以郑州为中心,涵盖郑汴洛焦新许(济)6(7)城市的中原经济区核心区,拥有国内首个到目前为止也是唯一一个航空经济综合实验区和定位于全球航空货运中心的空中枢纽,拥有由京广、徐兰、郑万、郑合、郑太、郑济等

多条或已通车运营、或正在建设、或已列入规划等即将形成的米字形高铁快速交通系统,再加上普铁、城铁、地铁和发达的公路交通系统。这种由多种交通方式所形成的复合式枢纽体系,在中国内陆地区具有不可比拟的巨大优势。大枢纽带动大物流,派生大市场,聚集大产业,形成大都市,这将是该区域发展的基本逻辑,其演化的结果必然是形成以郑州为中心,涵盖郑汴洛焦新许(济)6(7)城市的都市连绵区。交通基础设施对接、功能互补和融合发展是实现共享的基础,对接融合发展和共享的结果则会加快都市连绵区形成的步伐。

四、发展都市连绵区既是共同愿望,也是推动中原经济区和航空港经济综合试验区等国家战略实施的必然结果

实际上,上述发展趋势已成共识,周边城市与郑州对接融合发展的愿望异常强烈,除了十年前启动的郑汴一体化之外,郑许、郑新、郑焦等城市一体化发展的思路早已在积极谋划中。现实中,周边城市面向郑州对接发展的格局已经形成。向东郑汴基本上已经连为一体,向南郑许之间通过新郑长葛两个支点也已成连绵发展之势,向西荥阳、上街、巩义、偃师等若干支点已把郑洛串联起来,向北以平原新区为支点与新乡对接步伐在加快,向西北即将开通的城际铁路也大大拉近了与焦作的距离。这就是说,不管是从思路上还是在现实中,郑汴洛焦新许(济)6(7)城市都市连绵区发展态势已经形成。省委九届八次全会通过的《河南省全面建成小康社会加快现代化建设战略纲要》和省人大十二届四次会议谢伏瞻省长的政府工作报告都突出强调要发挥郑州航空港经济综合试验区在中原崛起河南振兴富民强省中的引领带动作用。引领带动的实质是实现以空地对接交通枢纽为核心的公共基础设施和公共服务体系在更广大区域范围内共享,首先是在中原经济区核心区也就是郑汴洛焦新许(济)6(7)城市范围内共享。

五、启动大郑州都市区规划已迫在眉睫

对接融合发展并形成大郑州都市区或以郑州为中心的都市连绵区,虽然是规律,也是各方共识和各种战略实施的要求,但由于行政区划和利益诉求的差异,到目前为止这种发展趋势还处于自发的状态,建立在各自独立谋划的基础上,结果必然会带来基础设施对接、功能定位和公共服务体系共享方面出现错位、断头乃至重复浪费现象,从而影响资源配置效率。要避免这种现象,必须尽快启动大郑州都市区规划。大郑州都市区规划的责任主体应该是省委省政府,具体执行机构应该是由省委省政府主要领导兼任组长的中原经济区及郑州航空港经济综合试验区建设领导组,及其依托发改委设立的办公室。规划应聘请国内外权威机构和公认的高水平专家主持,以保证科学性和前沿性。规划应以完善城市之间多层次网络化交通体系引领,厘清空间结构和大中心城市和小城镇空间布局,明确各自功能定位,建立共享机制。规划一旦确定,应坚决贯彻,不得随意变更。

(作者系河南大学中原发展研究院院长、教授)

加快构建全方位内陆开放新体系

苗长虹

"十三五"时期,在经济新常态和新发展环境形势下,作为地处内陆的河南,已经进入"全面开放、全面参与、全面合作、全面提升"的全方位、多层次对内对外开放的新阶段。全力推进对内对外开放,构建全方位内陆开放新体系,推动引进来与走出去相结合,积极参与区域、全球分工合作,主动融入全球价值链与全球生产网络,是保障我省全面建成小康社会的重要支撑。

一、以河南自贸区申报建设为引领,加快完善开放载体与平台

打造各级各类开放平台与载体,是实现全方位开放的重要抓手。依托郑州、开封、洛阳三大物流与创新节点城市,加快申报河南自贸区,打造内陆对外开放高端平台。深入推广中国(上海)自由贸易试验区改革试点经验,在政府职能转变、扩大开放领域、贸易转型升级、深化金融领域开放等方面,构建对外开放新体制。继续加快各类产业集聚区、特色商业区与中心商务区等载体建设,完善软硬环境与条件,积极承接产业转移,成为全省开放的主体平台。以产业集聚区建设为抓手,积极探索推进中外合作产业园区、省际合作产业园区、省内共建产业园区等模式,在利益分享、支持政策等多方面进行创新试验,打造全方位合作开放新格局。

二、深度融入国家"一带一路"战略,加快构建现代产业新体系

主动对接"一带一路"战略,是我省利用全球资源配置、实现对外开放突破和升级的一次重大战略机遇。进一步完善和利用多边、双边经贸合作

关系以及中国(郑州)产业转移系列对接活动等产业交流合作平台,突出抓好标志性企业和项目引进。紧抓国内外产业结构调整机遇,全方位、多层次有序承接产业转移,努力引进外部高端要素,以国内外500强、央企和行业龙头企业为重点,突出引进龙头企业和标志性项目,突出高端和高成长性项目,加快培育战略性新兴产业,大力发展服务业,努力改造提升传统产业。积极对接《中国制造2025》,引导国内外资本投向新一代信息技术、高档数控机床和机器人、先进轨道交通装备、节能与新能源汽车、农机装备、新材料、生物医药及高性能医疗器械等领域。面向"一带一路"战略,积极探索和加快向西开放的步伐。以钢铁、水泥、玻璃等为代表的产能过剩行业,积极实施走出去战略,沿着"一带一路"进行资源的全球配置,增强竞争力;基建和装备等优势产业,应鼓励具备实力的企业更好地利用在资本、品牌和技术等方面的优势,加快拓展海外市场规模,提升参与国际产业分工的水平,不断地向全球产业价值链的高端攀升;农业应抓住"一带一路"建设的重大战略机遇,培育一批"走出去"大型农业企业,充分发挥其在农业耕作技术、农业科技创新、农业基础设施建设等方面的技术优势和经验,开发利用国外农业资源,建设一批农业产业基地、新技术推广示范基地。

三、促进区域协同协调发展,打造区域竞争新优势

推动中原城市群核心区整合发展,强化郑州建设国家中心城市的区域支撑。围绕国家中心城市的战略定位,以郑东新区与航空港经济综合实验区为重点,按照主体功能定位进行连片开发,培育形成通勤高效、一体发展的都市区。推动郑汴新区加快发展,深入推进郑汴一体化和郑汴都市区建设,尽快构建郑汴合作建设航空港经济综合实验区的新体制机制。加快中原城市群核心区半小时交通圈建设,在核心区率先实现同城化和一体化。大力提高大别山、伏牛山、太行山、黄河滩区"三山一滩"地区贫困人口搬迁和就业保障能力,积极推动土地流转和招商引资,加快贫困地区融入开放经济体系。以国家开展跨省级行政区城市群规划编制为契机,以中原经济区为基础,加强与周边省份的协调合作,构建和发展集聚效率高、辐射作用大、城镇体系优、功能互补强的跨省合作的中原城市群,使之成为支撑"一带一

路"、参与国际竞争合作的国家级平台。积极开展泛黄河经济带区域合作,打造引领经济新常态的丝路－陆桥经济支撑带,依托网络化的丝路－陆桥通道和作为中华文明主干的黄河文明,整合大黄河流域10省(区)2市,构建泛黄河经济带,实施"10＋2"区域合作框架,为打造引领经济新常态的丝路－陆桥经济支撑带提供区域合作的新战略平台。

四、推动基础设施互联互通,构建全方位开放的新通道

以郑州国家铁路枢纽建设为依托,加快以郑州为核心的"米"字形高铁轴线建设,强化郑州到京津冀、长三角、珠三角地区的联系,加快郑州与天津、青岛的快速联系通道建设,打通到山东沿海港口群、津冀沿海港口群等出海口的联系,实现与东部沿海地区、东北亚乃至亚太地区的互联互通,增强向东开放的通道能力;依托郑州铁路集装箱中心站平台,加快建设国际陆港,完善郑欧班列市场化运营,提升同西北内陆腹地、中亚地区和欧洲货物运输的互联互通水平,构建向西开放的新通道。以郑州航空港经济综合实验区建设为依托,加快国际航空物流中心建设,以"郑州—卢森堡"国际货运航线为基础,增开国际货运航线,进一步发展连接世界重要枢纽机场和主要经济体的航空物流通道,打造对外开放的"空中走廊"。以郑州交通枢纽为核心,打造"铁、公、机"等多式联运的战略节点,构建"连天接地"的国家多式联运中心。大力发展空铁联运,推动仓储分拨、配送中心、快运速递、集装箱运输、综合物流服务、物流信息服务、供应链管理以及重点物流基础设施建设,建立对外开放的多式联运的国际物流通道。开展原材料、工业品网上交易、定制、销售等业务,实现上下游关联企业业务协同发展,加快发展跨境贸易电子商务、移动电子商务,深化电子商务服务集成创新,发展第三方电子商务综合服务平台,构建"买全球""卖全球"电子通道网络。

(作者系河南大学黄河文明与可持续发展中心主任、教授、博导)

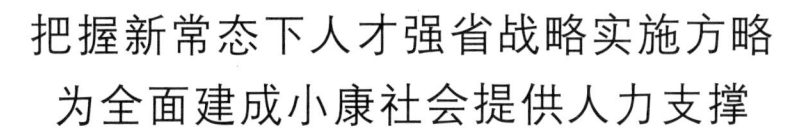

把握新常态下人才强省战略实施方略为全面建成小康社会提供人力支撑

李政新

随着我国经济发展新常态的到来,人才作为生产函数中最重要因素的作用更加凸显,人才发展环境、趋势和规律等都出现了一系列不同于以往时期的新特征,对进一步实施人才战略提出了新的更高要求。我省虽然是人口大省,但不是人力资源强省,存在着人才总量相对偏低,人才集聚效应较弱,协同创新效率不高,人才对经济增长贡献率低等问题。要从战略高度出发,顺应新趋势、把握新常态、推出新举措,结合转型发展、创新驱动、科教兴豫等战略的实施,持续深入推进河南人才强省战略,为建设"四个河南"和全面建成小康社会提供人才支撑。

一、实施人才战略面临的新形势新要求

(一)发展方式转变对实施人才战略提出更为迫切的要求

随着国内外环境条件的不断变化,我国经济发展呈现出增速不断下调、产业结构趋于高级化、寻求经济增长新动力的阶段性特征,旧常态或传统经济发展方式中的大多数支撑因素发生了历史性的深刻变化。其中,造就"中国经济奇迹"重要因素之一的人口红利已经出现拐点,全国劳动年龄人口绝对数量开始下降,"用工荒"和劳动力成本上涨已经成为制约经济增长的重要因素;作为多年来刺激经济增长主要杠杆的宽松货币政策,因通胀压力不断加大和天量 M2 带来的金融风险问题难以为继;土地、资源、环境等曾长期被忽视因素的约束力越来越强,节约集约利用资源、加强环境保护生

态建设等正成为可持续发展的内生因素,未来经济发展的主要动力将从过去过分依赖投资增长、资源消耗和初级要素投入,转变为主要依靠提高全要素生产率和创新驱动。把人才作为一种重要的稀缺性战略资源,对人才的培养、聚集和使用等作出重大全局性安排,成为实现经济社会发展目标必不可少的措施,实施人才战略比以往任何一个时期都显得迫切和重要。

(二)提升劳动者整体素质要求优化以人才为核心的人力资源结构

加快转变经济发展方式的大趋势,要求必须提升包括劳动者在内的生产要素质量禀赋,原有以普通劳动力为主要构成的人力资源结构必须优化为以人才为核心的新结构。由于人力资源存在着质量对数量的较强替代性,对应于普通劳动力的日益短缺,可以通过增加人才比例、提高人才层次或更好地发挥人才作用来弥补。特别是在经济下行压力越来越大、人口红利逐渐消退的情况下,充分发挥人才的替代作用,将成为新常态下保持经济持续稳定增长的必然选择。对于我省这样的劳动密集型、资源加工型等传统产业占比较高的省份,加快产业转型和结构优化升级,更需要优化人力资源结构,努力提高研发型人才、技能型人才的数量和比重,提升人力资本总量。

(三)流动与集聚成为发挥人才效能的重要方式

实践和理论表明,"集聚"是造就人才高地发挥人才效能的重要方式,越是那些科教基础好、政策环境优、对外开放度高的地区和行业,对人才的吸引力越强,越容易产生人才集聚,越容易将现代科研成就和产业经济效能激发出来,并通过人才集聚度的不断提升带动更高层次发展,进而形成"营造环境—人才集聚—科技创新—产业发展—人才集聚度提高—推进更高层次发展"的良性循环。

(四)新一轮产业革命对创新型人才提供了新舞台提出了新要求

创新是人才的特有品质,创新驱动发展从本质上讲就是人才驱动发展。当前,新科技革命和产业变革与我国加快转变经济发展方式形成了历史性交汇,以德国工业4.0为代表的新一轮产业革命迅速发展,工业的数字化、网络化、智能化趋势不断加强。面临巨大的机遇与挑战,要想追赶国际产业发展潮流,实现与新产业革命同步的战略目标,抢占新一轮竞争制高点,关键在于如何培育、造就和集聚大量创新型、技能型人才,通过优化环境让人才充分施展才能,实现创新驱动发展。

二、"互联网+"预示人才协同创新时代的到来

互联网技术日益普及和提升,快速推动产业转型升级以及社会深刻变革。在未来"互联网+"时代,人才创新活动的非线性、网络化、全球化特质将会进一步凸现,公司和"创客"们将更多地依托互联网发展,在充分张扬个人能力才华的情况下即时分享、整合、利用全世界各个角落的线上线下物质文化成果。未来的创新活动,将会越来越多的从单一行业、单一方式向多行业、跨行业和多方式转变,从个人创新到集体合作创新、多元主体协同创新的转变,从而聚合更高能级的知识创新、产品创新,提升创新率溢出效,推动经济增长和社会进步。

三、有关对策建议

第一,把握规律调整思路,坚持推进人才强省战略不动摇。进一步提升人才工作在全省各项工作布局中的战略地位,顺应经济新常态,确立新思路,确立以人才为核心的人力资源新体系,提高各类人才在人力资源构成中的比重,统筹提高全体劳动者整体素质,调整优化人力资源结构。

第二,提升人才集聚度和人才贡献率。在增加全省人才总量的前提下,把通过实施差异化人才集聚定位策略提升专业人才集聚度,特别是提升重点领域、重点行业、重点区域的人才集聚度,作为实施人才战略一项重要举措。采取差异化的人才定位和人才策略,打造特色人才集聚平台,积极吸引和集聚特色专业领域的创新型、技能型人才,加快提升专业化人才在不同产业集聚区等不同发展载体的集聚度,推进特色发展、创新发展。

第三,积极培养造就一大批具有国际水平的前沿性领军人才。顺应新一轮产业革命大势,围绕信息、生物、新能源、新材料等科技前沿和制造业智能化、"互联网+"等战略领域,结合落实《中国制造2025》行动计划,以培育战略性新兴产业、改造提升传统优势产业、推进农业现代化进程等为重点,在代表当今科技进步、产业发展的前沿领域和我省在全国具有明显比较优

势的领域,优先培养造就一大批国内一流科学家、科技领军人才和优秀创新团队,努力培养一大批企业科技人才,有效发挥人才的引领带动作用,为转变经济发展方式和实现创新驱动发展奠定人力资源基础。

第四,深化体制机制改革,促进我省高等教育和职业技能培训的转型发展。加快高等教育发展方式从外延式发展向内涵式发展转型,以地方高校转型发展为突破口协调好高等教育与就业市场需求之间的关系,建立现代大学制度,促进高校发展由规模扩张向质量提升转变、由定位趋同向特色发展转变、由相对封闭向开放合作转变、由单向管理向多元治理转变。把劳动力技能培训作为关乎人才强省战略的重要任务来抓,加大扶持力度,搭建有效平台,推进校企合作,改进技能培训模式,促进技能培训与产业资源融合发展,全面提高技能培训的效率、质量和层次,力争使劳动力技能培训与全省社会经济发展新要求相适应。

第五,健全激励机制,推进创新创业和协同创新。构建以市场为导向、企业为主体、政产学研用的协同创新体系,从知识创新、技术创新、协同创新、产业创新、转化应用、环境建设等方面,健全鼓励科技人员创新创业的激励机制。积极搭建新型协同创新平台,构建一批专业化的众创空间,加快提供技术来源、创业辅导、财务咨询、贷款风险补偿等集成服务。注重运用信息化手段推进创新创业和协同创新,积极打造"互联网+"创新平台和建设"互联网+"创业社区,实现人才虚拟集聚。

第六,优化人才环境,破解人才束缚。倡导"人才本位论"的新伦理新风尚,营造尊重人才、崇尚创新、鼓励创业的社会氛围,构建宽松、包容的人才制度环境,破除一切束缚人才、轻视人才的传统习俗。加大包括软科学在内的各类知识产权保护力度,建立引进人才和原有人才公平统一的政策扶持体系,维护公平竞争的人才发展秩序。加快政府职能转变,简政放权,完善各类人才在户籍管理、柔性流动、兼职创新、咨询服务、科研成果转让和生活保障等方面的政策。建议在郑州航空港经济综合试验区、郑东新区中央商务区和龙子湖高教园区、洛阳新区等地建立"人才特区",引入"负面清单"人才管理模式,比照国际先进经验和惯例打造人才"实验田"。

(作者系省政府发展研究中心研究员、博士)

河南全面建成小康社会的两个制约与突破
——基于现代农业大省建设视角

郭 军

河南作为中国的一个典型缩影,过去说,中原兴、中华兴,现在也可以说,河南建成小康之时,就是中国建成小康之日。省委省政府以高度的责任感和担当精神,积极作为,以三大国家战略规划为契机,推进"三个大省"建设,加快城乡一体化发展步伐和全省扶贫工程,取得了喜人的成绩,但也还存在着一些需要进一步思考和解决的问题。

一、城乡一体化进程中农区向城区转化的政体制约与突破

怎样实质性地推进城乡一体化,政体改革是关键。也就是能不能把一些有条件的镇和村,也纳入到政区建设中来,给予城镇建设与发展的相应待遇。城乡一体化的内核是破除城乡二元结构,打破城市市民与农村农民的界限,让农民和城里人一样,转变生产方式,享受现代生活。从理论上讲,亦如厉以宁先生说的,"城镇化率达到80%,12亿人住在城镇,现在6亿多再增加5亿多人的话,城市将挤成什么样了?12亿人拥挤在城市你再怎么建设也来不及。"所以,"一定要走适合中国国情的道路",即城镇化应该是"老城区向新城区到新社区"这么一个基本逻辑。换一句话说,就是我们在城乡一体化进程中,应该注重中小微城镇发展,而且,这个中小微城镇不只是地理空间上的,还应该是国家政体予以认可的正规的、标准的城市城区性质。长期以来,我们的行政区划、行政建制,一直是把县和镇列为农村政区的概念、区别于城市,从而人为地割裂了城乡人们之间的联系,形成了城

里人和乡下人的极具封建主义思想的观念。

有关方面数据显示,目前,我省有10万~20万人的城市(中心城区人口数)和县城30个,3万人以下的乡镇747个,县城、县级市平均规模仅为15万人左右,县城以下乡镇平均0.88万人,这不仅说明我省人口迁徙的潜力之大,更反映出我省由于原有行政区划、行政建制对人口流动、对城镇化进程的政体制约及其程度。假如我们能够积极主动争取国家政改支持,改革这一旧的政体模式,则必将会大大促进城乡一体化的进程。也会因为这一改革带来城乡社会事业水平差距的显著改善,加快城乡要素流动、农民工市民化步伐。因此在"十三五"期间,是否可以尝试以县、镇、包括某些村为主的政区改革,推动那些符合条件的县、镇、村由农村政区向城市政区转化,使城乡一体化从政体上保证有实质性进展。

二、农业现代化进程中农业机械化水平与农民收入水平关系转换的事体制约与突破

我省是农业大省,粮食生产大省,又是耕地资源匮乏大省。全国人均耕地1.5亩,我们只有1.23亩,而维持1100亿斤粮食收获水平需要耕地,进入工业化中期发展需要耕地,城镇化建设需要耕地,我们除了合理开发利用工矿废弃土地、低丘缓坡土地以外,就是要寻求在有限的土地上实现集约经营,提高单位面积收益。集约经营一方面强调利用现代农业装备,增加和提升农业机械化水平,另一方面追求资本有机构成的提高,增加和提升农民的农业经济收入。

河南省农机局2015年初的数据显示,2014年全省农作物耕种收综合机械化作业率达76.3%,高于全国农作物耕种收综合机械化作业率61%的15.3个百分点,几乎接近世界这一指标数据水平。而同时期,2014年河南省农民人均纯收入9,350元,相比全国农民人均纯收入9892元,河南低了500多元,因素肯定是多方面的。但如此之高的农业机械化水平,从理论上讲应该是有较高的收入的,但这一农业机械化对增加农民收入的贡献率并不明显,这是值得研讨的。是否存在农机装备构成和先进程度优化提升问题?是否因为农民应用农机水平和效率不高问题?是否由于农业机械使用

费用过高,抑制了农民实施机械化作业积极性、增大了成本,减少了收入问题?是否出现农业机械化专业合作社组织运转体制、分配机制的市场化、规范化不到位问题?是否依然是农业机械化与农户土地分散、难以形成规模化生产、增加规模化收入问题?等等。值得指出的是,我省农业机械化水平虽然较高,但与其他省区相比,特别是与国外相比,还存在着研发、技术、工艺、性能、效率等多方面差距,所以,《中国制造2025》中就明确把农业机械列为重要产业。

我们不仅应该做深层次理论探讨,更要从有关农业机械化与增加农民收入关系视角,破解其间矛盾。比如,加大改革力度,加快土地流转步伐,加速小农经济生产向大规模的现代化生产经营转变,解决农业机械化作业与农户小块地种植的矛盾,让农业机械化充分派上用场,在推进农业机械化普遍应用的过程中不断增加农民收入。再如,既要从政策上给予购置农业机械者财政补贴,也要给予使用农业机械化作业者财政补贴,以政府补贴刺激农业机械化水平的提高,把推进农业机械化与增加农民收入紧密结合起来,通过财政补贴增加农民收入,提高农业机械化水平。

此外,应深入研讨我省农业机械化程度高,但促进农民向非农产业转移、拓展农民增收渠道不明显的问题。一般来说,资本有机构成的提高,会不断地、大量地、明显地排斥农业劳动者向非农产业的转移,也只有随着农业机械化的大力推广,刺激农民向非农产业转移,才有可能创造条件让农民的收入渠道拓展,增加更多的工资性收入。

(作者系河南财经政法大学教授)

全面建成小康社会要补齐贫困治理这块短板

牛苏林

《河南省全面建成小康社会加快现代化建设战略纲要》提出,到2020年全面建成小康社会,"扶贫开发任务全面完成""对深山区、滩区等不具备开发发展条件的村庄,要结合产业扶贫实施搬迁"。对河南这个贫困人口大省来说,贫困问题是全面建成小康社会最重要的路障,也可以说,解决了贫困问题,河南全面建成小康社会就有了坚实的基石。"十二五"我省的扶贫开发工作虽然取得明显绩效,但贫困治理依然是"十三五"时期最艰巨、最繁重的"硬骨头"。

一、我省贫困问题现状

一是贫困人口规模大。按照新的国家扶贫标准,目前我省还有53个贫困县,9000多个贫困村,1150多万贫困人口,占全省总人口的1/10还要多,是全国贫困人口最多的省份。

二是贫困问题程度深。绝对贫困人口幅度大,完全依赖政府和社会帮扶才能维持正常生活,占贫困人口30%,被称为"锅底人群";返贫率高,占贫困人口30%,因灾、因病、因学、因婚、失业等原因致贫返贫现象较为普遍。

三是扶贫边际成本加大,扶贫开发资金投入总量不足。据有关统计资料显示,现存农村绝对贫困人口中,五保户占1/5,残疾人占1/3,生活在不宜生存环境(包括地域偏远、交通不便、生态恶化、灾害频繁等地区)者占1/4,常年受疾病困扰,丧失劳动能力者也占有相当的比例。要解决他们的脱贫问题,显然需要投入的扶贫资源越来越大,其脱贫成本越来越高。另外,贫困人口分布呈现"大分散,小集中"的格局,也加大了扶贫的监督成本。再加上在扶贫资金的分配和管理使用中缺乏严格规范的制度,各级政府、中介机构、农户之间会开展多重博弈,甚至出现挤占和挪用扶贫资金的现象,致使扶贫资源利用效率低下。

四是社会扶贫不到位。目前扶贫主要是政府行为,社会扶贫的活力没有得到充分调动,比例很小,同国外相比还有较大差距。

五是脱贫观念滞后。贫困地区教育文化落后,听天由命,依靠政府救济,等、靠、要思想非常严重,不愿意搬迁,给扶贫工作带来不少麻烦,大大增加了扶贫成本。

二、解决我省贫困问题的对策与建议

一是结合"十三五"规划编制,制定我省精准扶贫脱贫工作计划(2015 – 2020 年)。进一步摸清我省贫困底数,把我省贫困的基本现状、存在突出问题、重点目标和重点任务、贫困治理的主要路径和政策措施搞清楚、分析透、规划好。把扶贫开发作为战略部署纳入全省经济社会全局同步推进,把减贫作为衡量发展的重要标志,把扶贫工作摆在重要位置。

二是强化扶贫开发工作领导责任制。把中央统筹、省负总责、市(地)县抓落实的管理体制,片为重点、工作到村、扶贫到户的工作机制,党政一把手负总责的扶贫开发工作责任制,真正落到实处。党政一把手要当好扶贫开发工作第一责任人,深入贫困乡村调查研究,亲自部署和协调任务落实。

三是切实做到精准扶贫。要按照六精准的要求(扶持对象精准、项目安排精准、资金使用精准、措施到户精准、驻村派人精准、脱贫成效精准),全面落实中央精准扶贫精准脱贫战略。实施精准扶贫战略,根本目的是确保党和政府的政策实惠落到贫困群众身上,确保贫困地区、贫困群众尽快实现稳定脱贫的目标。

四是切实强化社会合力。扶贫开发是全党全社会的共同责任,要动员和凝聚全社会力量广泛参与。要坚持专项扶贫、行业扶贫、社会扶贫等多方力量、多种举措有机结合和互为支撑的"三位一体"大扶贫格局。

五是推进扶贫改革创新。重点抓好贫困县考核、精准扶贫、干部驻村帮扶、扶贫资金管理、金融服务、社会参与六项机制创新。把扶贫攻坚规划与新农村建设规划、新型城镇化规划、综合交通规划、特色产业发展规划、生态环境建设规划统筹起来,实现多规融合,形成发展合力。一方面要更广泛地让社会力量了解扶贫是社会共同的责任;另一方面要加大政策鼓励全面落实扶贫捐赠税前扣除、税收减免等扶贫公益事业税收优惠政策,以及各类市场主体到贫困地区投资兴业、带动就业增收的相关支持政策,鼓励有条件的企业自主设立扶贫公益基金。

六是完善社会扶贫政策。在对现有社会扶贫政策进行系统梳理的基础上,研究出台我省关于动员社会力量参与扶贫开发的指导性文件。从总体要求、创新方式、完善政策、加强保障等方面予以明确和规范,进一步健全完善激励支持社会扶贫的机制和措施。按照国家税收法律及有关规定,全面落实扶贫捐赠税前扣除、税收减免,以及支持各类市场主体到贫困地区投资兴业、带动就业等税收优惠政策。

七是切实加强基层组织建设。要把扶贫开发同基层组织建设有机结合起来,抓好以村党组织为核心的村级组织配套建设,真正把基层党组织建设成带领群众脱贫致富的坚强战斗堡垒。做到每个贫困村都有驻村工作队、每个贫困户都有帮扶责任人。按照"不脱贫、不脱钩"的原则,强化责任,一包到底。

(作者系省社科院社会学所所长、研究员、博士)

全面建成小康社会必须全面从严治党

赵士红

办好中国的事情关键在党,如期全面建成小康社会也必然靠党。习近平总书记提出"四个全面"战略布局。无论是全面深化改革、全面依法治国,还是全面从严治党,其目的都是为了全面建成小康社会,继而实现中华民族伟大复兴的中国梦。保证"四个全面"的顺利推进,就必须全面从严治党,在党的强有力的领导下,全面深化改革,全面推进依法治国,进而不断推进全面建成小康社会建设进程,"把人民的希望变成生活的现实"。

一、以全面从严治党保证如期全面建成小康社会

马克思主义政党的作用,归根到底要体现在推动历史变革和社会发展中。党必须围绕党的中心任务来加强党的建设,党的建设伟大工程同党领导的伟大事业是紧密联系在一起的。伟大事业为伟大工程注入生机、开辟广阔前景,伟大工程为伟大事业提供支持和保证。全面加强党的建设必须着眼于完成党的中心任务,更好地为党领导的伟大事业服务。只有始终围绕党的中心任务来加强党的建设,站在完成党的历史使命的高度来谋划党建工作,党的建设与党和人民的事业才能相互促进。这是党加强自身建设的一条宝贵经验。全面建成小康社会是中国人民一百多年来的夙愿,是实现中华民族伟大复兴中国梦的重要里程碑。习近平总书记指出:"中国已经进入全面建成小康社会的决定性阶段。实现这个目标是实现中华民族伟大复兴中国梦的关键一步。"在习近平总书记提出"四个全面"的战略布局中,全面建成小康社会是处于统领地位的战略目标,全面深化改革、全面依

法治国、全面从严治党是实现战略目标的三大战略举措。如期全面建成小康社会,是我们党向人民作出的庄严承诺,也是全党当前的中心工作。党要围绕这一中心工作推进党的建设,努力把党建优势转化为发展优势,把党建资源转化为发展资源,把党建成果转化为发展成果,保证如期全面建成小康社会。

二、紧紧围绕全面建成小康社会推进全面从严治党

第一,紧紧围绕全面建成小康社会加强执政能力建设。从总体上看,党的执政能力同党担负的历史使命目前是适应的。但是我们也应看到,面对坚持小康社会的新任务新要求,党的领导水平和执政水平还有不小的差距,加强党的执政能力建设比以往任何时候都显得更为紧迫。党的凝聚力、向心力来自于在党的领导下能否实现经济发展、社会进步、生态环境改善,来自于能否给广大人民群众带来看得见、摸得着的物质利益和精神享受,实现人民对美好生活的新期待。一些曾经长期执政的大党之所以失去执政地位,一个重要原因就是漠视人民利益,把对人民的美好承诺变成了空头支票,失去了人民信任。如期全面建成小康社会是人民的美好期待,也是我党对人民的庄严承诺。如何达到这个目标,取决于党的领导能力和执政水平。因此,我们必须大力加强党的执政能力建设。

第二,紧紧围绕全面建成小康社会加强干部队伍建设。全面建成小康社会,对干部素质能力提出更高要求。建设高素质执政骨干队伍,必须执行任人唯贤的干部路线,而要做到任人唯贤,就要形成一套相应的制度和机制。要形成和完善四大机制,即干部选拔任用机制、考核评价机制、管理监督机制、激励保障机制,从而形成广纳群贤、人尽其才、能上能下、公平公正、充满活力的中国特色社会主义干部人事制度体系,建设坚定贯彻党的理论和路线方针政策、善于领导科学发展的领导班子,建设政治坚定、能力过硬、作风优良、奋发有为的执政骨干队伍,为坚持和发展中国特色社会主义提供坚强保证。建成全面小康社会,不是喊口号,不是为了完成上级的任务,更不是为了追逐个人金钱和权力。各级领导干部必须牢固树立起正确的政绩观,带头干,扎实干,兢兢业业地干,奋勇争先地干,不懈怠、不折腾,以实实在在的工作成效为这个宏伟目标的实现贡献力量。

第三，紧紧围绕全面建成小康社会加强党的作风建设。以优良的作风保障和推动全面建成小康社会这个中心任务。"其身正，不令而行；其身不正，虽令不从。"党员干部，特别是党员领导干部是执政兴国的骨干和中坚，是"关键少数"，越是这些时候，越要站在政治使命的高度来认识全面小康。加快全面建成小康社会进程，说到底是为了让人民群众过上更好的生活。以加大改进作风的力度来保障全面小康。在全面建成小康社会的伟大实践中，领导干部都要以解决群众最关心、最迫切的实际困难，促进人的全面发展为根本，而不是玩数字游戏，搞形象工程。各级领导干部要脚踏实地，多做打基础、增后劲、利长远的工作。要突出作风建设这个聚焦点，眼睛向下看、身子往下沉，真正做到问政于民、问需于民、问计于民，在密切联系群众中改进作风、提升素质、树立形象，在深入基层中总结经验、汲取智慧、创新思维，以作风改进的实际成效为全面建成小康社会作出应有贡献。

第四，紧紧围绕全面建成小康社会加强制度建设。全面小康包括法治的小康。法治既是小康社会的重要组成部分，也是全面建成小康社会的根本保障。而法治小康的实现离不开党的制度化建设，离不开各级领导干部制度意识、法治意识的增强。治国必先治党，治党务必从严，从严必有法度。治党必先有规。对于如何管党治党，习总书记始终强调制度建设。执政党依法执政是实现依法治国的前提，而党内法规体系则是依法执政的制度基础。十八届四中全会指出"依法执政，既要求党依据宪法法律治国理政，也要求党依据党内法规管党治党""党内法规既是管党治党的重要依据，也是建设社会主义法治国家的有力保障"。党内法规体系是中国特色社会主义法治体系的组成部分，对确保党在宪法法律范围内活动，把权力关进制度的笼子里，实现国家治理体系和治理能力现代化不可或缺，实现党规党纪严于国家法律，党规党纪与国家法律的有机衔接。

（作者系省委党校党史教研部主任、教授）

进一步加强精准扶贫工作
确保全面建成小康社会

李剑力

扶贫开发关乎我省实现全面建成小康社会和现代化建设战略目标的成败,时间紧、任务重。扶贫开发贵在精准,重在精准,成败之举在于精准。精准扶贫是对贫困户和贫困村的精准识别、精准帮扶、精准管理、精准考核,是提升扶贫开发工作效率的有效举措。

根据党中央关于扶贫开发的战略部署,我省主动转变思路,积极谋划,认真实行精准扶贫、精准脱贫,走出了一条特色鲜明的精准扶贫之路。其主要特点表现为"六突出":一是突出扶贫"标靶"精准。以"建档立卡"识别瞄准联网为基础,强化监督考核,精准动态推进扶贫。二是突出扶贫重点攻坚。对"三山一滩"重点扶贫区域,因地制宜,精准施策,大力实施转移就业扶贫、特色产业扶贫、异地搬迁扶贫。三是突出扶贫要素保障。实施水、电、路、气、房、环境改善到农家、农户增收致富的"六到一增"工程。四是突出社会协调推进。形成了政府、市场、社会"三位一体"的社会协调推进扶贫机制。五是突出驻村帮扶带动。以驻村帮扶为精准扶贫的抓手,采取"千企帮千村""万人帮万户"等方式,努力实现驻村帮扶全覆盖。六是突出扶贫主体责任。以"放权问责"确立责任主体为关键,抓住抓好县级党委政府推进扶贫,明确县级党委政府是落实扶贫开发主体,承担扶贫开发重要主体责任,确保了精准扶贫的有效推进。

经过近年的努力,我省精准扶贫工作取得了显著成效。2011年以来,全省有550万左右农村贫困人口成功脱贫,实现了减少农村贫困人口过半的目标。2014年,全省完成122.2万农村贫困人口稳定脱贫,超额完成国家下达的97万人减贫任务;38个国定贫困县农民人均可支配收入7983元,比2013年增长12.9%,比全省农民人均可支配收入增幅高1.8个百分点。扶贫开发工作的有效开展,为全省经济社会发展和全面建成小康社会奠定了坚实的基础。

我省精准扶贫也存在着诸多问题和矛盾,需要进一步克服和化解。例如精准识别难度较大;精准帮扶措施的针对性不强;产业扶贫难度和风险大;贫困户主观脱贫意识差,劳动力文化素质低,自我发展能力弱;贫困地区基础设施依然落后等。因此,必须继续着力精准扶贫,紧密围绕"四个切实"和"六个精准",把握难点,完善机制,对症下药,全面提高我省精准扶贫工作的质量和效率,努力实现贫困人口精准脱贫。

进一步完善我省精准扶贫工作机制的对策建议:

第一,科学精准甄别贫困人口,建立精准扶贫到村到户的帮扶机制。一是严格程序,切实做到精准识别。坚持公正、公开、公平的原则,切实做到精确识别贫困户、精确登记造册、精确建档立卡、精确实行动态管理。二是对建档立卡扶贫对象实行动态管理。及时更新数据信息,加强贫困监测和统计分析,认真分析致贫原因,逐户制定帮扶措施。三是帮扶措施精准到村到户。建立精准扶贫到村到户机制,使帮扶计划、教育培训、产业扶持、搬迁改造、基础设施、社会保障等有效有序到村到户。

第二,突出重点,精准施策,强力推进"三山一滩"地区脱贫致富。我省"三山一滩"地区贫困人口多,贫困程度深,必须进一步加大扶贫力度,综合施策,分类推进,紧紧围绕转移就业、产业发展、搬迁聚居、改造提升、生态环境等方面扶贫攻坚。

第三,因地制宜,多方共同参与,大力实施特色产业扶贫。"造血"是长远之计,贫困地区的发展,归根结底要激发出内在活力和动力。产业扶贫恰能增强贫困地区的"造血"功能,帮助贫困地区解决生存和发展问题,它可以促进资源综合开发、合理利用,加快把资源优势转化成产业优势、经济优势,是增强贫困地区造血功能和抵御市场风险能力的一条重要途径。因此,未来扶贫的方向和重点还在于产业发展,要立足贫困地区资源禀赋和产业

基础,大力实施特色产业扶贫。

第四,主动适应"互联网+"快速发展新形势,开拓以电商扶贫为核心的信息化扶贫新模式。当前,"互联网+"的飞速发展,不仅改变了人们的交易方式,而且带来了消费方式、生产方式的变化。互联网和电子商务有效突破了农村经济传统资源要素的制约,可以改变贫困地区的时空限制,改变贫困地区落后的经济环境和基础设施带来的不足,缩小与发达地区的差距。然而,目前我省在现有的精准扶贫中,还存在着不够重视电商扶贫作用的问题。互联网时代背景下,应该把农村电子商务发展尽快纳入到精准扶贫中作为一个重要内容来实施。要积极探索电商扶贫的新领域和新模式,加快推进农村电子商务产业体系建设,为电商扶贫提供良好的条件。

第五,加强对贫困人口精准教育培训力度,提高贫困人口自我发展能力。教育扶贫可以直接提升贫困地区和贫困家庭的自我发展能力,也是扶贫助困的治本之策,更是实现贫困地区长远可持续发展的必由之路。

第六,创新社会参与机制,形成扶贫开发合力。习近平总书记指出,扶贫开发要切实强化社会合力,才能确保扶贫工作整体推进。做好扶贫开发工作是全社会共同的责任,要充分拓展和挖掘社会扶贫空间和潜力,创新社会扶贫工作的方式方法,凝聚起全社会共同担当、共同奋斗的力量。

第七,改进扶贫开发工作考核机制,以精准考核保障精准扶贫富有成效。如果说精准扶贫是把"大水漫灌"转为"精确滴灌"的话,那么精准考核就是最好的"精确滴灌"的指挥棒,考核内容决定着领导干部工作的侧重点和努力方向。精准考核就是对贫困户和贫困村识别、帮扶、管理的成效,以及对贫困县开展扶贫工作情况的量化考核,奖优罚劣,保证各项扶贫政策落到实处。

(作者系省委党校研究室主任、教授、博士)

撬动民间资本
推动河南经济新常态下实现跨越式发展

李燕燕

一、撬动民间资本,推动河南经济在新的增长周期实现跨越式发展

中国的高速增长阶段的重大基础设施投资基本上都是政府主导,那么政府的财政收入的渠道又是什么？一是以土地作为担保,地方政府债台高筑。二是通过卖地增加财政收入。一方面这种GDP的背后没有社会财富在后面的匹配。另一方面,账面上的土地价格一旦当工业化城镇化达到一定程度;或房价下跌,房地产下行,土地财政就无法维持,银行借贷无法正常循环,政府投资也就无以为继。我们通常说,经过三十多年的建设,目前可供大规模投资的项目基本饱和,投资需求弱化,投资增速下滑,投资需求所刺激起来的钢铁水泥电解铝等基础材料行业产能严重过剩,从而打断了高速增长的进程。应该说这不无道理。但是,政府投资无法持续的原因很大程度上是政府无力支撑,而非投资需求饱和。就重大基础设施来说,高速公路乃至高速铁路建设虽然已经饱和,但城市和城际轨道接通系统建设才刚刚启动,投资需求巨大;通用航空发展初现端倪,未来空间巨大,相关基础设施投资需求也非常巨大;环境治理投资需求也很巨大;农村传统村落改造更新、居住环境改造、道路等基础设施按照消除城乡差距的标准,需要的投资更为巨大。总之,未来投资需求的空间仍然很大,投资仍是经济持续增长的重要动力。关键是这些投资要摆脱对政府的依赖,通过制度变革和制度设计撬动民间资本投资。为此,提出两条建议:

第一,以轨道交通建设为抓手,依靠民间资本推动大规模基础设施建设

和新区开发。在先期建设的郑汴、郑焦城际铁路陆续建成通车之际，建议尽快启动规划中的其他数条城际铁路建设，包括港许－许漯——漯平洛－洛济——济焦——焦新——郑新及郑洛等，根据投资运行的要求，将这些拟建中的城际铁路组建投资建设经营公司，或者分解成若干个建设经营段，每个段可组建一个投资建设经营公司，由省铁投公司少量出资，大量吸纳民间资本，组成民资主导的混合所有制企业，作为投资建设的主体。同时，政府在铁路沿线相关区域规划相应的仓储物流和商业区及相应的住宅区，一同打包给建设公司开发，形成混业经营的商业公司，以增大投资公司盈利空间，调动其投资积极性。日本东京的很多轨道交通线路及铁路沿线商业设施就是这样开发建设的。政府也应给予税收减免等方面的优惠。

第二，在城乡建设用地市场方面先行先试，推动美丽乡村建设，为经济增长注入动力。由于建设用地市场城乡隔绝，乡村的建设用地不能进入市场流通，资本无法进入，土地没法升值，农民也无法通过获取财产性收入而增加收入，农民的购买力难以形成，消费拉动经济增长的动力也调动不起来。城乡建设用地市场的统一和交易流通关系到整个经济能否进入下一个中高速增长周期的全局。党的十八届三中全会《决定》已经明确要建立城乡统一的建设用地市场。河南是全国第一农业大省，农村人口众多，地面广阔，开发空间巨大，吸纳投资的能力巨大。我们应该率先启动城乡统一的建设用地市场改革，在该领域进行前沿探索。比如我们可以先拿出一个省直管县（市）域范围内试点。如果有了城乡统一的建设用地市场，必会吸引中高收入群体到乡下置产兴业，建设第二生存空间，农民土地也会升值，收入增加，进城步伐会大大加快，拉动城内商品房消费，推动经济尽快回升。随着城市高收入居民居住空间的调整和向农村的流入，也会带动农村环境建设和公共服务体系建设的投入，推动经济尽快进入新的高速增长阶段。

二、从人才引进和人才培养入手，大力推动自主创新，提升产业竞争力

从一个局部区域看，可以在一定时期内通过开放发挥自己的比较优势实现自身的发展。但是把全球作为一个区域主体的时候就会发现，经济增

长是靠创新驱动的。也就是当既定的需求拉动带动既定数量的产业和产品增长,当这些产业和产品出现饱和时,既定产业领域就会出现产能过剩的现象,这些过剩产能会由于利益动力和压力转而用于开拓新的产业和产品,满足人们新的需求,这样,需求种类在拓展,产业和产业种类也在拓展,经济增量随着产业和产品种类的拓展在增大,这就是经济增长的本质。我们国家遇到的问题本质上是原有领域的过剩产能在通过出口向国际市场上输送时,遇到了发达国家的抵抗和更低发展水平国家的低成本竞争,要使发达国家放弃抵抗,低发展水平国家放弃竞争,就必须通过技术创新以更低的成本更好的质量推出更具竞争力的产品。更可靠的途径是通过创新开拓新的产业和产业领域,满足国内居民更多种类的新需求,从而做大经济总量,保持经济持续稳定增长。创新是经济发展不竭的动力。

一个省域经济体也是如此。河南过去几十年走过了一条利用自己资源型产品的比较优势支撑经济高速增长的道路,在未来新的中高速增长阶段,单纯依靠比较优势势必难以为继,必须要靠创新。创新的核心是人才。所以,未来发展阶段,我们一方面必须下大功夫在培养和吸引留住人才方面出实招。比如在工资待遇、税收减免等方面真正实行差别待遇,在制度环境方面真正做优。一方面我们必须清楚地认识到,河南省与湖北、陕西周边省份的竞争力相比,最大的差距在于人才,而培养人才的主力高校,其数量及层次是河南经济可持续发展的软肋。政府应该像招商引资那样,着力招校引人,下大力气引进国际国内名校来河南建分校。

(作者系郑州大学学报主编、教授、博导)

河南省全面建成小康社会存在的问题及对策

陈爱国

一、河南省全面建成小康社会的现状

（一）经济方面

2014年河南省生产总值3.49万亿元，比上年增长8.9%；人均GDP为37116.84元，低于全国平均水平（全国人均GDP为46531.20元）。规模以上工业增加值1.5万亿元，增长11.2%；固定资产投资3万亿元，增长19.2%；社会消费品零售总额1.38万亿元，增长12.7%；进出口总值3994.4亿元，增长8.5%；财政总收入4094.8亿元，增长11%；一般公共预算收入2738.5亿元，增长13.4%；一般公共预算支出6042.6亿元，增长8.2%；城镇居民人均可支配收入24391元（全国城镇居民人均可支配收入28844元）、农民人均纯收入9416元（全国农民人均可支配收入10489元），分别实际增长6.8%和9.4%；居民消费价格上涨1.9%；节能减排目标全面完成。主要经济指标增速在全国位次普遍前移，发展的科学性持续增强，一批事关全局的大事要事取得重要进展，全面建成小康社会加快现代化建设的基础更加坚实、支撑更加有力、前景更加广阔。

（二）社会发展方面

2014年河南省民主法治指数为84.25%，每万人拥有律师数为1人，远低于全国1.6人的平均水平。我省99%的工业企业零专利；高水平的科技创新人才严重缺乏，拥有的长江学者、973首席科学家、国家杰出青年基金获得者等在中部地区均倒数第二位。我省每万人中拥有的人才数和专业技术人才数也低于全国平均水平。人才结构不够优化，高层次人才队伍年龄

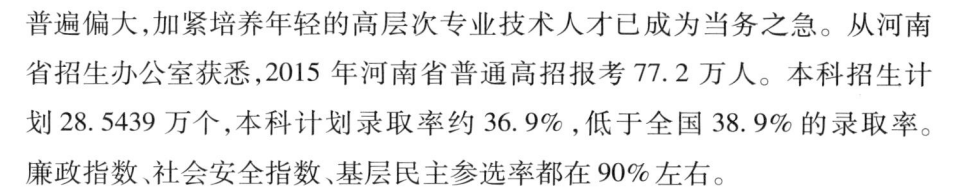

普遍偏大,加紧培养年轻的高层次专业技术人才已成为当务之急。从河南省招生办公室获悉,2015年河南省普通高招报考77.2万人。本科招生计划28.5439万个,本科计划录取率约36.9%,低于全国38.9%的录取率。廉政指数、社会安全指数、基层民主参选率都在90%左右。

(三)文化建设方面

河南省文化建设指数60.34%,有线广播电视入户率和人均公共文化财政支出不足50%,远低于全国平均水平。

(四)生活质量方面

2014年河南省全年登记失业率2.97%,低于4.5%的控制目标。国家统计局数据显示,2014年中国居民收入基尼系数为0.469,自2009年来连续第六年下降,但城乡收入及行业收入差距依然很大。河南省城镇居民人均可支配收入24391元,农民人均纯收入9416元,城乡收入比2.33;全国城镇居民人均可支配收入28844元,农村居民人均可支配收入10489元,城乡收入比2.75。河南省城乡居民收入均明显低于全国水平。

二、河南省全面建成小康社会存在的问题

截止2014年底,河南省有5800万农村居民,占全国农村人口的9.4%。河南省小康社会的建设不仅是河南人的大事,也是全国小康建设的重要省份,具有全局意义。但河南省工业基础薄弱,高等教育发展水平较低,人均受教育年限较少,省内各地区之间发展不平衡,全面实现小康是一件任重而道远的艰巨任务。

截止2014年底,在评价全面小康社会建设的23个指标中,河南省仅失业率(城镇)、恩格尔系数、城乡居民收入比、基本社会保障覆盖率、高中阶段毕业生性别差异系数、人均住房使用面积、5岁以下儿童死亡率7个指标达到标准,人均GDP、R&D经费支出占GDP比重、第三产业增加值占GDP比重、城镇人口比重、基尼系数、地区经济发展差异系数、居民人均可支配收入、平均预期寿命、公民自身民主权利满意度、社会安全指数、文化产业增加值占GDP比重、居民文教娱乐服务支出占家庭消费支出比重、平均受教育年限、单位GDP能耗、耕地面积指数、环境质量指数16个指标均未达标。

三、促进河南省全面建成小康社会的对策和建议

（一）加强对外开放

以郑州航空港经济综合实验区和中原经济区建设为契机,加强与央企及世界500强的深度战略合作,尤其要重点引进高新企业。吸引本土中小企业跟进配套,以形成雁阵效应,提升河南就业率及经济发展速度。

（二）加快制度创新

促进进城务工人员市民化制度的制定和实施。改革户籍、社保、土地、教育等体制机制,走城乡统筹、城乡一体、和谐发展的新型城镇化道路。

（三）发挥郑州中心城市的带动作用

加快郑州与周边城市的快速通道建设,形成以点带面的组团式发展。发挥郑州交通枢纽的区位优势,大力发展物流、旅游、金融、教育、医疗等服务行业。

（四）大力推进以改善民生为重点的社会建设

立党为公、执政为民是中国共产党的执政理念。我们要更加深刻认识加快发展社会事业和改善民生的重要意义,紧紧围绕全体人民的自由全面发展,统筹安排生产活动和经济发展,通过全省人民广泛参与的经济增长来使人们的物质文化生活状况得到全面改善;把消除贫困、扩大就业、消除歧视作为社会发展的核心,实现社会公平和全社会的可持续发展;始终坚持把发展社会事业和改善民生作为党的重要任务,作为全面建成小康社会的迫切要求,作为促进经济持续健康发展的重要途径;要按照习近平总书记一系列重要讲话的要求,全面深化改革开放,解放和发展社会生产力,不断增加社会物质财富、改善人民生活,为广大人民群众营造一个安居乐业的生活工作环境,努力构建经济、生态与社会协调发展的和谐社会。

（五）着力推进实现更高质量的就业

就业是民生之本。就业是人们进入正常社会生活环境所不可缺少的必要条件,是缓解收入分配差距、大面积消除贫困现象的有效途径。要把扩大就业作为河南当前和今后长时期一个重大而艰巨的任务,实行促进就业的长期战略和政策。解决就业问题既要靠市场,也要靠政府。在现代市场经济条件下,就业问题的解决主要应该依靠市场,只有向市场要就业机会,才能真正推动经济的高效发展。从政府在解决就业问题上的作用来看,在就业领域中政府行为的目标和要点就是创造就业机会、保证公平就业。人们都要求平等,都希望社会公正,平等和公正在劳动就业领域中的核心问题,就是人的就业权的公平实现。推动实现更高质量的就业,提供广阔的、数量众多的就业机会,实现公平就业就成为政府解决就业问题的行为目标和要点所在,也是改善民生和改革创新社会体制的重要内容。

(六)加快推进收入分配制度改革

收入分配是民生之源,是改善民生、实现发展成果由人民共享最重要、最直接的方式。要深化收入分配体制改革、努力实现劳动报酬增长和劳动生产率提高同步,完善以税收、社会保障、转移支付为主要手段的再分配调节机制,完善收入分配调控体制机制和政策体系。推进收入分配制度改革,一是要调整国民收入分配格局,特别是要调整政府、企业和居民之间的收入分配比例;二是加快推进收入分配体制改革,调整收入分配格局不能忽视行业垄断因素;三是要加大对权钱交易、贪污受贿、无偿占有公共财产等腐败行为的打击和铲除力度,严格限制公款消费和职务消费,增加城乡居民中低收入者的收入,积极缩小收入分配差距,努力消除收入分配不公。

(七)全面推进创新社会治理

全面建成小康社会,改革创新社会体制,必须加快形成党委领导、政府负责、社会协同、公众参与、法治保障的社会治理体制,加快形成政府主导、覆盖城乡、可持续的基本公共服务体系,加快形成政社分开、权责明确、依法自治的现代社会组织体制,加快形成源头治理、动态管理、应急处置相结合的社会治理机制。更为重要的是要促进社会发展、社会建设、社会治理,建立比较完善的社会支持系统。此外,全面推进社会治理体制机制制度创新,还必须建立社会和谐的运行机制。有效整合社会各个部分及各种力量,调整与平衡社会结构,防范和降低社会风险,使整个经济社会在良性状态下稳定有序运行。

(作者系河南财专工商管理系主任、教授)

专题三

全面深化改革

全面深化改革要自觉把握改革的规律

李庚香

党的十八大以来,习近平总书记围绕全面深化改革发表的一系列重要讲话,释放出强大的改革自信心和正能量。梳理习近平总书记关于全面深化改革的重要论述,根本在"改革",关键在"深化",重点在"全面"。这就要求我们必须从协调推进"四个全面"战略布局的高度,不断深化对改革的规律性认识,自觉把握改革规律,努力通过全面深化改革来解决发展进程中面临的突出矛盾和问题。

第一,全面深化改革必须坚持正确方向。正确处理改革的"变"与"不变","前进"与"回归"的问题,是我们经过东欧剧变体深刻认到的执政规律。要深刻把握我们的改革是在中国特色社会主义道路上不断前进的改革,必须坚持和改善党的领导,必须坚持和完善中国特色社会主义制度,决不能在根本性问题上出现颠覆性失误。

第二,全面深化改革的目的和条件,在于"进一步解放思想,进一步解放和发展社会生产力,进一步解放和增强社会活力"。"三个进一步解放"要求我们必须坚持社会主义市场经济改革方向,正确处理好政府和市场的关系。市场配置资源是最有效率的形式,是市场经济的一般规律。健全社会主义市场经济体制必须遵循这条规律。当前,要特别注意在适应新常态中引领新常态,我们的改革举措,既能够应对经济下行,又能够在这一过程中不断实现结构优化;既能够突破传统体制机制的弊端和利益固化的藩篱,又能够形成发展的动力机制和平衡机制。

第三,全面深化改革的总目标,在于完善和发展中国特色社会主义制

度,推进国家治理体系和治理能力现代化。制度现代化作为继"四个现代化"后我们党提出的又一个现代化战略目标,体现了我们党对现代化规律认识的深化和系统化。要积极构建系统完备、科学规范、运行有效的制度体系,使各方面的制度更加成熟、更加定型、更加持久,为我们国家提供一整套更完备、更稳定、更管用的制度体系,赋予社会主义新的生机和活力。

河南坚持在全国改革"一盘棋"中积极作为,勇于探索。改革伊始,河南提出了"一跟进、两聚焦"的工作思路。当前,根据形势发展的需要,河南站在"四个全面"战略布局的高度坚定推进改革,进一步提出了"一导向三重点"的工作思路。"一导向"就是坚持问题导向,解决好影响全局的重大问题;"三重点"就是以解决影响经济持续健康发展的突出障碍为重点深化改革,以解决影响民生保障和社会公平的突出问题为重点深化改革,以解决影响社会稳定和激化社会矛盾的突出隐患为重点深化改革。这就要求我们要善于处理局部和全局、当前和长远、重点和非重点的关系,在权衡利弊中趋利避害,作出最有利的战略抉择。要"循道而行",坚持务实改革,需要把握好以下几个要求:

一是改革要向问题聚焦,避免眉毛胡子一把抓。问题是时代的声音,人心是最大的政治。这就要求我们要有问题意识,能够从解决问题的角度认识改革,即改革是由问题倒逼而产生,又在问题的不断解决中而自我深化,改革就是要解决问题。所谓改革进入攻坚期和深水区,主要是针对问题而言的。推进改革要坚持问题导向,既要管宏观,也要统筹好中观和微观。要突出具有结构支撑作用的重大改革,把握好重大改革的次序,优先推进基础性改革。要统筹兼顾、综合平衡,突出重点、带动全局,实现整体推进和重点突破相结合,避免眉毛胡子一把抓。

二是改革要于法有据,避免任性妄为、为所欲为。改革是破与立的发展过程,是摸着石头过河的实践探索。在整个改革过程中,都要高度重视运用法治思维和法治方式,发挥法治的引领和推动作用,加强对相关立法工作的协调,确保在法治轨道上推进改革。要崇尚法律,把发展改革决策同立法决策更好结合起来,避免在时机尚不成熟、条件尚不具备的情况下一哄而上。要切记权力不能"任性",做到对法律怀有敬畏之心,带头依法办事,带头遵守规律,不断增强按规矩办事、按规矩用权意识,不断提高运用法治思维和法治方式深化改革、推动发展、化解矛盾、维护稳定能力。

三是改革要敢于担当,避免畏首畏尾、前怕狼后怕虎。我国目前的改革已经进入攻坚期和深水区,容易的、皆大欢喜的改革已经完成了,好吃的肉都吃掉了,剩下的都是难啃的硬骨头,没有敢于担当的精神,畏首畏尾,前怕狼后怕虎,很难完成全面深化改革的历史任务。习近平总书记关于强化改革责任担当的要求,指出了改革成败的关键所在。破解中国发展中面临的难题,化解来自各方面的风险和挑战,除了深化改革,别无他途。改革处于"攻坚期"和"深水区",需要责任担当。要正确认识改革的"进步"和"代价",做好承受改革压力和改革代价的思想准备。搞改革,现有的工作格局和体制运行不可能一点都不打破,不可能是四平八稳、没有任何风险。对党和人民事业有利的,对最广大人民有利的,对实现党和国家兴旺发达、长治久安有利的,该改的就要坚定不移。

四是改革要让人民群众有更多获得感,避免玩虚的、放空炮。对于一个政党来说,无论推行什么样的政策,都要有人民群众的支持。而要获得人民群众的支持,就必须让人民群众在政策的推行中获得实实在在的利益。"获得感"是习近平总书记治国理政思想的又一种朴素表达,更加直接地把我们党对人民群众的承诺实在化了,使人民群众对于利益和幸福的诉求充满了质感。要着力解决民生问题,民生问题与人民群众的"获得感"直接相连。没有实际获得,获得感便无从谈起。要进一步深化医疗、养老、教育、就业、食药品安全等领域的改革,让老百姓真切感受到看病不揪心、老了不担心、上学不费心、就业不烦心、吃饭不堵心。要把促进社会公平正义、增进人民福祉作为一面镜子,审视我们各方面体制机制和政策规定,哪里有不符合促进社会公平正义的问题,哪里就需要改革;哪个领域哪个环节问题突出,哪个领域哪个环节就是改革的重点。要重视群众的精神文化需求,让人民群众在精神文化层面有更多获得感。

(作者系省社科联主席、研究员)

以全球视野抢抓"三个支撑带"战略的重要机遇

王喜成

在2015年全国"两会"上,李克强总理在政府工作报告中把"一带一路"、长江经济带和京津冀协同发展首次明确为"三个支撑带",并与西部大开发、东北振兴、中部崛起和东部率先发展"四大板块"组合提出,在全国引起了强烈反响。业界人士指出,"三个支撑带"是区域经济发展的一项重大战略,也是国家主体功能区建设的重大部署和深化,将为地方发展带来新的机遇。作为中部地区的河南,必须以时不我待的精神抢抓这次机遇,利用好这次机遇,以全球视野和开放格局,搞好产业结构调整和功能布局,打造中部崛起的核心增长极。

一、抓住核心内涵,强化基础设施建设

李克强总理在报告中提出,统筹实施"四大板块"和"三个支撑带"战略组合,拓展区域发展新空间。强调要把"一带一路"建设与区域开发开放结合起来,加强新亚欧大陆桥、陆海口岸支点建设。从报告内容看,"三个支撑带"的重点是基础设施建设、陆海口岸支点建设等,着力点是进一步扩大开放,协调内外市场和内外资源,加快互联互通,充分发挥内外两个增长动力,统筹好各要素资源,打造跨区域和跨境产业链,从而实现区域协调发展。这一战略很好地把握了当前中国经济发展的区域间不平衡问题和新的经济发展增长点问题,对中国重塑比较优势,激活增长潜力具有重要战略意义。"三个支撑带"明确提出,"加快中部地区综合交通枢纽和网络等建设"。这

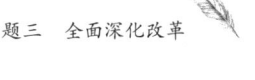

就告诉我们,"三个支撑带"战略中有对中部的要求,有中部需要开展的重点工作等,河南应高度重视这一战略带给我们的机遇,深入研究,主动作为,抓住其中明确提供给中部的核心内涵。

一是要加强交通枢纽建设。河南本来就是交通发达省份,在全国具有独特地位,我们要按照国家要求和我省发展战略,进一步加快"米"字形快速铁路网、轮辐式航线网、内捷外畅公路网建设,提升水运通道功能,打造现代化综合交通网络,形成多式联运的大交通格局,率先基本实现现代化。推进以"三港四枢"为支撑的郑州现代综合交通枢纽建设,改造提升地区性枢纽,实现零距离换乘、无缝化衔接,形成覆盖中西部、辐射全国、连通世界、服务全球的现代综合交通枢纽优势。二是要加强信息网络系统建设。河南要按照国家信息化和"一带一路"发展的需要,加快建成区域互联网交换中心和连接国际通信出入口局的高速通道,打造通达世界、国内一流的现代信息通信枢纽。要进一步推进"宽带中原"工程实施,建设高速便捷无线接入网、大容量智能骨干传输网、海量数据处理系统,大规模部署和商用下一代互联网,推进与公众通信网、广播电视网业务互联。要建设引进大数据公共服务平台,完善应用服务网络,加快政府数据开放,扩大行业应用,建设大数据产业基地。要加快构建以互联网为基础的平台化、分布式、智慧化社会治理信息系统。三是要加强陆海口岸支点建设。新亚欧大陆桥贯通河南东西,郑州、洛阳、开封等都是其重要节点,基础设施良好。河南要进一步构建以郑州为中心的"米"字形高速铁路网、"四纵六横"大能力货运铁路网和"十字加半环"城际铁路网,加紧推进综合客运枢纽建设、加强货运枢纽及集疏运体系建设,着力打造集铁路港、公路港、空港、海港于一体,国家重要的多式联运服务中心、集散分拨中心和物流配送中心。同时,要围绕陆港建设打造国家铁路一类口岸、中欧班列货运中心、智慧物流信息中心,实现海铁联运一票通关,不断扩大货运覆盖面,把河南建设成为覆盖中西部、辐射全国、连通世界的内陆型国际物流中心和国家现代物流业发展高地,为"三个支撑带"提供有力保障。

二、放大辐射效应，着力实现重点突破

"三个支撑带"通过四通八达的陆路、铁路骨干网紧密交织，不仅传达了支撑起国家经济发展的愿景，更强调了区域内要互相扶持，优化组合，形成合力。河南地处我国中部，承东启西、连南贯北，位于全国"两横三纵"城市化战略格局中陆桥通道和京广通道的交会处，是长江经济带和京津冀经济带的中间区，向东承接长三角等东部沿海发达区域，可以通过连云港直面太平洋，涵盖沿海各省份，连接海上丝绸之路；向西贯通广大西部内陆地区，是西部的前沿，通向亚欧大陆；向北对接京津冀等北方经济；向南连接珠三角和长江中、上游地区等南方经济，是京津冀、长三角、珠三角等沿海发达地区输欧产品的汇集点，也是中亚、欧洲输入货物的分拨地。所以，中原地区对四周具有不可比拟的区位优势，河南可以通过郑欧班列和郑州航空港这两大战略支点的作用，实现在"三个支撑带"中的重点突破。

第一，要充分发挥郑欧班列的重要作用。郑欧班列是从河南郑州出发，经新疆阿拉山口出境，途经哈萨克斯坦、俄罗斯、白俄罗斯和波兰后到达德国汉堡，全程10214公里的国际铁路货运列车，全程运行时间11天到15天，比海运节约20天左右，比空运节约资金80%，它的贯通，让中原成为中部亚欧大陆桥的新起点。郑欧班列开运以来，每班货重达10439吨，货值3.4亿元人民币，目的地站点覆盖欧洲的俄罗斯、白俄罗斯、波兰、德国等12个国家的32个城市。搭乘郑欧班列的货物，主要来自长三角、珠三角地区，东到沿海、南到深圳、西到西安、北到吉林，几乎涵盖了大半个中国，已占班列货源总发货量的70%左右。所以，河南要充分发挥郑欧班列的辐射作用，在列车开行、货运覆盖面、服务增值能力、口岸功能和通关便利能力等方面不断完善，将河南建设成为连通境内外、辐射东中西的物流通道枢纽，让更多的"中国制造"源源不断地从全国各地集结河南再向世界各地出发。

第二，要充分发挥郑州航空港的集散作用。郑州航空港是郑州航空港经济综合实验区的重要组成部分，该实验区是经国务院批准的中国首个航空港经济发展先行区，是郑州市朝着国际航空物流中心、国际化陆港城市、国际性的综合物流区、高端制造业基地和服务业基地方向发展的主要载体。截至2014年7月，郑州航空港共有37家航空公司在机场运营，其中客运航

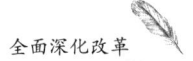

空公司23家,开通客运航线120条,含国际地区客运航线15条;货运航空公司14家,开通货运航线23条,其中国际地区货运航线19条;客货运通航城市83个,其中国际货运通航城市达24个。2013年完成货邮吞吐量25.57万吨,增速位居全国大型机场第1位。2014年上半年货运总量排名超过厦门、昆明、重庆、南京,跻身全国主要机场前10名。目前郑州航空港已基本形成了通达全国主要城市和欧美亚的"空中走廊"与航线网络,其2小时航程内覆盖全国人口和GDP约为12亿人和43万亿元,分别占到全国的90%和95%,辐射功能由此可见。所以,河南要进一步发挥郑州航空港的国际功能,围绕构建以航空港为核心的国际化综合交通枢纽,努力加强各种基础设施建设,使郑州航空港物流除了覆盖亚太地区外,还要成为沟通欧美和连接非洲的"空中大陆桥",把郑州航空港建设成直通中亚、东亚、东南亚和欧洲的国际机场。同时,要把航空、铁路、公路、保税中心整合起来,使郑州航空港向综合性国际港口发展,形成内陆对外开放的新高地。

三、融入"一带一路",打造中部核心增长极

"一带一路"战略构想提出以后,得到了国际上的广泛认同和呼应,这是以习近平同志为总书记的党中央主动应对全球形势深刻变化、统筹国内国际两个大局作出的一项重大战略决策。实施这一战略必将有力促进我国内陆地区的对外开放和东中西区域经济一体化发展。河南处于欧亚大陆桥的东端,是丝绸之路经济带向东延伸的端点和腹地,也是国家城镇密集区和经济发展轴的黄金交汇点,河南可以以此为基础构建东西双向开放的大格局。"三个支撑带"是以"一带一路"为主题和主线的,河南作为"丝绸之路经济带"的东方重要起点之一,必须积极融入、大有作为,这是全省经济社会发展中的一项极为重要的任务。而要深度融入,河南应以实施《河南省全面建成小康社会加快现代化建设战略纲要》、建设"三个大省"为契机,形成自己的品牌优势,建立强大支撑,打造中部崛起核心增长极。

一要建设先进制造业大省。要坚持承接产业转移和瞄准新业态新趋势"两手抓",优先发展市场空间大、增长速度快、转移趋势明显的高成长性制造业,打造"百千万"亿级优势产业集群。抓住用好新一轮科技革命和产业

变革的重要机遇，争取在智能终端、新能源汽车等战略新兴产业领域形成新的增长点。促进工业化与信息化、先进制造业与现代服务业融合发展。盯紧服务型制造业发展新趋势，积极利用大数据、互联网推动生产型制造业向服务型制造业转变，积极利用电子商务完善制造企业供应链和销售网。通过承接转移、优势产业嫁接等多种方式，推动企业兼并重组，加快技术改造，淘汰落后产能，改造提升传统产业。顺应生产小型化、智能化、专业化趋势，优化发展环境，重视龙头企业培育引进，积极支持中小企业发展，更好地发挥龙头企业带动作用和中小微企业在技术、产品创新方面的作用。通过开放合作和技术升级，最大程度推动省内各种生物资源、化石资源向终端产品延伸，终端消费产品向资源加工方向对接，变资源优势为产业优势。

二要建设高成长服务业大省。要推动现代物流、信息服务、金融、旅游、文化等服务业提质扩容，加快发展科技研发、教育培训、医疗卫生、商务服务、服务外包、健康养老及家庭服务等新兴产业，带动高成长服务业大省建设。创新业态模式，推动品牌化、连锁化、便利化发展，激发商贸流通、住宿餐饮等传统服务业发展活力。推动房地产业持续健康发展，稳定住房消费，发挥好对经济发展的综合带动作用。

三要建设现代农业大省。要实施高标准粮田"百千万"建设工程，严守耕地面积和质量，增强抗灾能力，强化科技支撑，推进规模化经营和社会化服务体系建设，落实强农惠农富农政策，更好发挥农业政策性保险和农产品期货市场的作用，稳定提高粮食综合生产能力。实施特色农业产业化集群培育工程，科学布局特色种植业基地和现代畜牧业基地，培育发展龙头企业，带动农业结构调整，促进农业增效和农民增收。实施都市生态农业发展工程，以"菜篮子"为主，突出产业功能，兼具观光和生态功能，在中心城市周边规划布局一批都市生态农业园区。实施"三山一滩"群众脱贫工程，加大其他贫困地区扶贫开发力度，从根本上解决困难群众脱贫致富问题。深化农村改革，坚持土地集体所有，实现所有权、承包权、经营权三权分置，引导土地有序流转，发展多种形式的适度规模经营。

（作者系省社科联副主席、研究员）

推进河南体制机制创新的几点思考

谷健全

河南作为全国的人口大省、经济大省,近几年来,呈现出蓄势崛起的良好发展态势,但由于我们欠发达的基本省情尚未根本改变,在发展中还存在着一系列体制机制性的矛盾和问题。如作为能源和原材料工业大省,资源环境约束日益加剧,生态环境保护难度加大,调整经济结构、转变经济发展方式,加快经济转型升级的任务十分艰巨,实现中原崛起河南振兴富民强省迫切需要以体制机制创新为突破口,全面激发河南经济社会发展的活力和动力。只有通过体制机制创新,才能构筑充满活力、富有效率、更加开放、更加有利于科学发展的体制机制,才能更加有效地调结构、转方式、惠民生,从而促进河南经济社会持续健康稳定发展。

一、河南新一轮体制机制创新的价值取向

制度的核心是价值理念。体制机制创新的过程既是价值引领的过程,也是价值体系塑造的过程。上一轮改革主要以效率为基本价值取向,新一轮改革以"完善和发展中国特色社会主义制度,推进国家治理体系和治理能力现代化"为总目标。这就需要在推进体制机制创新的同时,丰富价值体系,形成和发展与治理体系现代化和现代国家成长相适应的新的价值内核。因此,河南推进体制机制创新,也要从"五位一体""四个全面"的总体布局出发,在推进体制机制创新的过程中形成完善的价值体系。

第一,在经济体制改革中,要在强调效率价值的前提下,更多兼顾公平价值。以往体制机制创新更多强调的是效率优先,这在很大程度上促进了

河南经济社会的快速发展,但同时也造成了巨大的城乡区域发展差距和居民收入分配差距,新的一轮体制机制创新需要更多重视公平的价值取向。

第二,在政治体制改革中,要在优化行政权力配置的前提下,更多地重视权力制约。以往的政治体制机制创新较多地注重权力的配置,虽然适应了市场经济体制的专业化管理要求,但同时也出现了行政权力部门化和分散化,进而衍生出部门利益倾向。新一轮体制机制创新则需要强化权力运行制约和监督体系的完善。

第三,在社会体制机制创新过程中,要在强化治理的前提下,更加重视社会正义。传统社会管理以行政权力为枢纽,现代社会治理必须以正义为基本价值。新一轮体制机制创新要更加重视社会正义,逐步消除特权,形成基于起点公平、程序公平和结果公平的新的社会体制机制。

第四,在文化体制机制创新过程中,要在重视文化产业价值的前提下,更加重视文化的核心价值功能。以往的体制机制创新主要侧重于文化的产业功能,下一轮体制机制创新必须将文化的价值功能上升到突出位置,培育和弘扬社会主义核心价值观。

第五,在生态文明建设体制机制创新过程中,要在强调当代人价值诉求的同时,更加重视后代人的价值诉求。以往体制机制创新主要追求即期发展,下一步体制机制创新必须同时基于当代人和后代人的价值诉求,构建从源头保护、到治理、到追责、到修复的生态文明建设制度框架,以实现中华民族永续发展。

二、河南新一轮体制机制创新需要把握的几个问题

一是在体制机制创新方向上,要与《河南省全面建成小康社会加快现代化建设战略纲要》指向相一致。前一时期,省委、省政府出台了《河南省全面建成小康社会加快现代化建设战略纲要》(简称《战略纲要》),体制机制创新的方向、目标、重点和任务等,都要和《战略纲要》的指向相一致,把体制机制创新与打造"四个河南"、推进"两项建设"有机结合起来,通过体制机制创新,进一步放大"三大国家战略规划"的总体效应,通过体制机制创新打造新时期河南发展新优势,为河南省全面建成小康社会、加快现代化

建设提供体制机制保障。

二是在体制机制创新目标上,要与中原崛起河南振兴富民强省的总体目标相统一。河南发展的总目标,经历了由"中原崛起"到"中原崛起河南振兴",再到"中原崛起河南振兴富民强省"的认识深化过程。近年来,河南经济社会发展取得巨大成就,但人口多、底子薄、基础弱、人均水平低、发展不均衡的基本省情仍然是阻碍全省发展的最大矛盾,以改革促发展仍是河南当前面临的主要任务。可以说,改革仍然是破解长期以来困扰河南科学发展的结构性、体制性矛盾的关键,也是实现中原崛起河南振兴富民强省的必由之路。河南新一轮体制机制创新的目标必须与中原崛起河南振兴富民强省的总体目标相统一,以促进社会公平正义、增进人民福祉为出发点和落脚点,加大体制机制创新力度,坚决破除各方面体制机制弊端,为中原崛起河南振兴富民强省总目标的实现奠定坚实的制度基础。

三是在体制机制创新重点上,要以河南经济社会发展面临的突出问题为导向。近年来,河南经济社会发展虽然取得了很大成绩,但发展中的体制性机制性矛盾仍然是制约科学发展的主要因素,因此,河南推进体制机制创新,必须树立强烈的问题意识,创新的重点要以经济社会发展面临的突出问题为导向,抓住事关河南跨越发展、转型发展、创新发展、开放发展、绿色发展、和谐发展中的重大问题、关键问题,采取切实有效措施,务实推进体制机制创新。

四是在体制机制创新举措上,要突出河南特色,彰显河南比较优势。中央提出全面深化改革,加强体制机制创新的指导思想、目标任务、重大原则,是各地全面深化改革,加快体制机制创新的行动指南。但要将这些任务全面落实到位,并取得良好效果,就需要因地制宜,结合实际。河南要推进体制机制创新,就应该在服从中央统一部署的前提下,结合省情,突出特色,彰显优势,从河南实际出发制定具体举措,把河南的潜力和优势充分发挥出来。例如,抓住国家赋予河南的先行先试权,加大体制机制创新力度,加快推进郑州航空港经济综合实验区体制机制创新,为全省深化改革、加快体制机制创新提供经验和示范,引领河南加快发展、转型发展、高端发展等。

三、河南新一轮体制机制创新的着力点和突破口

第一,要解放思想,强化体制机制创新意识。根据中央的安排和部署,河南出台了一系列深化改革,加强体制机制创新的思路和举措,要落实好这些思路和举措,需要全省上下坚定改革信心,焕发改革勇气,凝聚改革力量,大力推进体制机制创新,为中原崛起河南振兴富民强省激发新的活力和动力。

第二,要尊重市场规律,充分发挥市场在资源配置中的决定性作用。推进体制机制创新,激发各类经济主体发展的活力和动力,其核心问题是处理好政府和市场的关系,使市场在资源配置中起决定性作用和更好发挥政府的作用,进一步解决政府干预过多的问题,这是经济体制改革的核心和关键。

第三,要突出问题导向,找准体制机制创新的突破口。以重大问题为导向,抓住现阶段影响河南发展稳定的主要矛盾和矛盾的主要方面,通过体制机制创新,消除旧体制机制对发展和稳定所带来的制约和束缚,为河南改革开放提供新的更大的能量。

第四,要打破部门利益,勇于破解改革创新难题。利益关系的调整是体制机制创新的难点和重点,要敢于啃硬骨头,敢于涉险滩,以更大决心冲破思想观念的束缚、突破利益固化的藩篱,用创新的思维、改革的办法解决发展中的难题。

第五,要重视法治建设,以法治思维和法治方式推进体制机制创新。当前改革进入深水区,各种矛盾和问题错综复杂,要善于运用法治思维和法治方式推进体制机制创新,做到体制机制创新于法有据,在法治的框架下实现体制机制创新,用法治来保障体制机制创新的成功。

第六,要坚持务实求效,加大体制机制创新推进落实力度。习近平总书记强调,做好下一步的工作,关键是要狠抓落实,新一轮体制机制创新面临更加复杂的形势,这就要求我们在推进体制机制创新的过程中,把务实求效放在更加重要的位置上,按照中央的决策部署,守土有责、主动出击,把体制机制创新的各项工作落到实处、做出成效。

(作者系省政府发展研究中心主任、研究员)

全面深化改革需深化金融体制改革

陈益民

中央强调,全面深化改革,要完善金融市场体系。金融是现代经济的核心,是现代经济运行中最基本的战略资源,广泛、深刻地渗透到社会经济生活的各个方面,在市场资源配置中起着核心作用。

改革开放初期,我国对金融的认识有一个飞跃,尤其是上世纪80年代中期实施金融倾斜发展战略,优先发展金融业,然后推动农业、工业和其他行业的发展,这极大地促进了我国经济的快速发展。改革开放前,我国仅有中国人民银行和农业信用社两家金融机构。当时邓小平多次提出:"金融改革的步子要迈大一些。要把银行真正办成银行。我们过去的银行是货币发行公司,是金库,不是真正的银行。"(《邓小平文选》第3卷第193页)改革开放后,中国农业银行在1979年重新得以恢复成立,集中办理农村信贷,领导农村信用社。紧接着,中国银行和中国人民建设银行也分别从中国人民银行和财政部分离出来。1984年,中国工商银行从中国人民银行分离,承担了原有中国人民银行办理的金融经营业务。至此,四大专业银行业务严格划分,分别在工商企业流动资金、农村、外汇和基本建设四大领域占据垄断地位。1995年,《商业银行法》和《人民银行法》的实施更加促进了金融市场体系的完善,政策性银行、商业银行、金融资产管理公司等金融机构纷纷成立,使得金融这个国民经济的血液和心脏的作用得到切实发挥。

近年来,我国金融业进行了多方面的改革,尤其是中国银监会的成立,使我们从西方国家学来了不少现代金融理论和运作方法,打开了思路,对于我国金融创新、化解和防范金融风险提供了许多有益经验。当前,由中国牵

头成立的亚投行得到了世界其他国家的拥护,便是对中国金融体制改革成果的高度认可,连一些国外学者也感叹:"代表着70年前在布雷顿森林建立的全球经济秩序在今年夏天第一次受到严重的机构挑战。"对于河南来说,当前金融市场发展滞后仍是制约河南经济社会发展的突出短板,河南金融业规模小、金融体系不够完善的状况尚未根本改变,包括经济证券化率依然远低于全国水平。河南的金融业占比较低,还算不上支柱产业,并且整体发展滞后。河南经济要持续健康发展,就必须推动金融业大发展,通过金融业现代化推动经济社会发展的现代化,弥补制约河南发展的短板,提升金融发展水平。全面深化改革,需要重视发挥金融的作用,深化金融体制改革。

第一,要进一步加大对金融工作的领导力度。由省里面主要领导牵头,全省经济部门、金融部门、理论研究部门专家参加,建立金融专题委员会,定期学习、研究、探讨全省金融方面的重大问题。针对河南在金融发展方面的问题和差距,深层次磋商金融对策,使金融业与全省经济社会发展的联系更紧密。

第二,要进一步确保国家金融政策在河南及时落地生效。近年来,国家出台了一系列金融政策措施,以支持经济发展、产业结构调整、县域经济发展等。这些政策有着极强的杠杆作用和极高的含金量,用好一个政策,就会推动一个行业的发展。所以,我们必须要加强对国家金融政策的针对性学习,确保国家金融政策在河南及时落地生效。

第三,要进一步把金融业作为支柱产业来培养。建立起行之有效的金融业增加值考核指标体系,制订金融增加值提升计划,这样既可以更好地带动其他行业发展,也可以有效地培养我省新的支柱产业。同时,尽快建立与金融总部联系沟通机制,提升河南的影响力。比如每年在北京、上海等金融总部积聚地及郑州,对我省经济金融问题向各金融机构总部通报沟通,向金融机构总部提出我们的期望和愿景,请金融机构总部对河南大力支持等。

(作者系河南省农村信用社主任、研究员)

找准全面深化农村改革的切入点

刘光生

全面深化我省农村改革,总的来说,是要围绕农业增产、农民增收、农村稳定、城乡统筹来做文章,围绕经济上保障农民的物质利益、政治上尊重农民的民主权利,调动农民参与改革的积极性。要把深化农村改革放到深化宏观经济体制改革的全局中来谋划,把农村改革和城市改革一并设计、一体推动,在保护农民合法权益下调动农民参与的积极性,不断巩固和发展农业农村好形势,为全省经济社会发展全局提供有力支撑。

一、深化农村土地制度改革

重点是做好农村土地承包经营权确权登记颁证工作,这是一项基础性工作,也是维护农民土地承包经营权的关键,"定心丸"如何,就看这项工作做得扎实不扎实。2015年3月,省政府办公厅下发了关于开展农村土地承包经营权确权登记颁证工作的实施意见,提出2015年全省完成4000万亩左右的确权登记颁证任务,2016年全省基本完成确权登记颁证任务,2017年完成扫尾工作。这项工作难度很大,但一定要做,而且要做好,关键是要提高认识,加快工作进度,确保这项工作按期完成,保障农民土地承包经营的合法权益。

二、积极培育新型农业经营主体

培育新型农业经营主体,关键是要立足省情、农情,适应建设现代农业的新要求,适应农村劳动力状况和资源配置新变化,构建以农户家庭经营为

基础、合作与联合为纽带、社会化服务为支撑的立体式复合型现代农业经营体系。要尽快研究制定扶持新型农业经营主体发展适度规模经营的具体政策。研究制定家庭农场认定、登记和管理办法,出台促进家庭农场发展的实施意见。稳步推进财政支持合作社创新试点。研究制定工商资本进入农业领域的准入条件和监管办法,开展土地流转风险保障金制度试点等,促进专业大户、家庭农场、农民合作社和农业企业等新型农业经营主体健康发展。

三、健全农业支持保护体系

农业面临自然风险、市场风险、安全风险,具有先天弱质性和公共性、基础性、社会性。因此,政府必须加强对农业的支持保护。要进一步完善财政、金融支持政策。财政政策改革方面,一方面要积极争取国家支持、增加投入总量;另一方面要按照"渠道不乱、用途不变、各司其职、各记其功、各负其责"的原则,强化资源整合,如果省级层面不好办,也要制定适当的政策,要求县一级整合到位,不能再到处"撒胡椒面"。金融政策改革方面,要发挥财政的杠杆作用,推进金融机构创新、服务创新、机制创新,探索金融支农的有效途径。充分发挥农村信用社、农业发展银行的优势和商业银行的作用,鼓励和引导社会资本进入农村金融领域,形成支持"三农"的合力;大力培育和发展新型农村金融服务主体,规范发展农村合作金融。

四、推进城乡要素平等交换和公共资源均衡配置

要增强农业农村发展活力和实力,就必须解决要素不平等交换问题,通过完善相关法律政策,切实保障集体经济组织及其成员的财产权利。就我省来说,就是要在国家政策许可的范围内,最大限度地保护农民的合法利益。对有利于保护农民合法权益的改革政策我省要积极争取,如农村集体经营性建设用地与国有土地同等入市、同权同价政策和农村宅基地制度改革等问题,要积极争取国家试点。尽快研究制定赋予农民对集体资产股份占有、收益、有偿退出及抵押、担保、继承权的具体办法并开展试点。完善对被征地农民合理、规范、多元保障机制,强化被征地农民的知情权、参与权、收益权、申诉权、监督权,从就业、住房、社会保障等多个方面采取综合措施

维护被征地农民的合法权益,使被征地农民生活水平有提高、长远生计有保障。

五、推进农业转移人口市民化

加快农业转移人口市民化,是新型城镇化和城乡发展一体化的一项重要任务,也是深化农村改革的一项基础性工作,要从经济社会发展、城镇综合承载能力等实际出发,区别情况、积极作为,深化户籍制度、流动人口管理制度等各项改革。统筹推进户籍、土地、财税、教育等制度改革,放开中小城镇落户条件,建立财政转移支付同农业转移人口市民化挂钩机制,推动基本公共服务由户籍人口向常住人口扩展,逐步实现城镇基本公共服务常住人口全覆盖。

六、提高农村社会治理水平

要树立系统治理、依法治理、综合治理、源头治理的理念,集聚各方面资源和力量,扎扎实实把农村社会治理搞上去。引进城市社区管理的先进理念,完善村民自治组织设置,加强农民理事会、村务监督委员会等建设,深入推进"四议两公开"工作法,不断提高农民自我管理、自我服务、自我发展的水平。

(作者系信阳农林学院党委副书记)

全面深化改革需要务实推进

孙德中

习近平总书记在主持中央全面深化改革领导小组第八次会议时强调，2014年是全面深化改革的开局之年，改革在一些重要领域和关键环节取得重大进展和积极成效。2015年是全面深化改革的关键之年，气可鼓而不可泄，要巩固改革良好势头，再接再厉、趁热打铁、乘势而上，推动全面深化改革不断取得新成效。当前，全国上下都在全面深化改革，成效显著，但是在推进改革的过程中也出现了一些不良倾向，主要有以下几个方面：

一、在全面深化改革中避重就轻、避难就易

习近平总书记强调："中国改革经过三十多年，已进入深水区，可以说，容易的、皆大欢喜的改革已经完成了，好吃的肉都吃掉了，剩下的都是难啃的硬骨头。"所以，今后的改革只有通过全面深化改革，只有敢于啃硬骨头才能向前推动。但是，一些地方、一些领域的改革却是避重就轻、避难就易。比如，国有企业改革、土地制度改革尚未出台有效的、制度化的、可操作的、改革的方案。

二、在全面深化改革中亦步亦趋

中央出台许多改革政策，一些地方就紧跟着出台相关的改革政策。但是，这些政策是否能够生根发芽，是否能够解决实际问题？从现在的情况看不容乐观。比如，中央和一些地方都出台了关于新型城镇化的改革方案，但这些地方仅仅是亦步亦趋，没有结合到地方的实际情况，没有触及到改革的

核心问题。

三、在全面深化改革中为改革而改革

全面深化改革,必须继续解放思想,着力克服和破除思想观念的障碍、部门利益掣肘和利益固化的藩篱,方能披荆斩棘、砥砺前行。但是,一些地方和一些领域仅仅是为改革而改革,出台了许多不具有可操作性的政策。这虽然与领导作风有一定的关系,但从另一方面看,当初政策出台本身并未做相关可行性研究,才导致片面地出现为改革而改革的局面。

对河南来说,在全面深化改革过程中应当克服上述不良倾向,以"务实发展"的理念务实推进改革。

第一,明确我省全面深化改革的总任务和总目标。省委提出,我省全面深化改革与打造"四个河南"、推进"两项建设"结合起来,与改进作风、密切党同人民群众的血肉联系结合起来,进一步解放思想、解放和发展社会生产力、解放和增强社会活力,坚决破除各方面体制机制弊端,加快中原崛起、河南振兴、富民强省。对此,我们应当贯彻落实,制定具有可操作性的战略规划。

第二,遵循客观规律。经济发展和社会发展都有相应的客观规律,遵循规律,便能事半功倍;违背规律,可能事倍功半。因此,在全面深化改革中,必须从纷繁复杂的事物表象中把准改革的脉搏,把握全面深化改革的内在规律,特别是要把握全面深化改革的重大关系。

第三,稳步推进经济体制改革,在要素市场化改革方面率先突破。我省在全面深化改革中,应当深入推进以土地、能源、金融、科技人才要素为重点的要素市场化配置综合配套改革,大胆探索、先行先试。培育发展要素市场体系。从稀缺性资源、产权交易、人力资源、技术力量等方面,整合资源,建立体系,打造市场化运作机制。中央赋予了深化土地制度改革的权利,我们应当结合河南的实际率先推进土地制度改革,破解土地要素上的机制性、瓶颈性障碍,为全省经济社会发展作出更大贡献。

(作者系河南日报理论部主任、高级编辑)

全面深化改革的重心
是政府及公务人员观念的转变

郭 军

2015年我国加入WTO的十五年过渡期已满,根据2001年我国与世贸组织签订的协议,到今年的7月,中国应该按照WTO规则和市场法则与世界经济对接,融入全球经济的一体化运营,这势必带来对现有经济秩序、机制的冲击,而受此影响的绝不只是我国的产业、行业、企业,更直接的则是政府及其公务人员。

一、政府及其公务人员将直面WTO规则和市场经济国家运行法则

我们应当把中央的各项战略部署串起来,形成系统的、深层的认识,而这其中最重要的应该是我们的政府及其公务人员通过深入学习研讨实现观念的转变,即政府及其公务人员一方面要面对经济下行压力实施精准调控,另一方面还要应对经济全球化、应对WTO过渡期满,转变观念、职能,按照世贸组织规则调理经济活动及其行为机制,实现和推进中国经济与世贸组织的融合。抑或说,遵循世贸组织规则运营与规范中国经济,才是真正的经济"新常态"。我们把"全面深化改革"、"市场决定论"、"新常态"、"四个全面"、"互联网+"、"大众创业万众创新"连起来认识,就不难看出它们的各种含义及其相互关系,以及这些含义与关系的深刻性、深远性、深重性,也不难看出全面深化改革的重点对象已经从一般民众和经济实体转向了政府及其公务人员,全面深化改革能否深化,焦点和难点已经非常明显地聚焦到了政府及其公务人员身上——政府及其公务人员能否适应WTO运营的规则和规矩,体制和机制,环境和秩序,并且尽快地转化出带领人民建设中国特色社会主义市场经济新常态的正能量。

二、把全面深化改革与应对 WTO 运营新秩序、新机制要求结合起来

面对新形势,政府及其公务人员应该清醒地认识到:第一,坚守政府集精力于谋宏观战略大政,规宏观战略大划之基本职责,而具体的微观经济事务则放开交由市场决定。应相信市场经济的定力,相信党和国家作出的路径选择。第二,我们将来的经济运动的游戏是以世贸组织规则和市场经济法则来设计、制定与贯彻的,而非由政府来统领。第三,多元产权的混合所有制将允许非公经济成分超过50%的比例,政府在世贸组织规则面前一样要执行。同时,政府及其公务人员也一定要看到,融入世贸组织规则运营后积极的一面。这就是,世贸组织成员国之间的互济性、互通性、互动性,不仅为中国经济带来新的机遇和借鉴,而且也给予了中国经济一个再更新、再升级、再优化的机遇,这也是习近平总书记、李克强总理为什么一再强调简政放权,明晰"权力清单",规范公务行为,让市场唱大戏的基本意境。

(作者系河南财经政法大学教授)

以全面深化改革为统领
科学谋划"十三五"规划

许贵舫

"十三五"时期是我省协调推进"四个全面"建设的重要时期,也是创新引领发展、改革促进发展、协调加快发展的关键时期。深入分析新常态下我省经济社会发展面临的新变化、新特征、新趋势,研究提出"十三五"经济社会发展的新思路,科学谋划"十三五"规划,具有重要意义。

一、科学研判,准确把握"十三五"的阶段性特征

我省在经济新常态下需要做到"换挡不失速""阵痛要短促""消化加注入"。首先,发展不够仍是我省面临的最大现实,保持较快增速、做大"经济蛋糕"仍是我省发展的首要任务,经济增速可以换挡,但不能失速,没有一定的速度保障,转型发展就是空谈。其次,我省正处在爬坡过坎、攻坚转型的关键时期,结构调整任务重,但面临机遇难得,加快经济转型升级,率先度过结构调整阵痛期,才有可能实现弯道超车、后来居上。再次,要把握好政策实施的力度、节奏和重点,保持政策的连续性、稳定性、针对性,进一步提高调控的灵活性和前瞻性。在消化前期政策的同时,应着眼未来发展,通过改革创新注入新的动力,积极培育新产业、新业态、新模式,抢占未来发展制高点,塑造竞争新优势。

二、调试方法,创新政策思路

一是要"微刺激"。面对经济下行压力,以政府适度有序的刺激弥补市

场的失灵。但刺激不是全面扩张的"强刺激",而是有导向、有选择的"微刺激",重点是在基础设施、生态环保等市场缺失领域预调微调,熨平经济波动,实现平稳增长。二是要"点调控"。坚持问题导向,避免粗放投资,重点在补短板、调结构、惠民生等领域精准施策,切实提高经济增长效率。三是要"线推进"。通过空间线性推进方式,密切各城市间的联系与协作,带动区域经济整体发展,重点构建以郑州为中心的"米"字形发展轴,巩固提升河南在区域经济发展中的核心纽带作用。四是要"归市场"。只要市场能充分发挥作用的领域,就减少不必要的政府干预,使"十三五"规划真正成为"市场投资指南"和"政府决策依据"。五是要"变形态"。经济新常态下,必须加快构建科技含量高、资源消耗低、环境污染少的产业体系,推动经济转型升级,实现可持续发展。六是要"促融合"。促进行业间的融合发展,不仅可以催生大量新技术、新产品、新业态、新模式,而且能够创造消费需求,可以为经济发展增添新活力、开拓新空间。

三、聚焦关键,破解发展难题

一是战略新布局,强化顶层设计、战略引领,重点延伸丰富"三大国家战略规划",全面融入"一带一路"国家战略,实施"互联网+"行动计划,积极谋划沿黄、沿淮、南水北调生态保护等重大战略,引领"十三五"经济社会全面发展。二是结构再平衡,把结构优化作为"十三五"的重点,通过收入结构、产业结构、城乡结构、投资结构的优化调整,促进我省经济转型升级。三是要素紧约束,在强化要素紧约束的新形势下,围绕土地、资金、人才、环保等发展瓶颈制约,主动探索实践,开拓思路,改革创新,破解发展难题。四是创新主动力,坚持把创新驱动作为我省经济转型发展的核心支撑,改变资源依赖、要素驱动、投资拉动的经济增长模式,增强经济增长动力。五是产业精益化,改变产业粗放发展模式,加快产业精益化发展,推动"傻大笨粗"的传统制造业向"高精特优"的先进制造业转变,积极发展中小科技型企业、创意型小镇经济发展模式等。六是全域生态化,把生态文明理念融入到经济社会发展的全过程,打造天蓝、地绿、水清、气爽的生态体系,切实改善环境质量,提高宜居生活水平。

四、全面突破，实现经济发展目标

一是平稳增长，推动全省经济持续稳定增长，质量效益稳步提高，经济结构不断优化，在转型调整中实现新的发展。二是平衡调控，处理好经济增长、居民就业、生态环保等各方面的关系，平衡使用各种政策工具，寻求最佳平衡点，保持经济社会平稳发展。三是建好平台，平台决定高度，重点是推动产业集聚区、"两区"等科学发展载体提质转型创新发展，同时积极谋划现代物流、科技创业、健康养老等新型载体，增强产业承载能力。四是抓好平常，注重各项工作机制常态长效，不吹"季风"、不搞"运动"，常抓不懈，久久为功。五是促进平等，以基本公共服务均等化和扶贫攻坚为重点，促进社会平等公平，确保全面建成小康社会。六是建设平安社会，用法治思维和法治方式推进平安建设，化解社会矛盾，维护社会稳定，建设平安社会。七是建设平静城乡，推进民生改善，解决好人民群众反映强烈、影响社会和谐稳定的突出问题，让老百姓安安静静过好日子。

（作者系省发改委产业研究所所长）

深化经济体制改革
优化房地产金融生态环境

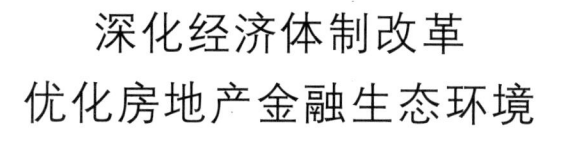

杜书云

省委、省政府应当及早谋划,积极优化金融生态环境,提升金融机构对我省房地产开发企业的融资支持力度,增强我省房地产市场运行的稳定性。

一、全省房地产市场运行态势良好,总量及增速等指标位居中部前列

一是全省房地产开发投资稳步增长,增速略有回落。2015 年第一季度,全省房地产开发投资额 697.18 亿元,位居中部六省第二位,同比名义增长 7.9%,增速比 1 – 2 月份回落 5.5 个百分点。二是全省商品房销售降幅收窄。2015 年一季度,全省商品房销售面积 1010.24 万平方米,下降 11.1%。三是郑州房地产市场持续回暖。2015 年第一季度,郑州全市房地产投资额 301.4 亿元,同比增长 18.9%,增速较去年同期提高 0.3 个百分点。

二、融资支持不足已成为我省房地产企业发展的重要瓶颈

一是房地产开发企业到位资金增速持续下滑。2015 年 1 至 4 月份,全省房地产开发企业实际到位资金 1212.54 亿元,同比下降 1.6%。与 1 至 3 月份相比,回落 3.5 个百分点。二是融资结构偏向自筹资金,融资成本和风险偏高。2015 年 1 至 4 月份,全省房地产开发企业实际到位的 1212.54 亿元资金中,自筹资金为 710.22 亿元,占比高达 58.6%,高于全国平均水平(39.7%)18.9 个百分点。三是国内贷款比重过低,融资支持持续不足。

2015年1至4月份,全省房地产开发企业获得国内贷款136.42亿元,同比下降2.9%。全省国内贷款占比为11.3,略高于2014年水平(11.2%)。

三、优化房地产金融生态环境,提升金融机构融资支持力度的建议

一是积极引导金融主体参与,优化房地产金融生态环境。重点改善房地产金融生态的外部环境,吸引境内外金融机构来豫发展。强化房地产金融主体的征信建设,改善信用环境。改善房地产金融生态的法律环境。改善房地产金融生态的制度环境。二是积极推动金融市场发展,构建区域性金融中心。积极引进境外金融机构,积极引进国内地方银行,积极推进金融集聚区建设。三是积极推进房地产证券化,拓展房地产融资渠道。继续完善房地产投资信托基金的税收减免政策,完善房地产投资信托基金设立要求,构建房地产投资信托基金的监管机制。

房地产金融生态环境的改善、区域性金融中心的构建以及房地产证券化等金融创新的推进均有助于拓展房地产主体的融资渠道,提升金融机构的融资支持力度。尽管如此,还需要合理配置金融资源,避免流向少数开发企业,带来金融资源利用的低效率。

(作者系郑州大学旅游管理学院院长、教授)

以深化改革回应人民所呼

金美江

习近平总书记在主持召开中央全面深化改革领导小组第十一次会议时强调,"必须从贯彻落实'四个全面'战略布局的高度,深刻把握全面深化改革的关键地位和重要作用,拿出勇气和魄力,自觉运用改革思维谋划和推动工作,不断提高领导、谋划、推动、落实改革的能力和水平,切实做到人民有所呼、改革有所应。"当前,面对发展新常态,全面深化改革必须持续发力,推进"四个全面"战略布局的贯彻落实,回应群众关切,策应百姓期待,从广大人民群众关注的焦点、百姓生活的难点中确定改革的重点和切入点,做到有的放矢、对症下药、对标施策,切实增强改革的针对性,不断增进人民群众的福祉。

一、人民所望是施政所向

习总书记提出的"人民有所呼,改革有所应"切中要害,意义深远。在全面深化行政体制改革方面,政府以取消下放行政审批事项,作为深化行政体制改革的突破口、切入点和继续简政放权、转变政府职能、释放改革红利的先手棋,取消下放行政审批事项作为优化政府部门职责体系的关键之举,既是起点,又是重点。河南省在深化改革进一步简政方面,全面清理地方性法规设定的行政许可、具有行政审批性质的管理事项,继续取消、下放省级行政审批事项。向企业放权、向基层放权、向市场放权,中央明令取消的审批事项不折不扣地放给市场,中央下放省级的审批事项、由市县管理更方便有效的,一律下放。向社会公布保留的审批事项。省级原则上不再新设行

政审批事项,省政府各部门和市县政府都不得利用红头文件设定具有审批性质的管理事项。全面推广一门受理、联审联批、多证联办等审批服务模式,建立全流程公开审批机制。与此同时,深化投资体制改革,开展投资审批制度权力清单试点。企业投资项目,除关系国家安全和生态安全、涉及重大生产力布局、战略性资源开发和重大公共利益等项目外,一律由企业依法依规自主决策,政府不再审批。省委九届七次全会通过的《中共河南省委关于贯彻党的十八届三中全会精神全面深化改革的实施意见》,经一年多的实践印证,围绕打造"四个河南"、实现中原崛起河南振兴富民强省,让广大人民群众有更多"获得感",更需坚持用改革的办法、群众的视角、创新的思路去攻坚克难,锐意进取,才能为全面建成小康社会提供根本动力,让人民群众生活得更加幸福,才是遵从了人民有所呼、改革有所应的根本原则。

二、改革设计须对接基层群众

中央要求,全面深化改革方案的设计要坚持走群众路线,将顶层设计与基层群众对接,确保改革不偏不虚不空。当前,取消下放行政审批事项的实际成效与社会期望还有一定距离。取消下放行政审批事项还要咬定关键领域不放松,分领域清理,全过程跟进,彰显改革耐性。必须通过回应群众呼声、顺应群众需求,释放更多的改革红利。我省在取消下放行政审批事项上还有几个重要环节要做好:一是优化行政审批流程,尽量减少行政相对人就审批事项与政府发生关联的接触点。改进审批效率,提升公众满意度。二是建立统一的行政审批服务平台,实现"一个窗口对外",科学配置行政审批权。三是加快实现网上审批和行政审批标准化。这是面向全社会提供无差别高品质行政审批服务的前提条件。

(作者系省统计局统计设计管理处处长)

我省科技金融模式创新的政策建议

周颖杰

党的十八大提出了实施创新驱动发展战略,推动科技和经济紧密结合,加强技术集成和商业模式创新。结合我省科技企业发展的现状,构建的科技金融模式应当是以间接融资模式为主,直接融资模式为辅,以市场化的金融支持为核心,以政府的金融补贴作为辅助,以核心重点区域的科技金融发展作为源头,逐渐向全省扩散,为科技创新企业提供全生命周期的科技金融创新体系。

首先,我省金融资本市场的发展程度相比较发达省份发展滞后,特别是直接融资渠道更是欠缺,同时我省科技型企业的数量和质量也与发达省份有很大的差距,这就说明了以银行为主渠道的间接融资方式更适合河南省科技金融发展的现状和需求。而科技金融创新的重点是解决科技型企业债权融资与银行风险控制的难题,由省政府统一设立科技型中小企业信用担保体系,建立信用担保补贴基金,具体的实施应当是由科技企业信用担保公司统一按照市场化的方式运作,科技型企业可以在金融市场中按照自己的需求寻求间接融资支持,由市场的竞争机制对科研型企业起到约束和筛选作用,同时降低银行对科技型企业间接融资的风险。

其次,我省科技金融模式创新应当积极利用直接融资渠道,对科技型企业提供股权融资支持。鉴于股权融资渠道的缺乏,应当尽量利用现有的产权交易市场,对科技型企业的股权融资提供便利。我省科技型企业的分布相对集中于郑洛两地,其他地区的科技型企业数量很少,分布也很分散。所以应当首先在郑州和洛阳两地的产权交易所试行对科技型企业股权的集合

定价拍卖,由政府作为监管部门提供制度框架,简化对科技型企业股权融资的条件限制。并且为了控制风险,应当对参与股权集合定价拍卖的企业规模和区域做出严格限制。随着市场的扩展和今后多层次资本市场的发展,逐渐放松对规模和地域的限制,从而能够形成统一的河南省股权交易的柜台市场。

再次,发挥我省保险市场对科技金融模式创新的支持作用。应当允许保险机构对科技型企业的直接融资和间接融资提供风险补偿,或者建立省政府主导的政策性保险企业提供对科技型企业融资的再保险,以充分弥补科技型企业融资过程中所产生的风险外溢。

最后,建立科技型企业知识产权交易平台,能够对科技创新进行合理的市场定价。科技创新作为虚拟化资产,其价值体现在市场未来发展的预期,所以,我省建立的知识产权交易平台应当能够吸引到尽可能多的市场竞价者才能充分体现知识产权的市场价值。建立的交易平台应当是电子信息传递平台,具体的交易过程是由交易双方在线下按照既有知识产权转让法律法规签订的协议来实现,并且应当将电子交易平台与其他省份和交易平台联网,以提供更强的交易流动性。

(作者系许昌学院经管学院院长、教授)

协力丝绸之路　推进区域发展

刘玉来

丝绸之路经济带的战略构想一经提出,就受到了沿线国家、省份和城市的支持和积极响应,区域内的相关地区和城市围绕丝绸之路经济带纷纷布局。然而从各省相继出台的丝绸之路经济带的建设规划来看,呈现出各自为政、分散布局的特点,缺少协同性,影响了经济带发展的整体效能。例如各省与节点城市的产业布局就呈现出趋同性和竞争性。这一问题对丝绸之路经济带的协作性提出了要求,激发我们对洛阳市如何通过多种协作融入丝绸之路经济带进行思考。

一、协力的意义

协力是指经济带组织通过协同一致的行动,促使经济结构要素优化配置,达到经济带良性互动和可持续发展的过程。丝绸之路经济带的协力包括区域空间上的协作和结构空间上的协作两个方面内容:区域空间上的协作主要是指经济带国家之间的协作、城市节点之间的协作与产业层面上的协作三种途径;结构空间上的协作包括产品、技术、信息、资金、交通等经济结构要素上的协作。区域空间上的协作保证了成员体之间能够协调发展、消除障碍,结构空间上的协作保证了经济要素之间能够自由流动、形成合力,达到资源有效配置,效益得到提高。

二、协力丝绸之路的必然性

丝绸之路经济带是一个发展极不均衡的区域,各区域之间存在着资源、

要素和发展机会的竞争关系。要避免无序竞争可能带来的重复建设和资源浪费,就需要强化各成员体之间的协作性,促进良性竞争,实现丝绸之路经济带的健康发展。同时,经济带成员之间也存在着互补性,如中亚国家的能源和矿产品与我们的加工制造业之间存在着互补性、西部五省与东部省份在产业梯度上存在互补性,这种互补只有通过协力发展才能促成经济形态的形成,实现丝绸之路经济带的规模经济和范围经济性。

三、协力丝绸之路的根基

(一)产业的合理分工与布局

合理的产业分工与布局是丝绸之路经济带发挥规模效应和扩散效应的基础,国家的战略构想也是要把沿途区域及辐射区域以各自比较优势产业为切入点,遵循产业合理分工与布局的原则进行优势产业层次划分,从而处理好经济带层次节点与整体的产业发展关系,避免产业布局同质化和雷同性,这是产业结构的协力。

(二)流畅的交通与物流

丝绸之路经济带的目标之一是"互联互通",其根基就是物流、人流、信息流的畅通,从而降低经济带内物流通道成本、促进经济带区域社会经济共同发展,这是交通与物流的协力。

(三)统一的协调机制

产品和要素的自由流动是丝绸之路经济带建设的首要挑战,实现要素的自由流动首先要确立统一的制度框架,建立共同参与的协调机制,这是制度的协力。

(四)特色有用的项目

协力的基础是互利,协力各方都在寻找利益,如果没有利益基础,别人不跟你对接。

四、协力丝绸之路的原则

(一)区域合作原则

丝绸之路经济带本质上是区域之间强化合作关系的组织,加强区域内成员体之间更紧密合作也是经济带建设的基本构想。丝绸之路经济带是一种创新的合作模式,只有通过不同发展水平、不同文化传统、不同资源禀赋、不同产业基础的平等合作,才能形成一个合作互惠的利益共同体。

(二)互补性原则

丝绸之路经济带上各区域之间资源优势不同,产业基础也存在巨大差异,通过优势互补关系构建丝绸之路经济带不仅能避免产业间的恶性竞争,也较能为对方接受,有利于经济带的可持续发展。

(三)合理分工原则

合理分工原则要求各丝绸之路经济带各成员体认清各自所处的位置,明确各自的要素优势和产业生命周期所处的阶段,把握产业在区域间梯度转移的规律,优势产业结构,形成合理的地域分工格局。

(四)综合推进原则

丝绸之路经济带涉及经济、政治、人文等多方面内容,具有综合性的功能,而不能单从产业、经济等推进,还需要从人文交流、政策沟通、民心相通等方面展开,在产业、关税、旅游、文化等方面综合推进是丝绸之路经济带实施方式上的重要切入点。

五、协力丝绸之路的举措

(一)创新合作模式

传统上以输出廉价消费品和获取矿产资源为主的合作模式越来越不适应丝绸之路经济带的发展要求,创新合作模式要注重各成员之间以互利共赢的方式开展业务关系,特别是新技术领域内的合作,这包括高端产业合作、新技术领域的投资、提高传统产业的科技水平、建设新产业项目、改造老工业基地等。

(二)建立统一的物流合作组织机制

统一的物流合作组织机制是协力丝绸之路的保障,可在现有的交通和物流业基础条件上建立统一的物流合作组织和政策机制,包括完善陆路和空中绿色通道,交通、通信和通关便利化,建立丝绸之路经济带区域物流合作的信息平台和国际物流服务系统,统一规划经济带物流园区和物流中心,

成立物流区域发展协调机构,实现丝绸之路经济带资源与物流的合理配置。

(三)逐步实现区域经济一体化

建立丝绸之路经济带不是条块分割、各自为政的区域经济增长,而应是建立一个旨在实现经济一体化的合作框架,实现区域内经济共同增长,通过经济的不断合作实现逐步由自由贸易区、关税同盟,到共同市场、最终建立经济同盟的渐进式的经济一体化行动方案,通过区域经济一体化实现经济带的协力发展。

(四)做好城市营销

城市营销是运用市场营销的方法论,对城市的政治和经济资源进行系统的策划与整合,通过树立城市品牌,提高城市综合竞争力,广泛吸引更多的可用社会资源,来推动城市良性发展,满足城市人民物质文化生活需求。城市营销的目的是获得资源,不外有三种方式,一是来城市消费,二是来城市投资,三是出口。可以从城市的产品力挖掘、城市的品牌力塑造、城市营销战略、战术系统的制定及执行等几个方面入手来做好城市营销。

(作者系洛阳师范学院商学院院长、教授)

专题四

全面推进依法治省

从社会主义核心价值观的"法治"追求看"全面依法治国"

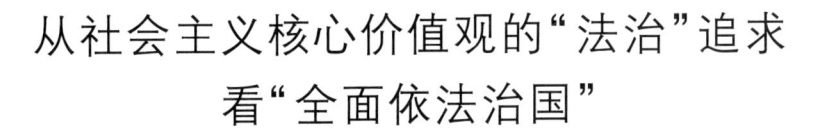

李庚香

深入贯彻学习党的十八届四中全会审议通过的《中共中央关于全面推进依法治国若干重大问题的决定》和省委九届九次全会《中共河南省委关于贯彻党的十八届四中全会精神全面推进依法治省的实施意见》精神，要求广大党员干部积极投身全面推进依法治国伟大实践，将法治转化为一种现实的领导方式。

一、还是"法治"靠得住

法律是治国之重器，良法是善治之前提。法度明，纪纲正，大治之势方成。这次党的中央全会第一次聚焦"依法治国"主题，标志着在坚持和完善中国特色社会主义的伟大实践中，继社会主义市场经济之后，建设中国特色社会主义法治体系，建设社会主义法治国家，成为重大战略选择。

当前种种社会乱象的深层次原因仍然是法治的缺位。邓小平同志说过，还是制度靠得住些。从严治党，靠教育也靠制度，既要思想建党还要制度治党。反对腐败，既需治标，更要治本。发展、改革、稳定，都需要法治作保障。

二、把培育和践行"社会主义核心价值观"中的"法治"追求与"全面依法治国"有机统一起来

"国家治理体系"是国家管理经济、政治、文化、社会、生态文明等各领

域的体制、机制和法律法规安排,是一整套紧密相连、相互协调的国家制度。"治理"从哲学上讲,是思维与存在围绕有序性展开的矛盾运动。从传统的"管理"到现代"治理"的跨越,虽只有一字之差,却是一个价值目标选择的重大变化,是治国理政范式包括权力配置和行为方式在价值导向上的一种深刻转变。

任何一个国家的治理体系都有其追求的价值目标。近现代国家治理体系有两个基本属性:一是体现国家管理共同规律的自然属性,二是体现国家性质的社会属性。确立国家治理体系的价值目标,要以社会主义核心价值观作为基本方向。社会主义核心价值观中包含的"富强、民主、文明、和谐"的要求,充分展示了国家治理现代化在政治层面的具体取向和内容;"自由、平等、公正、法治"的要求,充分展示了国家治理现代化的价值在社会层面的具体取向和内容;"爱国、敬业、诚信、友善"的要求,充分展现了国家治理现代化的价值在公民层面的具体取向和内容。特别是其中的"法治"理念与"四个全面"中的"全面依法治国"是完全一致的。

中国的国家治理价值目标的实质就是要把握好公平性与效率的平衡。正确认识和确立我国国家治理体系的价值目标,对于贯彻落实"四个全面"战略布局具有极为重要的意义。社会主义核心价值观是"四个全面"的根本价值支撑,是治理体系比较与竞争中的软实力和最深层精神动力,有助于我们解放思想,解放和发展社会生产力,解放和增强社会活力。只有把培育和践行社会主义核心价值观中的"法治"追求与"四个全面"战略布局中的"全面依法治国"有机统一起来,真正实现价值层面和制度层面的结合,"法治中国"建设才能有效落到实处。从"社会主义核心价值观"的角度看"四个全面",实现社会层面上的"法治"追求与"全面依法治国"的有机统一,需要我们在以下三个方面着力:

第一,用法治信仰引领中国精神追求。孙中山说:"中国事向来之不振者,非坐于不能行也,实坐于不能知也。""不知"不见得是真的不知道,只有没有内化为自觉而已。中国在法治建设中遇到的最大困难正是这种"不知"。当前,大多数人只是把法律当工具,需要的时候就拿起来,不需要或者对自己不利的时候就丢掉。因此,要多途径、全方位地进行法治价值观建设,将法治理念、法治文化、法治信仰内化于人心,使人民从最初的感性式消极守法逐步转变为理性式积极守法,最终变成超越式自觉守法,让法治成为人民的核心价值追求。

第二,用法治思维规范政府执政方式。法律既是工具又是思维。法治思维具有特定的内涵,主要包含规则思维,权利保护思维,权力限制思维和程序思维。如果没有法治思维的价值取向和价值目标追求,那么我们就永远也走不出"统治"的思维牢笼,永远会满足于停留在"管理"的层面,甚至连管理也会出现不到位、不作为、乱作为的问题。

第三,用法治精神推进法治社会建设。法律是凝聚全民共识形成的一套缜密程序,并具有很强的稳定性。在当前高速前行的转型社会中,对社会秩序和价值理念起着稳定作用。构建符合法治价值要求的社会秩序,强化人们的法治观念,能够消弭个人自以为是而带来的社会混沌无序,避免因观念的歧见造成行动的冲突,有助于促进文明风尚的养成和社会的全面进步。

三、树立法治思维,全面推进依法治省

全面推进依法治省,对于河南的广大干部特别是党员干部来说,就是要努力树立法治思维,提高运用法治思维和法治方式深化改革、推动发展、化解矛盾、维护稳定能力,扎实推进法治建设的进程。首先,正确处理法治与人治的关系,树立法治至上理念,清除人治影响和"潜规则",净化官场风气和政治生态。其次,正确处理权利与权力的关系,坚持人民主体地位,切实保障公民权利,列好负面清单、权力清单、责任清单,坚决消除"官本位"积弊,始终把权力关在制度的笼子里。再次,正确处理程序正义和实质正义的关系,不让"走程序"变成"走过场",高度重视、充分发挥程序正义的价值。

(作者系省社科联主席、研究员)

把改革与法治有机结合起来

王永苏

全面深化改革、全面推进法治如鸟之两翼、车之两轮,二者的共同遵循是客观规律,共同追求是公平正义,共同目的是全面建成小康社会。贯彻落实《中共河南省委关于贯彻党的十八届四中全会精神全面推进依法治省的实施意见》,必须坚持改革方向、问题导向,坚持全面依法治省与全面深化改革两位一体,有机结合,互促共进。用改革的思路和举措破除法治建设的体制机制障碍,以改革开放为良法善治奠定基础;以良法善治引导、推动、保障改革开放,规范巩固拓展改革开放成果,实现改革和法治协调推进,使经济社会发展既生机勃勃又规范有序。

一、以改革开放为良法善治提供基础

适应引领经济新常态,稳增长、调结构、防风险要靠深化改革;解决法治建设中的突出问题,实现科学立法、公正司法要靠深化改革;应对"四大考验"、避免"四大危险",全面从严治党,改进和健全监督体系,切实防治腐败也要靠深化改革。法律是由国家强制力保证实施的对全体社会成员具有普遍约束力的行为规范,是以最大共识为基础的最高规则,规定和调整社会基本制度和主要的社会关系,符合客观规律,体现公平正义,具有相对稳定性。改革实践具有变动性、创新性。体制机制不合理,改革不到位,经验不成熟,规则不稳定,不宜急于上升为法律,以免阻碍改革创新。总的看来,没有改革开放的深入推进,就不可能形成一套科学合理的体制、政策,科学立法、公正司法就缺乏健康的社会基础。当前我国法治方面存在的问题,如有的法律法规不能全面反映客观规律和人民意愿,立法工作中的部门化倾向、争权诿责现象,有法不依、执法不严、违法不究现象,多头执法、选择性执法现象,执法司法不规范、不严格、不透明、不文明现象,一些领导干部以言代法、以权压法、徇私枉法现象,等等,都与体制机制改革不到位有关。只有扎扎实实深化有关的体制机制改革,这些问题才能从根本上得到解决。因此,决不能简单地以改革不符合现行法律就否定改革,也不能以没有法律依据迟滞改革,而是应当及时按程序废止那些不适应改革要求的法律法规,积极稳妥推进改革,形成科学合理的体制机制,为良法善治奠定基础。从历史的总趋势看,法律不科学、不公正、不合理,不符合客观规律,不体现公平正义,阻碍经济社会发展,就要变法使之符合客观规律,体现公平正义,变法就是改革。

二、以良法善治规范巩固改革开放成果

法治是国家治理体系和治理能力现代化的必然要求,是实现长治久安的迫切需要。以法治代替人治,把权力关进法治的笼子里,是人心所向,大势所趋。只有真正实现良法善治,实现权利公平、机会公平、规则公平,使人们的生命财产得到切实保障,人们才有安全感,才有可能调动广大民众创业创新的积极性,才能吸引人才、资金,才能使社会既生机勃勃又规范有序,才能实现长治久安。邓小平指出:"为了保障人民民主,必须加强法制。必须使民主制度化、法律化,使这种制度和法律不因领导人的改变而改变,不因领导人的看法和注意力的改变而改变。"被实践证明科学有效的改革开放成果,必须上升到法律来规范、巩固、拓展,避免因领导人的看法和注意力的改变而改变。要按照党的十八届四中全会的要求,完善立法体制,贯彻公正、公平、公开原则,把握和尊重客观规律,积极借鉴国外有益经验,使立法工作同改革开放相适应,保障科学民主立法,切实提高立法质量,为善治打好良法基础。

三、以良法善治为改革提供保障

我们讲改革是一场革命,实际上改革比革命更难。我国历史上的改革变法多以失败告终,商鞅变法虽然取得了成功,但商鞅本人付出了血的代

价。当前我国的改革已经进入全面改革的深水区,改革特别是重大改革牵涉面广、关系复杂、矛盾突出,利益协调难度大,来自各方面的阻力大,经济、社会乃至政治风险比较大,对改革和改革者的要求相当高,稍有不慎很容易"中枪倒下"。我省过去就曾经有过因改革方案设计不周密、提法太超前、程序和宣传方式不科学导致改革中断、干部受挫的教训,时人感叹"出师未捷身先死,长使英雄泪满襟"。在今天强调依法治国的大背景下,尤其需要以法治来保障推进改革。要认真落实习近平总书记的要求,凡属重大改革都要于法有据,在整个改革过程中,都要高度重视运用法治思维和法治方式,发挥法治的引领和推动作用,加强对改革和法治工作的协调,确保在法治轨道上推进改革。走了法律程序,改革的科学性、安全性、可操作性就会大大提高,成功就更有保障。

(作者系省政府发展研究中心原主任、研究员)

全面推进依法治省
让全民守法成为社会新常态

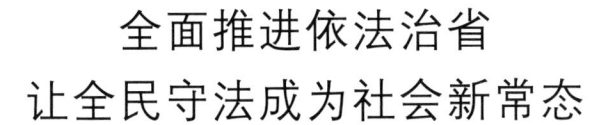

程传兴

在河南全面推进依法治省的过程中,全民守法是依法治省的应有内涵和基本要求,是全面推进依法治省的重要基础。全面推进依法治省不仅要有各级党委和政府的大力推动,还需要全民法治观念的增强和提高,让全民守法成为我省社会新常态。

一、全民守法成为社会新常态任重道远

虽然我省法治建设不断完善,全民守法观念逐渐增强,但是全民守法成为社会新常态还任重而道远。法治观念淡薄、不遵法不守法不信法的现象还相当普遍。很多人不信法,信关系、信钱、信闹。形成部分社会成员法治观念淡薄的原因是:

第一,传统文化的影响根深蒂固。我省作为中国传统文化的发源地之一,深受封建的人治、君主治理、家族治理的浓厚影响。现代意义上的法治传统和思想基础比较薄弱,在社会治理中习惯依靠国家权力特别是行政权力而不是主要依靠法律来调整人们的行为和社会秩序,这种传统文化对领导干部的影响较多,以言代法、以权代法、权大于法、徇私枉法等现象正是对人治传统的沿袭和体现,整个社会缺乏信仰法律的氛围。

第二,农耕文化的规则影响深远。我省是一个历史悠久的农业大省,在农耕文化中农民和农村社会可以说是熟人社会,熟人社会的行动逻辑与公众社会的行动逻辑差别很大,其对于人情和权威的盲目信任和高度依赖,在一定程度上影响着老百姓法治观念的确立。遇事找熟人、走关系等现象较为普遍,没有把依法办事作为处理社会关系、维护个人权益的基本生活方式和思维习惯。

第三,现实中存在司法不公、有法不依的现象。在现实生活中,虽然各级党委政府都在努力依法行政,但还有个别干部以权谋私、徇私枉法,使社会公平正义遭到践踏。另外,一些领导干部由于受错误的维稳观念影响,不敢完全依法办事,一些"工闹""医闹"等违法者没有受到应有的惩罚,甚至出现守法吃亏、违法得利的现象,导致部分群众"信权信钱信闹不信法",民不信法是官不依法办事造成的。

不遵法不信法不守法的社会现象和思想观念的存在,阻碍着全民守法、全面推进依法治省的进程,必须切实消除这种不良现象和思想观念。

二、全民守法成为社会新常态必须构建人民守法的内在动力

要形成全民守法的社会新常态,需要通过全社会的不懈努力,促使公众"知法、懂法、用法、守法、尚法、护法"。

一是推动全民知法懂法,让全民守法成为思想自觉。要健全普法宣传教育机制,着力增强全民法治观念,弘扬法治精神,开展群众性法治文化宣传教育活动,传播法律知识,培养法律意识,在全社会形成宪法至上、守法光荣的良好氛围。

二是坚持有法必依、执法必严,让守法得到激励。人民的内心拥护和真诚信仰不仅源自思想觉悟,还源于守法者的权利能够通过法治得到充分保障。只有严格依法办事,做到执法必严、司法公正,才能维护法律的尊严权威,保证社会的公平正义,让人民用法律维护自己的合法权利。只要法能保民,民就守法。公正的司法实践就可以逐步引导全民养成自觉守法、遇事找法、解决问题靠法的思维和习惯。

三是坚持违法必究,让人民感受到法律的威严。要健全公民和组织守法信用记录,完善守法诚信褒奖机制和违法失信行为惩戒机制。让不守法者受到惩罚,逐步在广大干部群众中树立法律的权威,让全民敬畏法律,才能使全民获得持续的内在的守法动力。

三、全民守法成为社会新常态必须要抓住"关键少数"

全面推进依法治省,全民守法,要突出重点,特别是各级领导干部负有特别重要的责任。

首先,领导干部带头守法是促进全民守法的关键。从"人治"走向法治,领导干部是关键。作为拥有公权力的领导干部,其法治意识、法治信仰、带头遵法守法的言行社会影响力大,特别是对全民守法的示范作用更大。如果领导干部不信法、不尚法、不守法,甚至带头违法,势必动摇着"法"在老百姓心中的分量和地位。

其次,领导干部依法行政是促进全民守法的保证。"执法者必须忠实于法律"。法律的生命力在于实施,能不能实现全民守法,关键在于各级领导干部能不能依法行政。领导干部要率先垂范,提高运用法治思维和法治方式的能力,根据法律法规的要求,厘清手中的权力清单,始终按照法定权限和程序行使权力,避免权力出轨。只要领导干部坚持依法行政,就能促进社会公平和正义,就能彰显法律的威严,就必然能引领全社会遵法、守法、用法的风气,就会逐步让全民守法成为新常态。

总之,全民守法是全面推进依法治省的重要根基。我们必须把全民守法作为依法治省的长期基础性工作,努力让法治成为全省人民自觉的生活方式和共同信仰,引导全省人民成为社会主义法治的忠实崇尚者、自觉遵守者、坚定捍卫者。

(作者系河南农业大学党委书记、教授)

建设法治社会 实现全民守法

王喜成

党的十八届四中全会审议通过了全面推进依法治国的纲领性文件,标注着当代中国迎来了一个法治新航标,为实现中华民族伟大复兴的中国梦提供了有力法治保障。全会提出,"增强全民法治观念,推进法治社会建设",这是一项实现长治久安的历史任务。贯彻落实全会精神,我们要在广泛深入宣传上下功夫,在树立法治意识上下功夫,在体制机制建设上下功夫,在推出工作举措上下功夫,大力弘扬社会主义法治精神,建设社会主义法治文化,加强和创新社会管理,引导全民自觉守法,建设社会主义法治社会。

一、弘扬法治精神,推动全社会树立法治意识

党的十八届四中全会指出,"法律的权威源自人民的内心拥护和真诚信仰。人民权益要靠法律保障,法律权威要靠人民维护。"贯彻落实全会精神,建设社会主义法治国家,要多措并举。第一,要深入开展法治宣传教育。把全民普法和守法作为依法治国的长期基础性工作,大力创新教育内容形式、方法手段,更多地采用融入式、渗透式、开放式教育,让人民群众广泛参与进来;积极搞好宣传引导,利用报纸、广播、电视、图书等传统媒体和互联网、微博、微信、客户端、QQ群、手机报等新兴媒体,多宣传报道社会上遵纪守法、诚实守信的人和事,多宣传各地各单位法治建设的好经验好做法,充分发挥榜样的力量和典型的示范作用;组织各种形式的宣讲团,广泛开展法治宣讲活动,对广大干部群众进行面对面的普法教育和解疑释惑;多创作推出具有法治教育意义、人民群众喜闻乐见的橱窗、公益广告、小戏小品,在潜移默化中对人民群众进行教育;抓好社会性的主题教育活动,利用升国旗仪式、重大纪念日和节庆等开展主题教育,引导公民增强文明法治意识,自觉守法、遇事找法、解决问题靠法。第二,要切实加强法治理论学习和教育。坚持把领导干部带头学法、模范守法作为树立法治意识的关键,完善国家工作人员学法用法制度,把宪法法律列入党委(党组)中心组学习内容,列为党校、行政学院、干部学院、社会主义学院必修课;把法治教育纳入国民教育体系,从青少年抓起,在中小学设立法治知识课程,让法治教育进教材、进课堂、进头脑,增强全社会厉行法治的积极性和主动性,形成守法光荣、违法可耻的社会氛围。第三,要健全普法宣传教育机制。各级党委和政府要加强对普法工作的领导,宣传、文化、教育部门和人民团体要在普法教育中发挥职能作用。实行"谁执法谁普法"的普法责任制,建立法官、检察官、行政执法人员、律师等以案释法制度,加强普法讲师团、普法志愿者队伍建设;把法治教育纳入精神文明创建内容,开展群众性法治文化活动,健全媒体公益普法制度,加强新媒体新技术在普法中的运用,提高普法实效。第四,要坚持依法治国和以德治国相结合。习近平同志指出:国无德不兴,人无德不立。要以文明河南建设为载体,坚持一手抓法治、一手抓德治,大力弘扬社会主义核心价值观,弘扬中华传统美德,培育社会公德、职业道德、家庭美德、个人品德,把社会主义核心价值体系融入政策法规、规章制度和国民教育、文化创作之中,大力弘扬焦裕禄精神、红旗渠精神、愚公移山精神,既重视发挥法律的规范作用,又重视发挥道德的教化作用,以法治体现道德理念、强化法律对道德建设的促进作用,以道德滋养法治精神、强化道德对法治文化的支撑作用,实现法律和道德相辅相成、法治和德治相得益彰;要着力围绕道德领域存在的公德缺失、道德失范等问题,加强教育、管理、惩戒,增强道德建设的针对性、实效性,增强公民依法办事、依法经营、依法维权的意识,形成良好的法治环境;要深入实施公民道德建设工程,加强理想信念教育,爱国主义、集体主义、社会主义教育,深化社会公德、职业道德、家庭美德、个人品德建设,强化明德知耻、崇德向善、见贤思齐意识,使外在的道德规范内化为人们的行为自觉。

二、坚持法治方式,推进多层次多领域依法治理

建设法治社会,要运用法治思维和法治方式,坚持系统治理、依法治理、综合治理、源头治理。一要加强法规制度建设。从立法、司法、执法等层面加强相关政策设计和制度安排,在思想道德、社会诚信、扶困助残、公共秩序、网络文明等方面,能形成法规的形成法规,能形成制度的形成制度,从而更好地规范人们的行为;深化基层组织和部门、行业依法治理,支持各类社会主体自我约束、自我管理,发挥人民团体和社会组织在法治社会建设中的积极作用;积极创造条件,把社会主义核心价值观的各项任务要求体现到法律法规制度之中,把"善有善报、恶有恶报"落实在法律文本上,通过建立行之有效的法规、条例和制度体系,维护社会和谐稳定。二要充分发挥社会组织作用。发挥市民公约、乡规民约、行业规章、团体章程等社会规范在社会治理中的积极作用,把法治社会建设的精神和要求同各行业、社会组织的特点及人们的日常生活紧密结合,融入行业规范、社团章程、文明行业创建、服务承诺之中,融入社区公约、村规民约之中,使之成为人们日常工作生活的基本准则;建立健全社会组织参与社会事务、维护公共利益、救助困难群众、帮教特殊人群、预防违法犯罪的机制和制度化渠道,支持行业协会商会类社会组织发挥行业自律和专业服务功能,发挥社会组织对其成员的行为导引、规则约束、权益维护作用;依法妥善处置涉及民族、宗教等因素的社会问题,促进民族关系、宗教关系和谐。三要深入开展法治创建活动。以平安河南建设为载体,开展形式多样的法治创建活动,如平安乡镇(街道)、平安村、平安社区、平安单位和平安校园、平安医院、平安交通以及和睦家庭等,开展有针对性的法治教育,增强公民法治观念,让群众懂得法律保护什么、限制什么,强化"平时学法,遇事找法,办事循法"的理念,营造全民懂法、用法、守法的大环境。同时要把法治创建活动与精神文明建设活动结合起来,把星级文明户、文明信用户、文明市民等评创活动与平安乡镇、平安村组、平安单位、和睦家庭建设结合起来,进一步扩大覆盖范围、丰富载体形式,收到良好效果。四要强化规则约束力。用平安河南建设规范相关主体的行为,强化责任追究和规则约束,健全树立良好道德风尚的激励、惩戒机制,形成崇德尚善、风清气正的社会氛围,不让制度成为"纸老虎""稻草人",让那些看起来无影无踪的潜规则失去土壤、失去通道、失去市场;加强政务诚信、商务诚信、社会诚信和司法公信建设,建立有效的信用激励和惩戒机制,努力营造让守信者一路畅通,失信者寸步难行的社会氛围;加强互联网管理,强化责任、形成合力,建立上下联动、分级负责、部门协同、分类处置的工作体系,构建"横向到边、纵向到底"的网络舆论管理工作格局;加强社会诚信建设,健全公民和组织守法信用记录,完善守法诚信褒奖机制和违法失信行为惩戒机制,使遵法守法成为全体人民的共同追求和自觉行动;完善见义勇为表彰奖励、医疗救治、抚恤安置等机制,动员组织广大人民群众积极参与平安建设。

三、建设法治文化,推进治理能力现代化

法治文化是一个国家或民族对于法律生活所持有的以价值观为核心的思维方式和行为方式。建设法治社会,要以建设法治文化为基础。一是要加强法治精神培养。法治精神是法治思维和法治方式的集中统一,反映了人们对法律至上、公平正义、权力约束等价值判断的深刻认识和自觉追求。要通过长期的学习、训练与培养,使人们形成与法治相适应的理念意识、生活方式与行为习惯,形成良好的法治精神,深刻理解法治的刚性要求和实践价值,牢固确立法的权威不容挑战、法的地位不容置疑、法的作用不容削弱的思想,使法律成为制约人们言行的道德规范和行为准则,使公民以积极作为的主人翁态度,做到"信任立法、配合执法、依赖司法、努力护法"。二是要强化公民主体意识。法治文化的重要精神是权利和义务的统一,法治国家中没有无义务的权利也没有无权利的义务,权利、义务意识的高度统一是法治文化建设的必然要求。要通过广泛深入的宣传教育,使公民了解法律、熟悉法律、信任法律,最后达至信仰法律,牢固树立有权力就有责任、有权利就有义务的观念,从而在心理上、情感上真正认识到自身的权利义务和主体地位;加强公民道德建设,增强法治的道德底蕴,强化规则意识,倡导契约精神,弘扬公序良俗;发挥法治在解决道德领域突出问题中的作用,引导人们自觉履行法定义务、社会责任、家庭责任,使全体人民都成为社会主义法治

的忠实崇尚者、自觉遵守者、坚定捍卫者。三是要建立推进法治建设的工作制度和体制机制。加强法律服务体系建设，推进建设覆盖城乡居民的公共法律服务体系，完善法律援助制度，健全司法救助体系；健全依法维权和化解纠纷机制，建立健全社会矛盾预警机制、利益表达机制、协商沟通机制、救济救助机制，畅通群众利益协调、权益保障法律渠道；完善立体化社会治安防控体系，保障人民生命财产安全；推进基层治理法治化，加强基层法治机构建设，强化基层法治队伍，建立重心下移、力量下沉的法治工作机制，改善基层基础设施和装备条件，推进法治干部下基层活动；党员干部要带头守法，牢记法律红线不可逾越、法律底线不可触碰，不能违法行使权力，更不能以言代法、以权压法、徇私枉法；把法治建设成效作为衡量各级领导班子和领导干部工作实绩重要内容、纳入政绩考核指标体系，把能不能遵守法律、依法办事作为考察干部重要内容，在相同条件下，优先提拔使用法治素养好、依法办事能力强的干部，对特权思想严重、法治观念淡薄的干部要批评教育，不改正的要调离领导岗位，倒逼运用法治思维开展工作。四是要营造浓厚的法治文化氛围。最好的法律不仅仅是印在纸上的条款、写进判决书里的文字，而是铭刻在人民心中的行为准则。因此，要加强和改进党对法治工作的领导，把党的领导贯彻到全面推进依法治国全过程，把法治观念体现到经济建设、政治建设、文化建设、社会建设、生态文明建设等各个领域，融入人民群众生活的各方面，使每一个社会成员都了解法律、熟悉法律，并养成信仰法律、崇尚法律、自觉运用法律维护秩序、捍卫权利的习惯，使全体人民都成为社会主义法治的忠实崇尚者、自觉遵守者、坚定捍卫者，从而为全面建成小康社会、实现中华民族伟大复兴的中国梦提供坚实基础。

（作者系省社科联副主席、研究员）

弘扬法治精神 树立法治信仰

张光辉

法治,是治国理政的基本方式,是实现中国梦的可靠保证。从目前的情况看,我国的法律法规日趋完善,依法治国能力进一步增强,但还存在着部分行政部门有法不依、司法部门审判不公、公民的守法意识和法治精神相对淡漠等问题,可以说,在全社会弘扬法治精神,增强公民的法治信仰,任重而道远。总体来看,要从以下几个方面做起:

一是增强公民法治认同感。十八届四中全会《决定》指出:"法律的权威源自人民的内心拥护和真诚信仰。"从传统人治社会向现代法治社会转变,不仅仅是一个法律制度健全和完善的过程,重要的是一个全民思想觉悟、文化观念不断嬗变的过程。真正的法治并不完全取决于法律条文有多么复杂严密,也不完全体现在民众对法律条文有多么深透的了解,而在于努力把法治精神、法治观念熔铸到人们的头脑之中,体现于人们的日常行为之中。"法治"作为社会主义核心价值观的重要内容之一,就是要让法治成为一种全民信仰,化为社会文明进步的强大动力。

二是不断提高司法公信力。习近平总书记曾经引用过英国哲学家培根的一段话:"一次不公正的审判,其恶果甚至超过十次犯罪。"如果司法这道防线缺乏公信力,社会公正就会受到普遍质疑,社会和谐稳定就难以保障,法律信仰更无从谈起。现实生活中,冤假错案还时有发生,其根本原因还在于个别司法人员不严格依法办事,甚至知法犯法、徇私枉法,这既侵害了人民群众的合法权益,更伤害了法律的尊严。因此,守护好司法这条维护公平正义的最后一道防线,对于在全社会形成信仰法律的氛围意义重大而深远。

三是让守法用法成为一种习惯。二千三百多年前亚里士多德在其著作《政治学》中指出:"邦国虽有良法,要是人民不能全部遵循,仍然不能实现法治。"苏格拉底曾说:"守法即正义。"如果法律不被遵从,条文徒具形式,要想实现法治社会无异缘木求鱼。法治要义之一,就是人们能够对法律普遍服从和遵守,只有法律的尊严得到切实维护,法治的权威真正树立,信仰法律成为一种习惯,人民的各项权益才能得到保障,社会才能实现长治久安,我们的国家才能真正实现国富民强。

(作者系河南日报副总编、高级编辑)

全面推进依法治省
必须抓住领导干部这个关键少数

郭学德

习近平总书记在2015年2月2日举行的省部级主要领导干部学习贯彻十八届四中全会精神全面推进依法治国专题研讨班开班式上的讲话中明确指出：各级领导干部在推进依法治国方面肩负着重要责任，全面依法治国必须抓住领导干部这个"关键少数"，领导干部要做遵法学法守法用法的模范。习近平总书记的这一重要论断，抓住了当前全面推进依法治国、依法治省的要害，为推进中国特色社会主义法治体系和法治国家建设提供了根本遵循。

一、领导干部是落实依法治国、依法治省各项任务的关键

党的领导是全面推进依法治国和依法治省的根本保证，领导干部是落实全面依法治国和依法治省各项任务的关键。领导干部这个群体人数虽然不多，但作用非常关键。这是领导干部这个特殊群体在依法治国和国家治理实践中所承担的特殊社会责任、扮演的特殊社会角色以及所处的特殊社会岗位所决定的。

第一，领导干部是推进依法治国、依法治省的组织者、推动者。十八届四中全会《决定》指出：党员干部是全面推进依法治国的重要组织者、推动者、实践者。领导干部所承担的依法治国重要组织者、推动者、实践者这一特殊社会责任，要求领导干部在依法治国实践中必须做到走在前列、干在实处、率先示范、作出榜样，必须成为依法治国的积极组织者、大力推动者和主

动参与者，发挥好正能量。否则，就有可能起到阻碍和破坏作用。

第二，领导干部是国家治理现代化的领导者、示范者。各级领导干部作为国家治理和社会管理的政治精英，在国家治理现代化实践中扮演着领导者和示范者的社会角色。在一定意义上可以说，各级领导干部的法治意识、法治素质和法治能力，决定着一个国家治理现代化的水平，也影响着法治国家、法治政府、法治社会的建设。因此，各级领导干部必须具备强烈的法治意识、良好的法治素质和较强的法治能力。

第三，领导干部是国家公共权力的受托者、行使者。现代国家理论认为，国家的权力来源于人民，人民是国家公共权力的所有者，各级领导干部只是受人民的委托，代表人民来行使公共权力，并为人民服务和谋取福祉。由于权力具有天然和内在的扩张性和腐蚀性，因此，必须依法对公共权力进行有效的监督和制约，必须对在国家管理实践中处于特殊社会岗位的领导干部进行严格的要求和规范。各级领导干部在行使权力过程中要做到依法用权、秉公用权、廉洁用权，准确把握权力边界，按照法律法规履行职责，按照权力清单行使权力。否则，领导干部就有可能成为法治的破坏者和社会的危害者。

总之，领导干部这个特殊群体在依法治国和国家管理实践中所承担的特殊社会责任、扮演的社会角色以及所处的特殊社会岗位，决定了各级领导干部是全面推进依法治国和依法治省的关键，因此，切实落实依法治省各项任务，必须紧紧抓住领导干部这个"关键少数"。

二、领导干部要做遵法学法守法用法的模范

在推进依法治国、依法治省实践中抓住领导干部这个关键少数，使其发挥好以身作则、以上率下的表率作用，要求各级领导干部必须成为遵法学法守法用法的模范。

首先，要成为遵法的模范。遵法是学法守法用法的基础。要成为遵法的模范，就是要求领导干部带头尊崇法治、敬畏法治。尊崇法治、敬畏法治，是领导干部应具备的基本素质。为此，领导干部要自觉增强法治意识、强化法治观念、提高法治素质，要深刻认识到，维护宪法法律权威就是维护党和人民共同意志的权威,捍卫宪法法律尊严就是捍卫党和人民共同意志的尊严,保证宪法法律实施就是保证党和人民共同意志的实现,任何组织或个人都没有超越宪法法律的特权,更没有凌驾于宪法法律之上的权力,一切违反宪法和法律的行为都必须予以追究。

其次,要成为学法的模范。学法懂法是守法用法的前提。要成为学法的模范,就是要求领导干部要带头了解法律、掌握法律。在现实生活中,一些领导干部不学法、不懂法、违法乱纪、胡作非为,甚至以言代法、以权压法、徇私枉法;一些领导干部甘当"法盲",不作为、乱作为,以其昏昏,焉能使人之昭昭。领导干部要弄明白法律规定什么事能干、什么事不能干,心中高悬法律的明镜,手中紧握法律的戒尺,知晓为官做事的尺度。只有知法懂法,才能做到依法执政、依法行政、依法用权。

再次,要成为守法的模范。守法是遵法学法的必然要求。要成为守法的模范,就是要求领导干部要带头遵纪守法、捍卫法治。"善禁者,先禁其身而后人;不善禁者,先禁人而后身"。领导干部一定要对法律怀有敬畏之心,牢记法律红线不可逾越、法律底线不可触碰,带头遵守法律、执行法律,带头营造办事依法、遇事找法、解决问题用法、化解矛盾靠法的法治环境。

最后,要成为用法的模范。用法是领导干部学法的目的。要成为用法的模范,就是要求领导干部要带头厉行法治、依法办事。领导干部要自觉提高运用法治思维和法治方式深化改革、推动发展、化解矛盾、维护稳定的能力,做到在法治之下,而不是法治之外,更不是法治之上想问题、作决策、办事情,养成办事依法、遇事找法、解决问题用法、化解矛盾靠法的习惯。

三、努力完善激励约束监督机制制度

首先,要确立科学的选人用人导向和标准。用人导向最重要、最根本、也最管用。要按照十八届四中全会精神和习近平总书记的重要讲话精神,在选人用人时,把能不能遵守法律、依法办事作为考察干部的重要内容和重要依据,优先提拔使用法治素养好、依法办事能力强的干部。对那些特权思想严重、法治观念淡薄的干部要及时批评教育,不改正的要调离领导岗位。设置领导干部法治素养的"门槛",把好选人用人关,加强干部管理监督,发

现问题严肃处理,严禁将那些法治意识淡薄、不守规矩、目无法纪、无法无天的人提拔到领导岗位上来。

其次,要抓紧对领导干部推进法治建设实绩的考核制度进行科学设计。按照十八届四中全会精神和习近平总书记的重要讲话精神,把法治建设实绩作为考核领导班子的重要内容,纳入政绩考核指标体系。科学设计法治建设实绩的考核制度,并进行量化细化。比如,探索实行领导干部法治素质任职资格制度,把党员领导干部参加法治教育和法律基本知识测试情况作为年度考核的内容和晋升的重要参考依据。又比如,探索将领导干部依法办事能力以及依法用权情况、违法违纪情况、重大法治事故情况等内容纳入政绩考核指标体系,作为其提拔使用、职务晋升和奖惩的重要依据,从而逐步形成正确的政绩导向和选人用人机制。

最后,要完善责任追究制度及责任倒查机制。建立完善重大行政决策终身责任追究制度及责任倒查机制,按照谁决策、谁负责的原则,对超越法定权限、违反决策程序、出现重大决策失误或者依法应该及时作出决策但久拖不决造成重大损失、恶劣影响的,严格追究行政首长、负有责任的其他领导人员和相关责任人员的法律责任。建立落实领导干部干预司法活动、插手具体案件处理的记录、通报和责任追究制度,把相关情况纳入党风廉政建设责任制和政绩考核体系,对干预司法机关办案的,依照党纪政纪给予处分,造成冤假错案或其他严重后果的,依法追究刑事责任。加强对领导干部行使权力的监督,把对领导干部依法办事的监督与作风监督、巡视监督、领导班子考核结合起来,着力整治各种特权行为,坚决纠正法治不彰的问题。

(作者系省委党校原副校长、教授)

全面把握依法治省的着力点

丁同民

省委书记郭庚茂同志在省委九届九次全会上强调,要切实增强依法治省的使命感和紧迫感,推动我省法治建设迈出坚实步伐。2015年3月,省委九届九次全会通过了《中共河南省委关于贯彻党的十八届四中全会精神全面推进依法治省的实施意见》(以下简称《实施意见》)。可以说,河南法治建设迎来了新的春天。

一、全面把握依法治省的历史背景:全面推进依法治国的必然要求,国家实现现代化的基本做法,巩固和提升改革发展成果和破解现阶段发展难题的需要

省委九届九次全会总结了"文化大革命"践踏法制的教训,充分论述了全面推进依法治国的重大意义,把依法治国基本方略提到了党治国理政、推进国家治理现代化的新高度。另外,国(境)外一些顺利实现现代化的国家或地区,尽管地理位置、自然禀赋和历史文化背景差异很大,但它们都充分依靠法治化管理,较好地解决了法治和人治的冲突问题。当前,河南在用法治巩固和提升河南改革发展成果、破解现阶段发展难题方面还有一定差距。如,经济领域立法较多,社会领域立法相对滞后。

二、全面把握依法治省的地位和作用:改革与发展不仅取决于法治化,而且受益于法治化

《实施意见》强调,重大决策要于法有据。当前,我省改革与发展已进

入"攻坚期"和"深水区",经济社会转型加速。我省这一轮改革与发展的重点任务之一就是落实各项法规政策和有关制度的安排,为《河南省全面建成小康社会加快现代化建设战略纲要》的全面落实提供法治保障。因此,要始终坚持"深化改革与推进依法治省"两个轮子一起转。教育引导全省干部群众坚信我省这一轮的改革与发展不仅取决于法治化,而且受益于法治化。

三、全面把握依法治省的抓手和主线:最大限度地约束和规范公权,最大限度地保护公民的私权

《实施意见》对依法治省的指导思想、总体目标、基本原则、重点任务及保障措施进行了安排部署,使依法治省定位科学、量化有度、执行有矩。应该把握依法治省的抓手和主线,即通过全面推进依法治省,使全省人民管理经济社会各项事业的权利得到全面实现和保障,使公共权力的配置和行使受到有效规范和约束,也就是最大限度地约束和规范公权,最大限度地保护公民的私权,到2020年,基本实现全省经济建设、政治建设、文化建设、社会建设、生态文明建设及党的建设的法治化。

四、全面把握依法治省的重点和难点:提高省委省政府重大战略部署各项落实措施的法治化程度

要把打造"四个河南"、推进"两项建设","三大国家战略规划"实施,融入国家"一带一路"战略,"先进制造业大省、高成长服务业大省、现代农业大省建设"、华夏历史文明传承创新区建设、"三山一滩"搬迁扶贫、产业集聚区、战略新兴产业培育、"双基双治双安"建设、经济技术开发区和城乡一体化示范区建设等省委省政府的重大战略和决策部署,作为依法治省的着眼点和落脚点,逐步提高省委省政府重大战略部署各项落实措施的法治化程度,进一步提升河南法治建设成效的可复制性和制度建设的影响力。

五、全面把握依法治省的主体和客体：人民群众是主体，经济社会建设的各项事业是客体

人民群众是依法治省的主体，不是依法治省的客体或对象，建议依法治省的各个环节要扩大人民群众的参与。如，在立法环节，要健全立法机关和社会公众沟通机制，探索建立有关国家机关、社会团体、专家学者等对立法中涉及的重大利益调整论证咨询机制，拓宽公民有序参与立法途径，健全法规规章草案公开征求意见和公众意见采纳情况反馈机制等；在司法环节，加强庭审公开，完善公众旁听制度，推行重大案件庭审直播。完善新闻发布、公开听证和公开答疑制度。完善人民陪审员制度和人民监督员制度。在司法调解、司法听证、涉诉信访等司法活动中保障人民群众参与，建立第三方参与机制，等等。同时，要明确依法治省的客体，依法治省的客体是河南的经济社会各项事业。通过依法治省，不断提高河南经济社会各项事业发展的法治化程度。

六、全面把握依法治省的价值目标和最高境界：法治文化悄然形成，法治权威和法治信仰得以确立

河南地处中原，中原文化丰富厚重，这有其好的一面。同时，中原地区长期受农耕文明的影响，家法、族规往往是处理人际关系的准则，也长期成为社会生活的普遍规则。严重的家法、族规意识，常常使人们以家法、族规代替国法，讲人情多、讲"清官"多、讲血缘地缘亲缘多，但讲法律少、讲规则少、讲司法程序少，以至于一些地方各种陈规陋习滋生蔓延。要把法治文化作为一种重要的"软实力"来培育，使法治文化成为实现各种资源最佳组合、效益最佳发挥、利益最佳分配的基础性条件。人治理念、哥们义气、面子文化等影响改革与发展的潜规则逐步消除，敬畏法治、规则意识、权利本位、权力制约和监督、公平正义等法治文化得以形成，法治权威和法治信仰得以确立。我们坚信，经过持续努力，具有河南特色的法治文化会悄然形成，法治权威和法治信仰得以确立。

（作者系省社科院副院长、研究员）

实施依法治省关键在找准着力点

丁 素

从"四个全面"的战略布局中看全面依法治国在河南的落实,给我们感觉最突出的就是法治建设已经步入快车道,正在进入新常态。依法治省的实施,需要找准可解决当下、又能顾及长远的一些根本性的法治问题。就总体而言,需要从三个方面去着力:

首先,要认识法治新常态。当今的法治与经济进入新常态一样,也已进入一个新阶段,带有新时期的新特征。概括起来说:一是法治在经济社会各领域的结构调整中其功能越来强大,涵盖越来越广泛,法治的职能正在从管理社会的一般性变为治理社会的根本性;二是法治的责任正在由"次之"变为主要;三是法治的义务正在由相对变为绝对;四是法治的理念正在由倡导变为要求;五是法治的方式正在由"人治中的法"变为"法治中的人";六是法治的推进正在由法影响党变成党主动领导法治。因此,认识这种新变化,把握适应这种新常态,是实施依法治省的先决条件。

其次,要推进法治社会化。社会法治化多是从要求层面上讲的,而法治社会化多是从实施意义上说的。现在社会对法治不是需要不需要的问题,而是法治如何与社会对接,如何在适应社会发展阶段和特征上安排法治、落实法治的问题。推进法治社会化,就是让法治成为人的社会化的一种自然状态、天然要求。也就是说,我们不仅要求把法治作为社会治理的重要价值追求,作为社会善治、形成法治社会的共同价值目标,更要使当下法治在社会生活中如何达到至上和善治的价值效果。再进一步讲,就是理念认知如何为善、制度设计如何保善、公民活动如何行善。《实施意见》在明确重点任务中讲到的第四个"紧紧围绕",其根本目标不在于任务要求,而是要追求任务落实和效果。比如说在"健全矛盾纠纷化解机制"中讲的"对接",就是要求调解解决社会纠纷的法制如何在建设中构建完善,建立健全包括人民调解、行政调解、司法调解相衔接的矛盾化解"大调解"体系;就是要如何建立健全"公调对接""检调对接""诉讼对接""援调对接"等对接调处机制,并在使之融入于仲裁法治和诉讼法治中,坚持调判结合,当调则调、当判则判;判为调作后盾,调为判作先导,在调判结合中为社会行为立规、为是非标准定法,如其这样,当会有效落实党委政府依法行政、社会组织依法参与、公民个人依法诉求的法治目标。

再次,要提高法治执行力。法治的生命在实施。依法治省关键在领导干部,应切实贯彻用法治思维和法治方式来凝聚共识这一总方针、大方略。一是要增强公平正义意识,提高捍卫秩序的能力。公平正义意识是讲秩序、守规矩的基本意识,是尊重公序良俗,讲求规范民约的社会化行动。二是要增强权威发布意识,提高规范执法能力。权威发布是舆论导向正确的关键,是汇集能量、理性参与公共决策的重要条件,是源头治理的重要社会形式。三是要增强法治辨析意识,提高行为研判能力。法治思维要求每个公民都应是法治行为的义务主体,法治方式更是在法治思维的指导下每个领导干部都应是不容推卸的责任主体。在当下河南的法治进程中,对情理法的关系,领导干部更应心如明镜,善知善为。四是要增强程序规则意识,提高依法行政能力。程序,是体现公平正义的主要载体,程序公正是良法善治的基本条件。决策讲咨询程序、沟通讲合理程序、协调讲正当程序、结果讲规范程序是保证行政行为公正性、合法性、可救济性的基础所在。五是要增强契约诚信意识,提高依法治理能力。契约诚信意识需要通过法德联动、融通互促来实现。道德的底线需要适度的法律规约来坚守,法治的精神需要道德的文化来滋养。尤其在公民自己的法律意识不断强化与现代社会要求下的公民义务在不断弱化而形成的巨大反差下,道德法治化与法治伦理化都需要在社会化的制度构建中来建立和完善。作为农耕文化相对浓厚的中原人,突出契约诚信的法治化在今天就显得特别关键和重要。

(作者系省委党校哲学部主任、教授)

加强立法工作 提高立法质量推进依法治省

苗连营

要实现良法之治、落实依法治国、依法治省基本方略,就必须抓住提高立法质量这个关键,恪守以民为本、立法为民理念,推进科学立法、民主立法。近年来,我省的立法数量和质量都有显著提高,基本上满足了经济社会发展需要。但是,在现阶段立法工作中仍然存在着一些亟待解决的问题,例如,立法滞后,一些亟须立法解决的问题仍然"无法可依",立法速度不能完全满足现实的需要;有的法规规章未能全面反映客观规律、人民意愿以及我省的实际情况,针对性、可操作性不强;立法工作中存在着借法扩权、以法争利、争权诿责等部门化倾向,以及下位法与上位法相抵触、冲突等违反法治统一原则的现象,等等。在全面推进依法治省的进程中,要坚持立法先行,发挥立法的引领和推动作用,抓住提高立法质量这个关键,把我省的立法工作提高到一个新水平。

一、树立正确的立法指导思想

要恪守以民为本、立法为民理念,贯彻社会主义核心价值观,把公正、公平、公开原则贯穿立法全过程,使每一项立法都符合宪法精神、反映人民意志、得到人民拥护。

二、加强党对立法工作的领导

坚持党对地方立法工作的领导,完善党对立法工作中重大问题决策的程序。凡我省立法中涉及重大体制和重大政策调整的,必须报省委讨论决定。对立法过程中遇到的重大问题,如对重大问题的解决方案、重要的不同意见的处理、法规审议中的重大分歧等,要及时、主动地向省委汇报请示,由省委作出决定后再进入程序。

三、完善立法体制,健全立法程序

健全有立法权的人大主导立法工作的体制机制,发挥人大及其常委会在立法工作中的主导作用。建立由省人大相关专门委员会、省人大常委会法制工作委员会组织有关部门参与起草我省综合性、全局性、基础性等重要法规草案制度。增加有法治实践经验的专职常委比例。依法建立健全立法专家顾问制度。对部门间争议较大的重要立法事项,由决策机关引入第三方评估。加强地方性法规解释工作,完善地方性法规草案表决程序。明确地方立法权限和范围,从体制机制和工作程序上有效防止部门利益和地方保护主义法律化。

四、深入推进科学立法、民主立法

加强人大对立法工作的组织协调,健全立法起草、论证、协调、审议机制,健全向下级人大征询立法意见机制,建立基层立法联系点制度,推进立法精细化。健全法规规章起草征求人大代表意见制度,更多发挥人大代表参与立法作用。完善立法项目征集和论证制度。健全立法机关主导、社会各方有序参与立法的途径和方式。探索委托第三方起草法规草案。健全立法机关和社会公众沟通机制,开展立法协商,探索建立对立法中涉及的重大利益调整论证咨询机制。拓宽公民有序参与立法途径,健全法规规章草案公开征求意见和公众意见采纳情况反馈机制。

五、突出地方特色,加强重点领域立法

坚持把加强地方立法与打造"四个河南"、推进"两项建设"结合起来,主动把立法决策与省委改革发展稳定的重大决策结合起来,做到经济、社会和其他领域的立法并重。结合我省实际情况,在社会主义市场经济、社会主

义民主政治、社会主义先进文化、生态文明建设、保障和改善民生、社会治理体制创新、城乡经济社会协调发展、郑州航空港经济综合实验区发展等领域进行重点立法,为我省经济社会发展提供良好的法制环境。

六、加强立法质量评估和立法监督工作

立法应当和改革决策相衔接、应当主动适应改革和经济社会发展需要,重大改革应当做到于法有据。对于实践证明行之有效的,要及时上升为法律;实践条件还不成熟、需要先行先试的,要按照法定程序作出授权;对不适应改革要求的地方性法规和规章,应当及时予以修改和废止。为此,就需要加强立法质量评估工作,对业已颁布实施的法规规章的立法成本和运行效果、立法时争议焦点及其解决方案的合理性、科学性、可行性、可操作性等,进行全面细致的评估。评估方法要做到倾听群众意见与咨询专家并重,坚持实地调研与理论论证并重,充分运用一切媒介和载体及高科技手段,让立法之门向社会充分打开,尽可能广泛收集各方面的评估信息和反馈资料,让每一部新法都接受民众的打分和挑剔,让民众对法律文本行使充分的话语权和评估权。加强备案审查制度和能力建设,把所有规范性文件纳入备案审查范围,依法撤销和纠正违宪违法的规范性文件,坚持制定、修改和废止并重,立法、评估和实施并重,不断提高我省地方立法的科学性、可行性和实效性。

总之,法治建设是一项立法、执法、司法和守法共同推进的综合性系统工程,需要通过科学立法、民主立法,提高立法质量、树立法治权威;通过严格执法、公正司法,推动法治有效运转;通过全民守法和践行法治的努力,弘扬法治精神。法治也由此将成为建设富强河南、文明河南、平安河南、美丽河南和推动河南全面深化改革、经济社会各方面工作再上新台阶的坚实保障。

(作者系郑州大学法学院院长、教授、博导)

坚持全面依法治省 建设和谐平安河南

张嘉军

一、建立依法行使权力的制度体系与监督体系,"将权力装进制度笼子"

权力的行使需要边界,没有边界的权力易于导致暴力、易于导致腐败。为了让权力更好地为国家、为社会、为广大群众服务,依法治省的首要前提是应当建立权力行使的制度体系,让权力的行使有章可循、有法可依,让权力在法治的轨道上行使,能够确保权力不被污染、不被扭曲。同时还要建立权力行使的"阳光体系",将一切权力的行使晒在阳光之下,这样不仅有利于广大社会的监督,还有利于权力的行使能够最大限度契合国家和社会的需要。

二、在整个社会建立诚信的观念

当前依法治省所面临的一个最大的问题就是社会诚信观念的缺失,特别是在司法领域。无论是原告方还是被告方,并不依据客观事实,而是钻法律的空子、利用对方没有证据而胡搅蛮缠。让一个案件翻过去颠过来,当事人不断上访闹事,让法院等机关的工作无法正常进行。很多时候并非是当事人不懂法,相反是故意钻法律的空子,是不诚信的表现。这也导致了大量纠纷、矛盾和冲突的存在和出现。依法治省首先要在整个社会建立诚信的体系和观念。一是建构诚信机制。在银行、民航、酒店、餐饮、房地产、汽车等机关和企业等建立能够联网的客户诚信档案,并建立诚信的等级,一旦某个人不诚信,都将在诚信档案中有所记录,而且这些记录可以查阅。在整个

社会建立完整的诚信体系。二是建立违反诚信的惩戒机制。当某人违反诚信时,将按照不同的等级给予不同的制裁和行为限制。诸如违反诚信达到一定等级,将不能从事就业、贷款、乘坐飞机、购买房屋以及其他消费,等等。这样就会让这些人在社会上寸步难行,自然不会再随意违背诚信而恶意作为。

三、树立司法权威尊重司法规律

当前的司法机关并没有权威性,法院的判决可以随意改判,今天判张三胜诉,后天判李四胜诉,大后天又可以再判张三胜诉。这样的司法能够让社会尊重吗?这样的司法具有权威吗?失去权威的司法能够让大众折服和信仰吗?显然不会。为了让司法获得整个社会的尊重和信仰,为了让司法机关能够真正承担起化解矛盾纠纷维护社会稳定的重任,让司法机关成为依法治省的急先锋,就应当:一是严格限制领导干部插手司法;二是司法机关去行政化;三是司法机关应当公正公平基于对法律的信仰执法;四是尊重司法的终局性;五是严格错案的终身追究制。

四、建立大局观摒弃部门利益

当前各个部门在开展工作时,更多基于本部门利益考虑而进行,即"屁股决定脑袋"。诸如检察机关为了完成工作量,对于自侦案件在定性上明明错误,但是依然坚持提起公诉,甚者对法院进行不当影响,硬性要求按照公诉内容判决,引发当事人的不满而四处上访。当前我省要实现和推进依法治省战略,就应当严格控制和限定这种部门利益驱动型工作方式。

五、建立信访法治化体制

信访是当前社会的一个安全隐患,很多机关部门"畏之如虎"。也正是因为信访导致很多机关部门的行为扭曲,背离了正常的行使轨道,严重影响很多机关部门正常工作秩序。特别是司法机关的法院,很多判决之所以被多次发回重审、多次被改判,一个案件被翻过去颠过来,不停地折腾的背后都有信访的影子。为了让我省社会秩序特别是让信访混乱局面获得好转,

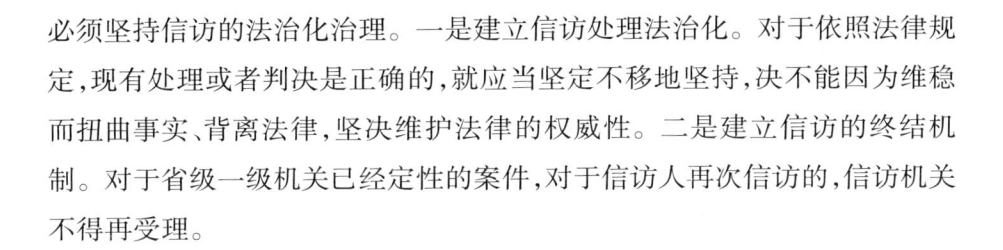

必须坚持信访的法治化治理。一是建立信访处理法治化。对于依照法律规定,现有处理或者判决是正确的,就应当坚定不移地坚持,决不能因为维稳而扭曲事实、背离法律,坚决维护法律的权威性。二是建立信访的终结机制。对于省级一级机关已经定性的案件,对于信访人再次信访的,信访机关不得再受理。

六、建立健全社会矛盾多元化解机制

稳定的社会环境,一方面需要全社会对秩序规则的遵守;另一方面还需要建立及时高效多元化解纠纷机制。只有建立多元化纠纷化解机制,才能将众多纠纷和矛盾化解在萌芽状态。一是建立健全民间和社会纠纷化解机制。让广大民间和社会纠纷化解机制承担起大量民间和社会纠纷矛盾的化解工作,并把这一机制作为纠纷化解的第一道防线;二是建立行政机关纠纷化解机制。在大量民间或社会纠纷不能被第一道防线所化解时,让行政机关成为化解的第二道防线。行政机关要勇于担当,积极承担起纠纷和矛盾化解的重任,不得将矛盾和纠纷外推;三是建立司法机关纠纷化解机制。完善现有司法机关纠纷化解机制中不完善不公正之处,建立公正高效权威的纠纷解决系统,让其真正肩负起我省纠纷化解的最后一道防线。

(作者系郑州大学法学院教授、博士)

关于全面推进依法治省若干问题的思考

张林海

在全面推进依法治省的过程中,应全面理解法治的含义,准确把握法治与党的领导、与民主、与公平正义等的关系。

一、法治的含义,依法治国的意义及难题

现代意义上的法治是治理国家和社会的政治模式、法律制度和理念、方式的总和,核心是规则治理,强调法律至上和法律面前人人平等。要实现法治,必须规范限制公权力,强调保护私权利。在目前国际国内大的背景下,中国推进依法治国既有必要性,也有可能性。

时代呼唤法治。在某种意义上,当下中国社会人民日益增长的权益保障需要及对公平正义的要求,与滞后的法制建设水平之间的矛盾,超越了人民日益增长的物质文化需要与落后的社会生产力之间的矛盾。全面推进依法治国,从长远来看,对于建设社会主义政治文明,发展中国特色社会主义民主政治,实现中华民族的伟大复兴都具有深远的战略意义;对于保障人民权益,实现公平正义,维护国家的长治久安,推进国家治理现代化更有着直接的现实意义。全面推进依法治省正是依法治国方略在河南的具体实践,同样具有长远和现实意义。

新的国家最高领导人的执政理念和权威为全面推进依法治国提供了极大的可能性。党的十八大以来的一系列重大文件和决定及最高领导人的系列讲话精神,就是最好的体现。在我们党的历史上,甚至在国际共运史上,能够把法治上升到国家方略、治国方式的高度是史无前例的。但破题不易,

推进更难。难在哪里？难在两个方面，一是难在受到官本位文化的滞涨。我国有几千年的封建专制历史，官本位的思想根深蒂固，至今仍影响着人们的思想认识。法治的要旨是限制权力，依法治国的关键是依法治官，而官本位文化与此不融，会形成很大的阻力。二是更受到现实社会中官本位体制的障碍。官本位体制不改，则法治不彰。我国现在的体制，能办大事，如果路子对头，成效非常明显。比如全面推进依法治国，但同时也应看到，我们目前的体制机制有太多不适应的地方。这当然要改，但难度可想而知有多大。

二、依法治国与党的领导

坚持党的领导是实现依法治国的根本保障，是中国特色社会主义法治体系的重要内容。十八届四中全会《决定》特别强调要坚持党的领导，认为坚持党的领导与依法治国是统一的。从理论上讲，它依据这样一种逻辑：我们党代表了人民的意志，代表了人民的利益，法律就是人民意志和党的意志的统一。党领导人民立法、领导人民执法，党跟人民的意志是一致的，跟法律的意志也是一致的。但是在现实生活当中，党的领导是通过各级党组织和各级党的领导干部去实现的，党的领导不等同于某个具体的党组织和党员干部的领导。我们必须把党的领导和具体的党组织、党员干部的行为区分开来，这个区分非常重要。首先，党要依法领导。依法治国是党的领导的重要内容。党要在宪法和法律范围内活动。在现实生活当中，我们应当更多地强调要依法执政、依宪执政，要强调各级党组织，特别是党员领导干部必须在宪法和法律的范围内活动。坚持依法治国就是坚持党的领导，任何削弱依法治国的行为，其实也是削弱党的领导的行为。其次，党要带头守法。这很重要。党掌握着核心的国家权力，任何国家权力都必须在宪法和法律的范围内活动。正像十八届四中全会所说的那样，党领导人民立法，党也应当领导人民执法，如果党不带头，社会上推行依法治国、建立法治国家几乎是不可能的。第三，要构建配套完备、有效管用的党内法规制度法规体系并做好与法律的衔接和协调，完善党委依法决策机制，实现决策于法有据，决策行为和程序依法进行。

三、法治与民主

法治与民主就像一枚硬币的两面一样不可分割,也不可偏废。人民是法治建设的主体和力量源泉。十八大、十八届三中全会和四中全会里面都有一句话,要坚持保障人民的主体地位。这其实就说明了法治最终的功能就是保障人民当家做主。所以,法治与民主不可分离,离开民主,法治就成了无本之源;没有法治,民主便得不到切实保障。目前,全国上下都在全力推进依法治国,并已形成空前的共识。但切忌忽视民主制度建设。民主对法治建设的重要性是不言而喻的:民主是法治达到其最高境界——善治的重要因素,善治的前提得有良法,良法的产生并得到贯彻执行离不开民主。

四、法治与公平正义的法治理念

全面推进依法治国应当以促进公平正义、增进人民福祉为出发点和落脚点。公平正义是含义极其丰富、见仁见智的政治哲学概念,法律意义上的公平正义则具有明确性、规范性、统一性等特质,因而以法治的方式规定并实现公平正义,成为现代法治社会的普遍选择。公平正义是社会主义的核心价值,也是社会主义的首要价值;公平正义是当代中国社会主义法治的价值追求;公平正义是社会主义法治的灵魂。公平正义的核心是制度的公平正义。法律至上、法治信仰、法治精神、法治思维、法治方式、法治文化等都是实现公平正义的法治国家的重要环节和基本途径。

(作者系省社科院政治与法学研究所副所长、研究员)

司法执法公正是公民信仰法律的推动力

焦占营

《中共河南省委关于贯彻党的十八届四中全会精神全面推进依法治省的实施意见》(以下简称省委推进依法治省意见)在主要目标中明确提出:"坚持法治国家、法治政府、法治社会一体建设,到2020年,社会主义法治精神深入人心,全民法治观念普遍增强,法治信仰普遍树立。各类社会主体合法权益得到切实保障,社会治理法治化水平明显提高。"法律是强制执行的行为规范,当社会群体在法律事件中没有感知到司法和执法的公正时,会强化对法律和司法公信力不信任。因此,司法机关的司法行为和行政机关的执法行为就会成为直接推动或阻碍社会群体法律信仰和守法意识能否建立的关键因素。让公民信仰法律必须有司法机关公正司法、行政机关公正执法的强大推动力。

一、司法公正、执法公正是人民群众的期盼

习近平总书记在充分发挥我国社会主义政治制度优越性讲话中强调:"努力让人民群众在每一个司法案件中都能感受到公平正义,决不能让不公正的审判伤害人民群众的感情、损害人民群众权益。"在依法治国的社会治理模式下,切实解决影响司法公正和制约行政执法公正存在的深层问题,就成为广大人民群众对社会公平正义的期盼。法律在任何有国家的社会都存在。但是,有法律并不代表法治的存在,有法律亦不代表就有司法公正和执法公正。然而,司法公正和执法公正确是法治社会的必然要求。

省委推进依法治省意见充分认识关注到这一问题,不仅总结了近代世

界各国在依法治国进程中的经验和教训,而且评估传统农耕文化对我省法治建设的影响,认识到重人情重关系、轻法治轻规则现象在我省较为突出,权大于法、情大于法、利大于法等问题容易发生,顺应广大人民群众的期盼,紧紧围绕提升司法公信力,深入推进公正司法。强调必须改革完善司法权力运行机制,坚持实体公正与程序公正并重,规范司法行为,健全司法责任制,强化对司法活动的监督,努力让人民群众在每一个司法案件中感受到公平正义。各级党政机关、领导干部要支持法院、检察院依法独立公正行使职权,不得让司法机关做违反法定职责、有碍司法公正的事情。在建设法治政府过程中,着力推进严格公正执法。法治政府要求政府依法治理社会,在法律框架内履行政府职能,尽可能减少强权政府行为,特别是政府在重大公共事务决策时不能不作为、乱作为。针对行政执法中的不作为、乱作为问题,必须推进政府机构、职能、权限、程序、责任法定化,坚持法定职责必须为,法无授权不可为。

二、司法公正、执法公正对社会公正起引领作用

党的十八届四中全会关于依法治国若干重大问题的决定明确提出:"公正是法治的生命线。司法公正对社会具有重要的引领作用,司法不公对社会公正具有致命的破坏作用。"司法公正、执法公正对社会主体的影响和引领主要体现在社会公众对司法公信力和行政执法公平公正能力的评价上。司法机关的司法行为如果不再受制于党政机关权力因素干扰或者金钱人情的影响,司法公信力就会提升,司法行为的公正必然会引领社会公正的实现。为实现司法公正对社会公正的真正引领,规范执法司法考评,全面清理不合理的考核指标,健全政法干警执法司法档案,将执法司法业绩与晋职晋级和奖惩任用挂钩,建立办案质量终身负责和错案责任问责机制成为省委依法治省意见的重要举措。

另外,行政机关的行政执法权受到有效的制约和监督,行政机关在行政裁量时能够保证公平公正的裁决不仅体现法律面前人人平等的宪法要求,更重要的是在身份、民族、性别、宗教信仰等不同而给予公正平等的待遇时,会让公民和社会组织感受到其权益受到法律的保护,相信政府、相信法律就能维护当事方的合法权益,并直接导致合法利益的实现,会真正使公众认识到法治政府所引领的法治社会。

三、司法公正、执法公正是公民法律信仰的推力

公正不仅是法治社会追求的价值目标,更是法治社会公民法律信仰的必要前提。哲学家萨特说过:世界上有两种东西是亘古不变的,一是高悬在我们头上的日月星辰,一是每个人心底深藏的高贵信仰。当下中国社会的各阶层都存在不同程度的信仰缺失,腐败者信仰权力和金钱。当通过法律路径不能解决的问题而通过权力和金钱解决后,人们就不会再祈求、遵守法律,法律也不会被信仰。相反,司法机关依法能够独立公正行使职权,对于干预司法机关办案的个人坚决依照党纪政纪给予处分,造成冤假错案或其他严重后果的,依法追究刑事责任;公安机关、检察机关、审判机关、司法行政机关各司其职,侦查权、检察权、审判权、执行权相互配合、制约的机制真正实现;规范公正文明执法有效推进,行政执法从管制型向服务型彻底转变,司法公正、执法公正就成为公民信仰法律的真正推力,群众参与法治建设的积极性和主动性会自觉表现出来,社会公众必然成为法治的忠实崇尚者、自觉遵守者、坚定捍卫者。

(作者系河南财经政法大学法学院教授)

专题五

全面从严治党

坚持"三严三实" 推进全面从严治党

李庚香

党的十八大以来,以习近平同志为总书记的党中央从坚持和发展中国特色社会主义全局出发,提出并形成了全面建成小康社会、全面深化改革、全面依法治国、全面从严治党的战略布局。强调协调推进"四个全面",这在我们党的历史上是第一次,深刻表明我们党不断坚持和发展中国特色社会主义的历史自觉,彰显了马克思主义与时俱进的理论品质,是最新科学社会主义观一系列基本理论观点的总概括,是中国共产党人坚定不移地坚持马克思主义的基本理论和基本信仰、继承党的思想理论建设优良传统的必然成果,是实现中国梦的共同思想理论基础。

2014年12月,习近平总书记在江苏考察时,首次提出"全面从严治党"。全面从严治党,核心问题是始终保持党同人民群众的血肉联系,始终保持党的先进性和纯洁性,重点是从严治吏、正风反腐、严明党纪,目标是增强自我净化、自我完善、自我革新、自我提高能力,确保党始终成为中国特色社会主义事业的坚强领导核心。"严以修身、严以用权、严以律己,谋事要实、创业要实、做人要实",贯穿着马克思主义政党建设的基本原则和内在要求,体现着共产党人的价值追求和政治品格,丰富和发展了党的建设理论,明确了党员干部的修身之本、为政之道、成事之要,为加强新形势下党的思想政治建设和作风建设提供了重要遵循。在县处级以上领导干部中开展"三严三实"专题教育,是以习近平同志为总书记的党中央着眼协调推进"四个全面"战略布局作出的重要部署,是持续深入推进党的思想政治建设和作风建设的重要举措,表明了中央驰而不息推进全面从严治党的坚定决

心和鲜明态度。"三严三实"是全面从严治党的重要内容，是协调推进"四个全面"战略布局的重要保证。要抓住一个关键，坚持两个标准，突出四个重点。

一、抓住一个关键

习近平总书记指出："全面从严治党，关键是要抓住领导干部这个'关键少数'。""要突出领导干部这个关键，教育引导各级领导干部立正身、讲原则、守纪律、拒腐蚀，形成一级带一级、一级抓一级的示范效应，积极营造风清气正的从政环境。""党要管党，首先是管好干部；从严治党，关键是从严治吏。"这些重要论述，深刻揭示了全面从严治党的本质要求。因此，坚持"三严三实"，推进全面从严治党，抓住领导干部这个"关键少数"是关键。领导干部作为党员干部队伍的"带头羊"，以及自身所具备的特殊的政治社会角色这个特点，其一言一行，一举一动，直接影响着党员干部队伍的政治追求和价值取向。只有抓住领导干部这个"关键少数"，推动各级领导干部"在状态""善作为"，争做"三严三实"好干部，在全体党员干部中间形成强大示范效应，才能在深化"四风"整治、巩固和拓展党的群众路线教育实践活动成果上见实效，在守纪律讲规矩、营造良好政治生态上见实效，在真抓实干、推动改革发展稳定上见实效。"三严三实"是相对于"失之于宽、失之于软"而言的。事实上，河南党建工作，有一个"坎"，有一个"深层次"问题必须跨越。河南要实现从农耕文明到现代政治文明的跨越，要适应工业文明和城市文明，包括信息文明和绿色文明，实现从农耕文明的"小生产"到现代文明的"社会化大生产"的跨越，是一场"新的伟大斗争"。我认为关键是三个问题：一是"潜规则"。在一个地方，一个单位，一个干部干得好好的，群众有公认，实践有比较，领导心里也明白。但在具体用人时，结果与事业需要和群众期盼大相径庭。这其中作祟的，就是"潜规则"。这时候，任人唯贤被丢在一边了，任人唯亲、任人唯利、幕后交易、暗箱操作发生了。这种"逆淘汰"现象的恶劣之处在于，它如同黑洞一样将优秀人才埋没，却将庸才、劣才送上了云端。对于这些无影无踪的"潜规则"怎么办？需要在"三严三实"中加以破解。二是"带病提拔"。干部的"带病提拔"会导致干部的自我认同危机，群体认同危机，制度认同危机，危害十分巨大。这些人之所以带病提拔，与这些人言行不一的"两面人"特征也有关系。这些人说一套做一套，站位很高，说得可好了，做得很差劲；说得天花乱坠，做得特不地道。解决这一问题，一方面是在用人时要格外警觉，另一方面要进行制度设计，建立切实防止干部"带病提拔"的体制机制。要坚持清理那些"带病提拔""带病上岗"的干部，让忠诚、担当、干净的干部，让有激情、正派、亲民、务实的干部能够成为干部队伍的主流。三是为官不正。为官正派不正派，十分重要。好干部，信念坚定、为民服务、勤政务实、敢于担当、清正廉洁。而不正派的干部，则散发着歪风邪气、不断投机钻营。如果不正派，那么"严"和"实"的要求对于他是无效的。当前，关键是要"引正纠偏"，使大家明确是与非、对与错、得与失，不能价值观混淆，是非颠倒，黑白不分，不能"拿着不是当理说"，不让投机钻营者得利，不让买官卖官者得逞，不让脚踏实地的好干部吃亏，推动领导干部既干事又干净。要通过强有力的用人杠杆，着力把想改革、谋改革、善改革的改革干部用起来，把敢于担当、能够攻难克坚的担当干部用起来，把坚持原则、自觉抵制"潜规则"的正派干部用起来，把依法行政、提高治理体系和治理能力现代化的法治干部用起来，把遵守政治纪律、讲规矩、思想务实、生活朴实、作风扎实的老实干部用起来，真正建立起一支宏大的高素质的干部队伍。这就要求我们要坚持重在建设，立破并举，激浊扬清，扶正祛邪，弘扬新风正气，涤荡歪风邪气，努力实现干部清正、政府清廉、政治清明，为推进"四个全面"战略布局凝聚强大正能量。在这里，争做"三严三实"的干部，就是要做到"信念坚定、为民服务、勤政务实、敢于担当、清正廉洁"，就是要心中有党、心中有民、心中有责、心中有戒，就是要对党忠诚、个人干净、敢于担当。这些都是贯通的，都是一致的。抓住领导干部这个"关键少数"，就是把握"三严三实"的精神实质，抓住"三严三实"专题教育的着力点，围绕解决领导干部队伍中存在的"不严不实"问题，推动践行"三严三实"要求制度化、常态化、长效化。

二、坚持两个标准

"严"和"实"是我们党90多年来的基本政治追求。"严"是党的核心价

值、独特优势、优良传统,充分体现党对自身建设特别是作风建设一贯以来的高标准严要求;"实"高度凝结共产党人实事求是、求真务实的精神品质和执政理念,是党的思想路线的集中体现。要解决"不严不实"的问题,就是要坚持"严"和"实"两个标准,做到严字当头、实处用力,做到严实结合、融为一体。

(一)坚持从严上入手

全面从严治党,体现了治标与治本的统一,自律和他律的双管齐下。"严"是"实"的基础。从严治党,是始终贯穿于党的建设的一条主线,也是新情况新问题新形势下党要管党的新常态。这个新常态,就是要把"严"字贯彻到各项工作当中去。从严治党,关键在治,要害在严。对于我们这样一个大党大国来说,从严治党有其自身规律。教育要严、标准要严、执纪要严、制度要严,"严"是贯穿始终的主线。思想教育要严,不断深化习近平总书记系列重要讲话精神学习教育,筑牢思想之基,补足精神之"钙";干部管理要严,把干部选准用好;改进作风要严,在抓常抓细抓长上下功夫;固本强基要严,强化基层党组织的政治功能;贯彻从严要求,以严促深入、以严求实效。

(二)坚持从实处着力

"实"是"严"的保障,是严的托底。各级干部要在一切工作中坚持以"实"立身行事,做事不应付,做人不对付,用实的态度落实全面从严治党的各项要求。没有实的标准、实的要求、实的办法,管党治党再如何三令五申也会落空。近年来,我省经济社会发展呈现出好的趋势、好的态势,靠的就是求真务实、真抓实干。当前,我省发展面临一系列突出矛盾和挑战,全面深化改革的艰巨程度和复杂程度前所未有,我们要实现更大的发展,必须要有的放矢,找准查实"不严不实"问题;必须要真改实改,坚决纠正"不严不实"问题;必须发扬"钉钉子"精神,以久久为功的恒心,凭"实"谋发展。

总之,"三严三实"涵盖修身用权律己、谋事创业做人等多个方面,涉及信仰信念、党性修养、权力行使、纪律规矩、做人做事等,蕴含着严肃的政治原则和严明的纪律要求,蕴含着一切从实际出发、实事求是的思想路线,体现了世界观和方法论的有机统一,内在自律和外在约束的有机统一。这就要求广大党员干部在严和实上,必须内化于心、外化于形。

三、突出四个重点

(一)坚持思想建党

习近平同志指出:"从思想道德抓起具有基础性作用,思想纯洁是马克思主义政党保持纯洁性的根本,道德高尚是领导干部做到清正廉洁的基础。""三严三实"是共产党人最基本的政治品格和做人准则,也是党员干部的修身之本、为政之道、成事之要,要用好思想建党这个传家宝,打牢思想根基。要抓住思想政治建设这个根本,把深入学习习近平总书记系列重要讲话精神作为"三严三实"专题教育的重中之重,切实用习近平总书记系列重要讲话精神武装头脑,坚定中国特色社会主义理想信念。要始终牢记并践行党的宗旨,把"三严三实"作为共产党人的价值追求内化于心、外化于形,自觉树立正确的群众观、权力观、利益观,把牢思想和行动的"总开关"。要始终把党放在心中最高位置,严守党的政治纪律和政治规矩,努力转变工作作风,为实现"两个一百年"奋斗目标和中华民族伟大复兴的中国梦凝聚起团结奋进、攻坚克难的强大力量。在思想建党上,一是要树立"三个自信"。增强对中国特色社会主义的思想认同、理论认同、情感认同十分重要。否则,不信,就会出现精神上的"溃坝"。二是在思想资源上我们比较注重使用焦裕禄精神、愚公移山精神、红旗渠精神"三大精神",特别是焦裕禄精神,还要注重利用传统优秀文化资源。三是着力于提高干部的修养和境界。干部的思想境界提升了,党性加强了,就能知所趋、知所避、知所守,才能在思想上强大起来,炼就"金刚不坏之身"。

(二)坚持制度建党

制度建党是全面从严治党的制本之策。习近平总书记指出,从严治党靠教育,也靠制度,二者一柔一刚,要同向发力、同时发力。"制度不在多,而在于精,在于务实管用,突出针对性和指导性"。因此,坚持"三严三实",推进全面从严治党,要强化刚性约束,以改革精神推进党的制度建设,以法治思维和法治方式建制度、明法度、严约束,切实将制度治党贯穿于党建工作全过程,不断提高制度管党治党水平。思想建党和制度治党是有机统一

体,党的建设既有党内法规制度体系支撑,又有坚定的思想引领,要坚持思想建党和制度治党的紧密结合,实现制度治党与思想建党的良性互动。党中央已经对5到15年内的党内法规制度建设,画出了路线图,列出了时间表,这为全面从严治党提供了越来越坚实的制度保障。要把"三严三实"外化于行,固化于制,形成一种制度自觉和制度约束,依靠建章立制,强化刚性执行,推动践行"三严三实"要求制度化、常态化、长效化,实现以党内法规制度体系治党的目标。要加强智库建设和理论研究队伍建设,深化全面从严治党规律研究,为从严治党提供智力支撑。

(三)严肃党内政治生活

习近平同志指出:"从严治党,最根本的就是要使全党各级组织和全体党员、干部都按照党内政治生活准则和党的各项规定办事。""讲规矩是对党员、干部党性的重要考验,是对党员、干部对党忠诚度的重要检验。"当前,一些党员干部不守纪律、不讲规矩的现象还是比较突出的,党内政治中也存在随意化平淡化庸俗化问题。分析这些问题,一个重要原因就是言行上失规失矩,管理上过宽过软。严明政治纪律和政治规矩,就要绷紧纪律和规矩这根弦,弄清楚哪些能做,哪些不能做,在守纪律讲规矩上见实效。只有守纪律,讲规矩,才能不踩红线,不越雷池。

(四)建设良好的政治生态

习近平总书记说:"自然生态要山清水秀,政治生态也要山清水秀。"做好河南各方面的工作,必须有一个良好的政治生态。政治生态和自然生态一样,是很容易受到污染的。一旦出现问题,就会出现"塌方式腐败",再想恢复就要付出很大的代价。要对污染河南政治生活的污染源问题,找准穴位,既治标又治本,既自律又他律,逐一加以破解。干部是营造良好政治生态的"关键少数"。以"三严三实"教育为契机,真正实现全面从严治党,建设良好的政治生态,从而使政治生态向好向上、向真向善向美。

(作者系省社科联主席、研究员)

全面从严治党要把握好几个着力点

何白鸥

全面从严治党,加速形成全面从严治党新常态,确保党始终成为中国特色社会主义事业的坚强领导核心,要把握好以下几个着力点:

一、全面落实从严治党责任

一是突出强调从严治党是全党的政治责任。各级党委是从严治党的责任主体,党委书记是党的建设第一责任人。二是强调各级各部门党委(党组)必须树立正确政绩观,坚持从巩固党的执政地位的大局看问题,把抓好党建作为最大的政绩。三是抓党建不是虚的,要坚持党建工作和中心工作一起谋划、一起部署、一起考核。四是强调领导带头。领导机关和领导干部必须强化带头意识,时时处处严要求、做表率。

二、坚持思想建党和制度治党紧密结合

制度治党的意义在于以制度化、程序化、具体化的方式治理党内政治生活,保证党的先进性与纯洁性。其一,要把党内法规制度体系与中国特色社会主义法制体系紧密结合;其二,要把党内惯例作为党内制度、纪律的组成部分;其三,党内制度不在多,而在于精,在于务实管用,要突出针对性和指导性;其四,要重视制度的配套衔接,完善党内法规制定体制机制,形成配套完备的党内法规制度体系,运用党内法规把党要管党、从严治党落到实处;其五,制定制度要广泛听取党员、干部意见,从而增加对制度的认同;其六,要增强制度执行力,坚持制度面前人人平等、执行制度没有例外,坚决维护

制度的严肃性和权威性。

三、严肃党内政治生活

严肃党内政治生活是"解决党内自身问题的重要途径"。严肃党内政治生活,最根本的是认真执行党的民主集中制,着力解决发扬民主不够、正确集中不够、开展批评不够、严肃纪律不够等问题。严肃党内政治生活贵在经常、重在认真、要在细节。不能搞假大空,不能随意化、平淡化,更不能娱乐化、庸俗化。批评和自我批评是解决党内矛盾的有力武器,也是保持党的肌体健康的有力武器。党内要开展积极健康的思想斗争,帮助广大党员干部分清是非、辨别真假,坚持真理、修正错误,统一意志、增进团结。

四、严明党的政治纪律和组织纪律

严明党的纪律,首要的是严明政治纪律。党的纪律是多方面的,但政治纪律是最重要、最根本、最关键的纪律,是遵守党的全部纪律的重要基础,"是各级党组织和全体党员在政治方向、政治立场、政治言论、政治行为方面必须遵守的规矩,是维护党的团结统一的根本保证。"遵守党的政治纪律和政治规矩,必须维护党中央权威,在思想上政治上行动上同党中央保持高度一致,维护党的团结。执行党的纪律,一是坚持纪律面前一律平等,党内不允许有不受纪律约束的特殊党员;二是切实增强党性,想问题、搞研究、做决策、办事情,都必须站在党和人民的立场;三是遵守组织制度,严格执行民主集中制、党内组织生活制度等,坚持《党章》规定的"四个服从",坚持重大问题重要事项的请示报告制度,决不允许搞非组织活动。

五、从严治党重在从严管理干部

党要管党,首先是管好干部;从严治党,关键是从严治吏。从严管理干部,总的是要坚定理想信念,加强道德养成,规范权力行使,培育优良作风,使各级干部自觉履行党章赋予的各项职责,严格按照党的原则和规矩办事。从严管理干部要贯彻落实到干部队伍建设全过程。要坚持从严教育、从严管理、从严监督。一是强调认真,"要把'认真'作为干部管理工作的一条重要原则,强化干部讲规矩意识"。二是以严的措施管理干部、以严的纪律约束干部,使干部心有所畏、言有所戒、行有所止。三是加强对干部的经常性管理监督,对干部经常开展同志式的谈心谈话,既指出缺点不足,又给予鞭策鼓励。四是严格执行干部管理各项规定,讲原则不讲关系。五是要把对一把手的监督、管理作为重中之重。

(作者系省社科联党组书记)

深刻把握"三严三实"的理论意蕴和实践要求

王喜成

"三严三实"作为党员干部的修身之本、为政之道、成事之要,丰富了管党治党的思想理念,具有丰富的理论意蕴和明确的实践要求,体现了党中央驰而不息推进全面从严治党的决心,为加强党员干部党性修养、深入推进新形势下党的建设提供了重要遵循,是我们党战胜"四大风险"、经受住"四大考验"的重要抓手。

一、"三严三实"体现了鲜明的问题导向

"三严三实"是党的群众路线教育实践活动的延展深化,是针对作风方面的突出问题提出来的,指向性非常强。

思想作风建设方面,2013年以来开展的教育实践活动虽然使"四风"蔓延势头得到了有效遏制,但问题的"病原体"还没有根除,违规违纪现象时有发生。如:有的党组织对党员干部要求不严,不敢管、不愿管、不会管;有的执行中央和省委的决策部署打折扣、搞变通,有令不行、有禁不止的现象时有发生。有的党员干部心浮气躁,弄虚作假,搞劳民伤财的"形象工程""政绩工程";有的特权思想严重,滥用手中权力,违法乱纪、贪污腐败,等等。一些党员干部对"四风"问题仍停留在"不敢"上,"不想"的自觉尚未形成。在转作风改作风的节骨眼上,如果稍有放松就可能故态复萌、前功尽弃。

政治生态方面,当前在一些地方和一些党员干部中还存在着不守纪律、

不讲规矩的现象,一些地方政治生态不好的问题还比较突出。如:对党不忠诚、不讲政治、自行其是的问题,有令不行、有禁不止、阳奉阴违的问题,组织涣散、纪律松弛、我行我素的问题,团团伙伙、亲亲疏疏、搞小圈子的问题,公器私用、设租寻租、以权谋私的问题,存在着"劣币驱逐良币"的现象。这些人讲名利不讲信仰,讲鬼神不讲马列,讲义气不讲原则,精神空虚,思想堕落。

干部队伍方面,还有管理上失之于宽、失之于软、失之于虚的问题。在一些"关键少数"干部中,还存在着像省委书记郭庚茂为全省县处级以上领导干部讲专题党课时所概括的"十不十欠"问题,如:"信仰不牢,精神之钙欠缺;党性不纯,自身修养欠缺;宗旨意识不强,群众观念欠缺"等,心里没有人民,眼里没有群众,为官不为,做人不正,不敢担当,只想揽权不想担责,只在其位不谋其政,只求不出事,宁愿不做事,敷衍塞责,尸位素餐。以上这些现象,是我们党协调推进"四个全面"、实现中华民族伟大复兴的中国梦的大敌,是我省爬坡过坎、转型攻坚、推进中原崛起河南振兴富民强省的大敌。

二、"三严三实"具有丰富的思想理论内涵

"三严三实"闪烁着马克思主义的理论之光。我们党的思想路线,就是以实事求是为核心内容的马克思主义思想方法,即一切从实际出发,理论联系实际,实事求是,在实践中检验真理和发展真理。它立足求实,注重求是,是我们党的实践活动的思想原则,是党确立的哲学基础。实,是万事万物赖以生存的基础,是人们认识客观世界、规范自身行为的第一要求。求实,就是做老实人、说老实话、干老实事,就是在实践中不断探索建设和发展的规律,在尊重规律的前提下化解矛盾、解决问题、科学发展。"三严三实"着眼于严,立足于实,强调"谋事要实、创业要实、做人要实",是一切从实际出发、实事求是思想路线的深刻体现,贯穿着马克思主义政党建设的基本原则和内在要求,是世界观和方法论的有机统一。

"三严三实"体现着党的优良传统和作风。我们党作为马克思主义的政党,具有对自身从严从实要求的政治品格,在长期革命斗争中,形成了

"严"与"实"的优良传统和作风。早在井冈山时期,我们党就形成了"三大纪律六项注意",后来发展为"三大纪律八项注意",素以铁的纪律、严的作风而著称。在整个革命、建设和改革开放过程中,我们党先后涌现了一大批严于律己、无私奉献的优秀党员干部,留下了朱德扁担的故事、甘祖昌的故事、焦裕禄的故事、杨善洲的故事,等等,赢得了人民群众的衷心拥护。践行"三严三实",是党的优良传统和作风的发扬光大,丰富和发展了党的建设理论,是内在自律与外在约束的有机统一,为加强新形势下党的思想政治建设和作风建设提供了重要遵循。

"三严三实"是中华民族优秀文化的传承发展。中华文化博大精深,历来把修身作为从政的基础性工程,强调在修身上要求"严"和"实"。如孔子提出:"政者,正也。子帅以正,孰敢不正?"指出从政者要先"正己",并为"正己"而"克己"。清代御史钱沣专门将一副楹联挂在自己的厅堂上:"爱半文不值半文,莫谓世无知者;作一事须精一事,庶几心乃安然。"时时警示勉励自己,被誉为清代清正廉洁的楷模。中国古代一向奉行"修身齐家治国平天下"的古训和理想,遵从"欲当大任,须是笃实""空谈误国,实干兴邦"的信条,这些文化基因充分体现了做事要实、做人要实的精义。"三严三实"正是在吸收借鉴传统文化精华的基础上,融入共产党人的价值追求和执政理念,明确了新时期党员干部修身做人、为官用权、干事创业的基本遵循和行为准则。

三、"三严三实"提出了明确的实践要求

其一,要着力解决"不严不实"的突出问题。"三严三实"明确要求,开展专题教育,要聚焦到对党忠诚、个人干净、敢于担当这几个方面,紧紧盯住"不严不实"的问题和具体表现,深刻反思,一条一条梳理、一项一项分析。要带着问题把自己摆进去,对照党规党纪、国家法律,对照正反两方面典型,联系个人思想、工作、生活和作风实际等,往深里找、往细处查,既找共性问题,也找个性问题。要对自身存在的"不严不实"问题,作全方位、立体式的透析检查,把问题找准、找实。对查找梳理出的"不严不实"问题,要列出清单,做到随时发现、随时改正,以解决问题的成果来检验专题教育的成效。

其二,要始终坚持严字当头。"严"字蕴含的是马克思主义信仰等严肃的政治追求,是贯彻民主集中制等严格的组织原则,是懂规矩、守底线等严明的纪律要求,如果离开了这个"严"字,就会信仰迷失、组织涣散,最终失去凝聚力、战斗力。贯彻"三严三实"要求,就是要通过开展深入、扎实的思想教育,使党员干部加强党性修养,坚定理想信念,把牢思想和行动的"总开关",带头践行社会主义核心价值观,坚守共产党人的精神高地;进一步强化党性原则,增强纪律意识和规矩意识,自觉在思想上政治上行动上同以习近平同志为总书记的党中央保持高度一致;进一步明确干事创业的行为准则,树立正确的权力观政绩观,坚持为民用权、秉公用权、廉洁用权,创造经得起实践、人民和历史检验的实绩,做到不怀一分"为官特权"的自负,不开一个"下不为例"的口子,不搞任何"天知地知"的自欺,做政治上的"明白人"、经济上的"干净人"、作风上的"正派人"。

其三,要切实做到实字托底。"实"字蕴含的是党的实事求是思想路线,是求真务实的工作方法,是忠诚老实的处世态度,如果离开了这个"实"字,就会脱离群众,最终失去民心、失去执政基础。贯彻"三严三实"要求,就要在谋划事业发展时,坚持从实际出发,重实情、出实招、求实效,遵循客观规律,符合科学精神。要有"功成不必在我"的胸怀,多做打基础利长远的事情,多做为群众排忧解难的事情,决不能弄虚作假,搞形式主义、花架子。在推进改革建设中,要脚踏实地、开拓进取,敢于担当、勇于负责,坚决不做不敢作为的庸官、不愿作为的懒官、无所作为的昏官。在个人作风方面,要襟怀坦白、公道正派,对党、对组织、对人民、对同志忠诚老实,做尊重科学、尊重实践、尊重规律的人,做诚实守信、言行一致、表里如一的人,做勤勤恳恳工作、努力进取创造、任劳任怨奉献的人。

其四,要把"严"和"实"内化为一种精神追求。"三严三实",彰显着共产党人的价值追求和政治品格,反映了新形势下党的建设的内在规律和本质要求。每一位党员干部都要认真领会其深刻内涵和具体要求,把"三严三实"作为修身做人的基本遵循,作为一种操守、一种品格、一种风骨,内化于心、外化于行,做到严实结合、融为一体。要不断加强党性锻炼和自身修养,自觉在改造主观世界上下功夫,不断磨炼自己、改造自己,常思"严"之

益,常念"纵"之害,做到慎独、慎微,防止精神沦陷、"自己扳倒自己"。要面对大千世界的诱惑,讲原则、守底线,不为私利所困,不为私情所惑,不信虚言、不采华名、不兴伪事,做到"心中有党、心中有民、心中有责、心中有戒",堂堂正正做人、干干净净用权,永葆共产党人的蓬勃朝气、昂扬锐气、浩然正气。

(作者系省社科联副主席、研究员)

坚持问题导向
创新管党治党的理论与实践

吴宏亮

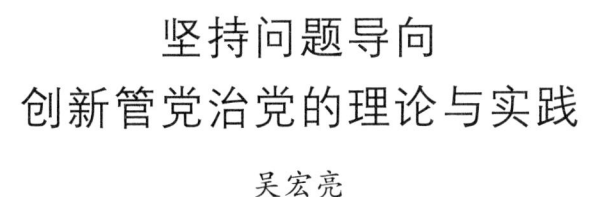

问题是时代的声音,正如马克思所讲,"问题是时代的格言,是表现时代自己内心状态的最实际的呼声。"对问题进行研究,就是对时代进行研究。中共中央政治局常委、中央纪委书记王岐山提出,"贯彻党要管党、从严治党,必须把纪律挺在前面。"这是对中国共产党管党治党历史经验的深刻总结,既继承管党治党的优良传统,又面对时代课题,坚持问题导向,坚持开拓创新,对于我们认真落实全面从严治党,具有重大意义。

一、严守纪律,是党的优良传统

我们党是靠革命理想和铁的纪律组织起来的马克思主义政党,严守纪律是党的优良传统和独特优势。九十多年来,我们党栉风沐雨、历经坎坷,一步步走向胜利,在这一过程中,党员严守纪律是胜利的重要保证。

"三大纪律八项注意"是井冈山时期毛泽东等老一辈无产阶级革命家在革命战争实践中逐步总结出的一部纪律法规,曾经是红军以及后来的八路军、新四军、人民解放军政治工作的重要内容,对于人民军队的建设,对于正确处理军队内部关系,团结人民群众都起了重大作用。1948年11月,在解放战争即将取得全国胜利的前夕,毛泽东致电各中央局、野战军前委,提出了"军队向前进,生产长一寸,加强纪律性,革命无不胜"的著名口号,极大地振奋了全党全军,激励军民同心同德、艰苦奋斗,去夺取解放全中国的最后胜利。1949年6月,毛泽东在指出新民主主义革命取得胜利的三件武

器时，第一件武器就是我们党是"一个有纪律的，有马克思列宁主义的理论武装的，采用自我批评方法的，联系人民群众的党"。因此，加强纪律性，是我党领导中国革命胜利的重要法宝。

新中国成立后，毛泽东、邓小平、江泽民、胡锦涛、习近平等党的最高领导人都对党的纪律建设有重要论述。党的十八大以后，以习近平为总书记的党中央高度重视党的自身建设，把全面从严治党提到了关系党的生死存亡和保证中华民族伟大复兴"中国梦"的高度来看待和重视这个问题。在十八届中纪委五次全会上，习近平强调："要加强纪律建设，把守纪律讲规矩摆在更加重要的位置。党章是全党必须遵循的总章程，也是总规矩。党的纪律是刚性约束，政治纪律更是全党在政治方向、政治立场、政治言论、政治行动方面必须遵守的刚性约束。国家法律是党员、干部必须遵守的规矩。党在长期实践中形成的优良传统和工作惯例也是重要的党内规矩。"

党的纪律是马克思主义建党学说同党自身建设实际相结合的产物，是党在革命、建设和改革开放的伟大实践中战胜困难，取得胜利的重要保证。面向未来，我们必须继承和发扬党的这一优良传统，在推进全面从严治党的过程中，高度重视纪律建设，自觉用铁的纪律维护党的先进性和纯洁性，使党始终走在时代前列，成为中国特色社会主义事业的坚强领导核心。

二、直面现实问题，强化纪律观念

在世情、国情、党情发生深刻变化的新形势下，我们党面临着执政考验、改革开放考验、市场经济考验和外部环境考验四大考验；面临着精神懈怠的危险、能力不足的危险、脱离群众的危险、消极腐败的危险四大危险。"四大考验""四大危险"的提出，反映了我们党在自身建设上的清醒认识，充分体现了我们党直面问题的勇气与解决问题的信心，反映出我们党求真务实、实事求是的坚定态度。

"四大考验""四大危险"的提出，也使我们清醒地认识到，在全面建成小康社会的进程中，我们面临的挑战前所未有，需要解决的问题十分复杂，全面推进党的建设新的伟大工程的任务比以往任何时候都更为繁重、更为紧迫，我们必须常怀忧患意识，深刻警醒自己，大力强化纪律观念。

党的政治纪律是最首要、最核心的纪律,是我们党的全部纪律的基础,是维护中央权威的保证。然而,长期以来,少数党员干部不遵守政治纪律,搞团团伙伙,拉帮结派,目无中央,搞"山头主义"。周永康、令计划等案件说明,违反党的政治纪律,搞"山头主义",拉帮结派,必然会造成党的分裂,危害中央决策权威,给党和人民事业造成重大损失,影响极其恶劣。因此,在党内决不能搞"山头主义",搞"人身依附",上下级绝不是帮派关系,"所有党员都应该平等相待,都应该平等享有一切应该享有的权利、履行一切应该履行的义务。"

党的财经纪律是保持社会主义市场经济健康发展,执行党的经济方针政策的重要保证,是在社会主义市场经济条件下预防党内腐败的重要武器。但是,在现实生活中,我们看到,党的财经规律受到严重挑战,一些党员干部私自变通,贪污腐化,损公利己。有的挪用扶贫基金修建豪华气派的办公大楼;有的截留项目私分公款,用公款购买豪华车辆、物品,贪图个人享受;有的用公款大吃大喝、游山玩水、铺张浪费,丝毫没有一点勤俭节约的精神。更有甚者,近年来在教书育人的圣地高校校园,也出现了私分、套用科研经费等腐败现象。这些情况说明,必须高度重视党的财经纪律问题,坚决把纪律挺在前面,用严格的财经纪律制约腐败问题的产生。

反对腐败,是进行"新的历史特点的伟大斗争"的重要内容,要充分认识打赢这场斗争的艰巨性、长期性和复杂性。腐败作为一种历史现象,伴随着人类私有制的产生而产生,也必将随着私有制的消亡而消亡。马克思和恩格斯在《共产党宣言》中明确宣布:"共产党人可以把自己的理论概括为一句话:消灭私有制。"当前,尤其要高度警惕"温水煮青蛙"现象,一些党员干部已经出现了严重的腐败问题,形式主义、官僚主义盛行,甚至道德堕落,知行不一,但是仍然自病不觉,自我感觉良好,甚至唯我独尊、自我膨胀。"冰冻三尺,非一日之寒",反对腐败是攻坚战,也是持久战,必须坚持"把纪律挺在前面",用严明的党纪党风推动反腐败斗争的深入开展,从而最终取得进行"新的历史特点的伟大斗争"的全面胜利。

三、从严治党,把纪律挺在前面

革命战争年代,我们党团结带领人民打败敌人、夺取革命胜利,靠的是铁的纪律保证。新的历史条件下,我们党要团结带领人民全面建成小康社会、基本实现现代化,同样要靠铁的纪律保证。从严治党,必须"把纪律挺在前面"。

首先,要加强学习宣传党章条文,使党员能够耳熟能详。党章是规范和制约全党行为的总章程,是党的总制度和总纪律,对党的建设和党的事业的发展至关重要。党的十八大后不久,习近平就专门发表文章,论述党章的重要性,要求全党都要坚持引导广大党员、干部,特别是领导干部自觉学习党章、遵守党章、贯彻党章、维护党章,自觉加强党性修养,增强党的意识、宗旨意识、执政意识、大局意识、责任意识,切实做到为党分忧、为国尽责、为民奉献。学习党章,根本目的在于增强党的纪律意识,自觉按照党章办事,用党章规范自己的行为。作为党员干部,要严格遵守党章各项规定,对党章内化于心、外化于行。

其次,要抓小抓细抓实,把纪律约束融入日常生活。从严治党,反对腐败必须抓小抓细抓实。抓小,就是从小事着眼;抓细,就是从细节防范;抓实,就是严格贯彻落实,真正把纪律挺在前面,把纪律约束融入日常生活,使纪律成为党员和领导干部看得见、摸得着的东西,成为"带电的高压线"。对收受红包礼金、公款吃喝旅游、公车私用、"节日病"等一些看起来未触及法律层面的违纪问题,必须加强监督检查,用党的纪律约束,使党纪严于国法。同时,这也体现了党的组织对党员的真正关心和爱护,避免党员犯下更大更严重的错误。党员领导干部决不可忽视"小事""小节",坚持从点滴"小事"和每一个"小节"做起,做到"吾日三省吾身",做到心中有党、心中有民、心中有责、心中有戒。

再次,要严查违纪事件,树立对纪律的敬畏之心。执纪不严,从严治党就无从谈起。纪律是管党治党的尺子。全面从严治党,就是要把严明纪律体现在对党员的严格管理监督之中,严格执纪、动辄则咎,树立对纪律的敬畏之心,让纪律成为不可触碰的底线。对于违纪问题,要"严"字当头,重典惩处,只有这样才能树立对纪律的敬畏之心。建国初期,针对刘青山、张子善重大贪污犯核准死刑后是否要枪毙,毛泽东严正告诫全党:"正因为他们两人的地位高,功劳大,影响大,所以才要下决心处决他们。只有处决他们,才可能挽救20个、200个、2000个、20000个犯有各种不同程度错误的干部。"事实证明,枪毙刘青山、张子善,犹如两声惊雷,向全党敲响了拒腐防变的警钟,使得全党在相当长一个时期保持了良好的风气。

十八大以来,"打虎拍蝇",我党坚决查处一些党员干部包括高级干部严重违纪问题,一批问题官员纷纷落马,表明了我党严查违纪问题的坚强决心,"不论什么人,不论其职务多高,只要触犯党纪国法,都要受到严肃追究和严厉惩处,绝不是一句空话。"当前我们要保持反对腐败的高压态势,对违纪问题发现一个查处一个,点名道姓通报曝光,杀一儆百,重典惩处,让党员干部敬畏法纪,自警自励,逐步营造守纪律讲规矩的良好政治生态。

(作者系郑州大学党委副书记、教授、博导)

推进全面从严治党从严格组织生活做起

赵传海

推进全面从严治党,虽然具有多重视角、多条路径、多个着眼点和着力点,但是,最基本的还是应该从严格党的组织生活做起。

一、严格组织生活是推进全面从严治党的基点

参加党的一个组织并在其中积极工作,是吸收新同志入党的前提条件之一,也是对每一位共产党员日常政治生活的基本要求。因此,严格组织生活,是推进全面从严治党的基本功。其一,组织是党员的归宿。组织是由党员构成的,党员离开组织就不能成为合格的党员。其二,组织生活是党员存在的形式。如果一个党员不参加组织生活,那么他就是不在党,就是非党员。其三,组织生活是党员成长的熔炉。历史经验表明,党员个人的成长与发展,既在于自己努力,又在于组织培养。其四,组织生活是党员行为的规范。党员在组织生活中不仅仅接受教育培养,承担工作职责,而且接受组织监督,规范自己的行为。事实证明,中国共产党从成立至今,在党的思想建设、组织建设、作风建设、制度建设和反腐倡廉建设中,唯有组织生活最具有基础性、权威性、及时性和高效性。严格组织生活,严肃组织纪律,严于组织处理,是最容易抓好、最容易见效的一招。

二、组织生活不严格已经成为较为普遍的现象

总体上看,组织生活制度是健全的,组织生活机制是科学的,组织生活开展是正常的,保证管党治党是有效的。但是,在社会主义市场经济不断发展的背景下，无论是党组织还是党员个体，都出现了一些不适应、不严肃、不理想的新现象和新问题。其中，主要表现在以下四个方面：一是有些党员游离于组织之外。在市场经济环境中，人们工作岗位变动逐步呈现出常态化趋势，有些党员工作虽然调动了，但是组织关系证明没有及时转接，成为长期或暂时游离于组织之外的"无组织党员"。比如高等学校每年都有大量毕业生，由于没有找到稳定的工作岗位，党组织关系证明只能在自己口袋内装好几年，还有个别毕业生毕业好几年后才回到母校要求重新开出党组织关系证明。二是有些党员领导干部不参加基层组织生活。《党章》第八条规定："每个党员，不论职务高低，都必须编入党的一个支部、小组或其他特定组织，参加党的组织生活，接受党内外群众的监督。"可是在现实生活中，有少数党员领导干部不能够自觉地、经常地参加党支部活动，或者不能够以平等的身份参加党支部活动，成为凌驾于基层党组织之上的"特殊党员"。三是有些基层组织生活不够严肃。在有些地方和有些单位，不太重视支部书记培养和支部建设，支部书记缺乏权威性，工作思路不清晰，工作力度不到位，支部缺乏凝聚力和战斗力，"三会一课"不经常，批评教育不深入，组织生活不健全，党支部甚至成了"俱乐部"。四是执行组织纪律不够严格。有些党员口无遮拦，惯于传播小道消息，议论网上热门话题，甚至丧失党性原则，传播政治谣言、政治笑话，对党的重大政治问题说三道四，在社会和群众中造成了极坏影响。有些党组织明知个别党员的言论不正确、行为不规范、作风不端正，看在眼里、记在心里，就是不敢批评，不敢处理。最简单的事例就是，有些党员长期不缴纳党费，最后却不了了之。如此多的问题，都出在组织生活不健全、组织纪律不严格、组织处理不到位上。

三、严格组织生活必须遵循最基本的组织规矩

如何做到严格组织生活，《党章》和一系列规章制度都有明文规定，构成了系统的"组织规矩"，关键在于严格遵守、严格执行和严格落实。一要心怀敬畏。习近平总书记在阐述"三严三实"时指出："严以律己，就是要心存敬畏、手握戒尺、慎独慎微、勤于自省，遵守党纪国法，做到为政清廉。"基层党组织要始终教育党员常怀敬畏之心，敬畏组织、敬畏规矩、敬畏舆论，清

醒地认识到组织高于个人、党纪严于国法，自觉地积极参与组织生活，接受组织的教育、管理和监督。二要注重细节。"天下大事，必作于细；天下难事，必作于易。"中央"八项规定"之所以能够收效显著，就在于注重了具体事项和具体细节，从一点一滴做起，从一枝一叶抓起。严格组织生活，就应该依据党的纪律要求，一点一点地抓好抓实，抓出成效，绝不能笼而统之、大而化之。例如，抓好支部活动计划，抓好支部工作程序，抓好生活会环节，抓好党员工作纪律，抓好党员志愿服务，甚至抓好党费收缴等，都可以起到教育党员、管理党员、监督党员的作用，进而提高党员政治思想道德素质和实际工作能力。三要敢于认真。毛泽东曾经说过："世界上怕就怕'认真'二字，共产党就最讲'认真'。"这句话说明共产党人历来都有敢于较真的品质，同时也提醒我们要坚持真理、坚持原则、实事求是、敢于较真儿。曾几何时，我们丢掉了"认真"的品质，染上了得过且过的不良习气。我们单位曾经组织人员严查机关工作人员在岗情况，对脱岗人员一追到底，经过三次以后，就再也没有人敢于无故脱岗了。

总之，推进全面从严治党，从严格组织生活做起，是一个基础性的突破口；严格组织生活，必将有利于推进全面从严治党，我们务必做好做实，做出成效。

（作者系河南财经政法大学副校长、教授）

从"全、严、治"着力 彰显治党实效

徐喜林

在"四个全面"中,全面从严治党是各项工作顺利推进的根本保证,是新形势下全面加强党的建设的全新路径选择,是对党的建设理论的继承、发展和创新。

一、全的广度

全面从严治党这一新提法,内涵丰富,意义重大,影响深远,应当从定义、目标等多层面理解全面的广度和深度。

(一)全面从严治党的内涵

内涵是指事务的本质,是讲是什么。全面从严治党就是从党的思想、组织、作风、反腐倡廉、制度五方面建党管党治党,为协调推进"四个全面"战略布局提供坚强保障的理论与实践。是党的建设系统性、整体性的体现。

(二)全面从严治党的外延

外延则是指有哪些。全面从严治党的外延,一是从内容上讲,涵盖党的思想建设、组织建设、作风建设、反腐倡廉建设和制度建设各个领域。二是从主体上讲,是各级党组织和广大党员干部,尤其是各级党组织的主要负责人。三是从时间上讲,全面从严治党贯穿党建全过程,从严治党必须常态化、制度化,永远在路上。四是从操作上讲,包括思想教育、干部选用、管理监督、惩治腐败、改进作风、制度治党、纪律约束等方面都务必从严。习近平总书记在党的群众路线教育实践活动总结大会上的讲话中提出的"八项任务",为全面从严治党指明了方向和路径。

（三）全面从严治党的目标

从总体上讲，是围绕加强党的执政能力建设和先进性、纯洁性建设，使党的思想、组织、作风、反腐倡廉和制度建设各方面都要加强，确保党始终成为中国特色社会主义事业的坚强领导核心。从自身品质上讲，是党的自我净化、自我完善、自我革新、自我提高能力不断增强，始终保持党的先进性、纯洁性，不断增强凝聚力和战斗力。

（四）全面从严治党的价值

从"四个全面"的大局上讲，是为实现全面建成小康社会、全面深化改革、全面依法治国提供坚强保障。从党的宗旨性质上讲，是为了更好地服务人民，实现中华民族伟大复兴。

（五）全面从严治党的路径

"四个全面"战略布局第一次为全面从严治党标定路径，要求"增强从严治党的系统性、预见性、创造性、实效性"。其中，系统性包括党的思想建设、干部队伍管理、作风转变、制度建设、反腐倡廉。预见性是善于汲取历史的经验教训，立足世情国情党情基本态势。创造性是要突出党建观念、思路、方式等方面的创造与发展。实效性是从始终保持党同人民群众的血肉联系、永葆党的生机与活力、不断提高党的领导水平和执政能力上见实效。

二、严的角度

在全面从严治党中，严是态度，严是开山利斧，严是重要保障。没有严，就会图形式、走过场，就会功亏一篑，就会事倍功半，甚至劳师费时，贻误战机，自取失败。全面从严治党必须在严字上下功夫。

（一）严在思想上

一是认识要提高。要看到，在新的历史起点上坚持和发展中国特色社会主义，我们党面临的执政考验、改革开放考验、市场经济考验、外部环境考验是长期的、复杂的、严峻的，精神懈怠危险、能力不足危险、脱离群众危险、消极腐败危险更加尖锐地摆在全党面前。真正认识到全面从严治党对于党长期执政和实现中国梦的重要意义。二是位置要摆正。抓好党建是最大政绩。各级党组织和党员领导干部都不能把党建当成软任务，虚指标，敷衍塞

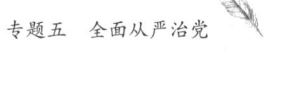

责。三是态度要坚决。即如习近平所讲"凡是影响党的创造力、凝聚力、战斗力的问题都要及时解决,凡是损害党的先进性和纯洁性的病症都要认真医治,凡是滋生在党的健康肌体上的毒瘤都要坚决祛除,通过持之以恒的努力,使党始终成为中国特色社会主义事业的坚强领导核心"。

(二)严在治吏上

治国就是治吏,治党也是治吏。从严治党要抓住领导干部这个"关键少数",全方位治党、管权、治吏。首先是选和用。坚持从严选拔,要严在标准、程序、纪律上。选好人、用好人。其次要管和治。用最坚决的态度、最果断的措施刷新吏治。要从拉票贿选、突击提拔调整干部、超职数超范围超规格配备干部等方面聚焦突出问题、坚持重点突破,打出从严治吏"组合拳",让"为官不易"成为新常态。

(三)严在惩处上

腐败屡禁不止的要害就是腐败收益大于腐败成本。香港没有死刑,最多判刑10年,成为廉政楷模的关键是腐败问题80%以上能被查,形成对腐败零容忍。我们不仅要坚持有腐必惩,有贪必肃,更要压缩和消除腐败潜伏期,做到有腐即惩,有贪即肃,最大限度消除腐败存量,遏制腐败增量。

(四)严在细微上

腐败可分为腐败因素、腐败现象、腐败问题、腐败分子四个层级。腐败分子开始可能是廉政勤政的好干部,后来权力失控行为失范,从吃喝小事开始,从小贪到大贪,从腐败现象至腐败问题再到腐败分子。因此,必须从公款买贺卡、送月饼这些"小节"开刀,一个节点一个节点地紧抓不放,防微杜渐治未病,细微之处炼硬功。

三、治的力度

在全面从严治党中,治是根本。除了从严治党的上述外延外,应当突出重点,从以下几个方面着力。

(一)把纪律挺在前面

纪律就是管党治党的尺子。纪律严于国法。党员只要不违纪就不至于违法。领导干部"破法"无不从"破纪"始。因此必须守住纪律这条底线,把

纪律挺在前面,立起来、严起来、执行到位,抓早抓小、动辄则咎,发现苗头就及时提醒、触犯纪律就及时处理,绝不养痈遗患、放任自流。

(二)把制度落在实处

制度可分为实体性制度、程序性制度和保障性制度三大部分。既要有实体性制度,又要有程序性制度,更要有保障性制度。要保证实体性制度通过程序性制度顺利实施,通过保障性制度保证落实,不落实必然受追究。要坚持法治思维、法治理念、法治精神,与依法治国相衔接。

(三)把严惩持续下去

目前"高压"反腐只是初步达到了"不敢腐"的效果,"不能腐""不想腐"的问题还远没有解决,反腐败斗争任务仍然严峻复杂艰巨。党的十八大以前,全国纪检机关每年处分党员的数量约占党员总数的万分之一点七,我省达到万分之二左右。党的十八大以后,这一个比例有很大增加。建议在腐败易发多发的当下,这个比例不妨提到万分之三至五。在发现腐败中,巡视是一个探雷器,巡视加纪检相得益彰,今后应当常态化。

(四)把作风彰显出来

习近平总书记强调,作风建设永远在路上,永远没有休止符。作风建设是党的建设的永恒主题,是全面从严治党的应有之义,是实现干部清正、政府清廉、政治清明的必要条件。抓作风改作风是党的十八大以来从严管党治党的突破口。要锲而不舍、驰而不息地推进作风建设。

(五)把教育贯穿始终

全面从严治党,从根本上要解决党员干部思想上的滑坡,拧紧世界观、人生观、价值观这个"总开关",补足共产党人精神之"钙",教育引导党员干部坚定理想信念,坚守共产党人"为民务实清廉"的价值追求。要加强廉政文化建设,形成深厚的廉政社会氛围,为全面从严治党打好基础。

(作者系省社科院原纪委书记、研究员)

严肃党内政治生活要用好"六种思维"

袁建伟

习近平总书记强调指出,从严治党必须从党内政治生活严起来,提高党内政治生活的政治性、原则性、战斗性。深刻认识和把握习近平总书记的这一重要思想,使党内政治生活进一步严起来,要注重运用好"六种思维"。

一、用好战略思维,从全面从严治党的战略高度,以全局视野、长远眼光,深刻认识严肃党内政治生活的重要意义

习近平总书记指出,党内政治生活是党组织教育管理党员和党员进行党性锻炼的主要平台,有什么样的党内政治生活,就有什么样的党员和党风。实践充分表明,严肃的党内政治生活,是锻炼党性的最好熔炉,是解决党内自身问题的重要途径。只有在严肃的党内生活中,党员干部不断接受思想洗礼,清除政治灰尘,党性才会越来越坚强,觉悟才会越来越高。一段时期以来,一些党员干部"组织涣散、纪律松弛",这与党内政治生活开展得不够经常、不够严肃有很大关系。党内政治生活不严不实,缺乏政治性、原则性、战斗性,必然助长错误思想、纵容错误行为。因此,全面从严治党,必须把严肃党内政治生活摆在更加突出的位置,作为一项重要任务抓紧抓实,以严格、规范、常态化的党内政治生活涵养、锤炼、增强党员干部的党性。

二、用好辩证思维,对党内政治生活的功能、现状和责任主体,作出辩证的分析

首先,要辩证看待党内政治生活的功能。一方面要深刻认识严肃党内

政治生活对于全面从严治党的重要意义,着力发挥其在全面从严治党大战略中的基础性作用。另一方面要防止片面夸大党内政治生活的功能,对严肃党内政治生活抱不切合实际的幻想。严肃党内政治生活的目标定位,应当是把党内政治生活应有的作用发挥出来。其次,要辩证看待党内政治生活中的问题。一方面要充分认识党内政治生活存在问题的严重性,始终保持清醒、增强忧患意识、激发从严治党的动力;另一方面也要防止把问题无限放大,一叶障目,不见泰山,悲观失望、丧失斗志、对从严治党失去信心。应当认识到,党内政治生活中存在的问题是可以解决的,党的群众路线教育实践活动的成效已经充分表明了这一点。再次,要辩证看待党内政治生活中各个责任主体的作用。一方面要认识到,严肃党内政治生活,党员干部人人有责,任何人都不能做旁观者。另一方面必须认识到任何矛盾都有其主要方面,位高权重的机关和领导干部对于严肃党内生活责任更大、作用更大。因此,严肃党内政治生活只有抓住领导机关和领导干部这个"关键少数",才能收到事半功倍的成效。

三、用好法治思维,着力用严明的规则严肃党内政治生活

凡事讲规则是法治思维最鲜明的特征。党内政治生活也是如此。严肃党内政治生活,不是抽象的而是具体的;不是随性的,而是有原则的。严肃党内政治生活,归根结底不是严在领导人的主观意志上,而是严在制度上、严在纪律上、严在规矩上。必须使全党同志真正明白,严肃党内政治生活"严"的要求是什么、"严"的标准是什么、"严"的尺度是什么。这些问题搞不清,严肃党内政治生活也就无从谈起。因此,严肃党内政治生活,明规则是前提,用规则关键。党章是党的总规矩,自然也是严肃党内政治生活的总规矩。《关于党内政治生活的若干准则》是指导和规范党内政治生活的基本党内法规,自然是严肃党内政治生活的基本遵循。因此,严肃党内政治生活,必须把认真学习、严格遵守、坚决贯彻、严格执行党章和《关于党内政治生活的若干准则》作为基础性的工作深入推进。

四、用好系统思维,准确认识和把握严肃党内政治生活的几个基本关系

首先,要从党的生活的系统中,准确把握党内政治生活的内涵、特征和功能,正确认识党内政治生活和党的组织生活的关系,着力构建党内政治生活和组织生活互相促进的良好机制。其次,要从党的建设的大系统中,准确把握党内政治生活同党的建设主线和五个建设的关系。善于从这些联系中,把握重点、难点,找准着力点和切入点,找到破解党内政治生活难题的钥匙。这样才能避免头疼医头,脚疼医脚,防止眉毛胡子一把抓。再次,要从党作为一个组织的大系统中,准确把握严肃党内政治生活对于党的各级组织、各级党员领导干部、普通党员干部的基本要求,准确定位各个主体的责任和相互关系,充分发挥各级组织、各级领导干部、普通党员干部的作用,进而使以上率下真正"率"起来,上下互动真正动起来,层层传导压力真正传下来,从而形成严肃党的政治生活的最大合力。

五、用好底线思维,切实使党员干部守得住党内政治生活的底线

底线是不可逾越的警戒线,是事物质变的临界点,一旦突破就会出现恶果。底线思维是习近平总书记治国理政的一个鲜明的思维特征。习近平总书记在讲很多工作时,都强调要守住底线,在此基础上追求更好的结果。当前,党内政治生活存在的一个突出问题,就是一些党员干部底线意识缺失、底线模糊不清,什么话都敢讲,什么事都敢做,做人做事做官的底线荡然无存。针对这一突出问题,严肃党内政治生活必须强化底线思维。首先,要使每一个党组织、每一个党员干部明白,在党内生活中哪些是必须坚守的原则,哪些是不可突破的底线,违反了原则、突破了底线要受到怎样的惩戒。其次,要明确强调,在守住底线的基础上,党员干部必须有更高的追求,而且职务越高、岗位越重要、党龄越长,标准要更高,自律要更严。可以预见,领导干部的表率作用都能够得到充分发挥之时,党内政治生活质量将会提升到更高水平。

六、用好创新思维,不断创新党内政治生活的思路、制度和方法举措

建党90多年来,我们党在严肃党内政治生活上创造了许多成功做法,积累了丰富经验。但是,任何时期的做法和经验,都难免带有那一时期的特征和印记。面对新形势、新任务、新问题,简单地套用过去的做法和经验是不可行的。正确的态度应当是,从过去的做法和经验中把握规律性的认识。只有善于运用规律性的认识指导结合新的实践,才能使过去的做法和经验不断焕发新的青春,在新的实践中不断开新花、结新果。汲取党内政治生活的历史经验,立足当下,面向未来,一要注重从思想建党和制度治党的结合上,探寻刚柔并济严肃党内政治生活的有效途径。二要注重从制度立改废的统一中,建立健全和完善党内政治生活的规则体系。三要善于运用现代科技改造和升级党内政治生活的方式方法,增强党内政治生活的时代气息。四要下大力气完善党内政治生活的考评机制,运用好考评这个指挥棒,引导和激励各级党组织不断严肃党内政治生活的积极性、主动性和创造性。

(作者系省直机关党校副校长、副教授)

全面从严治党要找准问题求综合实效

丁 素

全面从严治党应当在协调推进"四个全面"的总体布局中,以坚定"三个自信"为基础,提高以党的革命能力、政治能力和发展能力为核心的党的执政能力,重点解决好党的能力自信这一关键问题。对此,党中央明确地标定了能力实现的认识路径和实践目标,第一次从全局战略的高度,提出要"增强从严治党的系统性、预见性、创造性、实效性",锻造党的事业发展更加坚强的领导核心。为我们在全面从严治党的认识上指明了方向、实践上提供了遵循,完成好这一重大任务,要重视解决三方面的问题。

一、要找准问题完善党规

当前党内法规虽已初步形成体系性的基本框架,但总的来讲还尚未成熟和定型,存在一些较为突出的问题和薄弱环节。一是法规体系不尽完善。党内法规中虽有约束党员干部的相关《条例》,但多有《条例》与少有要求的矛盾相对突出。从操作层面讲,强调集中多于保障民主;强调义务高于维护权利;监管基层组织多于管治领导机关;管理一般党员多于约束领导干部;讲党自身建设的自律多于谈党执政方式和领导制度的他律等。二是党规与国法协调不够。尤其在制定主体和实施合法性的程序与过程上不统一、少衔接、难协调的矛盾相对突出。三是党规对形势适应性不太强。无论就《准则》还是《条例》,多有与当下形势不能有效适应、不能及时跟进、不便灵活调整的问题相对突显。四是党规实施监督不太实。尤其在党规运行机制上"僵、软、虚"的问题相对较多。所以,发挥党规的引领作用甚为关键,促

进"两法"的相互衔接迫在眉睫,重视程序的民主科学最为根本,强化制度执行的效力更加重要。

二、要构建严管方法体系

党规和党纪的严格管理与实施从实际操作的层面上说,各个实施主体依其相关要求,其实现方式要多样、其方法要对路、其格局要合理、其机制要灵活。因此,从严管党的基本路径应当是坚持问题为导向,秉持规范为基础,注重成效为根本来构建方法体系是要务要点要领要义。一是党规体系建设对干部的重点管理与对党员的整体管理要结合,以解决好全管全严的问题;二是党规管理中设标准与重执行要统一,以解决好敢管敢严的问题;三是党规管过程与管目标要一致,以解决好常管长严的问题;四是党规常规管与分类管要衔接,以解决好管准管对的问题;五是党规管权力与讲问责要对应,以解决好管真管实的问题。

三、要强调从严综合效应

党要管党要从"四个全面"的大局出发,做到牵一发而动全身,举纲而目张。把管党的效应体现在党的全局事业发展上,把严管的效益反映在推进改革开放、落实依法治国、促进经济发展和实现长治久安上,重视从严管党实际效果的多元化和综合性。把管党严格规范的政治成效体现在树党威、立核心、促发展、求稳定的多个领域和各个方面。要使管党的手段性为党能执好政的目标服务,要使严管的方法论为党的中心任务服务,把全面从严治党的效应与一心一意谋发展、聚精会神搞建设的效益效果相融通、相适应、相互促,使管党的政治效果体现在经济、社会、文化、生态和党的建设的各方面和全过程,注重政治手段的针对性、实效性和效应转换的综合性、全局性。

(作者系省委党校哲学部主任、教授)

全面从严治党必须严明党的纪律

赵士红

党的纪律是全党意志的体现,是党的各级组织和全体党员必须遵守的行为准则,是党的路线方针政策贯彻执行的保证。严明党的纪律是90多年来党的建设的一条重要经验,也是我们取得革命、建设、改革开放伟大胜利的重要法宝。用纪律管住大多数,才叫全面从严治党。要有效推进全面从严治党,必须首先从严明党的纪律开始。

一、深刻认识严明党的纪律的重大意义

90多年党的奋斗历程表明,党纪严明,党的事业才会蓬勃发展;党纪松弛,党的战斗力就会削弱,党的事业就会遭受挫折。铁的纪律是我们党的政治优势,也是我们取得革命、建设、改革开放伟大胜利的重要法宝。严明党的纪律是全面从严治党的必然要求,是保持党的先进性纯洁性的需要,是实现党的历史使命的重要前提。纪律和规矩不严,全面从严治党就无从谈起。全面建成小康社会、实现"两个一百年"的奋斗目标、实现中华民族伟大复兴中国梦,全面深化改革、全面推进依法治国,都需要全面从严治党,需要严明党的纪律。习近平总书记强调,要加强纪律建设,把守纪律和讲规矩摆在更加重要的位置。要把深入改进作风与加强党性修养结合起来,自觉讲诚信、懂规矩、守纪律。因此,我们要充分认识全面从严治党的深刻内涵和重大意义,把党的纪律挺在前面,使纪律立起来、严起来,真正成为"带电的高压线"。

二、不断加强党纪党规教育

党纪党规教育是加强党风廉政建设的政治思想武器,要充分认识党纪党规教育在保持共产党员先进性纯洁性中的重要基础性作用。要通过教育让广大党员和干部进一步了解掌握必须做到的行为规则和不可逾越的禁止性规定,增强对党的各项纪律的尊崇度和敬畏感。要完善教育的方式,提升教育的效果。以党员干部喜闻乐见的各种形式加强党纪教育,让党员干部潜移默化地接受党纪党规教育。要把党纪党规教育贯穿于各级党委中心组学习、党委(支部)的组织生活会、民主生活会、职工会等各种会议之中,针对党员干部队伍中出现的不良现象对症下药,让违纪苗头得以根治;明确党纪党规教育责任。要发挥宣传系统和各级党校、行政学院等部门的党纪教育主阵地作用。要改变过去职能部门"只抓业务、不管党纪"的错误做法,使职能部门在党纪教育上"不缺位,有作为"。通过召开警示教育大会,观看警示教育片、参观警示教育基地、剖析典型案例等方式,利用党员违纪案例,开展党纪教育,警示党员干部吸取教训、警钟长鸣,提高他们自我反省、自我觉悟的能力。要抓好党的纪律规矩的宣传,加快构建广覆盖、多样化的纪律宣教格局。

三、领导干部要带头守纪

党纪严于国法,党员干部的底线是纪律和规矩。坚持依法治国、依规管党,党员领导干部必须自觉遵守纪律、模范遵守法律。领导干部是党内的"关键少数",执纪的效果如何,关键取决于各级领导干部的带头作用。领导干部一定要自觉遵守党章,自觉按照当地组织原则和党内政治生活准则办事,任何人不能凌驾于组织之上。领导干部要带头严格执行党纪党规,要求下属不做的,自己首先不做,要求下属做到的,自己首先做到。纪律是成长进步的向导,规矩是生存发展的保障。领导干部要以党规党纪为准绳,在政治上讲忠诚、组织上讲服从、行动上讲纪律,对党忠诚老实;领导干部要把遵守政治纪律和政治规矩放在第一位,增强政治敏锐性和鉴别力,始终与以习近平同志为总书记的党中央保持高度一致;领导干部要做政治上的"明白人",始终牢记自己的第一身份是共产党员,第一职责是为党工作,主动在思想上画出红线、在行为上明确界限,真正敬法畏纪、遵规守矩。遵守纪律,贵在自觉。领导干部要增强严守纪律的思想自觉和行动自觉,切实做到慎独、慎微、慎情、慎友。

四、必须严格执行纪律

纪律的权威来自对纪律的严格执行。如果对违反纪律的行为处理不严格、不及时,就会形成"破窗效应",损害纪律的严肃性和权威性。因此,要加强监督检查,提高纪律执行力,必须树立纪律的绝对权威,保持纪律的刚性,切实解决执行纪律失之于宽、松、软的问题,维护纪律权威,做到执纪必严。坚持"纪"在"法"前、"纪"严于"法",真正把维护纪律规矩的责任扛起来、态度硬起来、标准严起来。明确责任监督主体,切实查处、问责违反制度的行为,维护制度的尊严和权威。要强化党纪监督的总体协调,建立党纪监督的协调机制,强化上级纪委对下级党委和纪委的监督,推动纪委双重领导体制。要明确各监督主体的职责权限,使之成为互相配合、协调一致、上下结合、内外沟通的全方位的监督网络,充分发挥党纪监督整体功能。要严肃党的纪律,对违反纪律的行为必须认真处理,切实做到纪律面前人人平等、遵守纪律没有特权、执行纪律没有例外。要创新党纪考核评价机制,增强纪律考核的科学性和系统性,制定量化的纪律考核标准,把纪律考核与干部晋升结合起来,以增强党纪考核的威力和作用,使广大党员干部真正敬畏纪律,不敢越雷池半步。

(作者系省委党校党史教研部主任、教授)

紧紧抓住领导干部这个"关键少数"

田宪臣

在整个社会群体中,领导干部作为执政兴国的骨干力量,发挥着十分重要的作用。领导干部只有身先士卒、以身作则,才能以上率下、上行下效。抓住领导干部这个"关键少数",也就牢牢牵住了全面从严治党的"牛鼻子"。

一、树立坚定的理想信念

是否具有坚定的理想信念是衡量党的领导干部政治上合格不合格的第一标准。习近平总书记多次强调:"共产党人必须坚定理想信念,坚守共产党人的精神追求,对马克思主义的信仰,对社会主义和共产主义的信念是共产党人的政治灵魂,是共产党人经受住任何考验的精神支柱。""理想信念就是我们共产党人精神的钙,没有理想信念,或者说理想信念不坚定,我们精神就要缺钙,就会得软骨病。"特别是在改革开放和市场经济条件下,"当官是一个充满诱惑的岗位",领导干部"面临的种种诱惑和陷阱很多,被动的、被迫的、被忽悠的、被引诱的事情太多了"。十八大以来一些被查处的中高级领导干部,就是经不住种种诱惑而犯错误的。究其原因,理想信念丧失是关键因素。因此,领导干部只有坚定理想信念,才能保持政治定力,做习近平总书记所要求的"四有干部"——心中有党、心中有民、心中有责、心中有戒。

二、追求高尚的道德情操

各级领导干部要始终保持高尚的精神追求和道德情操,坚持严于律己、清正廉洁,时刻警惕权力、金钱、美色的诱惑,坚决同一切腐败行为作斗争,用实际行动推进全面从严治党。一是坚守道德底线。面对复杂多变的社会形势和新情况层出不穷的新时代,领导干部如果缺乏"道德底线",很容易出现违纪乱法、贪污腐化、损人害己的情况,对我们党和国家的事业造成极大的危害。只有守住道德底线,时刻按照"照镜子、正衣冠、洗洗澡、治治病"的总要求进行自我净化、自我完善、自我革新、自我提高,做到出污泥而不染,堂堂正正做人、干干净净做事,就能真正做到为民、务实、清廉。二是追求健康情趣。这是党员干部立身做人、为官从政的基本准则,是党员干部成长进步、建功立业的重要保证,是党员干部修养品行、锤炼党性的现实需要。只有确立健康的情趣爱好,才能够牢固树立崇高远大的理想信念,才能够牢记全心全意为人民服务的宗旨,把人生追求定位在为社会、为他人做贡献上。三是做到严于律己。如习近平总书记所说的,"就是要心存敬畏、手握戒尺、慎独慎微、勤于自省,遵守党纪国法,做到为政清廉",就是要心有所畏、言有所戒、行有所止。心存敬畏,敬畏什么?领导干部作为自然人,必须要敬天、敬地、敬畏生命。敬畏自然才能使领导干部不做"吃祖宗饭,断子孙路"的事,注重保护环境。作为社会人,要敬畏社会规则,敬畏法律,敬畏民众,从而肩负起一个领导干部应有的责任。

三、确立牢固的宗旨意识

共产党之所以是共产党而不是别的党,就在于核心价值是为人民服务。一是要做到亲民爱民。如习近平总书记所说的,党员干部要对人民群众有真挚的感情,要把老百姓当亲人、当父母。二是要联系群众,察民情、汇民智,做到"三问于民":问政于民,"知屋漏者在宇下,知政失者在草野",若要了解政绩有何缺失,就要深入群众;问需于民,就是要了解人民群众的冷暖甘苦;问计于民,就是要从人民群众中汲取改革发展的智慧。人民群众中蕴藏着无穷的智慧,遇事主动跟群众商量一下,这个过程也是宣传群众、组织动员群众的过程,是把正确主张让群众接受、并变成群众行动的过程。三是

要切实改善民生。真正让一心为民、干在实处成为自觉行动。"民惟邦本,本固邦宁。"我们所做的一切,就是为了让人民群众过上好日子,就是要让改革发展成果更好地惠及人民群众,就是要让人民群众有更多的获得感。

四、培养正确的权力观念

要处理好权力与责任、权力与能力、权力与权限之间的关系,明白权力由人民赋予,不能被权力左右。特别是党政主要负责人作为一个地区或单位领导班子的"领头雁",是"关键中的关键",必须一级带一级、层层做示范。一是严以用权。"就是要坚持用权为民,按规则、按制度行使权力,把权力关进制度的笼子里,任何时候都不搞特权、不以权谋私。"各级领导干部尤其是"一把手"必须从我做起,守规遵纪,兴利除弊,刮骨疗毒,不断积聚新风正气的正能量。二是严守党的纪律。党的纪律是党的生命,是维护党的原则、路线、方针,规范党员干部言行的规范。要严格执行和维护党的纪律,包括党的政治纪律、组织纪律、财经纪律,始终同党中央保持高度一致,做全面从严治党的表率。

(作者系省委党校科社部主任、教授)

抓好制度建设这个关键
切实贯彻全面从严治党新要求

张守四

全面从严治党是以习近平同志为总书记的党中央站在协调推动改革开放和社会主义现代化建设迈上新台阶的高度,在党的建设方面提出的具有全局性、根本性的战略决策,是对党的建设工程的新设计、新谋划,是新一届中央领导集体治国理政总方略的重要组成部分。切实贯彻全面从严治党的新要求,必须以改革精神推进党的制度建设,切实将制度治党贯穿于党建工作全过程,不断提高管党治党的科学化水平。

一、制度缺失、执行不力是当前党的建设面临的突出问题

党的制度是根据党的纲领、章程和组织原则,在长期积累的经验教训的基础上制定的党内条例、规定和规则的总称,是党的各级组织、广大党员必须共同遵守的法则和行为规范。但在推进党的建设新的伟大工程的进程中,制度建设更带有根本性、全局性、稳定性和长期性。以反腐败问题为例,我们党对腐败问题高度重视,甚至把腐败问题提到了"亡党亡国"的认识高度。历届党中央采取了对党员干部加强思想教育、加强作风建设、加大惩治腐败问题力度等一系列措施,同时制定了数量众多的预防和惩治腐败的制度和条例,建立了自上而下,从中央到地方的党政两套反腐败的机构。为预防和遏制腐败问题蔓延进行了持久努力。但效果不彰,时至今日仍没有在实现不敢腐、不能腐、不想腐上取得决定性胜利。

深入思考腐败问题难以根除的原因,无非是三个方面:一是早期的制度缺失，导致了大量的腐败存量，短期内难以彻底解决；二是现存制度不完善，还没有把权力关进制度的笼子里；三是制度执行不力，一些党组织没有担负起管党治党的主体责任。反腐败如此，思想建设、作风建设、组织建设等各个方面存在的问题，都和制度建设方面存在的问题紧密相关。因此，制度是党的纪律的载体，离开了制度建设，全面从严治党的"全面"和"从严"就失去了依托，就会成为空中楼阁。贯彻全面从严治党的新要求，必须把思想建党和制度治党紧密结合起来，高度重视制度建设在治党管党方面的根本性、全局性和长远性，充分运用制度治党这一最可靠、最有效、最持久的治党方式，切实将制度治党贯穿于党建工作全过程，不断提高管党治党水平。

二、以改革的精神推进党的制度建设，增强党的制度建设的科学化

党的十八大以来，以习近平同志为总书记的党中央把制度治党放在突出位置，强调要用制度管权管事管人，把制度安排与落实作为全面从严治党的基本前提，在思想、组织、作风、反腐倡廉建设等方面出台了一系列制度规定。但不可否认，目前党的制度建设与全面从严治党的要求还不相适应，还存在比较突出的问题。一是党的制度体系的系统性不够。就目前党的制度现状来看，代表大会制度、民主集中制、集体领导等党的根本制度，党员权利保障制度、党内选举制度、干部人事制度和党内监督制度等党的基本制度，以及各制度之间的联系都有很大的改进和完善空间。二是制度设计不科学、制度运行不规范。党的根本制度、基本制度最终是由一个个单项的具体制度构成并予以落实的。这一层面存在的问题更为突出，一些法规洋洋洒洒数千言，规定了许多环节，操作时不胜其烦。要让党的制度建设更加科学，可从以下几方面着手。

首先，要把制度建设提高到应有的理论高度，结合党所处的时代节点、党的任务、党员队伍结构等变化，着重从党内生活制度和党的领导制度两个大的方面，对党的制度体系进行系统梳理和顶层设计，完善党的根本制度、加强和改进党的基本制度，优化党的具体制度，构建内容完整、结构合理、功能健全、科学管用的制度体系，实现党的制度建设的科学性、系统性和严肃性的统一。其次，要明确党纪与国法的界限。党是政治组织，党的各项制度是贯彻党的理想信念宗旨的保证,是各级党组织和党员的不可逾越的底线。党的制度建设,既要体现全面依法治国、全面从严治党要求,坚持问题导向,把制度中与法律重复的内容去除,解决"纪""法"不分的问题,避免再出现以纪代法、用党纪处理代替法律处罚的现象;又要内外有别,把严肃政治纪律和政治规矩突出出来、具体化,使党纪特色更加鲜明,把党纪挺在国法之前,体现党纪严于国法的要求。第三,要贯彻法治思维、法治理念、法治精神,特别是要强化行为规范的范围界定、尺度要求等具体规定,增加制度执行的罚则配套,增强制度的程序性,建立制度评估反馈机制等,实现实体性制度与程序性制度、制度的针对性和有效性的有机统一。

三、要着力增强制度执行力,把制度治党落到实处

党的制度执行力是各级党组织和党员干部运用各种制度资源,通过建立组织机构、采取宣传、协调、解释等各种行动,将制度观念形态的内容转化为实际效果,从而使既定制度目标得以实现的能力。相比依靠个人、小团体的威望、能力形成的执行力,制度执行力具有基础性、稳定性、规范性和科学性特征。这些年,各方面规章制度制定了不少,而违规违纪现象和不正之风仍不时出现、屡禁不止,这虽然与制度不健全不完善有关,但更多的是制度执行不力的问题。目前党的制度在执行层面存在的问题主要表现在:一是执行表面化。许多制度上了墙,但没有被转化为具体的可操作性的措施。二是执行选择化。即根据本地区、本部门甚至是个人利益需求对制度精神和实质内容任意取舍,选择性执行,有利的执行,不利的故意曲解或忽视,从而导致制度内容残缺不全,无法实际落地。三是执行扩大化。为了小团体利益附加一些原制度没有的不恰当内容,超过了既定制度的执行范围和要求,增加了既定制度的执行阻力,影响了既定制度目标的实现。比如执行八项规定,砍掉职工的应有的福利即是扩大化执行的典型例子。四是执行停滞化。许多制度在执行一段后即因为各种利益纠葛,在某一阶段、某一环节陷于停滞,最后不了了之。

无论是多么完美的制度,如果没有高素质和强烈执行意愿的执行组织和人才,都难以得到有效利用,甚至被滥用。增强党的制度执行力,关键是

要抓好作为制度执行主体的组织和个人。首先,要唤醒全党特别是领导干部的制度意识。制度意识是人们对法规制度的思想、观念、知识和心理的总称,是制度文化在思想上的体现。相比西方国家数百年的现代政治文化培育出来的成熟的制度意识,党内的制度意识还相当薄弱。要下大功夫普及法治精神、通过广泛深入的宣传教育,使尊崇制度的理念深入人心,让广大党员深刻认识制度的价值、领会制度的精神、熟知制度的内容,真正从内心深处敬畏和认同法规制度,形成遵规守纪的思想自觉,为提高制度执行力奠定思想和文化基础。其次,要落实各级党委的党建主体责任。把党建作为各级党委的一项硬任务,与经济工作同谋划、同部署、同考核,做到党委抓、书记抓、班子成员抓、各有关部门抓,形成一级抓一级、层层抓责任落实的工作体系。同时,要健全党内法规执行机制,实行明确、严格的管党治党目标考核与责任追究制度,划出"雷区"和"红线",对有令不行、有禁不止、不作为、乱作为、慢作为等不能履行全面从严治党责任的行为,严肃追责,切实增强党的制度的严肃性和权威性,确保法规制度落地生根。第三,要抓住领导干部这个"关键少数"。各级党组织的主要负责人,都要增强主业意识、责任意识,把抓好党建作为最大政绩,将管党治党作为分内职责、首要职责,切实肩负起管党治党政治责任。同时,要坚守底线思维,坚守政治底线、思想道德底线、法纪底线、政绩底线、生活底线,习惯让制度规范手中的权力,规范自己的言行,管好自己身边的人和事,在执行和维护党的制度方面确实起到模范带头作用。

(作者系省委党史研究室一处处长、研究员)

坚守底线思维
牢牢把握全面从严治党的主动权

朱金瑞

底线思维是一种科学的思维方法,指人在社会活动中不能超越的界限,即不论是做人还是做事要恪守的最起码标准,也即红线、高压线等,其核心在于评估可能出现的最坏情况,从而处变不惊、守住最后防线。底线思维有利于对危机和风险等负面因素进行了解和管控。坚持底线思维,是牢牢把握全面从严治党的主动权的基础和关键性环节。全面从严治党,必须有底线思维意识和底线思维能力。

一、坚守党章底线

《中国共产党章程》是党的根本大法,在党内法规制度体系中具有最高地位、最高权威,它集中体现了党的性质和宗旨、党的理论和路线方针政策、党的重要主张,规定了党的重要制度和体制机制,是全党必须共同遵守的根本行为规范,是全党必须遵循的总规矩,也是党的纪律、政治规矩之源。在90多年的发展历程中,中国共产党根据革命建设改革的成功经验,共计16次地修改党章,把党的实践创新、理论创新、制度创新的重要成果体现到党章中,从而使党章在推进党的事业、加强党的建设中发挥了重要指导作用。从实践上看,对党章的遵守关乎着党的创造力凝聚力战斗力甚至革命事业的成败。当前,党的建设中存在的问题,如有些地方党组织涣散、纪律松弛,个别领导干部无视党的纪律、游离于制度约束之外、把个人凌驾于法律之上,有的党员干部贪污腐败、在选人用人上搞不正之风及形式主义、官僚主

义、享乐主义和奢靡之风,等等,均是违背党章的表现和结果。因此,牢固树立党章意识、认真学习党章、严格遵守党章应成为每个党员的新常态。只有这样,才能做到在任何时候都做到政治信仰不变、政治立场不移、政治方向不偏。

二、坚守宪法和法律底线

《中华人民共和国宪法》是有关国家的根本制度、根本任务和基本国策的根本大法,拥有最高地位和法律效力。宪法也是"母法",是其他法律、法规之本。如果说党章是调整党组织与党员内部关系的最高准则,宪法则是调整国家与公民之间社会关系的最高准则,二者之间是既有区别,但又彼此契合的高度一致。每一位党员既是党员又是公民,作为公民必须把遵守宪法作为自己的底线意识,或者是悬在头上的另一把利剑,在心中树立起对法治的信仰。法治信仰,是发自内心地认同法律、信赖法律、遵守和捍卫法律。一旦法治成为一种信仰,人们就会长期持续、自觉自愿地遵守法律,把依法办事当成自己的生活习惯。法律只有被信仰,成为坚定的信念,才能内化为人们的行为准则。

三、坚守道德底线

道德作为一种调节人们利益关系的特殊行为规范,它不靠强力的、威胁的手段去维护,而主要靠社会舆论、传统习俗与内心信念发挥作用,它是个人自我完善和人类社会进步的主观的、内在的动因。如果说党章、法律强调他律的话,道德则主要或者说完全是一种自律的规范,即"内在的法"。每一个党员都代表着党的形象,人民群众正是从党员的身上看到了这个党是否值得依赖和拥护,因此,党员必须坚守道德底线,模范遵守社会基本道德准则,尤其要有小节意识。小事小节是一面镜子,能够反映人品,反映作风。小事小节中有党性,有原则,有人格。大多数腐败分子是从不注意小事小节逐步走到腐化堕落境地的。党员干部要慎独慎微,时刻自励自省,从小事小节上加强自身修养,从一点一滴中自觉完善自己,懂得"是非明于学习、境界升于自省、名节源于修养、腐败止于正气"的道理,始终保持共产党员的本色。

  总之,对党员领导干部而言,只有始终坚守党章底线、法纪底线、道德底线,并且这三个要素同时发力,植根于党员干部的思维定势和行为方式之中,才能构建全面从严治党的良好政治生态。

    (作者系河南财经政法大学思政学院院长、教授)

全面从严治党的第一要义是从严落实党风廉政建设责任制

赵增彦

新的历史起点上,落实全面从严治党要求,关键是要"四严":一是落实从严治党责任,二是严肃党内政治生活,三是从严管理干部,四是严明党的纪律规矩。这"四严"中的第一要义是必须从严落实党风廉政建设责任制;而落实党风廉政建设责任制,最根本的办法和最有效途径就是要在健全法纪制度的前提下,抓好责任分解、抓好责任落实、抓好责任追究这三个环节。

一、明确从严治党责任

治国必先治党,治党务必从严。世间事,做于细,成于严,责任重于泰山。全面从严治党是做好党的一切工作的重要保障;坚持党要管党,才能真正管好党;坚持从严治党,才能真正治好党。全面推进从严治党,必须明确好、承担好、落实好党要管党、从严治党的重大责任。不明确责任、不落实责任、不追究责任,从严治党就是一句空话。2014年10月8日,习近平总书记在党的群众路线教育实践活动总结大会上曾经发出"治党三问":"是不是各级党委、各部门党委(党组)都做到了聚精会神抓党建?是不是各级党委书记、各部门党委(党组)书记都成为了从严治党的书记?是不是各级各部门党委(党组)成员都履行了分管领域从严治党责任?"这三问,振聋发聩、发人深省。事实表明,只有牢牢牵住党建工作责任制这个"牛鼻子",才能有效推进党的建设新的伟大工程,全面提高党的建设科学化水平。《中共中央关于全面深化改革若干重大问题的决定》明确指出,落实党风廉政建

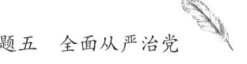

设责任制,各级党委(党组)负主体责任,各级纪委负监督责任。《党的纪律检查体制改革实施方案》进一步强调,深化党的纪律检查体制改革,关键在落实党风廉政建设主体责任和监督责任。明确提出"两个责任",是新一届中央领导集体对党风廉政建设和反腐败斗争经验的新概括,是反腐倡廉理论和实践的重大创新。

二、落实从严治党责任

落实主体责任和监督责任,是党要管党、从严治党的必然要求,是深入推进党风廉政建设和反腐败斗争的"牛鼻子"。主体责任意味着党委是党风廉政建设的领导主体、落实主体、工作主体、推进主体。党委必须牢固树立抓好党建就是最大的政绩以及抓好党风廉政建设是本职、不抓党风廉政建设是失职、抓不好党风廉政建设就是渎职的理念。各级党委必须落实的主体责任就是政治责任、用人责任、查处责任、防治责任、支持责任、示范责任这六大责任。各级党委(党组)没有认真履行好这六大主体责任就是严重失职。这六大主体责任中,特别是要认真履行好用人的责任和示范的责任。党的事业成败关键在人,关键在选用好各级领导干部;选用好干部,可以促进一方风清气正,可以推动形成崇廉尚实、干事创业、遵纪守法的良好政治生态;用错干部,就会导致一方歪风邪气上升,就会出现干事的人生气憋气遭排挤,不干事、乱干事的人趾高气扬、颐指气使这样恶化的政治生态。清白做人、干净做事、廉洁从政是领导干部挺起腰杆、敢抓敢管的底气,更是落实党风廉政建设责任制的基本要求。优化政治生态,营造美好环境,需要各级领导干部特别是一把手在对党忠诚、个人干净、敢于担当方面做到身先士卒、率先垂范。作为党风廉政建设第一责任人的一把手带头作出表率,既挂帅又出征,对反腐倡廉重要工作亲自部署、重大问题亲自过问、重要环节亲自协调、重要案件亲自督办,才能带动和影响广大党员干部摆正心态,守规遵纪,清清白白做人,端端正正做事。

各级纪委必须落实的责任包括首要职责、重要职责、专门职责三大职责。其首要职责是要大力协助党委加强党风廉政建设和组织协调反腐败工作,重要职责是要大力督促检查相关部门落实惩治和预防腐败工作任务,

专门职责是要大力开展执纪监督和查办腐败案件。认真落实纪委最根本的职责——执纪监督，是纪委必须担负的重大政治责任；纪委没有切实履行好党章赋予的执纪监督根本职责，没有很好发挥党内监督专门机关的作用，就是守土失责。明确职能定位，聚焦主业主责，落实执纪监督责任，这不但是坚决遏制腐败蔓延势头的现实要求，也是保证党委主体责任落到实处的客观需要。实践证明，一个地方或单位纪委监督主体意识强，查处违纪违法案件坚决有力，党委关于党风廉政建设的决策部署和工作安排就能落到实处，主体责任就能落实到位；纪委监督主体错位、缺位、不到位，监督措施软弱乏力，党委落实主体责任就必然受到影响。因此，必须通过深化加强纪律建设、积极查办案件、强化作风建设，全面落实纪委的监督责任来协助和推动党委主体责任落实，实现两个责任良性互动、共同发力。

三、严格责任兑现、厉行责任追究

严格责任兑现、厉行责任追究，就是要严明并严守政治纪律、组织纪律、财经纪律、工作纪律、生活纪律、廉政纪律，严格实行"一岗双责"与"一案双查"制度，制定并实施切实可行的责任追究制度，坚持重大腐败案件倒查相关领导责任制度，不但要严厉追究相关违法乱纪当事人的责任，也要严格倒查追究相关领导干部的责任，包括倒查追究相关党委和纪委的责任。对那些在落实主体责任与监督责任方面重视不够、措施不力、敷衍塞责导致问题较多的党委和纪委的主要负责同志，要严肃追究责任，真正让党委和纪委把主体责任与监督责任记在心上、扛在肩上、抓在手上、落实在行动上，各自守好"主阵地"、种好"责任田"、打好"攻坚战"。

（作者系河南财经政法大学教授、博士）

全面从严治党的关键是加强党内制度建设

李 勇

全面从严治党能否取得积极成效,是关乎我党能否保持先进性和战斗力,能否带领全国人民全面深化改革,实现伟大中国梦的重大课题。那么,严从何来、严有何据,全面从严治党的关键和抓手是什么?从历史经验和现实要求看,还在于制度建设和制度治党。从严治党靠教育,也靠制度,二者一柔一刚,要同向发力、同时发力。

一、实现制度的科学规范、协调配套

(一)科学规范、统筹规划

第一,加强党内制度的理论研究,建立坚实稳固的法理支撑。制度是共同遵守的办事规程或行动准则,法律是人们必须遵守的行为规范。制度和法律都是从大量的社会实践和主体行为中高度抽象出来的行为模式,体现了社会治理或组织建设的一般规律。中国共产党也应从古今中外的政党政治和自身90多年的斗争实践中总结经验,发现规律,进行理论总结,并以此指导党内制度建设。当前,必须加强制度建设的理论研究,特别是加强对共产党执政规律、社会主义建设规律、直至人类社会发展规律的深刻研究,加强对新时期、新常态下党的工作面临的新问题、新挑战的深刻研究,提升境界、创新理论,为制度建设提供新的思想和理论支持。

第二,加强党内制度的统筹规划,构建制度建设的科学程序。制度建设是一项宏大的系统工程,需要注重工作的系统性、整体性和计划性。2013年5月27日,《中国共产党党内法规制定条例》公开发布,这是我党历史上

的第一部成熟的党内"立法法",对制定党内法规的规划与计划、起草、审批与发布、适用与解释、备案清理与评估等各环节做出了明确规定。2013年11月,中央发布了《党内法规制定工作五年规划纲要(2013-2017年)》,标志着党的制度建设理念和工作思路日趋成熟。当前的制度建设应遵守《条例》和《纲要》规定,程序规范、科学严谨。十八届中纪委四次全会上,王岐山同志提出了党内法规制度体系的建设"时间表",到建党100周年也就是2021年时,建成内容科学、程序严密、配套完备、运行有效的党内法规制度体系。这是一项宏大艰巨的任务,实现这个目标意味着党的制度建设将达到新的水平。

第三,加强党内制度的完善工作,建立废、改、立的长效机制。随着世情、国情、党情的深刻变化,党内法规制度中存在的不适应、不协调、不衔接、不一致等问题日益突出。有的党内法规制度滞后于时代发展和实践需要;有的质量不高、针对性不强,同当前党和国家的方针政策不一致;有的交叉重复、冲突打架、数量庞杂;有的执行不严、落实乏力,弱化了法规制度的严肃性与约束力;不少的环节和领域仍存在薄弱和空白,亟待随着形势发展和环境变化加强和填补,等等。近两年来中央开展了党内法规和规范性文件清理工作,今后根据《条例》和《规划纲要》这项工作还应持续,但要处理好改与稳之间的关系,既体现出制度建设的时代性,又要维护党规党纪的连续性、稳定性。

(二)协调配套、体系完备

第一,注重与宪法和国家法律的相互关联,增强协同性。党规党纪严于国家法律。但是,党必须在宪法和法律范围内活动,党规党纪的制定要认真审查是否存在和宪法、法律不一致甚至相抵触的现象。

第二,加强党内法规的彼此衔接,增强整体性。党内法规是由党章、准则、条例、规则、规定、办法、细则构成的七阶层位体系,各层次之间相互衔接呼应,具有严密逻辑。制度建设中要防止出现和上位法规或同位法规内容不配套或相互冲突的现象。

第三,加强党内法规的细则安排,增强精密性。现实中存在诸多缺乏针对性、操作性、指导性的制度,影响了制度的实施,出现了制度虚设或"牛栏关猫"的现象。"于是简便"强调注重制度的可操作性,便于执行,求实管用。并不是制度线条越粗越好,恰恰相反,制度规范越是具体、周到、精密,就更加简便,更易执行。建章立制归根到底是为了执行,如果只有宏观构架,落实起来缺手段、缺程序、缺细则,没有明确的时间、空间要求,这样的制度毫无价值。法规制度唯有具体、周到、精细,才能靶向明确,易于操作,降低执行成本,提高执行效能。

二、增强制度的执行力和威慑力

(一)正风肃纪、刚性约束

党的各项工作要在法规和制度框架内运行。制度体系再完善、制度规划得再好,如果执行不力,那将没有任何意义。在管党治党的实践中,健全党内规章制度的执行机制,加大执行力度,使刚性制度得到严格遵循,切实做到法规面前人人平等、遵守法规没有特权、执行法规没有例外。各级党组织日常在做决策、设程序、定标准时,在处理问题、解决矛盾、化解冲突时,既要遵守国家法律,也要遵守党内制度,将权力关在制度的笼子里,使制度真正成为各级党组织和各级政府不得突破的底线、红线,形成制度硬约束。党内生活和党员干部的个人行为务必遵照党规党纪、严守组织纪律,不能有丝毫懈怠。

(二)强化督查、严格追责

建立健全评估机制、督查机制和问责机制,将制度的执行和监督刚性化。严肃查处违规行为,坚决纠正有令不行、有禁不止、上有政策、下有对策的各种行为。对那些凌驾于法规之上或超越法规的行为给予处理,以维护党内法规的严肃性和权威性。

三、培育尊崇制度的文化自觉

(一)宣传教育、党外监督

通过多种形式、各种载体广泛宣传党规党纪。一是在全党上下开展党规党纪宣传教育,提高党员干部的制度认知水平和执行能力,强化党员干部特别是各级领导干部崇规意识、守规意识、执规意识,做到依规办事、依规用

权、依规施政。二是加强社会宣传,让党的制度为广大人民群众知晓,让党外各界人士了解,以便于他们对党的制度建设工作提出建议,便于人民群众和党外人士对各级党组织、各级政府依法执政工作进行监督和评判,督促我们不断提高科学理政、依法执政的水平。

(二)制度文化、久久为功

制度作为共同的行为准则,对个人或组织行为的约束和规范,具有外在强制性,但是"徒法不足以自行",务必使之内化为每名党员干部内心深处的思想观念,成为个人及组织的一种自觉行为。要加强制度文化、法治文化建设,潜移默化、久久为功,营造人人遵守制度、敬畏制度、按制度办事的氛围,使之成为一种观念、一种自觉、一种习惯,最终形成良好稳定的制度文化和政治生态。

(作者系河南牧业经济学院公共管理系主任、教授)

专题六

深入调研　服务决策

关于申建中国(河南)自由贸易实验区的若干思考

李庚香　王喜成

当前,自由贸易区正在成为继经济特区、国家级开发区、综合保税区之后的又一个对外开放热点,是当今世界最为开放的一种形式,将成为支撑和引领新一轮发展的重要载体。我们认为,申建中国(河南)自贸试验区意义重大。首先,当前我国虽然以"世界制造工厂"而著称,商品贸易获得了很大发展。但不容忽视的是,我们在服务贸易上还比较滞后。而建立自由贸易实验区无疑会对我们的进出口贸易下滑、稳定经济发展,起到有力的推动作用。其次,从国际贸易的发展情况看,建立自由贸易试验区既符合当今国际贸易的发展趋势,也深刻影响着世界经济政治格局。数据显示,2011年,美国、欧盟、韩国、墨西哥的自由贸易协定伙伴分别为20个、53个、46个、43个,这些国家和地区同其自由贸易协定伙伴的进出口额占其外贸总额的比重分别为37%、27%、35%、73%。与之相比,我国同自由贸易协定伙伴的贸易额占我国外贸总额的比重为24%,如剔除台港澳地区,只有11%。所以,建立自由贸易试验区对于我国在世界新格局下的经济发展,具有非常强的紧迫性。其三,从当前国内外经济发展的大势看,我们的外部环境仍然复杂严峻,世界经济的复苏情况比预期差,尤其是我国目前正处在"三期"叠加阶段,经济发展有一定甚至较大的下行压力。今后我省要调整经济结构,转变发展方式,推动服务业大发展,推进全面深化改革,就必须以申建中国(河南)自贸试验区为重大选择和突破口。如果申建成功,将为我省经济实现由工业主导型向服务业主导型转变、由投资主导型向消费主导型转变,创造一个历史性的契机,所以申建工作具有重大现实意义和深远历史意义。当然,我们也要明确,中央关于建设自贸区的最根本目的是为全面深化改革和扩大开放探索新途径、积累新经验,我们要把制度创新作为核心任务,不能把建设自贸区认为是新一轮圈地,圈地以后还有优惠政策,然后制造"政策洼地",用政策红利推动经济发展,而是如何通过全面深化改革,取得更大的制度红利。

一、全面认识自由贸易区的性质和功能

建设自贸区是国际上通行的贸易服务方式,世界上尤其是美国 20 世纪 60 年代末 70 年代初就开始实行了。如今,自贸区建设已遍布全球,有一整套运行规则和相关规定与协商机制。我们要设立自贸区,必须全面认识自贸区的有关性质、功能、作用,以及与贸易和投资相关的规定、依据、国际惯例及通行规则等。同时也要了解我国已经设立的上海自贸区的建设情况和运行经验,为我省自贸区建设提供重要借鉴和参考。

(一)自贸区的概念、功能、作用

1. 自贸区的概念

自贸区是相对于多边贸易体系(如 WTO)而言的国际贸易体系,通常是指两个以上的国家或地区,通过签订自由贸易协定,相互取消绝大部分货物关税和非关税壁垒,取消绝大多数服务部门市场准入限制,开放投资,从而促进商品、服务和资本、技术、人员等生产要素的自由流动,实现优势互补,促进共同发展。有时,自贸区也用来形容一国国内,一个或多个消除了关税和贸易配额,以及对经济行政干预较小的区域。

由于多边贸易体系成员众多,大家利益各不相同,谈判时间非常漫长,像 WTO 的乌拉圭回合谈了整整 8 年,多哈回合从 2001 年开始,到现在都没有结束,进展非常艰难。而自贸区谈判因为选择伙伴少,大家容易找到相互间的利益共同点,所以谈判能够比较快地达成协议。如美韩自贸区协议,用了不到 1 年时间就达成了协议。另外,自贸区成员相互给予的优惠条件,不必给予其他国家和地区,所以在开放市场上胆子也可以更大一点。

2. 自贸区的功能

自贸区按性质区分,可分为商业自由区和工业自由区。前者不允许货物的拆包零售和加工制造;后者允许免税进口原料、元件和辅料,并指定加工作业区加工制造。按功能区分,世界上自由贸易区的功能设定是根据区位条件和进出口贸易的流量而确定的,并且随着国内外经济形势的发展而调整和发展。其主要类型有以下几种:(1)转口集散型。这类自贸区利用优越的自然地理环境从事货物转口及分拨、货物储存、商业性加工等。如巴拿马科隆自由贸易区。(2)贸工结合、以贸为主型。这类自贸区以从事进出口贸易为主,兼搞一些简单的加工和装配制造。在发展中国家最普遍,如阿联酋迪拜港自由港区。(3)出口加工型。这类自贸区以从事加工为主,以转口贸易、国际贸易、仓储运输服务为辅。如尼日利亚自由贸易区。(4)保税仓储型。这类自贸区主要以保税为主,免除外国货物进出口手续,较长时间处于保税状态,如荷兰阿姆斯特丹港自由贸易区。

随着自贸区数量的不断增长,自贸区的功能也在日益扩展。从20世纪70年代开始,以转口和进出口贸易为主的自由贸易区和以出口加工为主的自由贸易区开始相互融合,自贸区的功能趋向综合化。原料、零部件、半成品和成品都可在区内自由进出,在区内可以进行进出口贸易、转口贸易、保税仓储、商品展销、制造、拆装、改装、加标签、分类、与其他货物混合加工等商业活动。因此,世界上多数自由贸易区通常都具有进出口贸易、转口贸易、仓储、加工、商品展示、金融等多种功能,这些功能综合起来可大大提高自由贸易区的运行效率和抗风险能力。

3. 自贸区的作用

自贸区以货物进出口和转口贸易等为主,它允许外国运输工具自由进出,外国货物免税进口,取消对进口货物的配额管制等,是自由港的进一步延伸。自贸区除具有自由港的大部分特点外,还可以吸引外资设厂,发展出口加工企业,允许和鼓励外资设立大的商业企业、金融机构等,能够促进区内经济综合、全面发展。其作用主要有以下几个方面:一是设置自贸区的国家和地区,可以利用其作为商品集散中心的地位,扩大出口贸易和转口贸易,提高自己在国际贸易中的地位,增加外汇收入;二是有利于吸引外资,引进国外先进技术和管理经验;三是有利于扩大劳动就业机会;四是在港口、交通枢纽和边境地区设区,可起到繁荣港口、刺激所在国交通运输业发展和促进边区经济发展的目的。自由贸易区对区域内经济的影响主要有两类:第一类是指由于区域内成员相互之间取消关税和贸易数量限制措施之后直接对各成员贸易发展所产生的影响;第二类是指缔结自由贸易区之后,由于区域内生产效率提高和资本积累增加,导致各成员经济增长加快的间接效果。

自贸区必须实行"原产地原则"。由于在自贸区内管理比较宽松,容易导致商品流向的扭曲和避税问题,如果没有其他措施作为补充,第三国很可能将货物先运进一体化组织中实行较低关税或贸易壁垒的成员国,然后再将货物转运到实行高贸易壁垒的成员国。为了避免这种商品流向扭曲现象的出现,自由贸易区组织均制订了"原产地原则",规定只有自由贸易区成员国的"原产地产品"才享受成员国之间给予的自由贸易待遇。从理论上说,凡是制成品在成员国境内生产的价值额占到产品价值总额的50%以上时,该产品应视为原产地产品。一般而言,第三国进口品越是与自由贸易区成员国生产的产品相竞争,对成员国境内生产品的增加值含量越高。原产地原则的含义表明了自由贸易区对非成员国的某种排他性。

(二)自贸区在国际上的建设情况与经验

1. 建设情况

广义上的自由贸易区主要是指国与国之间的自贸区,如北美自由贸易区(包括美国、加拿大、墨西哥)、美韩自由贸易区(包括美国、韩国)、中欧自由贸易区(包括波兰、匈牙利、捷克、斯洛伐克、斯洛文尼亚、罗马尼亚和保加利亚)、东盟自由贸易区(包括东盟十国)、欧盟与墨西哥自由贸易区等。狭义上的自由贸易区是指一国之内的自贸区,如巴拿马科隆自由贸易区、德国汉堡自由贸易区、美国纽约1号对外贸易区、中国(上海)自由贸易区等。据不完全统计,截至2013年,全球已有1200多个自由贸易区,其中15个发达国家设立了425个,占35.4%;67个发展中国家共设立775个,占65.6%。仅在美国国内,到1994年底自由贸易区就已发展到199个,贸易分区达285个,总数达484个。

自由贸易区概念是20世纪50年代初由美国提出的。开始时从事以出口加工为主要目标的制造业,到20世纪60年代后期,一些发展中国家也开始利用这一形式将其建成为特殊的工业区,并逐步发展成为出口加工区。20世纪80年代以后,许多国家的自由贸易区积极向高技术、知识和资本密集型发展,形成"科技型自由贸易区"。如今,自贸区发展迅猛,在全球范围内数量已经达到数千个,范围遍及各大洲,是区域经济一体化的主要形式之一。自由贸易区之所以产生和迅猛发展,有其深刻的历史、经济、政治、文化原因。第一,它与多边贸易体制相比,区域内国家易于就自由贸易区达成协议并产生实效。同时,现有的自由贸易区大多富有成效,也激发了更多国家参加自由贸易区。第二,就地区或邻近国家而言,自由贸易区有利于进一步发挥经贸合作的地缘优势。邻近国家间的自由贸易区具有人员往来与物流便利、语言文化相近、生活习惯类似等多种有利条件。因此,邻近国家和地区间具有更多的有利条件来扩大和加深经济合作以获得互利双赢的效果,其效果比参加多边贸易体系带来的利益要更明显一些。第三,在加入多边合作机制的同时,缔结自由贸易区有利于推动各成员国内的经济结构改革,从而可以借助更多外力来推进国内改革。第四,20世纪90年代以后一再发生的地区性经济危机的教训,也促使世界各国更加重视地区经济合作的制度化。1997年的东南亚经济危机证明,在同一地区国家之间,危机蔓延的速度往往更快,相互影响也更为强烈。因此,加强地区内经贸合作不仅有助于防范新的危机,而且也有助于世界经济的稳定发展。

2. 有关经验

明确设立依据。设立自贸区首先要明确如何设立,依据是什么。国际上这方面的规定相当明确:一是1973年国际海关理事会签订的《京都公约》,将自由贸易区定义为:"指一国的部分领土,在这部分领土内运入的任何货物就进口关税及其他各税而言,被认为在关境以外,并免于实施惯常的海关监管制度。"二是美国关税委员会给自由贸易区下的定义:自由贸易区对用于再出口的商品在豁免关税方面有别于一般关税地区,是一个只要进口商品不流入国内市场可免除关税的独立封锁地区。还有一种对自由贸易区的官方解释:是指两个或两个以上的国家(包括独立关税地区)根据WTO

相关规则,为实现相互之间的贸易自由化所进行的地区性贸易安排(Free Trade Agreement:FTA 自由贸易协定)的缔约方所形成的区域。这种区域性安排不仅包括货物贸易自由化,而且涉及服务贸易、投资、政府采购、知识产权保护、标准化等更多领域的相互承诺,是一个国家实施多双边合作战略的手段。

明确相关规定。国际上这方面也有明确规定,如 WTO 关于自由贸易区的规定有以下几点:第一,成立自由贸易区的目的是便利组成自由贸易区的各国家和地区之间的贸易,贸易壁垒大体上不得高于或严于未建立自由贸易区时各组成国家和地区对未参加自由贸易区的各成员所实施的关税和贸易规章的一般限制水平。第二,任何成员如决定加入自由贸易区或签订成立自由贸易区的临时规定,应有一个在合理期间内成立自由贸易区的计划和进程表。第三,任何成员决定加入自由贸易区,或签订成立自由贸易区的临时协定,应及时通知全体成员,并应向其提供有关拟议的自由贸易区的资料,以使全体成员得以斟酌并向各成员提出报告和建议。如果全体成员发现参加协定各方在所拟议的期间内不可能组成自由贸易区,或认为所拟议的期间不够合理,全体成员应向参加协定各方提出建议,如参加协定各方不准备按照这些建议修改临时规定,则有关协定不得维持或付诸实施。第四,对自由贸易区成立计划或进程表的任何重要修改都应通知全体成员。如果这一改变将危及或不适当地延迟自由贸易区的建立,全体成员可以要求同有关成员进行协商。第五,为建立自由贸易区的过渡性临时协议的合理期限只有在特殊情况下才允许超过 10 年,当一项协议的成员认为 10 年不够时,则须向货物理事会提供需要更长一段时间的完整解释。第六,自由贸易区要接受世界贸易组织工作组的检查,并定期向世界贸易组织理事会做出协议执行情况的报告。

协调相关政策。自由贸易区的成立将不可避免地产生贸易转移,不同时间签订多个自由贸易协定将使贸易转移更加复杂,由于多个自由贸易协定的生效时间不同、过渡期不同、优惠安排的内容不同、伙伴国的比较优势不同,可能会使贸易转移多次、反复发生。因此,需要协调各个双边贸易政策以减少优惠贸易安排带来的损失。协调的主要内容,一是关税政策。涉

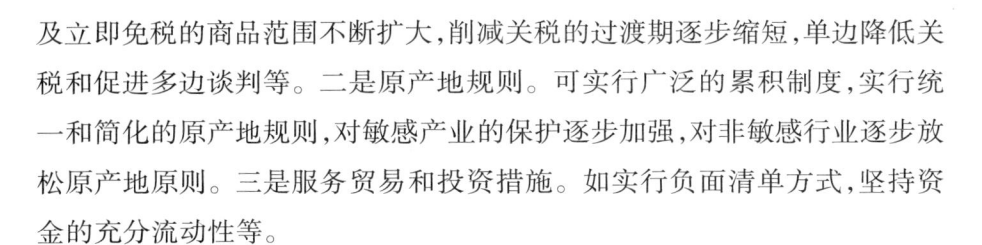

及立即免税的商品范围不断扩大,削减关税的过渡期逐步缩短,单边降低关税和促进多边谈判等。二是原产地规则。可实行广泛的累积制度,实行统一和简化的原产地规则,对敏感产业的保护逐步加强,对非敏感行业逐步放松原产地原则。三是服务贸易和投资措施。如实行负面清单方式,坚持资金的充分流动性等。

提供管理经验。世界上的自由贸易区经过几十年的发展竞争,各国的管理已逐渐趋向规范化,而且随着科学技术的进步,基础设施和管理手段也大大改善,形成了各具特色的管理体制。国际上四个主要自由贸易区(阿联酋迪拜港自由港区、德国汉堡港自由港区、美国纽约港自由贸易区、荷兰阿姆斯特丹港自由贸易区)的管理非常强,他们对管理机构在授权上大体相近,都是港区合一,成立经政府授权的专门机构,负责管理和协调自由贸易区的整体事务,投资建设必要的基础设施,有权审批项目立项等。他们特别是着眼于自由贸易区与城市功能的相互促进,超前进行整体规划和建设,极富特色与成效,带动了周边城市的经济发展,尤其是在金融、保险、商贸、中介等第三产业发展上成效突出。

(三)上海自贸区建设给我们的一些启示

1. 基础条件

上海自贸试验区以上海外高桥保税区、洋山保税港区、外高桥保税物流园区、浦东机场综合保税区4个海关特殊监管区域为基础而设立,其中以外高桥保税区为核心,总面积28.78平方公里。国务院审批"意见"规定,上海市自由贸易试验区可根据先行先试推进情况以及产业发展和辐射带动需要,逐步拓展自贸区的实施范围和试点政策范围,形成与上海国际经济、金融、贸易、航运中心建设的联动机制。

2. 运作模式

上海自贸区在建设过程中已经提出了系统的工作方案,涉及金融、投资、贸易,以及加快政府职能转变、探索管理模式创新、促进贸易和投资便利化等诸多方面。正式运行以来,已经历了相当时间的工作过程,能够给我们提供不少现成的经验和参考。如它的管理实行"一线逐步彻底放开、二线安全高效管住、区内货物自由流动"的监管服务模式。所谓"一线",就是指国境线;"二线"就是指国内市场分界线,亦即自由贸易区的空间分界线。"一线放开"是将"一线"的监管集中到对人的监管,口岸单位(包括海关、边防、检验检疫等)只做必要的检查,不再采用批次监管的传统模式,实行的是集中、分类、电子化监管模式,货物可以在这里自由出入,不缴纳关税。为了提高货物在"一线"关口的通关效率,从货物卸船到运输再到转运的整个过程,海关大多都不会干预,即使少数需要海关监管,手续也相当简化,以确保货物流通顺畅。货物在试验区内可以自由流动和买卖,并配合国际中转、国际配送、国际转口等业务进行多种形式的储存、展览、组装、制造和加工等。"二线管住"是指对于进出自贸区内外的货物的监管。所谓"二线",就是货物从自贸区进入国内其他地区,相当于从国外进口,这方面要高效监管,依法纳税。货物从自贸区进入境内其他地区时,海关一方面严密监管,同时也创新了一些便捷的通关手段,如利用征信、抽检、跟踪等方法,强化事中和事后的监管,进一步加快通关效率,不是过分严格地在事前就管住、管死。他们还加强对入驻企业实行经营资质、经营范围、年审制度等一系列严格的企业审核管理制度,对货物进出特殊区域实行严格的记录管理,对不同的货物性质和类别,划分不同的监管力度等级,最终实现高效监管。

3. 主要举措

上海对自贸区实行先行先试、风险可控、分步推进、逐步完善的推进方式,把扩大开放与体制改革相结合、把培育功能与政策创新相结合,努力形成与国际投资、贸易通行规则相衔接的基本制度框架。其主要举措,一是推进政府职能转变,二是扩大投资领域开放,三是推进贸易发展方式转变,四是深化金融领域开放,五是创新完善法制领域制度保障,六是创新监管服务模式,七是探索与试验区相配套的税收政策等。这一系列重大政策和改革举措,都将吸引众多外向型企业聚集驻扎,拉动当地经贸发展。上海自贸区所有功能创新的核心是便利化,就是为了方便国际贸易,与国际接轨。自贸区内建立的海关监管、检验检疫、退税、跨境支付、物流等支撑系统,未来可使消费者直接实现"海淘",已成为我国一块推进改革和提高开放型经济水平的"试验田"。

二、河南具备建设自贸区的有利条件

河南作为中部地区的一个人口大省、经济大省和有影响的文化大省,承东启西、联南贯北,具有突出的区位优势、资源优势、基础优势、文化优势和较强的经济实力与发展潜力,具备申建自贸区的良好条件。

(一)基础设置良好

与上海自贸区在外高桥保税区等4个海关特殊监管区设立情况相类似,河南目前有郑州新郑综合保税区、郑州出口加工区、郑州保税物流中心及河南德众(焦作市孟州)保税物流中心4个直接对外开放窗口,设置自贸区的基础条件相当良好。它与上海自贸区设置的情况相仿,为郑州自贸区建设奠定了重要基础。尤其是郑州航空港经济综合实验区条件优越,因为郑州新郑综合保税区、郑州出口加工区、郑州保税物流中心本来都在郑州航空港经济综合实验区内,是实验区的一部分。自从2013年3月郑州航空港经济综合实验区上升为国家战略后,我省就打开了建设内陆开放高地、集聚高端生产要素、构筑参与国际分工新平台、创造区域竞争新优势的战略突破口,目前已吸引了一大批具有国际影响力的项目,如航空物流、高端制造、现代服务等高端产业,以及电子商务、现代物流和交通网络、互联网和信息消费、金融结算等新兴业态,使郑州航空港经济综合实验区正在成为一个陆空高效衔接、多式联运的综合交通运输枢纽。同时,我省近年来为外向型企业服务的体系也日趋完善。郑州海关已启动通关作业无纸化改革试点,企业从电子申报到收到海关电子放行回执仅需数秒,足不出户即可实现"指尖上的通关"。并且开通了24小时预约通关服务,特批A类企业,解决企业类别、设备和料件结转等问题。河南出入境检验检疫局已开始试行"通报通签、即查即放"监管模式,实现"港、区、站"一体化联动通检,打造了河南省内各口岸及不同区域之间便捷高效通关机制。因此,我省可以郑州航空港经济综合实验区为核心载体,以郑州新郑综合保税区、出口加工区、保税物流中心等为依托,申建郑州自贸实验区,构建我省深化改革开放的重要载体和新的平台,为中国内陆省份探索一条以开放促改革、促发展、促转型的新路子。

（二）发展条件优越

河南在物流集散方面具有独特优势。如郑州新郑机场、郑欧班列、连霍高速等构成了河南空中、铁路、公路等立体式、网络状的集散大动脉，形成了全省公、铁、航、水多种运输方式高效衔接的一体化运输服务网络。其中，在航空方面，郑州新郑国际机场仅货运就已经开辟了 24 条国际货运航线，覆盖了除非洲、南美洲以外的全球主要经济体，航空货运量高速增长，2012 年增速已位居全国千万级机场第一。2013 年，新郑机场新开航线 53 条，航线总数达 143 条。其中新开国际货运航线 14 条，国际货运航线达 19 条，位居中西部地区首位，基本形成了通达全国主要城市和欧美亚的"空中走廊"与航线网络。这个网络以郑州机场为圆心，2 小时航程内覆盖人口和 GDP 约为 12 亿人和 43 万亿元，分别占到全国的 90% 和 95%，具有不可比拟的优势。在铁路方面，河南构建了以郑州为中心的"米"字形高速铁路网、"四纵六横"大能力货运铁路网和"十字加半环"城际铁路网，基本形成了中原城市群核心区"半小时交通圈"和以郑州为中心、辐射全省省辖市的"1 小时交通圈"和周边省会城市的"2 小时交通圈"。郑欧班列开通后，中原国际陆港建设不断加快，目前正在着力打造国家铁路一类口岸，建成连通境内外、辐射东中西的物流通道枢纽，搭建起中国中部与欧洲、东北亚、东南亚的重要桥梁，成为"丝绸之路经济带"的重要桥头堡。在公路方面，到 2013 年底，我省高速公路通车里程达 5873 公里，多年居全国之首，目前已构建成了以郑州为中心，辐射全省 18 个省辖市的高速公路网，95% 的县（市）平均 30 分钟以内抵达高速公路网，3 小时可以到达全省任何一个省辖市，6 小时可以到达周边 6 省任何一个省会城市，8 小时可以到达北京、天津、南京、上海等重要城市。而纵贯河南的连霍高速可以从新疆霍尔果斯口岸直接出境到达中亚和欧洲，郑州又是重要的公路港口岸。目前，河南正着力打造集铁路港、公路港、空港、海港于一体，国家重要的多式联运服务中心、集散分拨中心和物流配送中心，以及中欧班列货运中心、智慧物流信息中心，成为覆盖中西部、辐射全国、连通世界的内陆型国际物流中心和国家现代物流业发展高地。

(三)区位优势突出

近年来,河南实施的开放带动战略,加速了我省经济结构调整和产业优化升级。2012年,与河南发生贸易往来的国家和地区达198个,出口超亿美元的国家和地区发展到35个。目前,有121家世界500强企业、146家国内500强企业在河南投资。格力电器产业园、北斗智能交通物流网、军工电子产业基地、海尔创新产业园项目等一大批科技含量高、带动能力强的重大项目在河南落地,推动形成了我省一批主营业务收入超100亿元的特色产业集群。现在,我省与国内外著名企业签订的项目已越来越多集中于电商、物流、教育、医疗等现代服务业领域。同时,郑州的金融地位也在加强。如目前已有渣打银行等百余家金融机构入驻郑州,环CBD的金融中心核心区已经形成。我省还可以充分利用郑州商品交易所这一稀缺资源,扩大其金融中心的聚集度和辐射力,使其在郑州区域性金融中心建设上发挥更重要的作用,让郑州在"产业与金融结合"的道路上走得更快。

(四)经济实力雄厚

以河南为中心的中原经济区,涵盖河南全省、延及周边地区,范围包括河南18个地市及山东、安徽、河北、山西12个地市2个县,总面积达28.9万平方公里、总人口1.5亿人,面积及人口居全国第一位,经济总量仅次于"长三角""珠三角"及"京津冀",列全国第四位,经济基础雄厚,内需潜力巨大,发展前景广阔。在这个区域内,有中原城市群、河南省180个产业集聚区和晋陕豫黄河金三角区域合作示范区。其中,中原城市群已列入国家重点培育发展的中西部三大城市群之一,它将"加大对内对外开放力度,有序承接国际及沿海地区产业转移,依托优势资源发展特色产业,加快新型工业化进程,壮大现代产业体系,完善基础设施网络,健全功能完备、布局合理的城镇体系,强化城市分工合作,提升中心城市辐射带动能力,形成经济充满活力、生活品质优良、生态环境优美的新型城市群"。并将"依托陆桥通道上的城市群和节点城市,构建丝绸之路经济带,推动形成与中亚乃至整个欧亚大陆的区域大合作"。全省180个产业集聚区成功吸引了富士康、菜鸟网络、奇瑞汽车、格力、海尔等一大批龙头企业落地,初步形成了智能手机、家电、汽车、品牌服装等生产基地。晋陕豫黄河金三角承接产业转移示范区

有包括我省三门峡市在内的4个地级市,在这个区域内,矿产、农业、文化旅游资源丰富,产业发展基础良好。目前三门峡市正紧紧围绕打造中原经济区重要支撑、区域合作示范城市和晋陕豫黄河金三角区域性中心城市的"三大战略定位",强力实施大通关、大交通、大商贸、大旅游和高新产业的"四大一高"战略,经济社会发展日益加速,这一示范区建设,又将成为中原大地上一个新的经济增长点和兴奋点。

(五)文化魅力独特

河南是中华民族的重要发祥地,是国家确定的华夏历史文明传承创新区。历史上先后有20个朝代建都或迁都于此,全国八大古都河南占一半,地下文物居全国第一,地上文物居全国第二,有三处世界历史文化遗产,在全国100个大姓中,有97个与河南有关,77个直接起源于河南,98个郡望地在河南,历史文化资源极其丰厚。传说中的三皇五帝,几乎全在中原大地上活动。如今,在淮阳县有"人祖"伏羲太昊陵,新郑市有轩辕黄帝陵,西华县有女娲娲皇故都,内黄县有颛顼、帝喾二帝陵,登封市有禹都阳城……在整个中原大地上,堪称一座洋洋大观的古代文化艺术博物馆。如:石窟艺术。被誉为"国之瑰宝"的洛阳龙门石窟,曾使举世皆惊。这里的佛教造像达10余万尊,题记和碑刻达3600多品,佛塔40余座,是研究我国古代历史和艺术的重要资料。此外,还有巩义石窟、偃师水泉石窟、淇县前嘴石窟、安阳灵泉寺石窟、浚县千佛洞,等等,均令人叹为观止。汉画艺术,河南比比皆是。南阳、洛阳、郑州、商丘等地先后出土的一批汉墓,发掘出大批画像石、画像砖、画像镜以及彩绘壁画,题材广泛,内容丰富,是汉代生活的真实写照,具有很高的历史和艺术价值。又如碑刻艺术。历代帝王将相、书法大家及庶民百姓在中州大地上留下的碑刻之多,实乃数不胜数。从时间上看,上自秦汉,下至民国,历代无阙;从书体上讲,篆、籀、隶、真、行、草,无所不备;从书丹者看,历代名家巨擘,几无遗漏;从风格上看,端庄、豪放、娟秀、古朴、峻拔、险狂、柔媚,等等,应有尽有。再如建筑艺术。中原是我国佛教发展的重要场所,寺院星罗棋布,古塔繁若星缀。白马寺向有"释源""祖庭"之称;少林寺被誉为"中国第一名刹";而声名远播的相国寺,更是受到历代帝王的垂青。此外,还有风穴寺、菩提寺、贤隐寺、灵山寺、净居寺、磐谷寺、白云寺,等等。其塔更多,有保存完好的我国最早的砖塔——登封嵩岳寺塔,我国最高最大的琉璃塔——开封铁塔,还有堪称天下奇观的少林寺塔林。仅明代砖塔目前河南各地尚存200多座。这些寺院、古塔,乃至难以数计的庙、祠、台、观,以其绚丽、雄健的风姿,精巧、坚固的构筑,谱写成一曲古老而又浑厚的凝固交响乐。在二十四史有纪传的5700多位名人中,汉唐宋明时期河南籍名人就达912人,占总数的15.8%,位列中国第一,这里涌现了包括谋圣姜太公、道圣老子、商圣范蠡、字圣许慎、医圣张仲景、科圣张衡、诗圣杜甫、画圣吴道子、律圣朱载堉等在内的经济、政治、科技、文化名人,创造了极其光辉灿烂的中国古代文化,它将会强烈地吸引人们来河南寻根问祖,感受中原文化的无穷魅力。

三、申建自贸区当前需着手开展的工作

申建郑州自贸区,是我省大力发展开放型经济、配置全球资源的需要,是努力提升对外开放水平、接轨国际市场的需要,是为中原经济区发展构建新的战略支点的需要,我们要清醒认识、抓住机遇,申建工作应精心组织、卓有成效推进。

(一)抓紧开展申报及相关工作

一是成立自贸区省申建工作领导小组。有效地组织领导是申建成功的首要条件。应参照申建郑州航空港综合经济实验区的做法,成立省申建工作领导小组,建立高效的管理体制和运行机制,精心组织,科学谋划,制订详细的工作计划和方案,明确各地各部门的工作目标与任务,相关的地方和部门要及时全方位投入到申建工作中。同时要加强力量整合,将现在地方的力量,如郑州市、焦作市等;部门的力量,如省商务厅,省发改委,郑州航空港综合实验区领导小组、管委会,郑州机场,郑州铁路局,省交通厅,以及海关、工商、税务、银行、土地、检验检疫等相关业务部门进行整合,形成一个统一领导和协调的机构,实行强有力的组织领导。

二是组织广泛调研。应组织有关人员到上海、天津、广东、浙江等地,以及我国台湾地区进行调研,了解他们的申建、推进和建设情况;还可组织人到美国、德国、荷兰等地进行调研,这方面国外有一套很成熟的做法和经验,

能够给我们提供很好的借鉴。要通过调研,深入探索如何建立符合国际贸易惯例的自贸区管理办法。

三是加强研究论证。自贸区建设涉及很多法律、政策、管理与国际接轨问题,应组织社科理论界和实际工作部门进行多方面研究论证,对如何实施、如何推进、如何申报等,提出对策建议和最优运作方案。譬如,如何设置免税区、自由港、自由贸易区,怎么实行特殊的关税优惠政策和贸易政策,如何放宽金融管制和外汇管制,允许跨境资本的自由流出流入,减少对利率及金融交易的限制,如何发展技术和服务型贸易等。尤其要加强自贸区功能定位、政府职能转变、投资领域开放、贸易发展方式转变、金融领域开放创新、法制领域制度保障、监管服务模式创新以及建立与自贸区相配套的税收政策等方面的研究,提供有重要应用价值的对策建议。

四是开展深入宣传。我省各级各类媒体和有关部门要高度重视,有组织、有计划、有目的地进行广泛、深入、系统地宣传报道,在全省全国形成声势,深入人心。各级新闻宣传部门要积极做好宣传报道工作,统筹协调多方力量,精心组织,周密部署,制定详细的宣传报道计划,开辟专栏专题,利用消息、言论、评论、理论文章、专题访谈等形式,坚持报、台、刊、网互联互动,形成立体宣传网络,动员激励全省干部群众踊跃投入自贸区的申建中,使之成为中原崛起、河南振兴、富民强省的新的发动机和强力支撑。

五是加强工作沟通。自贸区建设工作涉及国家多个部门,如商务部、发展改革委,以及海关、税务、金融、交通等各个方面,我省与申报自贸区相关的各业务部门要积极、主动,加紧与对口上级部门做好联系、沟通工作,努力争得上级部门对河南的基础条件、独特优势、工作进程等的了解、支持和帮助。涉及自贸区建设的我省海关、税务、银行、土地、工商、检验检疫、物流等部门应同时进行相关准备,甚至组织人事部门也要进行人才吸收和引进方面的准备,出台相关的实施细则和办法。各地各部门要主动融入、创新服务、及时高效地开展工作。

(二)加强规划设计

我省可参照上海自贸区规划等制订方案,确定郑州自贸区的主要任务、目标和措施等。譬如,转变政府职能问题,扩大服务业开放问题,监管模式

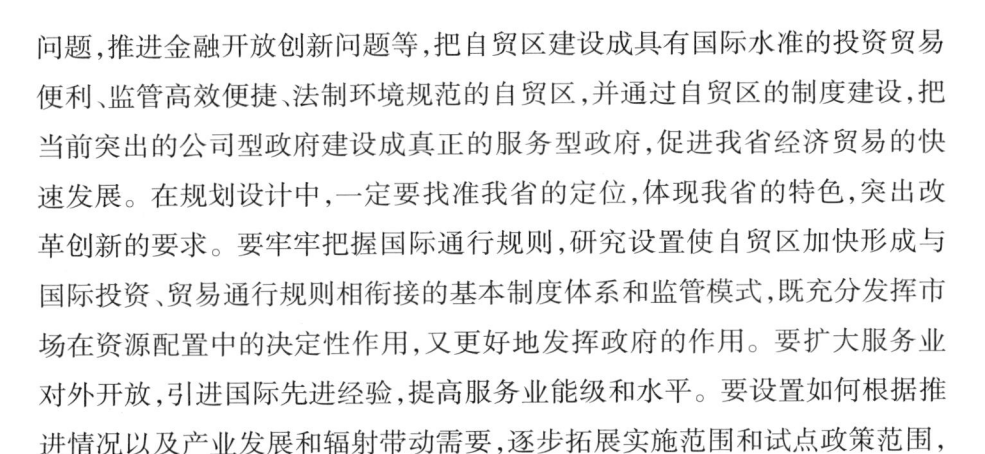

问题,推进金融开放创新问题等,把自贸区建设成具有国际水准的投资贸易便利、监管高效便捷、法制环境规范的自贸区,并通过自贸区的制度建设,把当前突出的公司型政府建设成真正的服务型政府,促进我省经济贸易的快速发展。在规划设计中,一定要找准我省的定位,体现我省的特色,突出改革创新的要求。要牢牢把握国际通行规则,研究设置使自贸区加快形成与国际投资、贸易通行规则相衔接的基本制度体系和监管模式,既充分发挥市场在资源配置中的决定性作用,又更好地发挥政府的作用。要扩大服务业对外开放,引进国际先进经验,提高服务业能级和水平。要设置如何根据推进情况以及产业发展和辐射带动需要,逐步拓展实施范围和试点政策范围,形成与河南经济、贸易、金融、物流中心建设的联动机制。要做好压力测试,把各方面可能发生的风险控制好,切实防范系统性风险特别是金融风险。

(三)加强法规研究

对涉及自贸区业务的法律法规必须进行认真研究,研究有哪些需要停止实施的国家行政法规和国务院文件的规定,需要遵从哪些程序;如何调整《中华人民共和国外资企业法》《中华人民共和国中外合资经营企业法》和《中华人民共和国中外合作经营企业法》规定中有关行政审批的要求,如何进行申办确定等。自贸区的制度创新应以全面、规范的自贸区法律体系为基础,包括人才、投资、技术、生产因素移动等限制及法规的突破,要在最短的时间内构建"自贸区法律保障体系",否则将丧失时效性。要加快形成符合自贸区发展需要的高标准投资和贸易规则体系,河南省或郑州市要通过地方立法,建立与试点要求相适应的自贸区法律法规制度。

(四)加强政策研究

由于在自贸区内强调的是贸易自由,我们必须一方面在关税及非关税壁垒(资金、外汇管制等)方面有特殊优惠政策,如转口贸易、离岸贸易、离岸金融优惠等。另一方面我们也必须要加强税收政策研究,探索建立与自贸区相配套的税收政策体系。如:要研究如何实施促进投资的税收政策,对在自贸区内注册的企业或个人股东,如何缴纳所得税问题;对自贸区内企业以股份或出资比例等股权形式给予企业高端人才和紧缺人才的奖励,如何缴纳所得税等。研究如何实施促进贸易的税收政策,对在自贸区内注册的

国内租赁公司,如何享受相关税收政策;对设在自贸区内的企业生产、加工并经"二线"销往内地的货物,如何纳税;在现行政策框架下,对自贸区内生产企业和生产性服务业企业进口所需的机器、设备等货物如何免税等。研究在符合税制改革方向和国际惯例,以及不导致利润转移和税基侵蚀的前提下,如何完善适应境外股权投资和离岸业务发展的税收政策,等等,既要放活,又不能失控。

(五)加强管理研究

由于自贸区开放度非常高,对监管者和政策制定者都是严峻考验。我们既必须达到与国际接轨和科学管理相统一的要求,又不能没有自主管理、有效管理。比如离岸金融,人民币离岸业务的开展,既有利于分流境内资金,降低通胀压力,但同时也容易形成人民币大量外流的洗钱风险。如果我们稍一疏忽,就有可能成为人民币流出的漏洞。要研究如何对自贸区进行分区、分级、分类管理问题。认真研究如何借鉴上海自贸区的"一线放开""二线安全高效管住"的管理方式,从而制定适合我们的管理方式。首先,要着重研究如何按照国际化、法治化的要求,探索建立与国际高标准投资和贸易规则体系相适应的行政管理体系,推进政府管理由注重事先审批转为注重事中、事后监管。要研究如何提高行政透明度,完善体现投资者参与、符合国际规则的信息公开机制。研究如何建立集中统一的市场监管综合执法体系,在质量技术监督、食品药品监管、知识产权、工商、税务等管理领域,实现高效监管,积极鼓励社会力量参与市场监督。研究如何完善投资者权益有效保障机制,实现各类投资主体的公平竞争,允许符合条件的外国投资者自由转移其投资收益。研究如何建立知识产权纠纷调解、援助等解决机制。

(六)加强创新研究

要充分发挥自贸区先行先试的政策优势,大胆闯、大胆试、自主改,加快在促进投资贸易便利、监管高效便捷、法制环境规范等方面的成果,以开放促改革、促发展,建立起符合国际化和法治化要求的跨境投资和贸易规则体系,使自贸区成为我国内陆地区进一步融入经济全球化的重要载体。积极探索负面清单管理模式和建立权力清单制度。政府应以清单方式明确列出

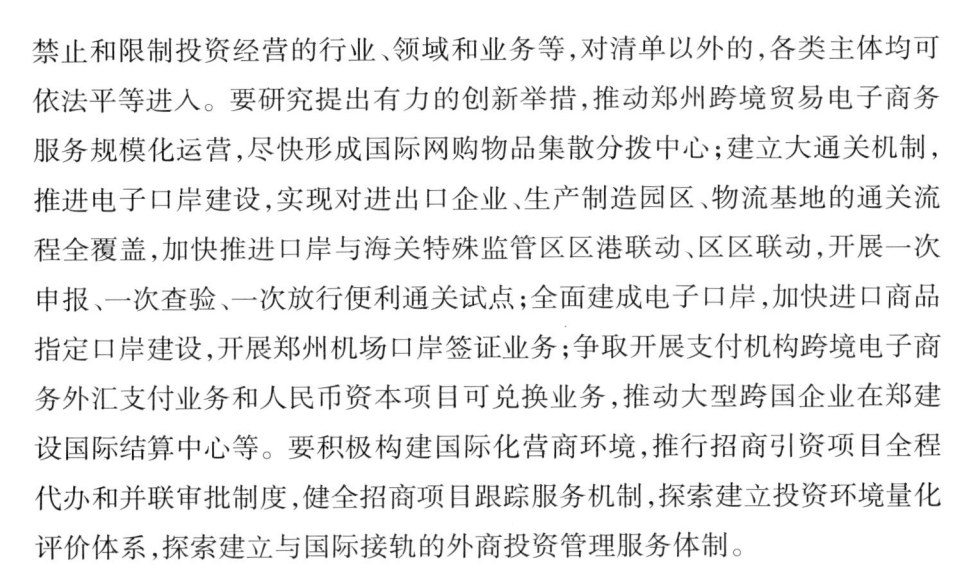

禁止和限制投资经营的行业、领域和业务等，对清单以外的，各类主体均可依法平等进入。要研究提出有力的创新举措，推动郑州跨境贸易电子商务服务规模化运营，尽快形成国际网购物品集散分拨中心；建立大通关机制，推进电子口岸建设，实现对进出口企业、生产制造园区、物流基地的通关流程全覆盖，加快推进口岸与海关特殊监管区区港联动、区区联动，开展一次申报、一次查验、一次放行便利通关试点；全面建成电子口岸，加快进口商品指定口岸建设，开展郑州机场口岸签证业务；争取开展支付机构跨境电子商务外汇支付业务和人民币资本项目可兑换业务，推动大型跨国企业在郑建设国际结算中心等。要积极构建国际化营商环境，推行招商引资项目全程代办和并联审批制度，健全招商项目跟踪服务机制，探索建立投资环境量化评价体系，探索建立与国际接轨的外商投资管理服务体制。

（七）加强信息平台建设

首先，需要在自贸区内整合涵盖注册备案管理、行政许可管理、日常监管、应急管理、稽查执法、信用评定等信息系统，建立打通海关、质检、工商、税务、外汇等各部门的信息共享平台。其次，要建立企业基础数据库，动态记载各监管部门对自贸区注册企业经营情况的信息，通过运用信息平台的公式制度，从源头上有效规避企业违规经营风险，有利于监管科学化、精细化和信息化目标的实现。第三，要建立一口受理、综合审批和高效运作的服务模式，完善信息网络平台，实现不同部门的协同管理机制。建立行业信息跟踪、监管和归集的综合性评估机制，加强对自贸区内企业在区外经营活动全过程的跟踪、管理和监督。第四，各部门制订信息共享工作规范，明确信息采集、加工、传递、应用、反馈等环节的工作职责，健全信息共享长效机制，定期召开各部门联席会议，研究、探讨监管信息平台的改进措施。

（作者分别系省社科联主席、副主席）

关于推动传统媒体和新兴媒体融合发展的研究报告

李庚香　王喜成　李二梅

2014年8月18日,中央全面深化改革领导小组第四次会议审议通过了《关于推动传统媒体和新兴媒体融合发展的指导意见》。这是党中央着眼巩固宣传思想文化阵地、壮大主流思想舆论作出的重大战略部署,是适应媒体格局深刻变化、提升主流媒体传播力公信力影响力和舆论引导能力的重要举措,也是落实全面深化改革部署、推进宣传文化领域改革创新的一项重要任务。各媒体部门要以时不我待的精神,深刻认识当前传媒业面临的社会生态和严峻挑战,遵循正确的指导思想,加快推动媒体融合发展,着力打造形态多样、手段先进、具有竞争力的新型主流媒体,形成立体多样、融合发展的现代传播体系,保障文化安全和意识形态安全,巩固壮大主流思想舆论阵地,增强社会主义文化软实力。

一、当前传媒业面临的社会生态

习近平总书记在2014年2月中央网络安全和信息化领导小组第一次会议上指出,当今世界,信息技术革命日新月异,对国际政治、经济、文化、社会、军事等领域的发展产生了深刻影响。纵观当前社会形势,随着网络和信息技术的迅猛发展,互联网对社会的各个领域、各个行业、各个方面的影响,不仅是常规性的,更具有颠覆性的特征,正在深刻改变着人们的生产、生活和思想观念,成为推动经济社会发展的强大力量。

(一)新技术爆炸式发展

随着新技术革命的兴起和发展,以大数据、云计算、移动互联网等为代表的信息技术和互联网技术,呈爆炸式发展态势。

"大数据"铺天盖地。"大数据"是指数据体量特别巨大,数据类型特别繁多,数据处理速度特别快,价值密度比较低,通过合理利用能对其进行准确分析,会带来很高价值回报的信息资产。它与云计算相结合,通过分布式处理、分布式数据库和云存储、虚拟化技术等,可以对那些含有意义的庞大海量数据进行专业化处理,是信息技术革命的一次颠覆性变革。在"大数据"时代,随着全球范围内个人电脑、智能手机等设备的普及和新兴市场内不断增长的互联网访问量,以及监控摄像机或智能电表等设备产生的数据,各种信息资料呈爆炸式增长状态。据互联网数据中心(IDC)预计,到2020年,数字宇宙规模将达到40ZB(1ZB等于10万亿亿字节),即相当于地球上所有海滩上的沙粒数量的57倍。在这个时代,数据已经渗透到每一个行业和业务职能领域,网民和消费者的界限正在消弭,数据成为核心资产,深刻影响企业的业务模式,甚至重构其文化和组织。不仅如此,大数据对国家治理模式、企业决策组织和业务流程,以及对个人生活方式都将产生巨大的影响。微软首席法律顾问史密斯曾这样说:"给我提供一些数据,我就能做一些改变。如果给我提供所有数据,我就能拯救世界。"

云计算无所不能。云计算是基于互联网的相关服务的增加、使用和交付模式,云是网络、互联网的一种比喻说法。依据云计算,它有超大规模的运算能力,如谷歌云计算已经拥有100多万台服务器,亚马逊、IBM、微软、雅虎等的"云"均拥有几十万台服务器。它的计算支持用户在任意位置、使用各种终端获取应用服务,所有的资源来自"云",应用在"云"中某处运行,用户无须了解、也不用担心应用运行的具体位置,只需要一台笔记本或者一部手机,就可以通过网络服务来实现所需的一切,甚至包括超级计算这样的任务。云计算不针对特定的应用,在"云"的支撑下可以构造出千变万化的应用,同一个"云"可以同时支撑不同的应用运行。在云计算中,可以让你体验每秒10万亿次的运算能力,拥有如此强大的计算能力可以模拟核爆炸、预测气候变化和市场发展趋势。

移动互联网如影随形。移动互联网是一种通过智能移动终端,采用移动无线通信方式获取业务和服务的新兴网络业务,它以宽带 IP 为技术核心,以智能手机、平板电脑、电子书、移动互联网设备等为终端,通过操作系统、中间件、数据库和安全等软件,可同时提供话音、传真、数据、图像、多媒体等高品质的电信服务和应用,具有资讯、沟通、娱乐、手机上网业务、移动电子商务等诸多功能,且极其强大。如移动用户通过使用 WAP(无线应用协议)手机接入移动互联网,网上可提供 WAP、短消息、电子信箱、传真、电子商务、位置信息服务等互联网服务,包括公众服务(如为用户实时提供最新的天气、新闻、体育、娱乐、交通及股票等信息)、个人信息服务(包括浏览网页查找信息、查址查号、收发电子邮件和传真、统一传信、电话增值业务等)和商业应用(包括股票交易、银行业务、网上购物、机票及酒店预订、旅游及行程和路线安排、产品订购等)。移动互联网还具有用户群庞大、广域泛在网、高便携性与强制性、永远在线及占用用户时间碎片、病毒性信息传播等特性,是目前为止信息技术发展的最重大突破。由于以上新技术的飞速发展,使人类生活快速迈入了信息社会。

与以上技术发展密切相关的还有智能化、物联网等,它们与大数据、云计算、移动互联网等相结合以后,其应用空间极为广阔,可催生一系列"互联网 +"的新业态。有专家认为其作用无所不在、无所不能,甚至可摧毁国家、民族、种族、阶层、宗教等之间的界限,幻化出一个全新的时代。

(二)新业态不断裂变

由于新技术的爆炸式发展,导致互联网业态日新月异,使互联网由最初的技术形态,迅速发展为应用形态,各种功能的网站和业态不断涌现。

首先是"互联网 +"的演化。主要体现在:网络与商业结合,诞生了以亚马逊、阿里巴巴、淘宝网、京东商城、聚美优品为代表的电商网站;网络与新闻结合,诞生了雅虎、美国在线、人民网、新华网,以及新浪、搜狐、网易等为代表的新闻网站;网络与游戏结合,诞生了以新浪微博、乐逗游戏、天鸽互动、迅雷为代表的泛文化网络网站;网络与搜索服务结合,诞生了以谷歌、百度、搜狗为代表的搜索服务网站;网络与社交服务结合,诞生了脸谱、推特、优兔、腾讯为代表的社交服务网站;网络与服务结合,诞生了以乐居、猎豹移动、智联招聘为代表的互联网服务类网站,等等。在国内网站20年的发展中,已初步编织了3张大网:以新浪、搜狐、网易为代表的第一代综合门户网站,构成了最初的内容网络;以新浪微博和腾讯微信为代表的社交媒体,实现了人际网络的互联互通;以IBM、思科、英特尔、微软、西门子、霍尼韦尔、中国电信、中国移动、中国联通、大唐电信、中国电子科技集团、华为、中兴通讯、用友、紫光、英飞凌等著名跨国物联网,通过网络传感、智能计算等一系列互联网技术,把万事万物都连接起来。

与之相联系的是新业态层出不穷。由于网站的快速发展,促使以网络为基础的新业态不断涌现。如,"泛娱乐"互联网不断向纵深发展:2014年,以BAT(百度、阿里巴巴、腾讯)为代表的诸多互联网企业纷纷重金布局"泛娱乐",互联网基因越来越深地融入到影视、戏剧、文学等各传统文化领域。5月份,腾讯文学斥资5000万元对国内网络文学界"大神"级作家"猫腻"的新作《择天记》展开一系列泛娱乐文化产品开发;8月份,腾讯明星动漫《尸兄》的手游改编权宣布以5000万元独家授权给中清龙图公司开发;9月份,腾讯再次推出以优质IP(知识产权)为核心的影视业务平台"腾讯电影+",从而实现了其从游戏、动漫、文学,到影视、戏剧等多文化产业种类泛娱乐互动平台的布局。阿里巴巴2014年投资62.4亿港元控股香港上市公司文化中国(随后更名为阿里影业);投资62亿元人民币入股华数传媒;投资12.2亿美元入股优酷土豆……此外,它还与华谊兄弟在娱乐宝、电商平台、影视业务等领域达成了合作。百度2014年下半年加快投资泛娱乐脚步:8月与华策影视共同成立华策爱奇艺影业,大举参与电影投资;9月联手中影股份、中信信托等,推出"百发有戏"平台;10月以10亿元入股华策影视,持有其5%的股份;11月宣布成立百度文学,意在通过影视、游戏、动漫等多领域衍生品的开发,打造完整的网络文学立体化产业链。

更有,互联网不断向金融业拓展。2014年互联网金融快速发展,如第三方支付、P2P(点对点、渠道对渠道)网络借贷、互联网众筹、互联网基金销售和互联网保险等热点不断涌现;阿里巴巴、腾讯和联想等大牌互联网IT企业相继投资互联网金融,推动互联网金融服务模式不断创新。《2014中国互联网产业发展综述报告》显示,截至2014年6月,我国互联网支付用户

总数达到 2.92 亿,其中手机支付用户突破 2 亿,半年内增长 63.4%。互联网金融异军突起。以余额宝为例,截至 2014 年第一季度,这款互联网金融理财产品资金规模已达 5400 余亿元,用户过亿。在它的撬动下,"宝类"产品风生水起,利率市场化进程大大加快。

还有,互联网与商业联姻,大电商崛起,使得零售业爆发出新的能量。2013 年,我国网络零售逾 1.8 万亿,超过美国成为世界第一网络零售大国。2014 年上半年,移动电子商务市场交易规模达到 2542 亿元,同比增长 378%;全年网络零售达到 2.8 万亿元,比上年增长 64.3%。互联网与租车业结合,诞生了互联网在线租车业,如滴滴打车、快的打车等。统计数据显示,2013 年我国在线租车市场交易规模 34.2 亿元,同比增长近 70%;2014 年第 2 季度达 39.8 亿元,环比增长 22.5%。

(三)新冲击风起云涌

随着互联网尤其是移动互联网的兴起和发展,网络领域的新冲击风起云涌。

在信息传播领域,移动互联网出现以后,出现了一波又一波的社交网络平台热潮。最初是短消息(短信)传播。这个平台在 2002 年元旦春节时进入高潮,以至于"打爆"了信息台;到 2004 年,移动短消息发送总量在我国超过 2000 亿条。据估计,现在全球每月发送的短消息约达 150 亿条。由于短消息业务还具有"同发"优势,即可对多个用户同时发送相同信息,为一些具有广播性质的信息服务开辟了新的途径。所以,以短信方式衍生的媒体形式有手机报、手机电视、手机广播等,且影响巨大。

此后是 QQ 异军突起。QQ 是 1999 年 2 月由腾讯开发的即时通信软件,它支持在线聊天、视频电话、点对点断点续传文件、共享文件、网络硬盘、自定义面板、QQ 邮箱等多种功能,并可与移动通信终端等多种通信方式相连,其合理的设计、良好的应用、强大的功能、稳定高效的系统运行,赢得了广大用户的青睐。到 2000 年,QQ 已基本占领了中国在线即时通信接近 100% 的市场,到 2012 年,QQ 同时在线用户数突破 1.7 亿,成为国内即时通信行业霸主。目前,QQ 已经覆盖 PC、Mac、Android、iPhone 等各主流平台。

这期间,博客微博客也开始相继风靡网络。博客内容一般以文字为主,也有专注艺术、摄影、视频、音乐、播客等主题的,能够让读者以互动的方式留下意见,是网上传播的一个巨人,一度风光无限。随后不久,一种更注重时效性和随意性,通过关注机制分享简短实时信息的广播式社交网络——微博又横空出现。微博是基于用户关系信息分享、传播以及获取的平台,用户可以通过WEB、WAP(无线应用协议)等各种客户端组建个人社区,以简短的文字信息实现即时分享,比博客更能表达出每时每刻的思想和最新动态,更方便、更及时、更随意,其影响呈爆炸式发展。以微博方式衍生的产品有媒体微博、政务微博、校园微博、企业微博等,尤以新浪微博最为著名。截至2013年6月,中国微博用户规模达到3.31亿,到2014年底有所下降,达到2.49亿。其中,97%以上的中央政府部门、100%的省级政府和98%以上的地市级政府部门都开通了政府门户网站,政务微博认证账号超过24万个,仅微博每天发布和转发的信息就超过2亿条。微博人群有三个特点,即"三低":一是低学历,高中及以下学历用户占7成;二是低年龄,青少年接近8成;三是低收入,月收入5000元以下的占9成多,其中无收入群体达8898.7万人。随着微博的出现,还出现了一批轰动全国的网络大V,他们甚至能在网上左右社会舆论。

接着,继微博而起的是微信。微信是腾讯公司2011年推出的一个为智能终端提供即时通信服务的免费应用程序,它支持跨通信运营商、跨操作系统平台通过网络快速发送免费语音短信、视频、图片和文字,同时也可以使用通过共享流媒体内容的资料和基于位置的社交插件"摇一摇""漂流瓶""朋友圈""公众平台""语音记事本"等服务插件。微信提供公众平台、朋友圈、消息推送等功能,用户可以通过"摇一摇""搜索号码""附近的人"、扫二维码方式添加好友和关注公众平台,并将微信内容分享给好友以及将用户看到的精彩内容分享到微信朋友圈。以微信方式出现的公众账号如雨后春笋般涌现。截至2013年11月,微信注册用户量已经突破6亿,2014年过10亿,是亚洲乃至世界上最大用户群体的移动即时通信方式。与微博、微信差不多同时出现的还有客户端。客户端主要有移动客户端和游戏客户端,移动客户端以手机为主。随着4G5G时代的到来,人们在手机上安装相应软件后,输入网址就可以进行各种相应的网络操作,如获取资讯、音乐、书

城、QQ、股票等,极大地方便了人们的信息交流和服务。

在商业服务领域,2000年7月在浙江杭州出现了生物医药科技网"丁香园"。该网站可提供医学、医疗、药学、生命科学等相关领域的业务交流,是面向医生、医疗机构、医药从业者以及生命科学领域人士的专业性社会化网络平台。目前,丁香园汇聚了全国350万医学、药学和生命科学的专业工作者,大部分集中在全国大中型城市、省会城市的三甲医院,超过70%的会员拥有硕士或博士学位。该网站旗下有丁香人才、丁香会议、丁香通、丁香客、用药助手、调查派等多个网站产品,2012年12月该网站融资千万美元,2014年9月又获腾讯7000万美元战略投资,呈现日益发展壮大之势。

在育儿领域,2006年年底涌现了"宝宝树"网站。"宝宝树"是王怀南、邵亦波创立的网上父母亲子交流平台。它通过为父母提供高质量、多类型的线上及线下服务,为千万新手爸爸妈妈提供一个资源共享的交流平台,让父母们进行有价值的经验分享及育儿方法,得到愉快的和有意义的育儿成长体验,满足他们多层次、全方位、适应时代进步的育儿需求。该网站成立8年来注册用户达1600万,月独立访问用户数量5500万,覆盖8成孕期到6岁的互联网妈妈,家庭日记上传量2000万并以每天1万篇增长,家庭照片日上传22万张,累积存储达到2.2亿,每天都有近20万条育儿问题与互动解答。该网站2014年初还获得教育科技企业好未来1.5亿元战略投资,目前已成为超过美国母婴社区的全球第一育儿网站。

在餐饮领域,2009年4月上海推出"饿了么"餐饮服务平台。该平台采用O2O服务方式,整合线下餐饮品牌和线上网络资源,用户可以方便地通过手机、电脑搜索周边餐厅,在线订餐、享受美食。它除了为用户创造价值,还率先提出C2C(消费者对消费者)网上订餐的概念,为线下餐厅提供一体化运营解决方案。到2014年9月,该公司在线订餐服务覆盖全国近200个城市,用户量1000万,加盟餐厅近18万家,日均订单超过100万单。此后,天津又出现了"餐饮老板内参"微信公众号。该公众号只专注于餐饮行业上游,为餐饮消费者提供平台服务,不关注餐饮消费者。在它的6万多粉丝里,有30%是餐饮老板,有30%是餐饮食材供应商和设备提供商,它们相结合形成了一个封闭的产业链。随着它在业界的影响力越来越大,2014年7

月,"餐饮老板内参"获得了200万元的天使风投,其企业估值已达到1000万元,成为国内第一个融资成功的垂直类自媒体。

在出租车领域,出现了服务新品"滴滴打车"和"快的打车"。"滴滴打车"2012年在北京中关村诞生,是一款免费打车软件,因为它覆盖最广、用户最多、最受用户喜爱,被称为时下最热、最酷、最帅的手机"打车神器"。现在,滴滴打车每天为全国超过1亿的用户提供便捷的召车服务。此外,滴滴打车还推出了定位于中高端的新业务品牌——滴滴专车,与易到用车业务模式类似,滴滴专车致力于为高端商务出行人群提供优质服务:即时响应,专业服务,高端车型、专业配驾。滴滴专车和易到用车通过对运营车辆的有效调度,把闲置资源调动起来,将传统的拼车模式合法化,通过创新交通出行服务模式,整合市场资源,让社会资源得到了最大利用。"快的打车"由杭州快迪科技有限公司研发,是便民打车的智能手机应用,也是国内最大的手机打车应用。该软件为打车乘客和出租司机量身定做,乘客可以通过APP(移动应用软件)快捷方便地实时打车或者预约用车,司机也可以通过APP安全便捷地接生意,同时通过减少空跑来增加收入。快的打车现已覆盖到全国360个城市,日均订单量超百万,用户数超过1亿,司机数量超过135万,市场占有率超过50%。2015年2月,"滴滴打车"与"快的打车"进行了战略合并。

在互联网金融方面推出了余额宝。余额宝是阿里巴巴推出的在线理财业务,它是由第三方支付平台支付宝为个人用户打造的一项余额增值服务。通过余额宝,用户不仅能够得到收益,还能随时消费支付和转出,像使用支付宝余额一样方便。用户在支付宝网站内就可以直接购买基金等理财产品,同时余额宝内的资金还能随时用于网上购物、支付宝转账等支付功能。目前余额宝规模已超过2500亿元,客户数超过4900万户。余额宝比银行存款利息更高,转入、转出更方便,而且没有手续费,还可以随时在线购物,所以一经推出就受到了广大网民的极大青睐,当然也在业内引起了不小的波澜,主要是抢了传统银行的饭碗。

(四)新特性日益凸显

在互联网时代,几乎社会的各个方面都受到互联网的影响,呈现出一系

列信息社会的特性，主要有以下几个方面：

去中心化。传统媒体时代，传播遵从自上而下的等级秩序，媒体是处于金字塔顶端的信息发布者，受众是位于塔底的信息接收者，信息流和意见流总是从媒体流向受众。而到互联网时代以后，出现了整个社会秩序的扁平化和"去中心化"趋势，传播也从垂直的塔状转变为水平的网状结构，媒体转变为传播网络中的一个节点，在它发出消息的同时也会受到其他信息节点的影响，传播发展到从线性到非线性的转变。今天的网络内容相对于早期的互联网时代，已经不再是由专业网站或特定人群所产生，而是由全体网民共同参与、共同创造的结果，任何人都可以在网上表达自己的观点或创造独特内容，共同生产信息。如 Web（互联网总称）2.0 兴起后，维基百科、Flickr、Blogger 等网络服务商所提供的服务都是去中心化的，任何参与者均可提交内容，网民共同进行内容协同创作或贡献。在信息源去中心化形势面前，传统媒体的首发信息源问题已经很难保障。比如当突发事件发生时，当事者、目击者、消息灵通者都可以在第一时间通过社交平台发布消息，人人都是信息源，人人都是传声筒。

传播碎片化。由于数字技术、网络技术、传输技术的大量应用，大大强化了受众作为传播个体处理信息的能力，媒体传播的对象、内容、方式等都出现了重大变化。从对象上说，以手机为代表的移动终端成为新媒体传播的主要对象，它几乎完全是个人属性的，受众众多；从内容上说，主要是微博、微信、客户端、短信等传播方式，有大量的自媒体，以微传播为主，大多是只言片语，或一个图片、一段视频等，内容一般都不长，没有系统性；从传播方式上说，大多为分享式、互动式和即时性，非常随意，整个传播形态呈现碎片化状态。由于不同阶层、不同年龄、不同性别、不同兴趣爱好、不同价值观念的人，对信息接受的态度各不相同，媒体上的每一个关注每一条分享，都是基于读者对作者本身的喜爱，是高度个体化、原子化和私密化的，因而碎片化传播现象日益突出。在这种形势下，要想"包揽天下"、再办一个让所有读者都喜欢的媒体已不可能，媒体必须适应分众化的形势制定自己的发展战略。

信息移动化。据中国互联网络信息中心 2015 年 2 月 3 日发布的《中国互联网络发展状况统计报告》，截至 2014 年 12 月，我国网民规模达 6.49 亿人，其中手机网民规模达 5.57 亿人，手机上网已成为互联网第一大终端，中国已经步入了"全民在线"时代。在这个时代，人们通过掌上终端、服务器、个人计算机等平台，就能实现服务的移动化、信息化、电子化和网络化，手机已经变身为一台移动化的电脑，既能在手机与手机端进行信息化工作联动，也能够与原有的电脑端信息化体系保持互联互通，完全实现了永远在线、实时通信。它不但能让需要在固定场所人员的工作变得更加灵活方便，又可以满足人们在出差、外出、休假，或发生突发性事件时，与单位信息体系和个人联系对象保持及时的沟通，还能使个人可以通过手机获取资讯，进行交流，以及完成支付、购物、炒股、娱乐等活动，可谓一机在手，万事无忧。

　　网络开放化。开放是互联网最根本的特性。从技术上说，互联网原本就是由各地一台台计算机通过相关协议组合起来的一个大联盟，是一个开放的产物。1991 年，伯纳斯·李又发明了超文本标识语言，将网上的信息以全新的方式联系起来，使得任何一个文件在任何操作系统、任何浏览器上都具有可读性。这种开放性意味着任何人都能够得到发表在网上的任何事物，意味着任何个人、任何组织包括国家和政府都不可能完全控制网络，也意味着个体权利和能力的扩张及其对传统的社会政治经济结构和体制的消解，从而推动着社会民主的发展。但也正因为这种开放性，导致了网络环境下的很多安全问题，技术上如程序漏洞、黑客攻击、管理失效等；社会上它一方面大大提高和扩展了犯罪人的个体力量，如网络诈骗、淫秽色情活动等，另一方面又大大削弱了国家和政府的力量，使得国家和政府在获取和控制信息方面不再有多少优势，从而难以有效地威慑和控制犯罪，导致网络犯罪率不断上升。

　　社会民主化。近年来我国随着经济社会发展而迅速进入世界网络大国，互联网涵盖了中国城镇人口的 73% 和农村人口的 25%，覆盖了 80% 以上的年轻人。在这种形势下，互联网效应对社会各方面的影响都空前巨大，表现在政治生态方面，互联网以其特有的方式对传统的社会结构产生了巨大冲击，使以往所形成的金字塔式的社会结构逐步向扁平化方向发展，随之推动形成了多元的决策中心模式。体现在社会事务中，公民参与国家和社

会事务的热情不断高涨,使决策过程中分权放权的变革不断发展。美国学者托马斯·弗里德曼在《世界是平的》一书中说,由于网络信息技术的影响,金字塔式的传统政治结构,正向网络化的扁平状发展。中国社科院研究生院兼职教授、博士生导师周瑞金也认为,随着社会思潮的多元化以及互联网的发展,开创了网络监督新形式,推动了中国政治和社会的深刻变革。互联网、微博、微信等开创了社会民主监督的新形式,从一定层面和意义上也推动着中国的政治民主化进程。

思想多元化。由于网络具有交互性、即时性、全球性、开放性、虚拟性、匿名性等特点,网络的虚拟环境能使其既似现实环境,又非现实环境,它对人的思想、行为、思维方式带来的改变是非常重大的。在互联网时代,网络上除了思想精英,还有大量的社会大众也参与了思想生产,而且这个生产过程是开放的、互动的。在这种形势下,网上既可以形成多样性的思想氛围,也为人们非理性的情感宣泄提供了途径,因而使得各种思想文化交流、交融、交锋日趋频繁,各种社会思潮极为活跃,意识形态领域斗争错综复杂,尤其是境外敌对势力利用互联网等现代信息网络技术,如微博、微信、即时通信工具、社交网站等新技术业态,加大对我攻击和渗透力度,并造谣生事,蛊惑人心,思想理论领域杂音噪音不时出现,"抹黑中国""扭曲历史""美化西方"的言论不绝于耳。

(五)新要求异乎寻常

互联网催生了一个新的社会空间、运作空间、价值空间,是一种重构世界的结构性力量,激活了比机构更为基本的社会基本要素——个人,它使每个人都可以自由地利用互联网所提供的平台来表达交流,并进行各种各样的创造。在这个环境下,媒体、产业、社会的发展已不再是原来的循序渐进,而常常呈现颠覆性的特征。

其一,表现为以人性化和技术为特征,以开放、参与、互动为核心理念。新媒体利用新技术引入了以参与和互动为本质特征的"对话新闻学",它将新闻生产与受众之间的双向沟通转变多向度的"众包"(即外包)机制,大大突破了传统媒体以文字、图片、影像为核心的"单向度"信息传递的"客观新闻学"。如美国的"嗡嗡喂"社交聚合新闻网站,采用大数据、"神奇算法"等技术手段后,实现了新闻内容生产的受众深度参与,在短时间内产生了重大轰动效应。在信息个性化方面,"嗡嗡喂"允许用户输入邮政编码查询自己居住地区过去10年里每条道路上的死亡情况,并将警方提供的道路交通权威事实和数据加以视觉化、动态化、人性化,还与相关部门合作,即时追踪城中发生的每场车祸并在线直播,在地图上标出车祸发生的具体地点等,非常吸引受众。他们还利用新技术如移动应用软件(APP)或微信公众号提供"定制新闻",订阅者不但可以获得有关新闻,还可以获得其他有关天气、政治谈资和商业资讯一类的"打包"产品。他们甚至还可以提供预测和引导用户接下来可能感兴趣的内容,如当用户在新闻客户端搜索关于一部电影的资讯时,这款程序会迅速根据距离推送最近的放映地点,以及与电影有关的新闻、历史、文化方面的资讯,非常受欢迎。在广告营销方面,新媒体还可以利用大数据技术把受众关注的资讯生成"清单"(list)形式和"测验"(quiz)形式,根据内容与相关广告客户进行合作。如"嗡嗡喂"开发的"原生广告""病毒营销"等方式就非常成功。2013年他们制作了近700条原生广告,每条价格在6—10万美元之间,平均每条转发量60万次。依靠这种方式,他们把世界500强企业中的三分之二拉为自己的广告客户。此外,他们网站上浏览量超过百万的"50个最美的自飞机舷窗拍摄的镜头",也是由青少年乘坐的"捷蓝航空(JetBlue)"赞助拍摄的,没有耗费"嗡嗡喂"自身的任何力量就具有了这些内容。同时,在访客打开网页看到这些精美的图片时,又可以很方便地点开捷蓝的"脸谱"和"推特"页面与其链接,可谓一举多得。

其二,跨界融合成为新常态。在传统媒体中,经营模式主要是只从事自己熟悉的或有优势的领域,但在互联网时代常常被打破。如百度、阿里巴巴、腾讯虽然分别是以搜索、电子商务、即时通信起家的互联网企业,但今天已很难再定义它们到底属于哪一个行业。当10年前人们谈论百度时,谈的是它的搜索,而如今的百度早已发展成为集搜索、推广、导航、社区、游戏、娱乐、广告、云计算等各种业务模式于一体的综合生态平台,2013年它更是以319.44亿元的营业收入超出央视总营收40亿元,一跃成为中国最大的媒体。腾讯因为微信的出现与跨界,不但改变了中国人以往的生活习惯,打破

了传统时代的沟通方式，平衡了信息不对称的天平，密切了人与人之间的关系，而且从更大程度上颠覆了以往的商业运作模式和管理方式，抢了中国三大移动运营商的饭碗，使中国移动明白了自己的竞争对手不是中国联通。阿里巴巴余额宝的出现，更是让传统银行如坐针毡、不胜紧张，因为它的功能太强大、影响力太惊人了。

其三，造反颠覆成为正常途径。在互联网时代，传统行业原有的商业逻辑已经发生了重大改变，不但出现了没有不可以跨界的行业，也出现了没有一个行业不可以被颠覆。如"滴滴打车"的诞生改变了传统出租车市场格局，培养了移动互联网时代用户现代化的出行方式。如自从有了"滴滴打车"和"快的打车"软件以后，出租车司机都在忙不停地接单，如果你还不会用打车软件的话可能就很难打到车，因为出租车大多已被预订过了。以前在电视领域，人们看电视只能是电视台播什么就看什么，然而乐视超级智能电视的出现就彻底改变了这一现象，现在人们已经进入到想看什么就看什么的时代了。乐视以其超级想象力进行理念和技术改进，取得了能够随意看的巨大成功，颠覆了原来的理念，从而赢得了市场。2014年，他们利用9.19，一天销售电视机10万台，利用11.11，一天销售6.4万台，打破了业内多项国际记录，夺得多个行业第一。出版业也是如此，在各式新媒体的冲击下，出版业出现了诸多困境，甚至朝不谋夕，然而电子工业出版社把互联网的"众筹"思维跨界延伸到出版领域。他们的新书《拆墙：全网革命》利用书中所讲述的概念和工具，以互联网的方式众筹出版，该书首次印刷前通过众筹方式预售获得了大量订单，只花一周不到的时间就筹集到了出书所需的费用，在未出版之前出版社就已经赚回所有成本了，最终新书与读者见面时，一个月内就加印了3次。这种方式颠覆了以往图书经由出版社、发行渠道再到读者手中的传统模式，采用全新的互联网思维模式，它不仅仅是一本书的成功，更是互联网颠覆传统商业模式的典范。

二、互联网时代传媒业遭遇的困境和挑战

在互联网和新媒体的冲击下，带来了媒体格局的深刻调整和舆论生态的重大变化，一方面出现了新兴媒体的裂变式发展和覆盖，另一方面则造成

了传统媒体的集体性行业危机。一些传统媒体随着公众信息获取方式的转移,出现了传播力、公信力、影响力、竞争力严重下降,尤其是传统主流媒体的舆论主导地位正在逐渐丧失,同时新兴媒体也面临着一系列问题,传媒业的发展已经到了一个至关重要的关口。

（一）传播力困境

所谓传统媒体,是指报刊、广播、电视、新闻网站等进行新闻传播的媒体形式。相对而言的新兴媒体,是指在新的信息技术支撑体系下出现的媒体形态,如数字报纸、数字广播、手机短信、移动电视、网络、桌面视窗、数字电视、数字电影、快递信封广告、数字杂志、触摸媒体等。新兴媒体由于其方便、快捷、信息量大、选择性强、互动性高等特点,受到社会的热烈追捧,给传统媒体带来了几近颠覆的冲击。据相关资料,截至 2014 年 12 月,我国网民 6.49 亿人,互联网普及率 47.9%,手机网民 5.57 亿人,网民中使用手机上网人群占比由 2013 年的 81.0% 提升至 85.8%,可谓几乎人手一部手机。这一方面是增添了无数个收视终端,同时更是增添了无数个"自媒体"平台,人们可以根据自己的口味和喜好自主选择,原来那种"强制式""植入式"的传统媒体传播逐渐陷入困境。再加上信息的碎片化和传播的分众化,以及价值观念的多元化,由此所导致传统媒体的发行量、收视率、收听率等影响力指标大幅缩水,受众规模不断减少,舆论引导能力越来越弱,传播力受到严重影响。虽然传统媒体的阵地还在,但群众越来越少了,导致客户用脚投票,广告主相继离去。据说地产大亨潘石屹等就曾经在微博上表示,要砍掉在传统媒介上的营销预算。家电企业海尔也表示将不再在纸质媒体上进行广告投放。在前年法庭公审薄熙来时,凤凰卫视的主播主要通过刷微博进行电视播报,这不能不让很多电视媒体人伤心。据有关统计,全国发行量最大的报纸《参考消息》订数约 340 万份,《人民日报》约 300 万份,并且订数还难以稳定,时常有下行趋势,而网络红人、网上大 V 的粉丝量动辄达到千万级,其个人能量远远大于全国发行量最大的报纸了。类似情况国际上也不少见,如美国的《纽约时报》虽然从 10 年前就开始用很大的精力应对互联网挑战,投入很大,也做了很多事,但仍然不能摆脱经济和传播力迅速下滑的态势。到 2014 年 10 月,《纽约时报》在第一天就裁掉了近 100

名新闻采编人员,传播力日渐衰退。之所以出现这个问题,它和原来的传播体系不适应互联网的要求关系密切。过去,传统媒体对现实空间有着严重的依赖性,如距离、交通、地形、民族、宗教语言等空间性因素严格限定了传统媒体的空间布局,变动非常不易;与此相联系的是传统媒体所形成的传播体系深受行政体系影响,内宣与外宣分立,不同部门之间分立,不同层级之间分立。虽然近年来从纸质媒介到电子媒介,传统媒体一直在尝试打破现实空间限制,但工作进展不大,地域、行政限制也变动不多。这在当前新媒体到处攻城略地、无所不在的形势下,传统媒体还在画地为牢,其影响力要想扩大恐怕是很难的。

(二)公信力困境

由于激烈的市场竞争,强大的生存压力,以及社会管理等的失序,传统媒体遭遇了前所未有的角色困惑、道德滑坡与制度窘境,一些媒体的公信力严重下降。

其一,新闻寻租。一些媒体通过行使新闻宣传、舆论监督等权力,进行媒(权)钱交易,其形态从"车马费""红包",发展到被社会或市场竞争对手以重金收买。他们或者以舆论监督之名行舆论打手之实;或者抓住一些地方和单位的问题进行要挟,以收取订阅费、广告费、宣传费、好处费等名义,实施"新闻敲诈",社会上出现了所谓的"有偿新闻""有偿无闻""有偿监督",以及"假新闻""假事件""假网贴"等新闻腐败,以利益透支自己的声誉,媒体成了被公关的目标,正常的批评报道在公关面前链条断裂了,有力的媒体监督戛然而止,媒体的信誉遭到了极大破坏。

其二,媒介暴力。一些媒体为了谋取点击率、收视率、订阅率、到达率等,不顾基本的新闻伦理,要么无情地"消费"那些已经处于弱势的采访对象,被人称为"最残忍的采访""嗜血的媒体";要么偏执地"消费"部分受众的偏激情绪、窥私心理、玩世不恭,以极端化言辞、八卦式新闻博取传播效果。或者煽风点火,或者推波助澜,或者添油加醋,无聊、浅薄、恶俗,不顾及任何社会责任。一些媒体从虚假新闻到"疑字当头"的悬疑新闻,从低俗新闻到"萌妹陪游"的营销新闻,不断蚕食着公众对"社会瞭望者"的信任。

其三,炒作癫狂。一些新闻媒体将商业广告的操作手法毫无顾忌地应用到采编业务中,炒作之风甚嚣尘上。如有人把一件很平常的婉拒采访的事情当成采访索价的重大社会新闻予以炒作,有人从肝癌孕妇的正常治疗方案中引申出"以命搏子"的重大道德主题而大肆宣扬,并组织捐助等。而在综艺、文化、体育及其他社会新闻的节目或版面的策划中,炒作更是无奇不有。有炒知名度的,有炒赞助商的,有炒选手的,有炒评委的,有炒"粉丝"的,有炒规则的,有炒内幕的,有炒事件的,有炒名人的,还有专门炒作标题的,人称"标题党",通过恶意炒作,使人们对社会造成虚假和错误印象,把"无"变成了"有",把"白"变成了"黑"。

其四,网络敲诈。以新媒体为主的一些网站或个人、团伙,以网上曝光相威胁进行敲诈,方式不一而足,社会深恶痛绝。他们或以集纳或以发布负面信息为名,向企业或个人收取删帖费;或以广告费、合作费、赞助费等为条件,向当事人变相收费;或以维权、监督、揭黑为名,进行网络敲诈;或冒用各级党政机关或社会组织名义,进行新闻敲诈。据上海 2014 年 9 月处理的 21 世纪网新闻敲诈案可知,他们以 21 世纪网为主要平台,寻找具有"上市""拟上市"等题材的上市公司或知名企业作为"目标"对象进行非法活动,先后迫使 100 多家 IPO 企业、上市公司与其建立了"合作关系",收取每家企业 20 万至 30 万元费用,累计数亿元。仅 2014 年国家网信办就关闭各类违法违规网站 2200 余家,关闭违法违规频道和栏目 300 多个,关闭违法违规论坛、博客、微博客、微信、QQ 等各类账号 2000 多万个。这些害群之马严重破坏了网络传播秩序,也直接损害了媒体的公信力。

(三)影响力困境

影响力取决于舆论场形成机制。过去,传统媒体因为受众与传播者信息的不对称,媒体通过议程设置方式的传递可以获得较好的舆论引导效果。但随着新媒体的出现,特别是微博微信等自媒体的出现,传统媒体的影响力就出现了严重下降。

一是新媒体具有独到的优势。首先,互联网具有无限性。在这个广泛无限的平台上,互联网所创造的所有价值、机会都是在对元素集的激活,使其本身存在的价值和能力产生了强大聚集。互联网上最盛行的就是微传播、微价值、微创新,等等,微就是个人元素被激活的东西。所以互联网是一

种比传统媒介多出很多维度的高维媒介。其次,选择的主动性强。观众喜欢看什么就能随时查阅点播什么,而且可以从容地选择其中的章节段落,不再受制于传统媒体的安排。其三,互动十分便捷。当下,以微博、微信、客户端等为代表的新媒体,使得观众不仅能看能说,还可以实时跟身边的朋友,甚至网上的陌生群体共同分享心得,展开讨论,便捷的同时更大大满足了受众的参与感,使得越来越多的人通过新兴媒体获取信息,青年一代更是将互联网作为获取信息的主要途径。其四,即时传播。网络媒体具有崭新的魅力和强大的传播优势,不管社会上发生了什么轻微或重大事件,一张图片、一则留言、一条微博、一条微信就能让周围甚至更大范围的受众群体迅速感知,其影响舆论的能力非常强,大量社会热点能够在网上迅速生成、发酵、扩散。其五,存储量惊人。大量的信息资讯,从沙特空袭也门反政府胡塞武装组织到隔壁邻家娶媳妇,无论人们想得到什么样的信息,都能轻而易举地从中获取。

二是传统媒体自身缺位。传统媒体由于对互联网的发展认识不足,应对举措不够,导致自身在运行中出现了一系列问题。其一,在一些重大或突发性事件报道面前"集体失声"。他们或者由于"习惯性沉默"——自觉将其列为不予报道之列,认为一旦发声,就可能越界、挨批,与其冒险受罚,不如假装看不见而故意推宕;或者上面有指令——遇到新闻事件,什么能报,什么不能报,如何报,乃至字数、时长、版面、画面等,都要等上面的书面或口头"报道口径";或者忙于创收,囿于利益之争,对一些与商业利益相冲突的新闻视而不见,对一些问题不言不语等,导致权威媒体需要发声时却失声。然而,在新的社会历史条件下,你不发声,有人发声——传统媒体不说,网络会说;本地媒体沉默,异地媒体会"炒";国内媒体无语,境外媒体会大肆渲染。所以,主流媒体和边缘媒体的角色对换,并非完全由于新媒体多么强大、微博多么万能,而是昔日的主流媒体在违背新闻传播规律的情况下,逐渐将话语权和主导权拱手相让了。其二,传播方式发生重大变化。互联网时代传播渠道已不再稀缺,无限丰富的信息稀释了传统媒体的价值,媒体与公众的关系也发生了重大变化,尤其是自媒体被广泛应用后,传统媒体的代表性受到削弱,传播的双向性、互动性要求,使用户更倾向于双向对话而不是单向传播。因此,传统媒体的传播逻辑受到严重挑战。其三,缺乏自身知识产权保护。由于传统媒体对版权归属、版权资产管理、运营维护和版权保护重视不够,自己投入很大的人力、物力采写的新闻报道作品,很随便就被新媒体"拿走"了,还有自己对数字网络环境下的后续资源开发不力,造成浪费,等等。所以,今后传统媒体必须制定合法合规的版权声明和合同,从源头上和根本上解决权属问题。

(四)运营力困境

运营力强弱的核心在体制机制。我国从20世纪90年代中叶开始进行文化体制改革,希望通过转企改制、兼并重组等方式增强做大做强新闻媒体,但由于种种原因,传统主流媒体虽历经集团化、网络化、"全媒体"等阶段性尝试,整体上步伐仍然比较滞后,存在着体制禁锢,缺乏活力与效率,很不适应互联网时代的形势和要求。

如,当前很多传统媒体还是采取"事业单位企业化运作",或者虽然名义上变成了企业,但尚未建立起现代企业制度,从而导致转型的一系列配套制度难以建立。其一,很多传统媒体创办的新媒体虽然成立了相应公司,但尚未成为真正的市场主体,更谈不上"公司化"运作。其二,尚未建立起完善的管理层激励约束制度,"无激励无约束""有激励无约束"等现象普遍存在,导致现有人员想既占有体制的好处,又同时获得市场化的好处,唯独不按照市场化的规则行事。其三,在依然以传统媒体为主业和利润源的现有架构下培育新媒体,当给予尚未盈利的新媒体从业人员以较高待遇时,必将受到传统媒体从业人员的质疑和阻止。现实中,如果不给稀缺的新媒体高级人才以市场化水平的高薪酬待遇,又难以吸引真正的高水平人才,这就形成一个难以破解的悖论。其四,传统媒体内部依然存在官本位思想意识和科层制管理方式,把争取行政级别待遇作为最重要的价值标准,循规蹈矩,按部就班,缺少干事创业的劲头和精神。所以,思想观念和体制机制障碍是传统媒体运营的大敌。

(五)竞争力困境

新媒体的技术和理念促使新媒体获得了长足发展。据不完全统计,仅2014年上半年,百度、新浪、网易、搜狐、腾讯5家的广告收入就达292.76亿

元,同比增长54.12%。2014年4月17日,新浪微博正式登陆纳斯达克,成为全球范围内首家上市的中文社交网络媒体,其声势震动整个媒体行业。

而传统媒体则是冰火两重天。其广告收入严重萎缩,经营效果、市场占有率指标面临严峻挑战。国际上,据美国报业协会公布的数据显示,美国报纸广告营收从2000年的487.6亿美元,降到2009年的275.6亿美元(其中印刷广告营收只有248.2亿美元),几乎腰斩。到2012年时,已衰退到只有1950年的水平,全美超过一半(将近60%)的广告被谷歌吸收了,甚至连《纽约时报》都即将投身"脸谱"怀抱而处于寄生状态。而网络媒体的广告营收已超过报纸。在部分发达国家,报纸已然被人们认为是日落西山的夕阳产业。国内的情况也大致如此。近年来,在各种新媒体出现后,社会的主流人群都卷入了新媒体,传统媒体虽然支付了较高采编成本,却无法得到相应的回报,广告收入很多被新媒体瓜分,日子日益艰难。2010年,全国报纸广告营收增长率仅在15%到20%之间,《南京日报》旅游广告年收入一下子从近400万元跌到40多万元。而这一时期的新媒体如百度、淘宝等的广告营收增长率则在30%以上。2014年,传统媒体的受众和原有介质(渠道)之间更加分裂,整体经营遭遇有史以来最大的挑战。往年4月报纸广告环比一般是大幅增长,今年4月环比仅增长7%,导致4月报纸广告同比下降幅度达到15%,说明报纸广告可能已进入一次新的衰退期。2014年以来,国内纸媒关门倒闭的消息一个接着一个,有人认为当前中国传媒业正在经历一个严酷的淘汰时代。就连原来风景独好的电视业,由于这两年视频网站的高速发展也开始受到实质性影响。如随着酷6、优酷和乐视网等视频网站的成功上市,其强大的融资和扩张能力,给传统电视业带来了重大冲击。

(六)持续力困境

当前的网络生态,既给传统媒体带来了重大冲击,同时对新媒体也是冲击不断,给整个媒体的持续发展构成了很大压力。有人指出,从前是只见新人笑,现在新人转头变旧人;从前是各领风骚三五年,现在是后浪直接被拍死在沙滩上,技术杀死新媒体的速度远比杀死纸媒快,现在已没有新旧之分,而只有创新与守旧之分。

如今,当人们还在谈论"纸媒困境"的时候,回头一看,新媒体、自媒体的困境到来的更快。当下,如果你仔细研究和关注一下新媒体就会看到,从一定意义上说,门户网站正在沦为传统媒体,博客"死"了,微博热闹了几年也快消停了,微信朋友圈很多朋友也有点厌倦了,移动新闻客户端同质化的问题也越来越严重,琳琅满目的各种自媒体,都在热闹一段时间后迅速进入了瓶颈期,用户增长缓慢甚至下降,因为很多人已经取消关注,而且从后台数据看,打开率更是越来越低。所以人们感叹,一个新媒体在迅速干掉别的媒体之后,又被更新的媒体迅速干掉。用户喜新厌旧,经常在养成一个新的习惯的同时立即抛弃另一个老的习惯,很多自媒体在喧嚣之后迅速归于平静,或者死去或者成为自娱自乐的工具,只有极少数升级为新的组织化媒体。新媒体之所以如此,是因为除了网络世界波涛汹涌、瞬息万变之外,新媒体当前还存在着一个突出的、难以避免的劣势,即网络媒体由于先天的原因,从它诞生的那一刻起,在内容上便奉行"拿来主义",其新闻来源均出自传统的报纸、杂志、电视以及通讯社等,内容是它的短板。尤其是由于新媒体信息权威性和公信力不足,"网络水军"层出不穷,网络谣言满天飞。据2015年6月24日发布的《中国新媒体发展报告 No.6(2015)》,当前我国媒体59%的假新闻首发于微博,微信虽然只占7%,但辟谣难度很大;首发于网络媒体的假新闻占比32%,位列第二。如:"上海地铁出现老外晕倒车厢无人相助,反而仓皇逃跑"、《中国"落榜"世界空气最差20城》等。大多新媒体自己没有或缺乏原创性的内容,没有专业记者、编辑或作者队伍等,这在知识产权保护呼声越来越高、要求越来越严的情况下,其日子日益窘迫。所以,在互联网时代,任何媒体都不可能一劳永逸,都不是常胜将军,都必须着眼创新开拓,新媒体要具有"造血"功能,也要有盈利能力,新旧媒体要优势互补,只有走融合发展之路,才能应对风云变幻的新技术革命和新社会生态。

三、推进媒体融合应坚持的基本遵循

由于互联网是一个开放的媒介平台,加之进入门槛低、网民自身素质参差不齐和把关人缺失等,造成了互联网媒体的诸多问题,如网络谣言、网络

诈骗、淫秽色情、恶俗低俗等,牵涉重大舆论导向和媒体的社会主义性质等。推动媒体融合,推进融合发展是一场重大变革,牵涉重大体制机制改革,尤其需要以新媒体为发展指向,以开放、自由、市场经济为主要手段,因而在融合发展中必须把握好正确的指导思想,否则很容易迷失方向。要根据党中央有关精神,按照积极推进、科学发展、规范管理、确保导向的要求,着力形成现代传播体系,保障文化安全和意识形态安全,壮大主流思想舆论场,增强社会主义文化软实力。

(一) 坚持马克思主义新闻观

近年来,一些媒体在市场经济中出现了严重的价值迷失,他们打着创新采编流程等旗号,把新闻传播变成了牟利的工具,出现了诸如频道承包、栏目承包、节目承包、版面承包等各种现象,吸纳广告、吸引眼球成了媒体工作的硬指标,赤裸裸的"成本——收益"的单一逻辑主宰一切,许多人忘记了自己是什么、为什么、从哪里来,陷入了前所未有的角色错位与价值认同危机。而社会上的一些阶层和利益相关者,为了某个特定的政治目标或具体的商业动机,往往通过操纵新闻舆论来影响人们的预期,他们经常披着新闻报道的外衣,在微博上、电视里、报刊上闪现,不露声色地掀风造势。这些现象警示我们,在新闻媒体工作中,必须坚持马克思主义新闻观,坚持新闻工作的党性原则。

第一,要坚持新闻的真实性原则。新闻报道在任何情况下都必须与所报道对象的实际相符合,包括微观真实、宏观真实和本质真实三个方面。既要具体事实真实无误,又要全面反映事实的全貌和社会生活的全貌,还要揭示事物的本质和它所反映的时代本质与历史规律。坚持新闻的真实性原则,是新闻事业性质和功能的内在要求,是新闻传播的基本规律,是真实反映实际、正确指导实际,提高舆论引导质量,促进社会良性发展的关键所在,新闻报道决不能凭想象、凭传闻、凭臆测,决不能为一己私利、无端炒作。

第二,要坚持新闻的党性原则。党性是阶级性的集中表现。新闻工作的党性原则是一定政党的政治主张、思想意识和组织原则在新闻活动中的体现,它是指导我国新闻工作的根本原则。只有坚持党性原则,才能保证正确的政治方向,才能充分反映党的主张、国家意志和人民利益,发挥党、政府和人民的耳目喉舌功能。坚持党性原则，体现在新闻工作中要坚持围绕中心，服务大局，牢牢把握正确的舆论导向，唱响主旋律，传播正能量，为改革发展稳定提供有力的舆论支持。体现在要坚持新闻报道的倾向性与真实性的统一，维护党的利益与人民利益的统一，遵守党的纪律与掌握灵活宣传策略的统一，严肃的态度和生动活泼文风的统一。

第三，要坚持新闻的群众性原则。群众性原则是党的群众路线在新闻工作中的体现，它要求新闻传播活动要坚持规律性和目的性的统一，从而不断增强新闻工作的针对性、实效性、吸引力和感染力。坚持群众性原则，要求在内容上要尽量满足群众需要，在形式上要为群众喜闻乐见，在工作路线上要走群众路线，相信群众、依靠群众，吸引群众参与新闻工作，实行专业的新闻工作者与广大群众的紧密结合。新闻工作者要贴近群众、贴近实际、贴近生活，当人民群众的耳目喉舌，反映群众生活，表达他们的愿望、意见和呼声，满足群众多层次、多方面、多样化的信息需求。

第四，要有强烈的社会责任感。当前一些新闻媒体和新闻工作者受西方新闻思想影响，一味遵从新闻自由的理念，以局外人的身份，以"黄鹤楼上看翻船"的幸灾乐祸旁观者心态，看待我们的社会，看待社会出现的情况和问题，只认"人咬狗"的现象，不分青红皂白，不问是非曲直，一股脑地猎奇、曝光，完全为了赚眼球，为了发行量、点击率和轰动效应，没有社会责任感，根本不顾社会效果，甚至故意炒作，哗众取宠，抹黑党和政府，这是需要坚决纠正的。

（二）掌握新时代媒体特性

今天的新媒体已集中了数字化、多媒体和网络化等最新技术，媒体的边界不断拓展，与传统媒体具有一系列迥异的特性，我们必须深刻认识，深入研究，科学把握。

一是受众分众化。受社会多样化、价值多元化、信息移动化等的影响，各类媒体皆根据受众的不同需要和偏好而经营媒体，如报纸办了都市类报纸、财经类报纸、体育类报纸、生活类报纸、健康类报纸等，广播办了新闻广播、经济广播、交通广播、戏曲广播、音乐广播、农村广播等，电视办了农业、科教、电影、电视剧等，网站办了新闻网站、社交网站、购物网站、文学网站等,日益呈分众化趋势。在分众化时代,受众的注意力作为一种不可再生和复制的准天然资源成了市场追逐的对象,媒体可以通过集中媒体优势,整合传播内容,对信息进行分类加工,以特定的渠道传播到目标人群中,充分满足受众的需要,实现传播效果最大化。美国学者托夫勒在其《第三次浪潮》一书中指出,第二次浪潮中的大众传播媒介不断向人们的头脑中输入统一的形象,结果产生了大众媒介和"群体化的思想"。而第三次浪潮带来了一个"非群体化传播工具"时代,一个新的信息世界与新的传播科技一起出现了。

二是传播个性化。互联网作为一个共享、开放、互动、个性化的媒介平台,每个人在上面都有一个传播渠道,有了相应的话语权。典型的如被喻为"病毒式传播"的微博传播,即突显出人人播报、人人参与的社会化特征。这样的舆论发生机制,一方面给传统媒体提供了了解民意的渠道和大量的信息,另外一方面如果不加甄别,没有判断,盲目从众,也可能会造成很多失实和导向问题。这是因为,互联网具有突出的媒介自由市场的特点。在互联网媒体平台上,理性的观点有,情绪化的宣泄也有,尤其是新媒体信息过载、放任的多元化意识等造成的"共识断裂"严重威胁着理性认同,这是在融合中需要高度关注和切实解决的。正是基于互联网时代传播的个性化特点,传统媒体的传播方式必须要变化,内容和表达方式必须要创新。

三是媒介环境多元化。原来传统媒体的结构比较单一,到互联网时代以后,各种媒介互相吸收、借用其他媒介的优势,不断形成新的媒介,从而使媒介环境变得日益多样化、多媒介化、多频道化。如:个性化阅读推送已崭露头角,将来可能成为新闻媒体的制胜法宝;头版将不再是千篇一律,每个人看到的新闻都可以是根据他们的地域和兴趣爱好而精心编制的;普通民众的视角将受到更多重视,新闻会更注重跟观众的互动交流。跨专业的新闻实践将增多,如把艺术与新闻联合起来,利用数据来报道新闻故事;跨语言的传播工具将会涌现,新闻人将会探索出更多的方式来实现跨语言的有效传播,让全世界的观众都能够流畅地获知某则新闻信息。

四是传播的形态和方式颠覆化。主要是:第一,内容的原生态化。互联网带来的信息快速、海量、短时消费,使得各类信息制造者绕开专业媒体机构而进行传播,这些传播内容的原生态化加剧,即不经新闻工作者加工、过滤,或很少经过专业处理而直接转呈给用户。这一方面带来了更多元更丰富的信息,另一方面也会严重影响新闻内容的质量。第二,媒体循环的出现。在传统的传播格局中,不同的媒体大多各自为政,以自己独特的传播形态和传播功能吸引受众注意、求得生存发展,其影响方式大多是从媒体到受众的一级传播。而媒介融合时代,互联网将相互竞争的各家传媒集合到同一平台上,广播电视播出的消息很可能是通过网络媒体等的转载才到达受众,不同媒体之间往往相互渗透和影响。第三,传播规则的改变。互联网所带来的不仅仅是道路、平台,而是一种全新的传播规则,它把过去相对割裂的、局部的、分散的社会资源通过互联互通形成了新格局,传统社会被闲置、被轻视、被忽略的一盘散沙式的各种资源和相关要素,由于互联网的互联互通而被激活,成为种种现在和未来社会可以创建的新的价值、新的力量和新的社会结构,并由此带来了一系列社会规则和运作方式的深刻改变。

(三)遵循新闻传播规律

新闻是由传播主体、收受主体、传播媒介和传播内容四大要素构成的。在新闻传播过程中,传播主体如何通过传递新闻满足收受主体新闻需求的内在关系构成新闻传播规律。新闻传播规律具有客观性、自发性,不以人的主观意志为转移,人们只能遵循它、利用它,不能违背它、改变它。

一是要遵循事实决定律。事实决定新闻,这是新闻工作最基本的一条规律。新闻报道必须以事实作为基础和客观依据,没有事实,新闻报道就无从谈起。事实对新闻信息的全部内容和价值呈现起决定性作用。也就是说,事实决定了报道者的选择范围以及选择后的表述原则。如发生了什么事情,事情发生在什么时候什么地方,有谁参与其中或受到影响,出于什么原因,表现怎样,过程怎样,结局怎样,等等。事实的客观规定性要求报道者必须按照事实的客观存在形式进行报道,按照事实自身的因果联系和历史进程进行解释。事实决定新闻,要求新闻报道者解决"事实在哪里""如何获得事实"以及"如何表述事实"的问题。这个规律告诉我们,报道者只有在尊重事实的基础上,才能有效完成新闻活动,实现自己的特定诉求,当前一些新媒体报道活动的捕风捉影、张冠李戴,就违背新闻工作规律。

二是要遵循尊重受众律。新闻信息流向的目的地是受众,新闻信息的消费者是受众,新闻机构的服务对象是受众,因此新闻活动的核心意义就在于满足受众的新闻需求。新闻活动要面向受众,就必须围绕如何适应和满足受众的需要而展开报道。受众在接收新闻信息过程中,主要是依据自己的需求、动机、态度、情趣等进行选择性的接触、理解和记忆,因此,满足受众需要,就是要有针对性地为受众提供信息服务,随时了解受众的需要、兴趣和愿望,把握当前受众的关注重点和接收新闻信息的方式和习惯,从而更准确、更有的放矢地去选择题材、事件、方式、时机,确定报道方案和开展报道工作。需要把握的是,尊重受众但不能流于媚俗,不能在媒体上充斥风花雪月、鸡零狗碎,要体现思想、道德、审美等引导。

三是要遵循新闻传播选择律和效用律。任何新闻传播过程,都是新闻活动双重主体选择的过程和选择的结果。新闻传受行为,从总体上说是一种主动的、自觉的行为,选择机制支配着新闻传播过程。新闻传播过程也是在传播者追求传播效果、收受者追求新闻满足的互动中进行的。由于新闻工作关系党和国家工作全局,关系改革和经济社会发展大局,关系国家长治久安。新闻单位既是大众传播机构,又是社会舆论机构,还是政党宣传机构,所以它决定了新闻媒体必须当好党、政府和人民群众的耳目喉舌,必须始终置于党的正确领导下,保持良好的社会形象和公信力,必须坚持弘扬主旋律,而不能搞有闻必录、有闻必报。当前一些地方搞地方保护主义,不允许负面报道、舆论监督,致使一些重大新闻被瞒报、压报、迟报、漏报等,引起社会强烈不满;一些新闻媒体一味追逐经济利益,搞虚假报道、片面报道、偏颇评论等,失去社会公信力,这都是违背新闻传播规律所造成的。

(四)树立互联网思维

所谓互联网思维,就是在互联网、大数据、云计算等科技不断发展的背景下,对市场、对用户、对产品、对企业价值链乃至对整个商业生态的进行重新审视的思考方式,它是生活互联网化以后所衍生出的思想,即如何通过互联网思维方式将人与人之间的生产生活联系得更加紧密。树立和强化互联网思维,应在以下几个方面狠下功夫。

一是要实现战略观念转型。互联网的发展令媒介边界消融,导致线上和线下、国内和国外的传统分野与边界逐渐消失。人们看待媒体的影响力大小，出现了8个新的指标：用户流量、内容和风格、组织方式、用户的死忠程度、垂直聚焦、足够的支撑源、是否得到转化认证、跨平台价值等，虽然不一定全面，但反映了基本情况。传统媒体要深刻认识这种变化和趋势，适应新兴媒体充分开放、充分竞争的特点，树立全球视野，强化市场观念，顺应传播科技潮流、尊重媒体客观规律，强化互联互动，提高市场营销和产品推介能力，做大做强自身品牌。同时要有效构建用于展现社会主义核心价值观的编码方式、解释框架以及传播模式，在全新的传播环境下，弘扬主旋律，强化引导力，传播正能量。

二是要充分运用网络技术手段改造传统媒体。要适应新兴媒体即时和海量传播、平等和互动交流的特点，构建现代传播体系，改变单向传播、受众被动接受的方式，建设具有多样传播形态、多元传播渠道、多种平台终端，特色更加鲜明、覆盖更加广泛、传播更加快捷的立体传播体系，形成强大传播能力。要跟进传播新业态，重视首发首播，不断提升媒体信息挖掘、分析、整合能力，扩大移动终端覆盖面。要发挥自身公信力优势和专业优势，构建大媒体平台，实现对舆论深入、及时、有效的引导。各媒体要坚持因地制宜、多元实践，注重差异化发展，探索适合自己的融合转型道路，结合自身优势明确战略方向和发展重点，努力在互联网技术和新平台框架下，重构价值体系，实现从"并行"到"并轨"，从"延伸"到"兼容"，打造全新的媒体系统。

三是要在传播上注重快捷精简。新媒体传播的一个重要特点就是微传播，各种微内容、微信息高速流动、跨平台流动，用户随时随地能够获取信息。这就要求融媒体要多在"微"字上做文章，多生产精准短小、鲜活快捷、吸引力强的信息，在传播中抢得先机。要用好微博、微信等传播平台，形成即时采集、即时发稿的报道机制，努力抢占第一落点。要加强短视频、微视频的创作生产，丰富报道方式，把报道内容直观形象地呈现出来。

四是要在服务上注重分众化互动化。互联网时代人们的个性化需求越来越多，融媒体既要提供共性新闻产品，更要加强个性化新闻生产。要建立以"用户核心"为中心的服务意识，注重分析用户特点，准确掌握用户多样化、个性化信息需求，有针对性地生产特色信息产品，点对点推送到用户手

中，做到量身定做、精准传播，提高新闻宣传的实效性和满意度。要将互动思维渗透到采编播各个环节，加强媒体与用户间的互动交流，吸引用户提供新闻线索、报道素材和意见建议，提高用户的关注度和参与度，实现在互动中参与、在参与中传播、在服务中引导。要以多样化的展示、多介质的推送，使融媒体的新闻报道活起来。综合运用图文、图表、动漫、音视频等多种形式，实现内容产品从可读到可视、从静态到动态、从一维到多维的升级融合，满足多终端传播和多种体验的需求。

（五）体现融合发展要求

媒体融合是指从媒介生产到消费者、用户的自由转移等方面的会合与交融，即跨越多个平台的信息流动，多种产业间的沟通协作，以及多层媒介资本结构间相互流通与利用。体现融合发展要求，从广义上讲包括媒介形态、媒介功能、传播手段、资本所有权、组织结构等一切与媒介有关的要素。主要应从以下几个方面着力：

第一，要坚持一体化发展。过去不少媒体在所谓的融合中仅仅把各种新媒体手段看作是延伸自己影响、延伸自己价值、延伸自己产品覆盖的渠道和应用，完全流于对新媒体技术的简单"嫁接"，没有实现采编业务、组织机构和资本方面的全面融合，缺乏市场号召力的传播平台和融合发展路径。真正的媒体融合，要坚持以主要媒体为龙头，以重点项目为抓手，以先进技术为支撑、内容建设为根本，使融媒体在内容、渠道、平台、经营、管理等方面实现全面融合发展。要找准市场空间，整合资源优势，形成复合竞争力；要统筹使用各类平台和渠道，链接不同介质和终端，打通从资本运作、内容生产到产品销售、市场反馈的全环节，增强市场号召力，构筑立体传播网，创新盈利模式；要服从于总体战略和既定目标，创新治理结构，优化组织架构，激活各个单元，培养产业孵化器，增添可持续发展的不懈动力。要做到通过融合产生化学反应，裂变出新的媒体型态，实现各种媒介资源、生产要素的有效整合，做到你中有我、我中有你，形成一体化的组织结构、传播体系和管理体制。

第二，要实现由"合"到"融"的嬗变。实践表明，形式上的"连接"不等于融合，"并行"也不等于融合，真正的融合必须是深度融合。以前，传统媒体在融合中主要是"合"而不是"融",根本没有粘力。今后,媒体融合要打破形态、功能隔离的现状,实现真正的融合。要通过转变传统媒体的传播模式,做到传统媒体与网络媒体、手机媒体、社交媒体等新媒体之间的聚合互动;通过跨媒体、跨区域、跨行业的合作运营,促使单一的、分散的运营模式向集约化、规模化方向转变;通过转变传统媒体的服务模式,实现由简单服务向精细化服务转变,更好地满足用户多平台、多终端、多样化的需求。要通过融合发展,加快构建现代化的立体传播体系,丰富传播形态和传播样式,拓展传播渠道和平台终端,使媒体传播更加快捷、覆盖更加广泛,做到用户在哪里,我们的新闻媒体就覆盖到哪里。

第三,要实现由共享型传播向分享型传播转变。媒体融合时代,用户成了新闻和其他信息的共同生产者,媒体原有的组织化的新闻生产,逐渐被社会化的新闻生产所取代,共享型传播将转型为分享型传播,变成了点对点、多对多的传播。传统媒体只有转型为分享型传播,才会有真正意义上的媒介融合。要达成分享式的传播关系,传统媒体必须打破共享型传播中时间和空间的限制,实现实时的与延迟的信息推送;要将信息和服务结合起来,充分融入Web2.0以后的新型技术,满足用户的个性化、定制、消费等需求,使用户从中享用到最充分的信息资源和各种服务。同时要注重个性化服务,将个性化的信息服务作为融合的重要任务和发展方向,细化信息服务,生产个性化、定制化的新闻产品。

第四,要实现网络媒体的社交化。互联网时代,社交化是吸引用户参与的重要手段。通过社交化,媒体可以把用户从被动变为主动,从接受者变为参与者,甚至是引导者、颠覆者和创造者,用户能够在媒体上实时查询、互动、分享,从而成为新闻和其他信息的共同生产者,媒体也能从用户生产内容中获得更丰富、更新鲜、更大众视角的信息,其时效性更强、视野更开阔、内容更鲜活,更能吸引受众;通过社交化,媒体可以把图片、视频、文本和传统内容进行混搭处理,进行互动、建立联系、生成意义;可以打造出新的营销模式,更精准的个性化广告、免费增值模式、战略伙伴收入共享、从线下走到线上的社交活动,将产品、服务和人结合到一起;可以建立一种媒介生产者与消费者之间的文化融合关系,使受众成为信息的探求者、浏览者、咨询者、

反馈者、对话者、交谈者,吸引更多年轻用户、扩展读者群。

第五,要敢于攻坚破难。媒体融合不同于以往的改版扩版和栏目调整,也不是在原有框架下修修补补,是一场全方位的革新,要以浴火重生的胆识、你行我更行的气度,奋力开拓、勇于创新。要站在新媒体发展的前沿,以产品为轴心,大力创新业态,创新产品,重组资源,对传统媒体的组织架构、运行模式、报道方式等进行重大改革,使融媒体的人员、设备、技术、产品设计、品牌、信息、资金等,都能适应互联网时代媒体的发展要求。要以增强媒体的信息内容传播力、影响力、竞争力等为着力点,对发展格局、发展空间、发展模式等进行重大改革,使新闻生产的流程更加活化,形式更加丰富,媒体与受众的互动更加顺畅,达到媒体生产制作社会化、传输方式多样化、服务形态多元化,形成多元参与、开放融合、多重叠加、价值重构的发展局面。要运用新的传播理念,给传统内容资源带来新附加值,不断提升内容传播的有效性和感染力,增强媒体信息内容的核心竞争力,最大限度将内容优势转化为发展优势。

(六)壮大主流思想舆论场

当前,互联网重新定义了人们获取信息的方式和舆论生成方式,不但带来了媒体格局的深刻调整,也使舆论生态发生了重大变化,如果我们不能有效占领新兴舆论阵地,我们就将失去舆论工作的主导权和话语权。推动传统媒体与新兴媒体融合发展,必须以巩固宣传思想文化阵地、壮大主流思想舆论场为根本目的,必须一手抓融合,一手抓管理,把正确导向贯穿到融合发展的各环节和全过程,确保融合发展沿着正确的方向前进。

一是要坚持围绕中心、服务大局。中心和大局是党和国家的发展方向、中心任务、战略部署,媒体必须大力提供舆论支持,营造良好的发展氛围。要牢牢把握社会发展进步的本质和主流,大力宣传党和政府的中心工作、重大部署,宣传经济社会发展方向、重大成就,宣传党和政府改善民生的重大举措,宣传人民群众中涌现出来的先进典型和凡人善举,把党和政府的声音传播好,把社会进步的主流展示好,把人民群众的心声反映好,确保新闻宣传主题突出,基调鲜明,给人以信心,给人以力量,给人以光明,给人以希望。

二是要坚持弘扬主旋律。新闻媒体要把体现党的主张和反映人民心声

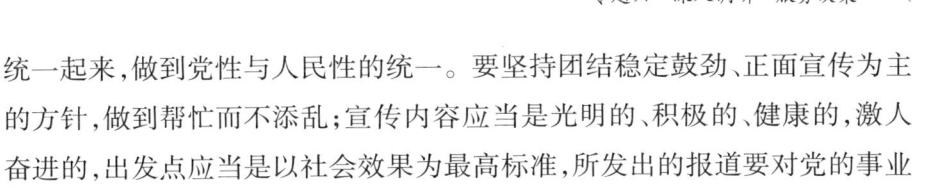

统一起来,做到党性与人民性的统一。要坚持团结稳定鼓劲、正面宣传为主的方针,做到帮忙而不添乱;宣传内容应当是光明的、积极的、健康的、激人奋进的,出发点应当是以社会效果为最高标准,所发出的报道要对党的事业有好处,对国家的发展有好处,对人民的生活有好处。批评报道和舆论监督要做到在思想上坚持以马克思主义新闻观为指导,政治上自觉同党中央保持高度一致,组织上服从党的领导,做到令行禁止,决不能为监督而监督,或泄愤报复,甚至以监督为名谋取私利。

三是要积极和正确引导舆论。当前网络传播中出现了一系列新的问题,有不少错误言论、戾气情绪、政治谣言,攻击党和政府、歪曲党史国史、贬损国家民族等问题。在这种情况下,主流媒体要担负起正确引导舆论的职责,要注重研究舆论传播规律,仔细体察受众多个层面的心理特点和需求,不仅要在第一时间告诉受众所发生的事实,实现对认知性舆论的有效引导,还应高度重视对社会公众在新闻事件中的情绪性舆论、价值观舆论和参与性舆论等方面的引导。要以客观理性的专业化报道和及时全面的信息服务,疏导公众情绪,稳定社会心理;要通过对新闻事件及时、深入、多方位的连续报道和议题深度挖掘,体现媒体的态度、立场和导向,塑造集体价值或整合价值认同;要积极做好对参与性舆论的有效引导,促进社会各方面良性互动,推动社会健康发展。

四是要增强新媒体环境下新闻舆论工作的实效性。必须大力搭建新型传播平台、移动支付平台、便民服务平台,更好地担当起传播新闻信息、引导社会舆论、服务社会公众的职能,在巩固发展传统业务的基础上,加快数字化、网络化、移动化转型步伐,通过传统媒体与新兴媒体无缝对接、同步壮大,做到宣传思想文化阵地的无缝对接。主流媒体创办的客户端要把权威性、导向性放在第一位,切实加强信息安全,积极服务地方党委政府工作,第一时间发布新闻和政务信息,开展便民服务,使广大群众及时了解各类新闻资讯,获取民生信息。

五是要提防商业网站对传统新闻学的基本信念和价值观念的侵蚀。今天,在商业网站的主页上,新闻事件无论大小,都成了商家赚钱发财内容的花边,新闻成了陪嫁的衣裳。在严肃规范的新闻学概念里,新闻不仅等于注

意力,而且更等于信用、权威、品牌、准确、原则和道德,新闻所特有的品质是普通信息所没有的。新闻固然要提供给大众共享,但又要对大众负责,具有严格的社会责任和职业道德。特别是对重大新闻事件的报道,主流媒体除了要讲求实效外,更要坚持准确、质量、信誉的原则,不能缺乏战略思考,忽视对核心价值和核心利益的打造。当前,一些传统媒体存在着对微信微博等商业产品的过度依赖,这要从体制机制上予以解决,保证我们的主流媒体的新闻报道始终紧紧围绕中央的决策部署而不能受到干扰和影响。

(七)增强文化软实力

文化软实力是民族凝聚力、创造力的重要源泉,是综合国力竞争的重要因素。媒体是文化软实力的承载者和传播者,对于提升文化软实力有着不可忽视的作用,媒体融合的最终目的就是要增强国家文化软实力。

一要用好国家文化产业发展政策。党的十八届三中全会通过的《中共中央关于全面深化改革若干重大问题的决定》提出的"积极发展混合所有制经济,允许混合所有制经济实行企业员工持股"政策同样适合于媒体行业。2014年国务院办公厅印发的《关于印发文化体制改革中经营性文化事业单位转制为企业和进一步支持文化企业发展两个规定的通知》提出了"探索国有文化企业股权激励机制,经批准允许有条件的国有控股上市文化公司按照国家有关规定开展股权激励试点",这些政策媒体部门要好好研究,切实把政策用足、用好、用活。媒体部门要鉴于本身就是文化产业的属性,一定把自身的品牌优势和传播优势利用好,在公共服务、金融创新、时尚营销、文化地产等各种领域进行广泛融合开发,实现从以往依靠投资经营的"转场",发展到改变行业生态的"跨界"融合。近年来,国家大力扶持文化产业,从中央到地方都出台了很多对文化产业扶持的利好政策,媒体要密切关注,及时组织策划对应项目寻求支持。据有关资料,前几年广东的《羊城晚报》《南方都市报》《广州日报》等媒体,都从省里拿到了几千万元不等的扶持资金。

二要改变以广告收入为主的盈利模式。历史上,媒体盈利一直是以广告为主,尽管近年来下滑严重,但一般还在一半以上,有些甚至高达70%－80%,形成了强烈的广告依赖症。但在互联网时代,这一局面已越来越难以为继。传统媒体不但面临着被传播逻辑打破的局面,更面临着被商业模式颠覆的局面,今后必须改变原来的思维和经营模式,创造新的盈利模式,由原来的靠广告赚钱,转变到靠产品和服务赚钱。在这方面,浙江报业集团提出的"新闻+服务"理念和模式就非常有效。他们以服务集聚用户,以新闻传播价值。新闻是免费的,服务是收费的。既做好"本土化新闻",又做好"本地化服务",更做好电子商务。在服务方面,他们在客户端植入了功能服务和个性化服务,比如看病挂号、公积金查询、违章查询、水电煤缴费、信用查询、航班查询,以及如何烧菜、如何旅游等,很好地服务了社会公众。在电子商务方面,他们把游戏软件与新闻平台相结合,每次游戏用户退出游戏后弹窗推送重要新闻,使得用户在看新闻的时候把服务买了,在接受服务的过程中也把新闻看了,因而使他们的客户端很受欢迎,实现了互联网用户的快速增长,其日页面PV(浏览量)超过500万,最高时达到1千万,UV(独立访客)稳定在50万,最高时超过100万,数据贡献率超过国内半数以上省级报业集团主办的新闻门户网站。

三要不断开拓新的经营领域。要充分重视和借鉴iPad的经营理念,iPad并不简单等同于媒体终端,它可以提供浏览互联网、收发电子邮件、观看电子书、播放音频或视频、玩游戏等多媒体功能,是一个极度多元化的娱乐平台。现在,新闻已不是人们接触传媒的全部,人们接触新闻的目的更多的是娱乐、社交、表达、通信、群体认同等,媒体应树立新的"新闻"概念。要实现媒体融合发展,必须大力开拓新的经营领域,这方面一些媒体的经营经验甚有启示。如河南日报报业集团着力拓展运作空间,2013年,他们的《今日消费》杂志社与誉品电商合作运营,推出优质食品及农特产品直供商城"今日誉品",目前已有500多个产品在线销售。2014年,他们又发行了第一期中期票据,发行金额达3亿元,期限5年;联合投资机构共同组建大河基金管理有限公司,注册资本1000万元,首期募集资金2亿元,收到了良好效果。还有像美国《国家地理》杂志,每期都会基于一个故事设计一个游戏,结果其下载量非常惊人,而且是付费下载,《国家地理》通过下载收费取得了很好的回报。再者,新闻媒体也可以为地方和部门开展舆情分析咨询服务,运用"免费""湿营销"等新经营理念,开发付费新闻和文化产业项目

等;可以从小到网店、书店、饭店,大到房产、娱乐、院线,甚至股票、保险、证券等各项业务,只要合规合法都可以经营,最终达到增强经济实力和社会影响力,增强社会主义文化软实力的目的。

四、实现媒体融合需思考解决的问题

由于传统媒体的资源配置方式、价值形成方式、传播方式、渠道类型、营销方式、盈利模式等,在互联网时代都发生了根本性变革,目前媒体融合在理念观念、体制机制、技术力量、资金投入、人才保障等方面还存在不少困难和问题,要实现媒体融合发展,传统媒体必须进行一场彻底的自我革命,在观念、战略、体制机制、组织结构、人员构成、内容生产方式、经营管理方式、运营模式、企业文化等方面来一次整体变革,从而找到新的价值方向和发展逻辑。具体地说,要高度重视解决好以下9个方面的重大问题。

(一)内容

要坚持内容为王,即以内容建设为根本。对于新闻媒体来说,关于内容的地位和作用原来是没有什么疑义的,但在互联网冲击下一度变得复杂了:一会儿是内容为王,一会儿是渠道为王,一会儿是平台为王,情况扑朔迷离,让人莫衷一是。但推动媒体融合究竟以什么为根本?这是一个不容忽视、不容回避的重大问题。综合中国媒体的性质、功能、任务,以及互联网形势下媒体发展的规律、特点、要求等,我们认为,推动媒体融合还必须坚持以内容建设为核心。

一是在理念上不能动摇。媒体最基础的东西是新闻,深厚、扎实、原创的内容,在任何时候都是不可或缺的。从传播学的职能和规律来看,尽管互联网环境下传统新闻学的概念和职能发生了很大变化,新闻内容生产的方式、传播的形态、路径也会发生很大变化,但生产优质内容的方向不会改变也不能改变,内容永远是媒体的根本所在,是决定其生存与发展的关键,传统媒体的内容尤其是议程设置能力,始终是媒体在市场竞争中最有力的法宝,是不可或缺的舆论领袖平台。在现实生活中,人们永远需要新闻,只有夕阳的媒体,没有夕阳的新闻。媒体在融合发展过程中,要继续坚持以生产出优质内容为最大的核心价值,始终把内容建设摆在最突出的位置,作为核心竞争力去经营。这方面,河南日报报业集团做得相当扎实。他们认为,媒体过硬,首先要内容过硬、记者的素质过硬。去年他们为了贯彻落实习近平总书记在河南考察调研时的重要讲话精神,先后围绕南水北调中线工程、航空港建设、郑欧班列开通、丝绸之路与大运河申遗等一系列重大事件,集中集团所属媒体进行了多题材、全方位、立体化的报道,在赢得读者广泛好评的同时,也引得中央和省外媒体纷纷跟进报道,充分彰显了自己的社会责任。另外,就连原来根本不重视内容建设的新媒体,现在也开始重视内容建设了,如新浪不惜重金延揽人才,把内容做深做细,由此我们可知内容对于媒体的重大意义。

二是在内容品质上追求专业权威。传统媒体在信息采集核实、分析解读等方面,有着新兴媒体无可比拟的优势。在媒体融合发展中,传统媒体要最大限度地把自己的内容优势发挥出来,并延伸和拓展到新兴媒体,充分发挥引导舆论的主体作用。要依托自己强大的采编力量,权威的信息渠道,规范的采编流程,进行专业化的新闻生产,着力打造优质的新闻产品,确保自己的各种报道都要真实准确、全面客观。要做高品质的精神产品生产者,把原来单纯传递资讯的功能,转变为更多地传递观念和思想的功能,不断推出思想性强、观点鲜明的深度报道和评论言论,让受众感觉到当资讯满天飞的时候,主流媒体上有他们不可或缺的数据整理、明确的问题判断和深刻的思想启迪。要利用媒体平台对社会网络热点进行聚合,及时发布权威信息,以严谨深度的真相报道、客观准确的观点立场,有效打通官方和民间两个舆论场,消除传播上的"剪刀差",实现舆论的同频共振。要适应新兴媒体传播的特点,多生产精准短小、鲜活快捷、吸引力强的信息,综合运用多媒体表现形式,满足多终端传播和多种体验需求,在传播中抢得先机。

三是要积极创新内容生产的方式方法。浙江日报报业集团和广州日报报业集团是这方面探索的典范。浙报集团采取"中央厨房"模式,即在集团内部成立数字采编中心,使之在全媒体内容制作、发布中起调度指挥作用,形成内容生产的全媒体闭合圈,实行新闻信息一次采集、多种生成、多元传播,中心主要通过与集团内各媒体采编部门建立对接机制,专人负责,一一对应。他们通过参加各部门的谈版会、编前会,建立QQ群、微信群等方式,及时掌握信息线索、做好重要选题、重大策划的重点关注、重点推荐，在广泛获取多方资料后，中心根据互联网传播规律选取稿件并进行二次加工，之后流向APP、大浙网、浙江在线、边锋新闻专区、钱报网等内容平台和分发渠道。在"中央厨房"机制下，原来当天采写第二天见报的新闻，通过移动客户端的倒逼，各媒体记者在现场就要发回稿件，在遇到重大新闻、突发事件、现场新闻时，记者可以用手机进行现场播报，第一时间向用户传播，并根据记者采访的不断深入做到滚动更新，持续传播，达到效果的叠加和最大化。在内容创新方面，他们创造了以新闻可视化的方式解读新闻，让枯燥的政策、数据变得轻松活泼，让传统的新闻内容变得更容易接近和消化。他们还提供社区的便民服务、打折信息、便宜货直购、交通查询，等等，把内容做得非常丰富、实用、吸引人。广州日报报业集团采取"中央编辑部"模式，具体运作是编辑部由《广州日报》社夜编新闻中心、大洋网、全媒体新闻中心、音视频部、数字新闻实验室5部门组成，实行"滚动采集、滚动发布；统一指挥、统一把关；多元呈现、多媒传播"运作模式。在中央编辑部的统筹指挥下，《广州日报》原来建立的"1+N"全媒体矩阵能够精彩不断，实现了24小时滚动发布新闻；前方记者采访回来的新闻素材，可以多平台、多形态地实时发布，为读者随时送上色香味俱全的"资讯大餐"。

四是要大力创新内容采编流程。积极推进采编流程集约化、数字化改造和移动采编、多媒体采编系统升级，建立统一指挥调度、高效整合采编资源、融合运用多种技术、适应多介质新闻生产的新型多功能一体化采编平台，实现新闻信息一次采集、新闻产品多种生成。要推动新闻信息生产向实时生产、数据化生产、用户参与生产转变，实现新闻信息生产模式的转型升级，提升新闻生产力和产品竞争力。这方面国外媒体的经验很有价值，如德国的德新社整个采编流程就是一个多业态的信息整合、高度融合的过程，其制作出来的新闻产品能够同时满足报纸、杂志、广播电视、网络等多个业态媒体使用。采编的各个部门集中办公，各个部门之间建立了良好的相互交融的运作机制，技术部、图片部、文字部相互合作、相互补充，客户有个性化服务需求时，10分钟内就能做出反应，产品也不再是大路货，由此可以思考我们媒体内容的生产方向和方法。

(二）渠道

要坚持渠道为先，即以渠道建设为先导。渠道是通向消费者方向的种种经销机构。通常情况下，如果一个渠道商获得了大量的客户，那么它就拥有了与内容提供商谈判的能力。新闻生产是高度多样化的，内容高度可替代，新闻生产和作品虽然也存在一些重要的品牌，但渠道商的作用在现代条件下还是极为特殊的。在媒体融合发展过程中，要对渠道问题优先考虑、优先布局、优先发展。

首先，要建立庞大的渠道系统。媒体的渠道系统包括报纸、广播、电视、杂志、网络、户外广告牌等形式，以及家庭电视、楼宇电梯间、地铁、公交、医院、机场、超市、饭店等场所。就新媒体来说，还包括门户网站、搜索引擎、微博、SNS、博客、播客、BBS、RSS、WIKI、手机、移动设备、APP等平台。渠道是网络时代媒体制胜的重要法宝之一，必须高度重视，全方位布局，只要有可能，适合建什么渠道就建什么渠道，有什么条件就建什么渠道。在这方面河南日报报业集团做得就比较成功，他们采取多管齐下的办法，经营了系列报纸、系列刊物、系列网站，以及手机报、微博、微信、微视、客户端，并大力发展户外广告业务，形成了涵盖市内道路、地铁、高铁和航空港的大户外广告格局，而且每一步都做到动手早、行动快，形成了传统媒体与新媒体深度融合的态势。

其次，要抓好重点领域的渠道建设。研究设计传播渠道，必须着眼于扩大媒体覆盖面，占领新媒体、开拓新市场，建立与内容资源相匹配的传播渠道，拓展主流舆论阵地、扩大主流舆论传播，实现融合发展总目标。当前，媒体的主战场已经从电脑互联网发展到了移动互联网，智能手机广泛采用触屏操作方式，移动互联网用户更青睐点击而非麻烦的网址输入，APP项目也成为最受欢迎的手机应用，以上这几种渠道平台都是需要大力抓好的重点渠道。同时，要整合线上与线下资源，拓展延伸产业链，形成强大的渠道系统。为抓好重点领域的渠道建设，《羊城晚报》一直努力打造全新的APP，整合报社QQ群、电话报料平台和记者、版面采编资源等，建设符合移动媒介传播规律、特色并适合用户需求的新媒体渠道平台，并创新渠道平台工作机制，由记者或报料者就新闻话题发起并主持讨论，合理开发和利用数字平

台,扩大在移动终端的覆盖面和影响力。

再次,要善于借力发展。在互联网飞速发展、新技术新应用层出不穷的今天,既要加强自主建设,提高技术研发创新能力,又要打破小而全、大而全的观念,善于借力发展。因为所有的东西都靠自己建设是不可能的,也没有必要,能用社会的、别人的技术要尽量使用,不能关起门来搞融合。要通过多种形式,充分利用别人成熟的技术、平台、渠道、手段等,如借力商业网站的微博、微信等传播平台,占领舆论引导高地。要加强和互联网运营商合作,加快布局移动互联网业务,发展移动客户端、手机网站、手机报等应用,丰富信息内容、提升互动功能、重视用户体验,做大做强并规范发展手机报。同时要高度重视渠道人才建设问题,现在的渠道已经发展到内容与人才并重阶段,要实现渠道大的发展,必须要有相应的人才去解决渠道发展的问题才能实现,只有将人才问题与渠道问题一并考虑解决,才能使更多的渠道实现更大的突破。

(三)平台

要坚持平台为重,即以平台建设为重点。平台是指计算机硬件或软件的操作环境,泛指进行某项工作所需要的环境或条件,是人们进行交流、交易、学习的具有很强互动性质的舞台。平台是媒体转型的基础,推动融合发展,必须以媒体互联网平台化为重点,推动不同传播形式的整合,构建一体化、多元化,集信息生产、交换、消费等多功能于一体的服务体系,打造巨型传播平台,促进跨界发展。

第一,要加强移动互联网平台建设。当前,智能手机、平板电脑等已成为人们上网获取信息的最主要手段,未来更可能是移动互联的世界,移动互联网平台建设是当前平台建设的重中之重。首先,要加强移动客户端建设,它是互联网访问的主要入口,要在这方面下足功夫,办出特色,办出影响。其次,要加强手机网站建设,进一步丰富信息内容,完善服务功能,着力将其打造成为移动互联网的门户网站。其三,要积极关注、善加利用商业网站在移动客户端、手机浏览器、应用商店等方面的成熟技术,以及微博、微信等技术平台,建好法人账号,扩大用户规模,提升传播效果。其四,要密切关注并有选择地发展社交类应用和技术,利用微博、微信拓宽社会化传播渠道,促进社交平台与新闻传播平台的有效对接,增强平台粘性,集聚更多忠实用户。有专家认为,掌握用户数据是新媒体最核心的价值。

第二,要善于利用其他网络平台。互联网经过多年来的发展,各种平台都有了较大规模,如果现在再从零开始建设一套自己的网络平台,已经几无可能也无必要。基于这种认识,浙江日报报业集团收购了一个较大的网络游戏平台为自己所用。他们认为,互联网的用户,互联网带来的变革,看起来是技术带来的变革,但实质上是技术改变了用户的需求和习惯。过去用户的需求是割裂的,如看新闻要买报纸,看电视要对着电视机,看电影要到电影院,阅读得去图书馆或书店,但互联网把用户的这些需求积聚在一个平台、一个空间里,有些几乎可以同时完成。所以他们觉得游戏用户完全可以成为新闻用户。以后的实践证明,他们的收购是成功的。正是依靠这样的认识和方式,现在浙江报业集团旗下发展了大大小小200多家新媒体,这些平台涵盖网站、APP、微信、微博,从传统的主流新闻,到文化服务、生活服务等一应俱全。国际上也有这方面的成功经验,如美国时代华纳和美国在线联姻,就使时代华纳各种内容产品都获得了一个巨大的发挥作用的舞台,使它旗下的杂志、CNN、华纳唱片、华纳兄弟电影公司,都拥有了一个1亿订户的市场与2000万个互联网私人网址,他们都可以与美国在线一起分享其庞大的受众、电子商务和网上咨询等带来的成果。

第三,要树立"多平台"思维。在一个传媒集团内,应该有很多的平台,每一个平台在传媒集团中的位置不同,所起的作用也各不相同。有些平台是可以实现盈利的,比如报纸、网站、游戏平台、房地产、物业、财务投资等。有些平台并非一定要实现盈利,比如微博、微信公众号等,它们的主要作用是提高整个集团的影响力和品牌价值,或者为其他平台影响力服务,但它们所能发挥的作用并不比盈利平台小。在媒体转型设计中,不一定要让每个平台都有经济指标要求,只要每个平台能够形成合力、相得益彰,能够保证整个集团的顺利运行就可以。此外,平台建设还要突出服务这个主题,尤其是要注意提供各种生活服务类资讯,这一方面能够最大限度地把各类用户吸引到这个平台上来,获得大量流量,另一方面也能够增强用户粘度,达到增强凝聚力和影响力的目的。

(四)技术

要坚持技术为用,即以先进技术为支撑。媒体发展的历史表明,任何一种新型媒体手段的诞生都与某一技术的突破相关,技术始终是媒体发展的基础性支撑。技术与内容互为支撑,共同构成了媒体的核心竞争力。推进融合发展,必须对传统媒体进行信息化改造,用信息技术特别是互联网技术改造传统媒体,推动传统媒体向信息化发展。

一要大力更新和采用先进技术。从媒体最新发展的趋势看,无论是国外的脸谱、推特、谷歌、微软、雅虎,还是国内的腾讯、百度、新浪、搜狐、网易,其本质上都是新技术公司,可以说,技术与媒体相互驱动、相辅相成。一方面,媒介技术的进步极大激发了用户的潜在需求,例如苹果公司整合技术,打造了iPhone、iPad等产品,使得产品和信息实现了良好的融合,有效地激活了用户对媒体的潜在需求。另一方面,技术和用户需求相互促进,共同发展,时刻引领着技术的发展和进步。技术在媒体行业不但是生产力,而且是第一产生产力,技术水平始终决定着媒体的发展水平、决定着竞争力,如果技术不能大力更新和发展,媒体的发展就只能是一句空话。要紧盯技术前沿、瞄准发展趋势,围绕信息传播应用新技术新业务加强攻关,提高技术研发创新能力,着力解决媒体融合发展面临的关键技术,不断以新技术引领媒体融合、驱动媒体转型升级。要充分发挥4G等新一代网络技术,充分运用新技术新应用创新媒体传播方式,提高信息传输效率,占领信息传播制高点,掌握网络空间话语权。

二要充分运用现代信息技术。大数据和云计算是当前具有代表性的信息新技术,它的发展和运用深刻影响着社会生产生活,为创新新闻生产开辟了广阔空间。在媒体融合发展过程中,传统媒体要重视和用好这两种技术,优化媒体内容制作、存储、分发流程,提升数据处理能力,为内容生产和传播提供强大技术支撑。要把几十年来新闻媒体积累的庞大数据资源整合和挖掘出来,建设和完善专业化、规模化、现代化的内容数据库,提高数据管理、分析和运用能力。要加强数据新闻生产,充分挖掘大数据背后潜藏的新闻价值,拓宽新闻来源,丰富新闻内容,为用户提供高质量的新闻信息产品。要加强信息传播技术应用开发,以新技术新应用引领和推动媒体融合发展。

可以说,新技术的力量将是传统媒体绝地逢生的关键。

三要坚持内容王国与技术王国联姻。内容王国是传统媒体的特长,这方面新媒体无可比拟,但在技术王国新媒体具有得天独厚的优势,新媒体就是以新技术为基础发展起来的,传统媒体在这方面则非常薄弱,要实现转型必须以技术为驱动。实现媒体融合发展,必须坚持内容王国与技术王国联姻,互相取长补短,有效实现内容与技术相互支撑、内容与渠道有机结合,收到1+1>2的效果。要顺应互联网传播移动化、社交化、智能化、视频化的趋势,大力发展网络视听服务,将优质内容推送到互联网电视、智能手机、平板电脑等多屏幕多终端,充分运用新技术新应用创新媒体传播方式,推进社交网络平台与新闻传播平台对接,打通新兴媒体和传统媒体两个用户群,广泛吸引用户,不断提升影响力。

(五)经营

要坚持经营为基,即以经营为发展基础。在社会主义市场经济条件下,媒体具有三种功能,一是意识形态阵地,二是文化传播渠道,三是经济建设重要战场。因此,新闻媒体既不能"唯利是图",事事以盈利为追求;又不能不考虑经济效益,总是干赔本赚吆喝的事。要推动传媒和产业的结合,把宣传思想文化的内容与传播载体有机结合起来,壮大主流思想舆论场,增强社会主义文化软实力。

一是要继续围绕主业开展经营。传统媒体包括主流的报纸、刊物、广播、电视、互联网站等,都是有相当影响力的,甚至其本身都是金字招牌,蕴藏着极大的资源和潜力。实现媒体转型,必须继续利用好这些资源,首先要明确自己的核心竞争力所在。在传媒经济学视阈内,媒体的核心竞争力包括注意力经济、影响力经济、受众经济、舆论经济、意义经济等,依据这些条件,传统媒体通过"受众——广告"二元市场模式,收到了良好的广告收益。在推进融合发展中,传统媒体还要深挖自己的核心竞争力,在主业上狠下功夫,把潜力挖好用足,不能拿着金碗要饭吃。要加强资源整合,设计融合发展项目,要考虑如何充分运用好自己丰富优质的新闻资源,如何依靠资源优势占领市场。当然,经营也要摆脱过时、无效的模式,不断开阔视野,打造新的价值平台,同时又不能狗熊掰棒子,开辟一个丢掉一个,甚至放弃现有的

资源优势,而从事自己最不擅长的事情。

二是要紧紧依托影响力开展经营。一个媒体集团既要有盈利平台,又要有巨大影响力的非盈利平台。有时这两个平台并没有明确分野,在一定条件下还可以相互转化。非盈利平台虽然不能带来直接的经济效益,但其带来的影响力对媒体品牌的塑造、对盈利平台的助推不可低估,是媒体很重要的资源和要素,能大大加强盈利平台的价值实现。媒体在推进融合发展中,可以把传媒作为成本中心,把以传媒为支撑的产业作为盈利中心,开展多元化经营,如组织信息、培训、会展、节庆等经营业务,把经营与强大影响力资源结合好、发挥好。北京界上传媒有限公司就有这方面的成功经验。该公司旗下有《中国航务周刊》杂志等 6 家媒体,其影响力都非常大,但公司在经营方面的主营业务并不是媒体,而是会展业务,它们同时运作着中国国际物流节、中国国际会展文化节、中国国际航运文化节等三大品牌节庆活动,在业内具有很大影响力,公司的传媒产品主要是为会展业务提供服务支持,居于辅助地位。所以,媒体可以用盈利平台来抢占市场,而用非盈利平台来营造影响力,只要具备了一定的影响力,那就可以利用这个非盈利平台开展各种经营活动,如房地产、投资、游戏、娱乐等,效果肯定不会差。

三是要实行内部融合多元经营。在融合经营方面,国际上的一些媒体积累了有益的经验,如美国和英国媒体倡导的跨部门合作。美国《纽约时报》鼓励新闻编辑部与其他经营、技术部门加强合作,报社认为这些经营、技术部门对受众的了解往往胜过编辑部,平时他们总是更多地着眼于构建、思考以及研究受众体验,更关心受众对于数字阅读、观看和互动体验的感受,所以他们的工作和记者本身一样重要。新闻编辑部必须熟悉受众拓展、社会参与、页面优化、用户体验和内容管理系统这些用语,懂技术和经营工作,不能仅仅能做新闻工作,实行的结果非常显著。英国 BBC 在融合战略实施过程中,其重要举措之一就是将营销和客户部放到了整个战略的核心位置,把受众需求与市场运作联系在一起,让需求引导市场,让市场萌发需求,从而形成数字化媒体运作的良性循环模式。在国内的多元经营方面,也有一些成功的探索。如河南日报报业集团按照"巩固主业、发展产业、资本运作、壮大实力"的思路开展多元化经营工作,使集团在报业市场持续低迷、广告额连续几年下滑的形势下实现了效益逆势上扬。2013年,集团实现经营收入19.4亿元、利润3.6亿元;2014年,经营收入20.2亿元、利润3.1亿元。其办法是一手抓巩固报业优势,一手抓多元发展、壮大产业集群,他们将产业布局涵盖户外广告、投资、教育、书报刊发行、房地产等多个领域,先后与河南大学联办民生学院,投资瑞园房地产建设、传媒大厦建设、汴西新区大河东都项目建设、大河文化物流园区项目和汴西新区文化项目建设等。目前,他们的非报刊产业收入已经占据半壁江山,产业版图涵盖新媒体、图书发行、动漫制作、物贸印刷、物流配送、酒店旅游、房产开发、物业管理和高等教育等多个领域,产业结构显著优化。

四是要大力推进资本驱动经营。这方面山东大众报业集团有比较好的经验,他们第一是实行股份制改革。先后两次吸收华泰集团资金近亿元,筹到了相当充分的资金用于印刷厂改革发展;对半岛传媒公司实现股份制改造,两次融资4亿元,使之成为山东第一家完成股改的大型文化企业。第二是资源资本化。他们对有线电视股权进行资本化运作,成立了山东省文化产业投资公司,引进战略投资近12亿元,使集团公司相关投资不到一年增值近一倍,文投公司注册资本近16亿元,成为全省最大、全国领先的文化产业投融资平台。第三是搭建资本运营平台,成立山东省文化产业投资公司、文化产权交易所、大众创业投资公司,为资本运作创造了条件,使集团公司成为全国独一无二的集文投、创投、文交所3个文化资本对接平台于一身的传媒航母。目前,大众报业集团已形成报刊支柱、有线电视和新媒体、文化园区、楼宇经济、投融资、印刷、发行物流、会展八大产业板块,总资产已达65.59亿元,净资产47.34亿元,总收入21.5亿元,综合实力位居全国报业集团第三位。

五是要积极开展跨界经营。互联网环境下,媒体在经营方面完全可以去媒体化,可采取跨界合作经营与融合发展,使原本毫不相干的元素,相互渗透相互融合,从而产生出新的亮点。如时代出版与安徽江淮汽车股份有限公司签署《战略合作框架协议》,双方在品牌、新媒体平台、重大项目等领域开展一系列深度合作,这是媒体跨界合作的突出案例。跨界合作使出版传媒公司与其他行业实现了联动发展,开辟了出版传媒公司发展的新蓝海。

又如《南京日报》面对旅游广告困境,报社经营团队打破原有格局,把非报经营旅游产业和旅游广告经营整合运作,独创"4D合作"模式,通过互动、联动的方式,组织旅行社,开展旅游服务,取得了良好效果。2014年不但实现了旅游广告止跌回升突破100万元,而且旅游产品销售也突飞猛进突破了2000万元。所以,做新媒体要瞄准垂直行业、细分地域,努力实现工具化、服务化,在交互中寻找交易,赢得市场。

(六)管理

要坚持管理为要,即以管理为运营之要。从某种意义上说,管理也是生产力,管理能出生产力,加强管理对企业来说是须臾不可离开的。尤其是面对近年来高速发展、比较混乱的互联网媒体行业,管理更加重要,更需加强、改进和提高。

一要强化管理。互联网尤其是新媒体近年来高速发展,一方面取得了惊人的成绩,另一方面也泥沙俱下、鱼龙混杂,网络舆论生态相当混乱,网上各种力量相互交织,成为意识形态斗争的最前沿和主战场,甚至直接影响我国的意识形态安全和政权安全。根据当前网上存在的问题,要首先理顺管理体制,破除制约媒体融合发展的体制机制壁垒,提高管理科学化水平,对网上网下、不同业态,都要进行科学和有效管理,确保面向大众传播的新闻信息遵循统一的导向要求和内容标准。要把推动媒体融合发展与优化资源配置紧密结合起来,解决目前存在的媒体功能重复、内容同质、力量分散等问题,使媒体发展格局做到科学合理。要突出强化治理传播谣言、暴恐、淫秽色情、网络诈骗、宣扬邪教等违法信息和歪曲事实、违背社会公德、炒作恶俗低俗信息等问题,切实解决哗众取宠、无所不用其极的"标题党"问题,解决随意侵犯知识产权问题,以及"两微一端"违法登载新闻信息、账号审核把关不严、发布政治性有害信息、抢发散播不实信息等问题,使网络空间清朗起来,营造良好的网络舆论生态环境。

二要提升管理水平。要切实加强治理体系建设,理顺网络执法体制机制,明确执法主体、执法权限、执法标准,建立执法队伍。要落实网站主体责任,网站要对网上信息管理负主体责任,行政管理部门负监管责任。要支持发展互联网社会组织,充分发挥社会组织自我管理、自我监督的作用。要建立健全网络应急管控体系和应急队伍,抓好网上舆论引导工程,培养壮大骨干网评员队伍。要抓紧培养主流网站自己的网络"大V",做好网络名人、专家、"自干五"等社会力量的工作,建立网上统一战线,形成强大网军。要加强网上舆论引导,妥善处置网上热点,积极主动发现问题,研判形势,高效处置网上有害信息,增强网上正能量。同时,要寓管理于服务之中。由于新媒体是新事物,对其监管尺度往往难以把握,在某些领域经常是"不管就乱,一管就死",甚至出现矫枉过正的情况。应该做到科学管理,不能仅仅一帖封条了事,要使管理形成一个生态,构建一个平台,让每一个个体在上面都能各得其所、富有活力。

  三要制定具体的管理制度和管理规范。《羊城晚报》在这方面有一套系统的经验,他们先后制订出台了《羊城晚报新媒体导向把关及资讯审查制度》和《羊城晚报全媒体融合传播流程管理制度》,在导向管理上,坚持将新媒体视同纸媒管理,不搞两个标准。在新媒体终端建设上,他们坚持重管理、重服务,不单纯追求数量,坚持在可管可控的前提下,更加注重办出品质、办出特色。目前,他们已建立了新媒体发展运营联席会议制度,开设微博、微信统一报备制度,员工新媒体培训制度,采编各业务部门到新媒体部轮岗制度等,对网上网下、不同业态进行科学管理、有效管理,努力提高管理的科学化水平。同时,他们还出台了《羊城晚报新媒体采编绩效考核办法》和《羊城晚报新媒体部绩效考核办法》,对于新媒体采编、专职、兼职及新媒体拓展等方面的业务成绩,提供了可行的激励措施,大大激励了采编人员和专兼职人员开拓业务、多创业绩,调动了广大媒体工作者推动融合发展的积极性和主动性。

  四要从内容管理向融合管理转变。要加快建设集制度规范、运行机制、技术标准、研判分析、及时处置于一体的监测监管平台,整合优化监管资源,实行全方位监管,使监管覆盖传播平台、通道和终端等环节,实现对内容监测、监管、指挥、调度的有机统一。要提高分析研判能力,针对监测监管信息的属性结构和内在关联,进行多特征、多维度的分析与研判,提高监测预警、主动发现和辅助决策实现。要完善技术标准,科学规划融合监测监管平台体系架构,制定规范数据标准和数据交换接口标准,促进媒体安全体系建设

和运行维护的系统化、规范化。要加强内容监管和播出安全保障，实现对融合网络、业务、终端、用户的统一监测监管和多层级联动、跨区域协同的监测监管，全面掌握信息安全状况，及时发现信息安全隐患，不断强化全行业信息安全风险防控意识和信息安全防护水平。

（七）人才

要坚持人才为本，即以人才为核心竞争力。媒体竞争虽然表现为内容竞争、渠道竞争、平台竞争、技术竞争等，但实质上还是人才竞争，人是最根本的因素。媒体融合最核心的因素是人的融合，最关键的是人的转变。要推动媒体融合发展，必须着重甚至首先要解决人的问题。

一要广延人才。当前在媒体转型过程中，突出存在着重要的人才缺陷，主要表现为"三多三少"：传统媒体人才多，新媒体人才少；传统采编人才多，现代经营人才少；采编业务人才多，新技术人才少，这是制约媒体转型发展的严重障碍。要推动媒体融合发展，首先要广延人才。要改变传统的人才管理模式，加大人才培养引进力度，用更灵活的政策，吸引更多的优秀人才到融媒体中来，着力引进培养那些新兴媒体内容生产人才、技术研发人才、资本运作人才和经营管理人才，尤其是那些懂数字开发、懂产品设计、懂用户体验、懂互动交互的人才，以及具有内容创意、产品创意、视觉创意、技术创意的人才。其次要着力融通用人机制，解决新闻采编人员身份"双轨制"问题，把各类人才纳入统一的管理体系，在媒体内部统一调配使用，合理安排分工。其三要为优秀高端人才提供良好的工作和生活待遇，解决引进人才的工资、福利和其他相关问题。其四要研究创新项目用人机制，探索媒体融合发展条件下吸引人才、留住人才、用好人才的有效途径，营造人尽其才、才尽其用的良好环境。

二要善用人才。尤其是大胆起用年轻人，这方面浙江日报报业集团的做法颇有借鉴意义。他们采用互联网风险投资的理念组建了传媒梦工厂，用投资、孵化的方式，组织一批年轻人率先进入互联网领域，研究互联网到底是怎么回事，有哪些可以为自己所用，有哪些有陷阱，有哪些发展捷径等，即深入研究新媒体的特点、规律，以及如何运营、生存、发展等。在这个团队中，领衔的是做运营商的80后博士，由他带领团队研究、探索互联网技术。

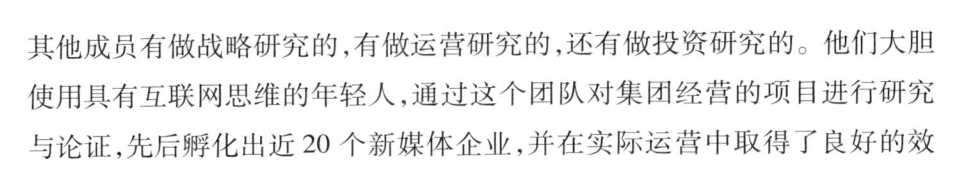

其他成员有做战略研究的,有做运营研究的,还有做投资研究的。他们大胆使用具有互联网思维的年轻人,通过这个团队对集团经营的项目进行研究与论证,先后孵化出近20个新媒体企业,并在实际运营中取得了良好的效果。

三要盘活人才。在传统媒体中,当前一些人对于互联网思维中的很多提法,要么理解浮浅,要么懵懵懂懂、一知半解,如对于"红海""蓝海"以及"大数据"等概念,许多人根本就没有搞懂。所以,必须大力提升传统媒体人员的素质和能力。要加强培训研修,使广大采编人员尽快转变思想观念,改善知识结构,提高业务技能,适应互联网时代媒体工作的要求。要重视数据新闻学的教育,培养编辑记者对数据的敏感性,重视解读数据的作用,形成新的思维方式。要着力培养和重用有突出才能的专业技术人员,培养那些既有新闻素养又懂互联网技术,深谙新型媒体运营精髓,可以从事媒体分析、规划、细节性履行以及纪律性管理等方面的工作,实现媒体的深度融合与快速发展。

(八) 改革

要坚持以改革为动力。互联网环境下的媒体竞争实质上主要是体制机制的竞争,传统媒体的管理方法与工作机制只适应过去的内容生产与传播。要推动媒体融合发展,必须进行全面深化改革,既要推进技术升级、平台拓展、内容创新,也要对组织结构、传播体系和管理体制作出深刻调整和完善,创新用人机制、激励机制、组织机制等,从而为融合发展提供坚实保障和有力支撑。

一要大力改革内部体制机制。有媒体人指出,如果说传统媒体会摔倒,也是倒在传播,倒在理念,倒在老一辈媒体人的守旧上,所以改革刻不容缓,要做金刚,就要学会变形。首先是重组媒体组织架构,建立顺畅高效、适应市场竞争和一体化发展的内部运行机制。在媒体领导班子中,要明确有熟悉情况、了解新兴媒体的成员分管媒体融合发展工作;要提高新兴媒体的层级设置,从原来依附于传统媒体转变为二者并行并重,从二者分立发展转变为协同融合。其次是要打通媒体集团内部的组织体系,将过去媒体集团所属的各传统媒体之间,传统媒体和新媒体之间各自为战的采访、编辑、发布

流程打通，实行一次采集、分类加工，多渠道、多平台发布。其三是整合整个媒体集团的体制、机制、人员配备等，形成一体化的组织架构，通过流程优化、平台再造，实现各种媒介资源、生产要素的有效整合，达到信息内容、技术应用、平台终端、管理手段的共融互通，不断提升集成服务水平。

二要建立全新的采编工作机制。媒体转型最重要的采编人员的转型，羊城晚报报业集团在这方面的探索甚有成效。他们一是把采访部并入编辑部，确立了编辑主导的采编理念，打破了国内沿用多年的采访、编辑各一支队伍，相互之间脱离的传统模式，把两个部门合并成一个编辑平台，采取以编导采方式，由编辑主导采写，缩短了从内容采集到加工的环节，实行"订单"生产，编采一步到位。二是设立合并了深度新闻部和评论部，调集精兵良将扩充人力，加强主题性宣传报道策划，追求新闻的原创、深度、专业。三是新设置了出版流程部，报纸的版面设置、美编、校对统一归到出版流程部，重新优化人力资源、版面资源，让资源配置更加合理，更具有活力，也更能体现新闻专业精神。四是新设立了活动策划部和综合办，活动策划部协助各编辑部门除了采访、编辑外，还要推动客户做活动；综合办公室协调报社广告、发行、印刷以及非采编业务的经营管理工作。通过以上改革，他们搭建起了采编大平台，转变了采编观念、经营理念，提升了传播竞争力和影响力。

三要进一步深化经营管理体制改革。业内人士认为，当前新闻业发展的一大瓶颈是媒体管理的条块分割，几十年来媒体按照行政系统进行管理，跨地区的两个以上媒体之间的经济联系，都必须得到各自的主管上级批准才行，因此导致任何跨地区、跨组织系统的行为都无法进行，尽管现在已经有政策出台，允许跨地区的媒体开展经营活动，但现实中各自的条块利益，使得这种经营仍然难以进行，媒体集团发展只局限在区域内，要想做大做强非常困难。要推动媒体融合发展，必须在政策方面和管理体制方面有大的突破与创新。首先，要建立新的传播体系，突破原来行政体系的限制，以公众需求为出发点，重塑从行政体系到公众体系的"一体化"传播体系。其次，在媒体集团内部，要对开展新媒体业务的采取新的运营方式，建立现代企业制度，成立独立的子公司，实行"自主经营、自负盈亏"和管理层持股制度，以充分激发其公司团队的积极性、主动性和创造性。其三，要建立退出机制,由于传媒市场空间有限,广告等规模不可能无限增长,受众花费在媒体上的时间总和是趋于固定的,新媒介的大量进入必然增强了市场的竞争性,如果不引入退出机制,大量的媒体只生不死,在有限的市场面前,只能造成恶性竞争,媒体发展很难会有一个好的环境。

四要推进知识产权改革。新媒体在运行中的一大表现就是通过技术手段聚合新闻成果,如抓取新闻、导入流量、广告收益、屏蔽广告等,这一方式颠覆了原有的版权授权规则。而传统媒体由于版权意识不强,缺乏对新闻成果作为版权资产的内部管理、运用和维护的制度体系,导致传统媒体的新闻内容与新媒体平台的严重不等价,甚至成为目前媒体融合的很大障碍。有鉴于此,国家应大力推进知识产权保护和改革,制定完善相关的法律法规,切实解决非法转载普遍存在而法律制度苍白无力和"失灵"问题,对新闻信息的版权管理和侵权案件的审理要变化,切实加强新闻版权法制建设,加大对侵犯版权的惩戒力度。既要实事求是地研究网络时代信息资源的特点,照顾公开资源的共享性,不能动辄就进入法律诉讼程序,耗费大量的法律资源和成本,也要切实规范当前严重的网络侵权问题,保护传统媒体来之不易的知识产权,使新闻媒体重新回归到以内容取胜的本来轨道上。同时,传统媒体也要增强版权意识,整合资源,建立和形成自己维护版权内容与平台的等价机制,善于通过法律手段维护自己的知识产权。

(九)扶持

扶持是实现媒体融合的重要因素。促进媒体融合既是巩固壮大宣传思想文化阵地的需要,也是一项国家文化发展战略,迫切需要国家在政策、资金、项目、改革等方面给予大力支持,为这项重大改革创造良好条件。

一要强化工作支持。要发挥党的领导优势,按照媒体发展规律,处理好正确舆论导向和市场机制的关系。要坚持把媒体融合作为媒体单位的一把手工程,主要负责同志亲自抓、负总责,同时主管部门也要注重考核检查。要坚持通过财政专项资金安排、运用国有资本投入等途径,加大对媒体融合发展重点项目的支持力度,同时也要注重资金、项目的落实,不能成空头支票。要切实出台支持媒体融合发展的配套政策,制定行之有效的措施,为重点媒体加快发展提供有力保障,并及时推出、不能扯皮。要坚持网信、发展

改革、财政、新闻出版广电、工业和信息化等部门的一系列工作职责，同时又要抓好督促落实，把中央确定的各项任务落到实处。要支持传统媒体控股或参股互联网企业、科技企业，开展对互联网企业有关特许经营业务的试点，创新媒体融合发展的融资政策，鼓励符合条件的重点新闻网站上市融资，推动传统媒体吸引社会力量参与融合项目的技术研发和市场开拓。要增强传统媒体的市场竞争意识和能力，加强媒体无形资产保护和运用，健全技术创新激励机制，构建融合状态下的经营管理模式。

二要进一步落实和完善有关政策。由于传统媒体奉行的是自我积累的内源式发展模式，自身规模较小，实力不够强大，资金比较匮乏，而转型是一个庞大的系统工程，需要巨额资金支持。如何拓展融资渠道，为转型提供有力支持，成为传统媒体首先要解决的问题。国家在政策方面，原来相关部门曾出台过不少文件和政策，如财政部《关于延续宣传文化增值税和营业税优惠政策的通知》《关于继续实施文化体制改革中经营性文化事业单位转制为企业若干税收政策的通知》等，这些都曾经对媒体是很大的支持，需要进一步贯彻落实。而有些政策，如在2001年《"十五"计划纲要》中曾提出"三网融合"，要促进电信、电视和互联网融合发展；在2014年初，国务院发布了《国务院关于推进文化创意和设计服务与相关经济融合发展的若干意见》，将金融、科技、贸易等更多的行业纳入到了与文化经济融合发展的框架中，这些政策的实施效果却并不理想，并且与目前所面临的媒介融合思路还有很大不同，因而需要进一步改革与完善，创新财政支持机制。尤其是要切实贯彻落实中央《关于推动传统媒体和新兴媒体融合发展的指导意见》精神，把相关的政策落到实处，推动融合发展顺利推进。

三是要用足用活现有政策。作为媒体来说，推动融合发展外在支持不可少，但自己的主动作为则更为重要，必须充分激发内在的活力和动力。要认真研究国家已经出台的相关政策，从而找到可用之处，并用足用好。山东大众报业集团在这方面就做得富有成效，他们从1996年开始就实行了干部人事和分配制度改革，极大地释放了文化生产力。2003年他们已成为全国首批报业集团改革试点单位，2005年就开始享受国家所得税减免优惠政策，仅2013年一年就减免所得税1.3亿元。2012年新一轮文化体制改革开始,他们集团又争取到更大的政策红利:其一是集团形成了以事控企的体制,出资人由省政府变更为大众报业集团,在产权归属上给集团吃了一颗定心丸;其二是投资权限确定为5000万元以下集团可以自主决定;其三是山东省委、省政府批准成立省管国有大型文化企业齐鲁传媒集团,作为整合全省行业报和市场类报纸的龙头,大众报业集团向地市发展有了尚方宝剑,这在全国是唯一一家。所以,他们的经验对其他媒体单位不啻是一个很好的榜样,争取国家扶持固然重要,但成功的决定因素更是媒体的不懈进取和自立自强。

(作者分别系省社科联主席、副主席,大河网副主任)

实施创新驱动发展战略
推进河南"四个大省"建设研究报告

李庚香　王喜成　李二梅

2015年3月,党中央、国务院印发《关于深化体制机制改革加快实施创新驱动发展战略的若干意见》,这是我们党面对经济发展新常态下的趋势变化和特点,面对实现"两个一百年"奋斗目标的历史任务和要求,放眼世界、立足全局、面向未来作出的战略决策,是贯彻落实党的十八大精神,应对经济发展新常态,实现经济发展动力从要素驱动、投资驱动向创新驱动的重大举措,对实现"四个全面"战略布局、全面建成小康社会具有重大而深远的意义。

河南对实施这一战略高度重视,省委省政府多次开会研究,专门制定《关于深化科技体制改革推进创新驱动发展的若干实施意见》,对如何实施创新驱动发展作出系统安排部署,坚持把科技创新摆在发展全局的核心位置,促进经济发展方式转变,为建设创新型河南提供有力科技支撑。那么,我们应该如何深刻认识国家实施创新驱动发展的重大意义和重要机遇,并以此为契机,大力推进河南"四个大省"建设,实现中原崛起河南振兴富民强省,本文有如下一些思考和探讨。

一、实施创新驱动发展是我国立足全局、面向未来的重大战略思想

我国经济发展进入新常态以后,既面临着发展大有作为的重大机遇,也面临着诸多矛盾相互叠加的严峻挑战。在今年全国两会上,《政府工作报告》把创新驱动发展放在了更加突出的位置。党的十八大以来,习近平总书记也围绕这一战略决策,提出了一系列新思想、新论断,多次强调,要加快实施创新驱动发展战略,坚持走中国特色自主创新道路,推动以科技创新为核心的全面创新,增强科技进步对经济增长的贡献度,推动经济持续健康发展。

(一)创新驱动发展是一种崭新的经济学理论

创新驱动是经济发展的一种模式,即以科技创新为主要推动力的一种发展模式。这一理论由美国著名管理学家迈克尔·波特首先提出。他于1990年在其著作《国家竞争优势》一书中,以美国、瑞士、德国、日本、意大利、韩国、英国等为主要案例,以钻石模型为分析工具,分析从二战后到20世纪80年代末期间经济增长的表现,提出经济发展的"四个阶段"说,即要素驱动、投资驱动、创新驱动和财富驱动,是任一国家经济社会发展都必须经历的四个阶段。

按照波特的"四个阶段"理论,在要素驱动阶段,主要是依靠诸如土地、资源、劳动力等生产要素的投入来获得发展动力和竞争优势,由于过分依赖资源要素,这种方式对资源的索取和破坏非常严重,缺乏发展的可持续性。在投资驱动阶段,主要是以资本投资作为经济社会发展的推动力,竞争优势的获得主要是依靠投资供给的推动。在这个阶段,无论是政府还是企业都有较强的投资意愿和扩张冲动,再加上大规模引进和模仿国外技术,从而迅速形成规模化经济,国家也因此进入快速增长期。但这个阶段也容易出现产能过剩和资源紧张等问题,最终出现财富积累缓慢、投资效益递减等问题。

而在创新驱动阶段,则是以创新的知识和技术改造物质资本、提高劳动者素质和科学管理而推动的发展。在这里,各种物质要素经过新知识和新发明的介入及组合提高创新能力,形成内生性增长。其增长的动力,既包括了技术创新,也包括了体制、结构、组织、人力资源和分配机制等方面的创新,不仅形成了经济发展的新动力,也带来了社会结构的变化和转型。所以,创新驱动不仅解决了效率问题,更为重要的是依靠知识资本、人力资本和激励创新制度等无形要素,实现了要素的新组合,是科学技术成果在生产和商业上的应用和扩散,是对新的增长要素的创造,是一种更高层次更高水

平的增长方式。同时,创新驱动并不排斥和摒弃要素驱动和投资驱动的作用,而是按照创新的需要并立足于创新的基础来整合不同的要素和投资,更好地发挥要素和投资的效能。到最后的财富驱动阶段,主要是追求个性的全面发展、追求文学艺术、体育保健、休闲旅游等生活享受,成为经济发展的新的主动力。

在实践中,创新驱动发展有六个特征和两大功能。六个特征是:一是企业竞争力和产业集群的国际影响力显著提升;二是企业更加关注国际市场,更加注重以先进技术实施差异化竞争而不是依靠成本优势;三是产业垂直一体化向纵深发展,上下游企业之间形成良性互动并逐渐延伸至全球的范围;四是产业横向示范带动效应显现,更多同行乃至竞争对手进入,形成公平有效的竞争环境,刺激更多创新的出现;五是服务业走向国际化;六是政府职能由进行资金补贴、设计产业准入门槛等直接干预手段转向间接引导方式,包括创造更多高质量的生产要素供给、改善国内需求质量、鼓励创新商业模式、维持国内公平竞争等。两大功能是:其一,它可以通过不断地提高单一或者综合要素的生产率来抵消因为要素投入数量的增加而导致的单一要素或者全部要素报酬递减的趋势。其二,它可以通过生产要素的新组合来突破经济发展中迟早要发生的、由要素或资源的短缺所造成的瓶颈。所以它是"把一种从来没有过的关于生产要素的'新组合'引入生产体系"。无论通过创新驱动引进的新产品、采用的新技术,还是开辟新的市场、控制原材料新的来源、实现一种工业的新组织,都会打破原来的经济发展轨道,进而打破要素报酬递减的趋势或者突破要素和资源的瓶颈。依靠创新驱动发展的这些功能,能够解决经济发展中的如下问题:一是解决生产要素报酬递减的问题,二是解决稀缺资源的瓶颈问题,从而为企业和经济社会的发展注入强大的动力。

(二)创新驱动发展是实现中华民族伟大复兴的战略抉择

进入新常态以后,我国的消费需求、投资需求、出口和国际收支、生产能力和产业组织方式、生产要素相对优势、市场竞争特点、资源环境约束、经济风险积累和化解、资源配置模式和宏观调控方式等,都发生了趋势性变化,加快实现由要素驱动、投资驱动的低成本优势向具有巨大潜力的创新优势转换,已成为新时期我国经济社会发展的迫切要求。

第一,创新驱动发展是世界科技发展的大势所趋。当今世界,技术创新呈指数函数增长,创新周期大大缩短,科技发展向极限化逼近,科学研究呈现多学科交叉与互相渗透。整合创新资源,加强向物质、生命、信息、地球等初现革命性突破的科学前沿及交叉领域方向布局,积极适应初现端倪的新科技革命成为大势所趋。实施创新驱动发展战略,将促使科研机构紧紧围绕国家战略需求和世界科技前沿,选准关系全局和长远发展的战略必争领域和优先方向,前瞻布局,协同创新,使科技创新活动不断突破组织和技术的界限,从而在关系国家全局和长远发展的高端科技领域率先实现重大突破,抢占未来经济科技发展的制高点。

第二,创新驱动发展对加快转变经济发展方式意义重大。2014年6月,习近平总书记在两院院士大会上的讲话中指出,我国经济主要依靠资源等要素投入推动经济增长和规模扩张的粗放型发展方式是不可持续的,强调要"加快从要素驱动、投资规模驱动发展为主向以创新驱动发展为主的转变"。科技创新具有乘数效应,不仅可以直接转化为现实生产力,而且可以通过科技的渗透作用放大各生产要素的生产力,提高社会整体生产力水平。由创新驱动发展所形成的新的增长点,既包括培育战略性新兴产业,又包括高科技产业化,实现工业化与信息化、绿色化的融合。这就需要由模仿和引进创新,转向与开放式创新相结合的自主创新,由跟随性创新转向与发达国家站在同一起跑线上的引领性创新,由技术创新转向以科学发现为源头、以市场为导向的产学研协同创新。这样,通过实施创新驱动发展战略,就可以全面提升我国经济增长的质量和效益,有力推动经济发展方式的转变。

第三,创新驱动发展大大有利于产业结构转型升级。当前,随着信息技术和传统制造业融合度的增加,现代制造业的模块化趋势越来越明显。零部件的电子化,使得零部件变得更加集成化和"黑箱化"。面对这一趋势,传统的仿制手段已经失灵,反求过程变得越来越困难,企业只有掌握产品运行过程中的内部机理,具备"正向开发"能力,才能提高核心技术能力。尤其是当我国成为世界经济大国后,西方国家竭力打压我们,对我国的高技术

封锁和贸易摩擦明显加大,这就逼着我国着力推进科技创新,发展具有自主知识产权的技术和产业,从而优化升级我们的产业结构,使之提升产业竞争力。

第四,创新驱动发展是着力打造"先发优势"的发展。20世纪70年代以后,亚洲"四小龙"曾以"后发优势"取得了令全世界惊羡的经济发展成就,从而使这一学说倍受经济界青睐。"后发优势"战略的特征是通过引进、学习、模仿和利用先发国家已有的先进技术,避开自行探索和自行研发过程中的高昂成本,利用别人的经验绕开发展过程中可能遇到的障碍和弯路,节省追赶时间,确实具有很大的优势。改革开放过程中,中国作为欠发达国家采取的也是这一战略,当然也取得了巨大成功。但这一战略也有不少局限性,它在发展的初期和一定阶段上效果突出,可是到了中高级阶段以后,再完全依靠它是很难追赶上先发国家的,因为后发优势具有递减性,它所获得的利益将呈现出边际收益递减状态。因此,后发国家要想借助后发优势追赶上先发国家几乎是"一厢情愿"。后发国家在追赶末期必须实现"蛙跳",而要实现"蛙跳",就必须打造"先发优势",通过科技创新,在关键产业、支柱产业、主导产业领域实施技术赶超和创新。只有如此,才能实现"蛙跳"和"赶超"。而在现实中,"后发"国家在短时间内实现经济增长的巨大跨越后,几乎都毫无例外地把经济发展之"短"迅速暴露出来。如果要克服这些经济发展之"短",必须要依靠创新驱动发展,变"后发劣势"为"先发优势"。

(三)创新驱动发展在国际国内的发展态势

鉴于现代科技对经济增长的贡献率,尤其是2008年以来世界金融危机对全球各国的强烈冲击,世界上众多国家纷纷走创新驱动发展之路成为一种新的趋势。

1. 德国"工业4.0"

德国政府于2011年11月公布的《高技术战略2020》是一项重要发展战略,它旨在支持工业领域新一代革命性技术的研发与创新,保持德国的国际竞争力,被认为是德国的第四次工业革命。其主要内涵如下:

第一,通过"工业4.0",使动态的、适时优化的和自我组织的价值链成为现实,并带来诸如成本、可利用性和资源消耗等不同标准的最优化选择,包括在制造领域的所有因素和资源间形成全新的循环网络、智能产品独特的可识别性、个性化产品定制以及高度灵活的工作环境等,这将使得工业生产过程更加灵活、坚强。

第二,通过"工业4.0",力争使潜在的商业利润在整个价值链所有利益相关者之间公平地共享。同时,它的"网络化制造"、"自我组织适应性强的物流"、"集成客户的制造工程"等特征,也将引发一系列诸如融资、发展、可靠性、风险、责任和知识产权以及技术安全等问题,从而发展出全新的商业模式和合作模式。

第三,通过"工业4.0",形成全新的协作工作方式,使得工作可以通过虚拟的、移动的方式开展,员工将拥有高度的管理自主权,可以更加积极地投入和调节自己的工作。同时,随着工作环境和工作方式的巨大改变,可以大幅度提升老年人和妇女的就业比例,确保人口结构的变化不会影响当前的生活水平。

第四,通过"工业4.0",将促进形成全新的信息物理系统平台,这一平台能够联系到所有参与的人员、物体和系统,将提供全面、快捷、安全可靠的服务和应用业务流程,支持移动终端设备和业务网络中的协同制造、服务、分析和预测流程等。

德国的"工业4.0"战略向人们展现了一幅全新的德国工业蓝图:在一个"智能、网络化的世界"里,物联网和务联网(服务互联网技术)将渗透到所有的关键领域,创造新价值的过程逐步发生改变,产业链分工将重组,传统的行业界限将消失,并会产生各种新的活动领域和合作形式。

2. 美国"工业互联网"

近年来,美国为了应对新科技产业革命,争夺国际产业竞争话语权,实行以重振制造业为最优先发展的战略目标。即在国际金融危机之后,由美国政府出台了一系列法案,着力发展实体经济,兴建新的制造业创新研究中心。美国的战略目标与德国的"工业4.0"不同的地方是,德国较注重"硬"的制造,而美国更侧重"软"的服务,即政府主要靠政策的扶持,以及行业联盟的推手作用,通过借助网络和数据的力量,提升整个国家工业的价值创造

能力。

2009年12月,美国政府出台《重振美国制造业框架》,详细分析了重振制造业的理论基础及优势,成为美国发展制造业的战略指引。随后奥巴马政府从战略布局、发展路径到具体措施逐步铺展,完成了制造业创新计划部署。2011年6月,美国正式启动"先进制造伙伴计划",旨在加快抢占21世纪先进制造业制高点。2012年2月,进一步推出"先进制造业国家战略计划",通过积极的政策措施,鼓励制造企业回归美国本土。其后,奥巴马提出建设"国家制造业创新网络",建立多达45个研究中心等,并加强高等院校和制造企业之间的产学研有机结合。当年,美国5家行业龙头企业联手组建了工业互联网联盟(IIC),加入该联盟的公司有:通用电气、IBM、思科、英特尔和AT&T。

2013年1月,美国政府有关部门发布《国家制造业创新网络初步设计》,投资10亿美元组建美国制造业创新网络(NNMI),集中力量推动数字化制造、新能源以及新材料应用等先进制造业的创新发展,打造一批具有先进制造业能力的创新集群。其创新网络的重点研究领域包括:开发碳纤维复合材料等轻质材料,提高下一代汽车、飞机、火车和轮船等交通工具的燃料效率、性能以及抗腐蚀性;完善3D打印技术相关标准、材料和设备,实现利用数字化设计进行低成本小批量的产品生产;创造智能制造的框架和方法,允许生产运营者实时掌握来自全数字化工厂的"大数据流",以提高生产效率,优化供应链,并提高能源、水和材料的使用效率等。同年5月,美国政府宣布提供2亿美元联邦资金,成立"轻型和当代金属制造创新研究所""数字制造和设计创新研究所""下一代电力电子制造研究所"等一系列制造业创新研究中心。美国意在通过"工业互联网",在政府和私营部门的大力推动下,形成以无线网络技术全覆盖、云计算大量运用和智能制造大规模发展为标志的新一轮技术创新浪潮。

此外,欧盟通过了《欧洲2020战略》,致力于成为最具国际竞争力的国家联合体;日本出台了《数字日本创新计划》,积极实施科技立国战略;韩国制定了科技发展长远规划《2025年构想》,力图成为亚太地区主要研究中心。

3.《中国制造 2025》

鉴于当前我国"人口红利"的逐渐丧失,科技核心技术不足,产品附加值和利润升值空间严重受限,发展中出现的高消耗、高污染问题日益突出,特别是国际上新一代信息技术与制造业的深度融合,将促进制造模式、生产组织方式和产业形态的深刻变革等,2015 年 5 月 8 日,我国提出了促进制造业转型升级发展的重大战略——《中国制造 2025》。这一规划被称为中国版的"工业 4.0",是我国实施制造强国战略的第一个十年行动纲领。

这一规划的战略目标是,力争通过"三步走"实现世界制造业强国。第一步:力争用 10 年时间,迈入制造业强国行列。即到 2020 年,基本实现工业化,制造业大国地位进一步巩固,制造业信息化水平大幅提升。第二步:到 2035 年,我国制造业整体达到世界制造强国阵营中等水平。创新能力大幅提升,重点领域发展取得重大突破,整体竞争力明显增强,优势行业形成全球创新引领能力,全面实现工业化。第三步:新中国成立 100 年时,制造业大国地位更加巩固,综合实力进入世界制造强国前列。

《中国制造 2025》的任务是实现制造强国的战略目标。其重点是:(1)提高国家制造业创新能力。(2)推进信息化与工业化深度融合。(3)强化工业基础能力。(4)加强质量品牌建设,形成具有自主知识产权的名牌产品,不断提升企业品牌价值和中国制造整体形象。(5)全面推行绿色制造,加快制造业绿色改造升级。(6)大力推动新一代信息技术、高端装备、新材料、生物医药等重点领域突破发展。(7)深入推进制造业结构调整,推动传统产业向中高端迈进,进一步优化制造业布局。(8)积极发展服务型制造和生产性服务业。(9)提高制造业国际化发展水平,推动重点产业国际化布局,引导企业提高国际竞争力。

《中国制造 2025》对信息技术如何重塑制造业作出了系统安排。通过实施这一规划,泛在连接和普适计算将无所不在,3D 打印、大数据等技术将使产品的功能极大丰富,性能发生质的变化;在物联网、云计算等泛在信息的支持下,制造商、生产服务商、用户在开放、公用的网络平台上互动,单件小批量定制化生产将成为主流;随着产业价值链重心由生产端向研发设计、营销服务等的转移,产业形态将从生产型制造向服务型制造转变。

《中国制造2025》强调了智能制造的重要作用。智能制造是把物联网、云计算、大数据等新一代信息技术，贯穿于设计、生产、管理、服务等制造活动各个环节，具有信息深度自感知、智慧优化自决策、精准控制自执行等功能的先进制造过程、系统和模式的总称，是信息技术和制造业的深度融合，也是未来产业竞争的制高点，具有以智能工厂为载体，以全流程的智能化为切入点，以端对端的数据流为基础，以网络互联为支撑的特征。《中国制造2025》关于智能制造的要求和实施，对占领这一制造业制高点意义重大，将彻底改变制造业生产组织方式和人际关系，并带来制造方式和商业模式的转变，以至带来生产方式的重大变革。

对如何推动这一规划的实施，李克强总理提出了明确要求。一是要打造创新驱动新优势，通过大众创业、万众创新，充分释放从创意设计到生产制造的巨大创造潜能，推动更多企业由产品代工向品牌塑造跃升，促进制造业和现代服务业深度融合。二是要打造智能发展新优势，抓住互联网跨界融合机遇，促进大数据、云计算、物联网和3D打印技术、个性化定制等在制造业全产业链集成运用，推动制造模式变革。三是要打造质量成本新优势，增强工业基础能力，攻克一批先进基础工艺，提高核心基础零部件的质量性能和关键基础材料的制备水平，提升产业配套能力和劳动生产率。强化人才支撑，培育更多大国工匠。四是要打造绿色制造新优势，推动传统制造业绿色改造，大力发展节能环保产业，提升工业效能和清洁生产水平。同时还要积极开展国际产能合作，主动对接相关国家需求，通过对外工程承包和投资等，带动中国装备协作配套走出去，在国际市场竞争中促进中国制造升级。

（四）创新驱动发展的基本要求

走创新驱动发展之路是由经济发展的本质所决定的，是我们把握新常态、引领新常态的关键一招。实施创新驱动发展的基本要求是：

要明确主攻方向。一是紧扣发展，牢牢把握正确方向。要跟踪全球科技发展方向，努力赶超，力争缩小关键领域差距，形成比较优势。要坚持问题导向，从国情出发确定跟进和突破策略，按照主动跟进、精心选择、有所为有所不为的方针，明确我们科技创新主攻方向和突破口。对看准的方向，要超前规划布局,加大投入力度,着力攻克一批关键核心技术,加速赶超甚至引领步伐。二是强化激励,充分发挥科技人员作用。为了加快形成一支规模宏大、富有创新精神、敢于承担风险的创新型人才队伍,要重点在用好、吸引、培养上下功夫。要用好科学家、科技人员、企业家,激发他们的创新激情。三是深化改革,建立健全体制机制。要面向世界科技前沿、面向国家重大需求、面向国民经济主战场,精心设计和大力推进改革,让机构、人才、装置、资金、项目都充分活跃起来,形成推进科技创新发展的强大合力。要围绕使企业成为创新主体、加快推进产学研深度融合来谋划和推进创新驱动,以转变职能为目标,推进政府科技管理体制改革。四是扩大开放,全方位加强国际合作。要坚持"引进来"和"走出去"相结合,积极融入全球创新网络,全面提高我国科技创新的国际合作水平。

要抓住主要问题。一要坚持需求导向。要紧扣经济社会发展重大需求,着力打通科技成果向现实生产力转化的通道,着力破除科学家、科技人员、企业家、创业者创新的障碍,着力解决要素驱动、投资驱动向创新驱动转变的制约,让创新真正落实到创造新的增长点上,把创新成果变成实实在在的产业活动。二要坚持人才为先。要把人才作为创新的第一资源,更加注重培养、用好、吸引各类人才,促进人才合理流动、优化配置,创新人才培养模式;更加注重强化激励机制,给予科技人员更多的利益回报和精神鼓励;更加注重发挥企业家和技术技能人才队伍创新作用,充分激发全社会的创新活力。三要坚持遵循规律。要根据科学技术活动特点,把握好科学研究的探索发现规律,为科学家潜心研究、发明创造、技术突破创造良好条件和宽松环境;要把握好技术创新的市场规律,让市场成为优化配置创新资源的主要手段,让企业成为技术创新的主体力量,让知识产权制度成为激励创新的基本保障。四要坚持全面创新。要把科技创新摆在国家发展全局的核心位置,统筹推进科技体制改革和经济社会领域改革,统筹推进科技、管理、品牌、组织、商业模式创新,统筹推进军民融合创新,统筹推进"引进来"与"走出去"合作创新,实现科技创新、制度创新、开放创新的有机统一和协同发展。

要依靠自主创新。自主创新是国家竞争力的核心,是统领我国未来科

技发展的战略主线,是实现建设创新型国家目标的根本途径。实施创新驱动重在依靠自主创新,其一,要充分发挥自身特色,利用我国集中力量办大事的制度优势,着力解决影响发展全局的重点问题、突出矛盾和关键环节,在具有重大社会影响的前沿技术领域推动技术驱动型创新,力争在部分领域形成局部优势,抢占科技发展战略制高点。其二,要正确处理技术驱动型创新与需求引导型创新的关系。一方面要改变过去我们科技创新方面的跟随战略,改变对发达国家的依附性。但同时也要结合我国国情逐步探索前进,坚持通过需求信号引导创新活动,以我们有限的资源、条件去实现创新资源的优化配置,最大限度地避免盲目创新或创新资源的浪费。其三,要坚持以我为主的国际合作。实践证明,在关系国民经济命脉和国家安全的关键领域,真正的核心技术只能靠我们自己研发。只有以我为主,掌握核心技术,拥有自主知识产权,才能真正将国家发展与安全的命运牢牢掌握在自己手中。但我们也要通过继续加强和深化国际科技合作,有效利用全球创新资源提升创新效率,不要走无谓的弯路。

要创造良好环境。在实施创新驱动发展中,要大力营造勇于探索、鼓励创新、宽容失败的文化和社会氛围,形成面对"建设性失败"或"聪明的失败"时的包容态度。要切实做到使市场在资源配置中起决定性的作用和更好地发挥政府的作用,破除一切制约创新的思想障碍和制度藩篱,激发全社会创新活力和创造潜能,提升劳动、信息、知识、技术、管理、资本的效率和效益,强化科技同经济对接、创新成果同产业对接、创新项目同现实生产力对接、研发人员创新劳动同其利益收入对接。要研究制定促进技术市场发展的相关政策,发展多层次的技术(产权)交易市场体系,完善技术转移转化机制,形成良好的政策环境和制度环境。

(五)国际上创新驱动发展实践给我们的启示

目前,世界上公认的创新型国家(地区)有20个左右,包括美国、德国、英国、法国、日本、芬兰、韩国等,这些国家显示出很强的国际竞争力,科技进步贡献率在70%以上,研发投入占GDP比例一般在2%以上,发明专利量高于国际平均水平。研究他们的发展实践和经验,对我们有诸多启示。

1. 卓有成效的政府宏观调控机制。美国是世界上最典型的创新驱动经济体,其在1962—1989年间GDP保持了年均8.6%的增长速度,在较长一段时期内具备了生产系列技术并商业化的能力。其中的原因主要是美国建立了一套行之有效的宏观调控机制,能够促进基础研究与社会重大需求相结合。如,美国在1945年发布的《科学:没有止境的前沿》的报告中就对基础研究的重要性给予了高度肯定,他们把加强基础研究与国家目标之间的联系作为基础研究的长期政策;把保持基础科学、数学和工程的世界领先地位,作为基础研究的战略目标。正是由于长期坚持投入科技创新,系统推进对基础研究的支持,为美国发展高技术产业积累了大量原始创新成果储备,促使其完成了原子弹、晶体管、激光器、登月计划、重组DNA生物基因、航天飞机、人工DNA分子等科研项目,成为上世纪70年代以后世界高技术发展的技术之源。

2. 大力促进产学研结合和军民融合。研究认为,西方发达国家之所以能够长期处于全球技术领先地位,很大程度上归因于他们拥有一个有利于企业、研究机构和大学、政府和社会密切联系的创新生态系统。如,上世纪70年代到90年代期间,美国、英国、法国、日本、韩国和印度等的做法是,在进行横纵向对比的基础上提出,高度重视利用产学研密切结合促进产业转型发展,尤其是美国相继制定了一系列支持产学研合作鼓励技术成果转移的法律法规,充分依托大学推动产学研合作,形成了"硅谷"和"128公路"等著名产业集群,有力推动了上世纪80—90年代的产业转型和经济发展。再者,美国通过综合运用政策、计划以及建立吸引企业加入的公平竞争机制来促进军民融合发展,这一机制是促进国家创新驱动发展的重要内容。如,美国高度重视军民两用技术和产品的优先发展地位,针对国防工业的发展提出了军民一体化战略,积极推动军民两用技术发展。为确保适度竞争,美国还鼓励私有企业参加国防创新,在其《美国国防工业基础需要维持关键领域》中,允许更多承包商参与竞争。此外,美国军工企业还通过开展兼并重组,加强军民业务结合,不断增强创新能力。

3. 不断夯实创新驱动发展的人才基础。西方国家历来高度重视技工、科学家、企业家等各类人才在创新中的重要作用。2005年10月,美国国家科学院向国会提交《迎击风暴——为了更辉煌的经济未来而激活并调动美

国》的报告,强调要继续增强美国在基础研究和人才培养方面的投入以应对未来的经济发展的挑战。2011年2月,美国国家经济委员会等发布的《美国创新战略:促进经济增长和繁荣》提出如下建议:提升美国科学、技术、工程和数学方面的教育水平,加大改革初中等教育的力度,重获美国在技能培训方面的世界第一地位,创造世界一流的启蒙教育体系,重点要加大对劳动力、基础研究和基础设施等创新关键要素的投入,使下一代美国人掌握最新的知识和技能,造就世界一流的劳动力队伍。2012年1月,美国商务部和国家经济委员会发布《美国竞争力和创新能力》,强调"教育对于经济增长和企业以及国家竞争力提升的关键基础作用"。同时,美国政府还给予科学家宽松的个人探索环境,并注重引导他们研究重大问题。正是以上政策的持续实施,使得美国在全球创新中能够长期扮演领先者的角色。

4. 综合运用政策工具激发企业创新活力。从上世纪60年代开始,美国政府意识到民用技术研究开发及其应用的广阔前景,先后采取了一系列创新手段措施,极大激发了企业的创新活力。在财税方面,美国政府在上世纪80年代左右颁布实施了大量税收优惠政策,促进企业的技术创新活动,从而对创新活动起到了直接的推动作用。在中小企业扶持方面,美国政府通过小企业管理局帮助小企业获得贷款、教育以及培训机会,并先后通过一系列法律、计划,推动一些大学、工业和政府部门合作建立企业技术孵化器,给予中小企业以大力支持。在公共采购方面,美国商务部和国家标准局于上世纪70年代联合发布的实验技术激励项目(ETIP),规定,政府采购主要通过三个方面:一是利用政府采购创造一个超出现有技术水平的产品市场,包括政府购买创新技术或产品自用,或为社会所用等;二是政府采购要为新技术创造需求拉力,政府采购申请书上要标明所需产品需具备哪些功能、哪些技术标准等;三是政府采购要为创新性产品提供一个具备一定规模的测试环境,为新产品进一步改进提供有价值的信息等。在风险投资方面,美国积极鼓励对于创新企业和项目的风险投资,并形成了一套发达的风险投资制度。据研究,美国风险资本企业最多时达900家。上世纪90年代,美国风险资本总额累计达350亿美元,对计算机、生物技术等新兴产业的兴起发挥了极其重要的作用,包括英特尔、IBM、微软、苹果、基因技术等一些著名的公司，都是早期因得到风险投资的帮助而发展起来的。

二、河南建设"四个大省"必须以创新驱动发展为动力

"十三五"时期，我国发展的环境、条件、任务、要求等都发生了新的变化。基于这种形势，河南提出了"一个载体、四个体系"的战略任务，明确要求要建设"先进制造业大省、高成长服务业大省、现代农业大省、网络经济大省"。但在新常态下推进"四个大省"建设，决不能再靠原来的发展方式，必须依靠科技创新转换发展动力，以强力实施创新驱动发展为契机适应和引领经济发展新常态。

（一）建设"四个大省"是河南产业体系发展的重大战略布局

产业是考虑一切发展问题的起点和基点。当前，河南正处于爬坡过坎、攻坚转型的关键时期，传统优势不断减弱甚至丧失，一些结构性、体制性深层次矛盾没有根本解决，要实现新的发展，河南必须加快结构转型，培育新的增长动力和竞争优势。而实施创新驱动发展，是构建现代产业体系，实现经济中高速增长的根本之策。

1. 建设先进制造业大省，占领产业发展制高点

近现代以来，制造业始终是一国经济发展并走向强盛的基础。美、德、日等发达国家的强国之路，均基于规模雄厚、结构优化、创新能力强、发展质量好、产业链国际主导地位突出的强大制造业。许多发展中国家和地区摆脱贫穷与落后，实现对发达国家和地区的追赶甚至超越，也是通过推动工业化、发展制造业来实现的。2008年国际金融危机再次证明，没有坚实的制造业支撑，必将导致经济体的不断虚化和弱化。

目前我国工业自动化水平还比较低，每万名工人机器人拥有量为23台，大大落后于发达国家。德国的这一数字为273台，日韩则是300台。我国网络就绪度指数2012年为4.03，世界排名51位，2013年排名下降至58位，这是衡量利用信息技术推动经济发展的权威指标，由此可见我们的差距。鉴于我国国情，制造业过去是，现在是，将来仍将是保证强大经济的支柱和基础。可以说，中国工业化进程能否顺利推进、势头能否长期保持、在全球竞争中能否脱颖而出，是中国现代化发展进程中的关键之举。不但如

此，新的科技革命如信息技术、新能源、新材料、生物技术等的迅速发展，正在引发国际上新一轮产业变革，并对全球制造业产生颠覆性的影响。主要发达国家围绕建立制造竞争优势，加快在信息基础设施、核心技术产业、数据战略资产、以智能制造为核心的网络经济体系等方面进行战略部署，谋求在技术、产业方面继续领先优势，占据高端制造领域全球价值链的有利位置，国际竞争烽烟四起，我们没有理由再失去这次机会。

李克强总理在今年6月份到工信部调研时指出，工业制造是国民经济的重要支柱，是实现发展升级的国之重器。当前发达国家和发展中国家都在致力加快"再工业化"和工业化进程，我国经济要顶住下行压力，度过新旧产业和发展动能转换接续期，必须坚持走新型工业化和信息化融合之路，顺应互联网等新技术和产业变革新趋势，打造中国制造新优势，为我国经济保持中高速增长、迈向中高端水平提供强大支撑。

制造业是转方式、调结构的主战场。要适应和引领经济发展新常态，形成新的增长动力，重点在制造业，难点在制造业，出路也在制造业。2014年，河南在广泛深入调研论证的基础上，提出了"建设先进制造业大省"的发展战略，以此来推进结构优化升级，全面提升产业竞争力。而要实现这一战略，首先要打造创新驱动新优势，通过大众创业、万众创新，充分释放从创意设计到生产制造的巨大创造潜能，推动更多企业由产品代工向品牌塑造跃升，促进制造业和现代服务业深度融合。其次要打造智能发展新优势，抓住互联网跨界融合机遇，促进大数据、云计算、物联网和3D打印技术、个性化定制等在制造业全产业链集成运用，推动制造模式变革。其三要打造质量成本新优势，增强工业基础能力，攻克一批先进基础工艺，提高核心基础零部件的质量性能和关键基础材料的制备水平，提升产业配套能力和劳动生产率。其四要打造绿色制造新优势，推动传统制造业绿色改造，大力发展节能环保产业，提升工业效能和清洁生产水平。

要采取有效措施，在若干方面取得突破。一是要优先发展市场空间大、增长速度快、转移趋势明显的高成长性制造业，打造"百千万"亿级产业集群，带动先进制造业大省建设。二是要抓住用好新一轮科技革命和产业变革的重要机遇，争取在智能终端、新能源汽车等战略新兴产业领域形成新的增长点。三是要促进工业化与信息化、先进制造业与现代服务业融合发展。四是要盯紧服务型制造业发展新趋势,积极利用大数据、互联网推动生产型制造业向服务型制造业转变,积极利用电子商务完善制造企业供应链和销售网。五是要通过承接转移、优势产业嫁接等多种方式,推动企业兼并重组,加快技术改造,淘汰落后产能,改造提升传统产业。六是要顺应生产小型化、智能化、专业化趋势,优化发展环境,重视龙头企业培育引进,积极支持中小企业发展,更好发挥龙头企业带动作用和中小微企业在技术、产品创新方面的作用。七是要发挥比较优势,通过开放合作和技术升级,最大程度推动省内各种生物资源、化石资源向终端产品延伸,终端消费产品向资源加工方向对接,变资源优势为产业优势。

2. 建设高成长服务业大省,形成经济发展新优势

服务业是现代化的标志,也是农业现代化和先进制造业发展的条件。2014年第一季度,随着我国服务业增加值占国内生产总值的比重达到49.0%,服务业已成为中国第一大产业,其意义非同寻常。因为,随着我国经济规模的不断扩大,资源环境压力日益增大,亟须转变发展方式,而服务业成为我国第一大产业,意味着我国经济工作着力点将更多向服务业转移,这是一个重要信号和机遇。

同时我们还要看到,目前国际上服务业在全球国内生产总值中,其增加值所占比重已经达到70%,高收入国家更是达到74%,就连与我国发展水平相近的中等收入国家都达到了54%,但我国还只有49%左右,其差距非常大。从绝对值看,2012年我国服务业增加值仅相当于美国的29%,虽然经过近几年的发展,已经出现了较大突破,但差距仍然不小。从服务业的国际竞争力看,我国服务贸易竞争力一直相当低,贸易逆差大,经常是世界第一。所以虽然服务业已经成为我国最大的产业,成为经济增长的最大动力源,但这种地位并不稳固,在国际上滞后的格局还亟须进一步改变。

具体到河南来说,服务业增加值占生产总值的比重更低,目前只有29.4%,而北京已经达到76.1%。虽然近年来河南的服务业增加值和投资已双双突破万亿元,连续多年居中部六省首位,但在全国的发展水平仍然是比较低的。其突出问题主要是传统服务业比重大,现代服务业基础薄弱,生

产性服务业与制造业之间的融合程度低,现代服务业体系还处在构建和完善之中。虽然当前服务业发展有很大空间,但要发展也不是一件简单的事,因为我们已经告别了短缺经济,服务业已不是原来绝对意义上的短缺,发展服务业有诸多功能、条件等要求,要想取得服务业的大发展,必须要有新的思路、新的理念、新的举措。

一是要正确发挥政府和市场两方面的职能和作用。根据党的十八届三中全会精神,政府主要职责应定位在制定规则、保障公平、宏观引导上,即制定宏观政策,制定市场准入、市场竞争规则,提供基本公共服务,引导产业发展方向,确保市场主体公平有序竞争。同时要充分发挥市场在资源配置中所发挥的决定性作用,看得见的手与看不见的手相辅相成、相得益彰。二是要推动城镇化和服务业的互动发展。城镇化是一种产业结构及其空间分布的转化,是传统生产方式、生活方式和行为方式向现代生产方式、生活方式和行为方式的转化。作为服务业发展的理想空间,城镇既承载着人口和各种要素集聚及由此带来的巨大服务需求和规模效应,更通过人口与要素集聚促进经济社会主体彼此学习和竞争,从而提高服务业效率和品质。三是要推动服务业与制造业的融合发展。新常态下的经济发展,既不能再走传统工业化和制造业发展的老路,也不能脱离工业孤立地发展服务业,而应在分工与互动中实施现代制造业与生产性服务业"双轮驱动"战略,通过发展生产性服务业促进制造业转型升级。四是要结合河南实际在若干方面深入推进。要坚持现代服务业和传统服务业并举、生产性服务业和生活性服务业并重,把服务业打造成为现代产业体系的重要支柱。要推动现代物流、信息服务、金融、旅游、文化等服务业提质扩容,加快发展科技研发、教育培训、医疗卫生、商务服务、服务外包、健康养老及家庭服务等新兴产业,带动高成长服务业大省建设。要创新业态模式,推动品牌化、连锁化、便利化发展,激发商贸流通、住宿餐饮等传统服务业发展活力。要推动房地产业持续健康发展,稳定住房消费,发挥好对经济发展的综合带动作用,把服务业培育成我省现代产业体系的重要支柱。

3. 建设现代农业大省,实现城乡一体化发展

农业是国民经济的基础,没有农业的现代化,就没有全国的现代化。长

期以来我国奉行以农立国,吃饭问题始终是最大的问题。改革开放以来,我国农业虽然得到了长足发展,但与发达国家相比,我国的农业科技、农业经济等,无论在速度上、规模上、还是在效益上,都与世界现代农业有很大差距。

突出问题表现在以下几个方面:一是农业剩余劳动力大量存在,劳动力素质低下。据统计,现在全国农业剩余劳动力有1.7亿,这部分人能否成功转移,直接影响到城乡的经济发展和社会稳定,也关系到我国现代化的成败。同时,由于农村40%以上的强壮劳动力外出打工,把农业生产留给了妇女、儿童及老人,结果是妇女承担着60%以上的农活,农业劳动力严重弱化。二是农业产业结构不合理,劳动生产率不高。我国农业生产以种植业为主,内部结构不合理,粮食作物占很大比重,经济作物种植和经营规模小,无法在激烈的国内、国际市场竞争中获得优势。而且农业生产实行分散经营、规模小,全国约2亿农户基本上是一家一户的小农经济,劳动生产率低,很难在WTO背景下与国际规模的农业竞争。三是农业生产资源短缺。据统计,目前我国人均耕地、草地、林地、水资源分别不到世界平均水平的30%、40%、14%和25%,森林积蓄量、河川径流量人均分别只及世界人均水平的1/7和1/4,生产资源严重不足,且水土流失严重。以上问题,河南都程度不同地存在。

农业在河南更是占有举足轻重的地位。河南作为中国第一人口大省、第一农业大省,粮食产量占全国粮食产量的十分之一,小麦产量占四分之一,担负着维护国家粮食安全的重大责任。习近平总书记在视察河南时强调,粮食生产是河南的一大优势,也是河南的一张王牌,这张王牌任何时候都不能丢。河南要完成总书记的重托,保障国家粮食战略安全,同时又要加快现代化建设,全面建成小康社会,就必须有强烈的责任意识、担当精神和崭新的战略思维,以创新驱动为动力,建设现代农业大省。

要加快转变发展方式。一是要坚持用发展工业的方式发展农业。要借鉴工业集聚区发展模式,把工业的产业集聚与农产品加工业的产业化结合起来,以农业优势资源为基础,打造"全链条、全循环,高质量、高效益"的农业产业化集群。要以市场为导向调整农业结构,根据地方情况,鼓励发展规

模种养业、农产品加工业和农村服务业,推进生产、加工、物流、营销等一体化发展,延伸价值链。二是坚持产业化发展。现代农业与传统农业相比有着迥然不同的特质:规模化、标准化、组织化、集约化。推进农业产业化发展,就要围绕某一产业,从原料生产到加工,再到流通等环节,把相关联的经营组织集合起来,拓展农业生产的广度、深度和精度,尽可能延长农产品的加工生产链条,使之产生经济效益的倍增效应。三是推进集约化发展。要进一步深化农业体制机制改革,在充分尊重农民意愿的基础上,不拘一格推进多种形式的适度规模经营。可探索采取各种方式让土地向种粮大户集中,如办家庭农场,让农民入股、土地托管等方式,只要有利于农业生产,只要能保证农民收益,哪种方式都可以积极大胆推行。四是采取互联网+农业方式。这是互联网环境下不可忽视、不可或缺的重要现代化经营方式,应积极探索,加快发展。要围绕"种、储、销"三个环节,农业物联网、现代化智能仓储设施、电子商务、农业信息服务"四个关键",着力构建运营服务体系、创业孵化体系、人才培育体系、物流配送体系,实现农业生产条件现代化、生产组织社会化、生产技术科学化、生态环境可持续化,走产出高效、产品安全、资源节约、环境友好的现代农业发展路子。

要强化工程建设。一要实施高标准粮田"百千万"建设工程,严守耕地面积和质量,增强抗灾能力,强化科技支撑,推进规模化经营和社会化服务体系建设,落实强农惠农富农政策,更好发挥农业政策性保险和农产品期货市场的作用,稳定提高粮食综合生产能力。二要实施特色农业产业化集群培育工程,科学布局特色种植业基地和现代畜牧业基地,培育发展龙头企业,带动农业结构调整,促进农业增效和农民增收。三要实施都市生态农业发展工程,以"菜篮子"为主,突出产业功能,兼具观光和生态功能,在中心城市周边规划布局一批都市生态农业园区。四要实施"三山一滩"群众脱贫工程,加大其他贫困地区扶贫开发力度,从根本上解决困难群众脱贫致富问题。五是要深化农村改革,坚持土地集体所有,实现所有权、承包权、经营权三权分置,引导土地有序流转,发展多种形式的适度规模经营。六是要鼓励发展种养大户、家庭农场、农民合作社,培养适应现代农业发展的高素质职业农民队伍,向农业输入现代生产要素和经营模式。

4. 建设网络经济大省，开启崛起振兴新篇章

以互联网为基础的网络经济，已成为当前发展最快、最为活跃的新兴产业之一，形成了带动全局变革的巨大力量。这一经济形态有如下一些特征：一是网络经济是一种建立在计算机网络基础之上，以现代信息技术为核心的新的经济形态，同时它也是一种在传统经济基础上产生的、经过以计算机为核心的现代信息技术提升的高级经济发展形态。二是网络经济是一种高度信用化的经济形态，在网络经济中，参与交易的各方是互相不见面的，交易的商品和服务最多也是以"图像"的方式虚拟存在，所以网络经济的实质是强化的信用经济。三是网络经济在物理上是虚拟的，即网络经济可以全天候运行，很少受时间因素制约，因而网络经济是全球化的经济，它突破了时间和空间以及国界的限制，使经济活动成为全球化的活动。四是网络经济虽然在物质上是虚拟的，在互联网上的活动可以只是一套符号体系，但它必须是经济社会实物经济在互联网上的再现，必须与实际经济相对应，不能与实体经济脱离。五是网络经济是一种高度个性化的经济形态，其个性特征主要是：个人化、客户化、个体化和特定化。在网络经济中，个人化代替了效率，个体化代替了大规模生产，客户化代替了客户支持，特定化代替了大规模销售。

发展网络经济在当今世界方兴未艾。为谋划新的发展战略空间，党的十八届五中全会提出，拓展网络经济空间，发展分享经济，促进互联网和经济社会融合发展，把"互联网＋"发展上升到国家战略高度来推进。为开启河南崛起振兴新篇章，中共河南省委九届十一次全会通过的《关于制定河南省国民经济和社会发展第十三个五年规划的建议》，也适时提出了"十三五"时期河南建设网络经济大省的重大发展战略。

这一战略的提出，展现了河南的战略思维、世界眼光和超前意识。河南已深刻认识到，在全球新一轮科技革命和产业变革中，互联网与经济社会各领域、各行业的跨界融合和深度应用，已成为不可阻挡的时代潮流，正深刻改变传统的生产方式、消费方式、商业模式和管理模式。河南作为全国第一人口大省和重要的经济大省，发展互联网经济具有突出的地域优势、市场优势和坚实的网络基础支撑、产业基础支撑，潜力巨大、前景广阔。在应用市场方面,河南拥有一亿多人口,经济总量居全国第五位,全省电子商务发展进入全国第一方阵,发展潜力巨大。在基础设施方面,省会郑州是全国十大互联网骨干枢纽之一,4G 网络实现全省 100% 行政村全覆盖,"全光网河南"2015 年年底建成。在对外合作方面,河南成功引进富士康、酷派、正威等移动智能终端龙头企业,郑州已成为全球最大的苹果手机生产基地。所以,正是基于这样的认识、背景和基础,河南省委、省政府决定把推进"互联网+"行动作为引领经济新常态、培育发展新动力最为紧迫的战略举措,以更加开放的姿态,加快推动信息资源开放与利用,大力引进优势企业开展战略合作,努力形成政府、企业、社会多方共赢的发展局面,推动河南成为全国重要的网络经济大省。

建设网络经济大省,河南应着力在以下几个方面狠下功夫。

一是实施"互联网+"行动计划。重点围绕电子商务、现代物流、创业创新、先进制造、现代农业、金融创新、便民服务等领域,及环境、交通、养老、医疗等方面,推进产业组织、商业模式、供应链、物流链创新,发展体验经济、社区经济、分享经济,发展物联网技术和应用,全面拓展互联网与各领域融合的广度和深度,推动河南成为国内"互联网+"发展热点地区。既要注重引入知名互联网龙头企业及专业优势突出的企业,也要注重发展壮大本地互联网类和"互联网+"企业,培育河南创业创新的生态系统。

二是加强空间信息基础设施建设。持续扩容郑州国家互联网骨干直联点省级出口和国际出口,建设通达世界、国内一流的现代信息通信枢纽。要在光网、无线宽带、云设施建设方面超前发展起到拉动效应,建设"宽带河南",打造全省免费 WiFi,争取无线局域网覆盖全省重点乡镇以上公共服务场所,把河南打造成全国乃至全球信息基础设施最先进的地区之一。提高网络和信息安全保障能力。

三是推动电子商务大发展。电子商务是河南的优势产业之一,要坚持引进国内外龙头电商和培育本土特色电商并举,全面推进电子商务进农村、进社区、进企业,建设一批电子商务示范城市、示范基地和综合园区,打造有国际市场辐射力的国际电子商务中心,有金融领域创新力的全国互联网金融创新中心,有国内物流枢纽作用的全国智慧物流中心。

四是实施大数据发展战略。大力开发大数据应用,推进数据资源汇集、挖掘、应用和开放共享,发展大数据产业链和交易市场。大力发展云工程云服务企业,建设全国重要的区域性数据中心,深化云计算在重点领域运用,建设一批政务云、公共云、行业云。推进"宽带中原"建设和下一代互联网大规模商用,实时信息基础设施投资倍增计划,大幅提高城市和农村家庭宽带接入能力。

五是强化软件和信息技术服务。软件和信息技术服务业是网络经济的重要支撑,要大力发展支撑智慧城市及行业的应用软件,基于云计算、大数据、移动互联网、物联网、信息消费的软件和应用,大力推进设计数字化、装备智能化、生产自动化、管理现代化、营销服务网络化建设,推动产品与装备制造向智能、绿色、服务、安全方向发展。积极推进信息消费,大力发展数字生产、新媒体、影视、动漫游戏、数字家庭等,打造全国一流的数字媒体基地、数字阅读基地和全国数字内容产业中心,实现数字内容产业链一体化发展。切实加快政府信息资源开发利用,建设统一的公共信息资源平台,全面应用电子政务云和公共云平台。

六是大力优化创客环境。发展网络经济,除了政府强力推动,社会自发形成的各种"双创"服务平台,其作用不可小视,应大力培育发展。比如涌现出来的创客空间、创新工厂、创业咖啡馆等众创空间,应积极为他们提供和组织培训服务、创业服务、高峰论坛、路演活动、创新创业大赛等,对于这些众创空间举办的公益性活动和服务,可考虑由政府购买服务。当前创客的发展环境还有不小改善空间。比如有初创企业注册、银行开户还时时遇到困难;由于受投资担保风险屡发影响,目前我省注册有限合伙制基金尚有障碍,造成本土私募基金薄弱等等,政府要进一步在政策和服务方面加强支持。前不久,我省成立的区域性股权市场、政策类科创基金,应充分发挥其作用,为网络经济大省建设搭建金融支撑平台。

七是强化政府支持和服务。一要推进简政放权,调整完善市场准入资质,推进一照多址等住所登记制度改革。二要创新管理服务,开展商务大数据建设和应用。三要加大财税支持力度,促进电子商务进农村,积极推广网上办税服务和电子发票应用。四要加大金融支持力度,发展第三方支付、股

权众筹等互联网金融。五要规范市场秩序,创建公平竞争的创业创新环境和规范诚信的市场环境。六要加强人才培养,建设电子商务人才继续教育基地,开展实用型电子商务人才培训。七要培育行业组织,建立良性商业规则,促进行业自律发展。

(二)建设"四个大省"要坚持以创新驱动发展为主要动力

习近平总书记指出,实施创新驱动发展战略决定着中华民族前途命运,全党全社会都要充分认识科技创新的巨大作用,紧紧抓住和用好新一轮科技革命和产业变革的机遇,把创新驱动发展作为面向未来的一项重大战略实施好。河南要建设"四个大省",只有以创新驱动发展为主要动力,才能不断激发发展活力,充分释放创新潜能,走上新型工业化发展道路。

1. 实施创新驱动发展意义重大

经过30多年的快速发展,我国经济社会发展已取得巨大成就,综合国力迈上新台阶,经济总量跃居世界第二位,国际地位和国际影响力大大提高。但与此同时,我国长期以来依靠劳动力、资源等要素投入推动经济增长和规模扩张的粗放型发展模式的弊端日益显露,环境成本不断增加,发展中不平衡、不协调、不可持续问题突出。经济"大而不强"、"快而不优"的"虚胖"现实,使转方式、调结构、提升经济发展的质量和效益,成为实现全面协调可持续发展的唯一选择。

同时,我国经济发展面临的国际形势也发生了深刻变化。国际金融危机之后,科技创新的重要性愈加凸显,推动了以大数据、信息化、新能源、生命科学等为代表的新科技加速发展,新一轮科技革命和产业变革正在孕育兴起。这个深刻变化,与我国加快转变经济发展方式形成历史性交汇,给我国带来了难得机遇,也提出了严峻挑战。

当前,新的科技革命正在临近,科技创新已经成为提高综合国力的关键支撑,成为社会生产方式和生活方式变革进步的强大引领。科技创新的重大突破和加快应用极有可能重塑全球经济结构,使产业和经济竞争的赛场发生转换,进而导致世界经济发展中心转移,大国综合国力此消彼长。因而,谁牵住了科技创新这个牛鼻子,谁走好了科技创新这步先手棋,谁就能占领先机、赢得优势。经过多年不懈努力,我国已经成为有重要影响的科技

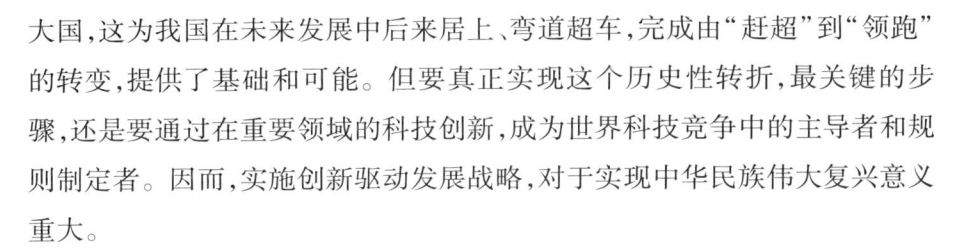

大国,这为我国在未来发展中后来居上、弯道超车,完成由"赶超"到"领跑"的转变,提供了基础和可能。但要真正实现这个历史性转折,最关键的步骤,还是要通过在重要领域的科技创新,成为世界科技竞争中的主导者和规则制定者。因而,实施创新驱动发展战略,对于实现中华民族伟大复兴意义重大。

2. 创新驱动发展具有强大功能

由于我国长期依靠要素驱动的增长方式,不但造成了企业缺乏运用信息技术的内在动力,形成一定的路径依赖,而且不可避免地遇到了资源、环境和人口红利等不可持续供给的极限,原有的发展模式已见边际,必须实现发展转型。而创新驱动发展以其巨大的潜力、强大的功能,为我们实现转型提供了一个利器。

从国际上看,新世纪以来新科技革命的巨大能量不断蓄积,信息技术、生物技术、新材料技术、新能源技术广泛渗透,带动了一场几乎涵盖所有领域的群体性技术革命,科技创新链条更加灵巧,成果转化更加便利,产业升级更加快捷,科技创新与产业变革的深度融合成为当代世界最为突出的特征之一。国际金融危机加快催生了新一轮科技革命和产业变革,科技创新已成为经济结构调整和持续健康发展的决定性力量,许多国家都将创新提升到国家发展的战略核心层面,全球进入了空前的创新密集时代。我们必须更加自觉地把握机遇、应对挑战,以科技创新的新成果开辟社会生产力持续提高的广阔空间。

从国内看,创新驱动成为加快转变经济发展方式"最根本、最关键"的力量。我国以较少的人均资源占有量和脆弱的生态环境,承载着巨大的人口规模和实现持续快速发展的压力,面临着节能减排、应对气候变化等严峻挑战。经过多年来的艰苦努力,我国经济社会发展取得历史性成就,但发展中不平衡、不协调、不可持续的问题依然突出,经济结构问题已经成为一个带有根本性、全局性的问题。如果没有创新能力特别是科技创新能力的大幅提升,就难以真正完成经济结构的调整和发展方式的转变,影响经济社会科学发展。因此,必须紧紧依靠科技创新,不断提高科技进步对经济发展的贡献率,充分发挥科技创新在提高社会生产力和综合国力中的战略支撑作

用,实现创新驱动发展。

基于这种现实,我们必须以强烈的责任感和使命感,紧紧抓住这次机遇,大力增强自主创新能力,掌握新一轮全球科技竞争的战略主动权。而要完成这一重大战略任务,必须以创新驱动发展为动力,打造新引擎,抢占制高点,才能促进经济发展方式的根本转变,从而变中取胜、弯道超车,实现更快更好的发展。

3. 实施创新驱动发展已刻不容缓

长期以来,我国采取的发展模式既取得了惊人的成绩,也带来了不少问题。在全球新技术替代旧技术、智能型技术替代劳动密集型技术的趋势面前,我国依靠要素成本优势驱动、投入大量资源和消耗环境的经济发展方式已经难以为继。实施创新驱动发展,提高自主创新能力,已是刻不容缓的紧迫任务。

从资源环境的承载能力看,我国人口众多,但资源有限,是以较少的人均资源占有量和脆弱的生态环境,承载着巨大的人口规模和强大的发展压力。2014年我国GDP总量占世界的10.4%,但能源消耗量却占世界的五分之一以上,单位GDP能耗是世界平均水平的2倍多,是德国、英国的4倍多,发展成本高、代价大,甚至是以牺牲环境、过度消耗资源为代价的。目前全国7大水系1/5水质为劣V类,每年因经济发展所带来的环境污染代价接近1万亿元。长时间大范围雾霾天气影响了国土面积的1/4,受影响人口达6亿。全国污染物排放量呈逐年上升趋势,2011年度水排放量达659.2亿吨,城镇生活污水排放量达427.9亿吨,工业固体废物产生量32.2亿吨,由此给我国带来了严重的生态环境问题,包括气候变化、能源安全、生态危机等等。2011年,全国环境污染治理投资总额为6026.2亿元,占当年GDP的1.27%。而且,由于矿藏资源、土地资源、环境资源的大量开发投入,已经扭曲了原本具有优势的资源要素空间结构,资源优势进而成为经济劣势。如产煤大省山西、资源密集产业地区东北三省的经济活动反而缺乏活力。所以,我们必须实施创新驱动发展战略,实现发展方式的重大转变。

从要素投入"边际递减"效应看,经济学的一个基本原理是边际递减效应,即随着可变要素投入量的增加,其边际产量递增,当可变要素与固定要

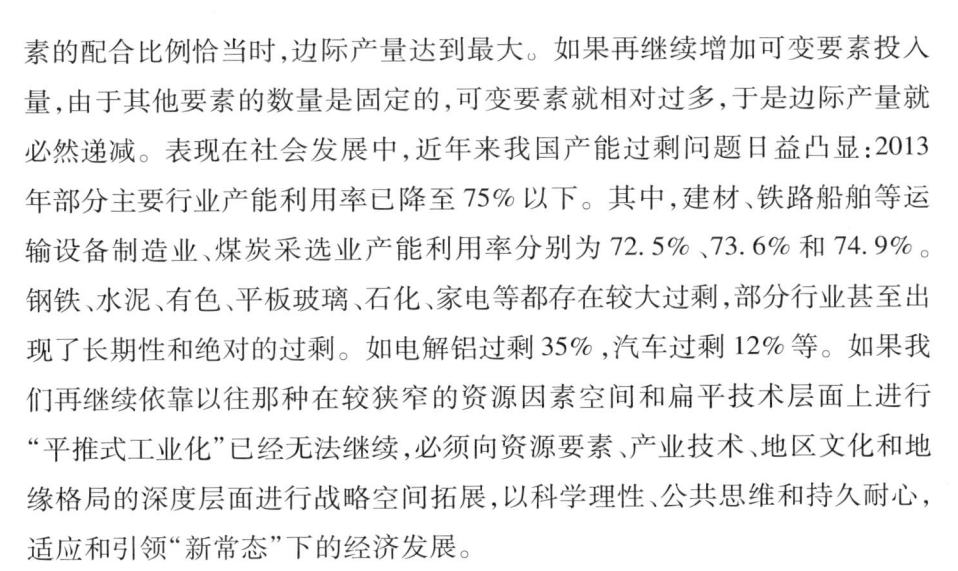

素的配合比例恰当时,边际产量达到最大。如果再继续增加可变要素投入量,由于其他要素的数量是固定的,可变要素就相对过多,于是边际产量就必然递减。表现在社会发展中,近年来我国产能过剩问题日益凸显:2013年部分主要行业产能利用率已降至75%以下。其中,建材、铁路船舶等运输设备制造业、煤炭采选业产能利用率分别为72.5%、73.6%和74.9%。钢铁、水泥、有色、平板玻璃、石化、家电等都存在较大过剩,部分行业甚至出现了长期性和绝对的过剩。如电解铝过剩35%,汽车过剩12%等。如果我们再继续依靠以往那种在较狭窄的资源因素空间和扁平技术层面上进行"平推式工业化"已经无法继续,必须向资源要素、产业技术、地区文化和地缘格局的深度层面进行战略空间拓展,以科学理性、公共思维和持久耐心,适应和引领"新常态"下的经济发展。

从人力资源的"刘易斯拐点"看,"刘易斯拐点"也是经济学的一个重要理论,其主要内涵是,在一国发展初期存在着二元经济结构,只要工业部门能够提供稍大于维持农村人口最低生活水平的既定工资,农业部门就将涌出大量劳动力至工业部门,为工业部门的扩张提供无限的劳动力供给。但工业部门将获得的利润转化为再投资,将产业规模不断扩大,直到最后将农村剩余劳动力全部吸完,这时工资便出现了由水平运动到陡峭上升的转变,这个"点"就是"刘易斯拐点"。它的出现意味着一国"人口红利"开始消失,劳动力无限供给和低工资的时代即将结束。当前我国时常出现的"民工荒"和劳资纠纷,就是由劳动力市场变化所带来的反映,就是"刘易斯拐点"出现的征兆。有专家研究认为,将来恐怕劳动力成本上涨会成为一些企业生产经营面临的首要难题。所以,再继续依靠原来那种要素投入式的粗放型发展已无法持续。因此,我们必须通过实施创新驱动,对现有的资本、劳动力、物质资源等有形要素进行重新组合,以创新的知识和技术改造物质资本、提高劳动者素质和科学管理,建立新的发展方式。

三、从建设"四个大省"出发,明确推进创新驱动发展的主要着力点

创新是引领发展的"第一动力",是推动一个国家、一个民族向前发展的重要力量。河南要推进"四个大省"建设,必须以实施创新驱动发展战略

为核心,明确创新主体,制定创新战略,提高创新能力,强化创新体系建设和政策法规、人才队伍建设,形成一整套促进创新驱动发展的体制机制。

(一)进一步强化创新驱动发展的主体地位

这是实施创新驱动发展战略的基本要求。早在2006年全国科技大会以及党的十七大都明确提出让企业成为创新主体,但现实中政府越俎代庖、企业积极性不够、产学研用脱节等问题还一直比较突出,需要进一步全面深化改革,强化创新驱动的主体地位。

第一,要激发企业成为创新主体的责任和动力。企业是市场的主体,它直接面向市场,创新需求敏感,创新冲动强烈,只有让企业成为创新的主力,提升千千万万个企业的自主创新能力,创新才能成为社会发展的强大力量。要改进支持技术创新项目的组织方式,加强产业技术创新战略联盟建设,鼓励创新资源向创新主体流动,推动企业成为研发投入和成果转化的主体。要以增强企业的创新能力为中心任务,通过各种奖励激励、平台搭建、服务保障等政策措施,把解决科技问题与经济问题结合起来,调动企业开展创新的积极性和主动性,使创新驱动发展成为企业的自觉行为。要设立专项科研开发资金,鼓励企业加大研发投入,提高研发支出占销售收入的比重,引导企业在技术创新方面发挥主导作用。

第二,要突出企业的创新主体地位。目前在我国科研创新领域内,仍然是以政府主导的高校和科研院所为主角,企业在自主创新方面的投入力量和资源相对匮乏。这方面与企业自身缺乏创新意识和投入有关,另一个方面与政府对企业的引导和帮助有很大的关系。我们要进一步创造条件、优化环境、深化改革,切实增强企业开展自主创新活动的紧迫感和集聚创新要素、吸纳创新成果的主动意识,强化企业在自主创新中的主体地位。要发挥经济、科技政策的导向作用,引导企业调整优化结构,转变增长方式,把提高自主创新能力作为提升企业核心竞争力的战略措施,增加研发投入,实施名牌战略,围绕市场需求不断开发新产品、新技术和新工艺。要改革科技计划支持方式,支持企业承担重大项目研发任务,完善技术转移机制,促进企业的技术集成与应用,使企业真正成为自主创新的决策和投资主体、产品研发和科技成果转化的主体、承担风险和获得利益的主体。要建立高层次、常态

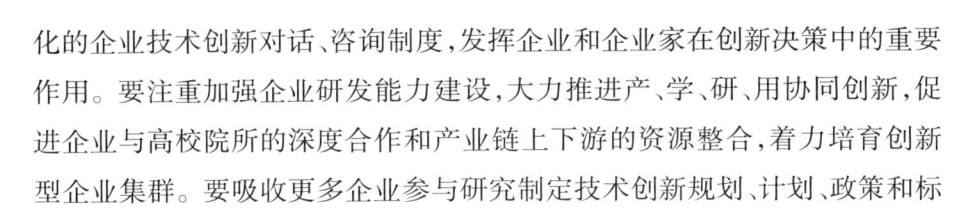

化的企业技术创新对话、咨询制度,发挥企业和企业家在创新决策中的重要作用。要注重加强企业研发能力建设,大力推进产、学、研、用协同创新,促进企业与高校院所的深度合作和产业链上下游的资源整合,着力培育创新型企业集群。要吸收更多企业参与研究制定技术创新规划、计划、政策和标准,相关专家咨询组中产业专家和企业家应占较大比例。

第三,要完善产业技术创新机制。鼓励构建以企业为主导、市场为导向、产学研用合作的产业技术创新体系,市场导向明确的科技项目要由企业牵头、政府引导,联合高等学校和科研院所共同实施。要更多运用财政后补助、间接投入等方式,支持企业自主决策、先行投入,开展重大产业关键共性技术、装备和标准的研发攻关。要开展龙头企业创新转型试点,探索政府支持企业技术创新、管理创新、商业模式创新的新机制。要落实民营企业在创新领域的国民待遇,实行更加宽松的科技包括军工领域的准入政策,推动民营经济参与国家创新驱动战略和协同创新项目。要完善中小企业创新服务体系,加快推进创业孵化、知识产权服务、第三方检验检测认证等机构的专业化、市场化改革,壮大技术交易市场。

(二)制定创新驱动发展战略

谋定而后动。创新驱动发展战略既是一个重大战略,也是一项系统工程,既要抓住科技创新这个核心,也要有一系列相关配套措施,切实加强顶层设计。

其一,要制定工作规划,做出全面安排。要明确创新驱动发展的总体思路、目标、要求,企业的主体地位,创新的环境、导向,以及一系列相关体制机制、人才队伍建设等,明确战略实施的路线图、时间表,并结合国家实施创新驱动发展战略和建设创新型国家的目标以及本省的实际情况进行分解、细化,建立完成目标的组织架构和任务体系,让各部门、各层面、各单位按照明确的目标任务予以推进。

其二,要结合本地实际,做出重点部署。每个地方的情况可能差异较大,战略制定既要结合本地实际,又要突出重点要求。如:技术创新的市场导向问题,重大科技专项安排问题,形成产业创新链问题,强化金融服务创新问题,完善成果转化激励政策问题,构建协调创新服务体系问题,实施创

新人才引进政策问题等,都要有详细系统的安排部署。要变革创新驱动的相关结构,主要包括:调整投资结构,由初期阶段的大量固定资产投资,转向大规模的研发投入;调整需求结构,由主要依靠外部的需求拉动转向依靠内生需求的增长;调整技术结构,由过去依赖外部技术引进转向提升自主创新能力,自主解决技术问题,包括能源安全、制造技术、新兴产业核心技术等。

其三,要针对实施要求,提供保障措施。切实加强创新驱动战略实施的组织领导,明确相关机构和部门,以及配套的法律政策措施,协同推进的工作机制,相关的激励约束办法,督导检查的制度要求等,全面落实工作责任,把目标任务分解到部门、具体到环节、落实到岗位,做到每项工作都有明确的目标责任、明确的时间节点、明确的考核内容等。要通过战略的实施,让创新活力竞相迸发,创新成果得到充分保护,创新价值得到更大体现,创新资源配置效率大幅提高,形成推进科技创新发展的强大合力。

(三)提高自主创新能力

自主创新是包括原始创新、集成创新和在引进消化基础上的再创新,是创新模式中最主要的创新。实施创新驱动发展战略,最根本的是进行自主创新,要不断增强科研主体的自主创新能力,破除影响自主创新的体制机制障碍,最大限度地激发自主创新的巨大潜能。

一是政府要给予大力支持。政府要加大科技投入,特别是要加大对基础科学以及新能源、新材料等高科技领域的投入,大力扶持一批拥有自主知识产权、自主创新能力、全球知名品牌的重点企业,在政府采购时,首先要考虑采购拥有民族自主知识产权的产品。要不断改善科技人员待遇,用高薪吸引优秀人才,对自主创新企业给予税收优惠政策。要加速科技成果转化,实现资金变为技术、技术变为资金、资金变为更高层次技术的良性循环。要建立高科技创业资金,为高新技术企业提供宽裕的发展环境;处理好资金激励与创新绩效的关系,进一步推进科技创新项目管理的改革,实现科技创新资金效果最大化;处理好人才培育引进与服务保障的关系,继续做好高端人才引进和培养工作,引导人才资源要素集聚。

二是企业要有强烈的责任和意识。要以责无旁贷的精神,以最大的决心和勇气,增强创新动力,提高创新能力,消除创新障碍,使创新真正成为企业的自觉行动。要瞄准国际创新趋势和特点着力推进原始创新,力争取得一批在科学前沿有较大影响的研究成果,使我们的自主创新站在国际技术发展前沿。要大力推进应用创新,加强面向市场的研究开发,推广和应用高新技术、适用技术,促进科技成果转化。要进行多种模式的创新,切实加强战略性高技术研究和创新,集中力量在信息技术领域、材料科技领域、生命科学及生物技术领域取得重大突破。

三是要着力打造创新型产业集群。坚持以提质增效升级为目标,坚持高端引领,把战略性新兴产业做实做大做强。要紧紧抓住新一轮科技革命和产业变革的机遇,以实施创新驱动发展为己任,进一步理清推进科技改革和创新中存在的制约和关键问题,分析与国际先进科研机构的差距,在密切科技与经济结合、提高自主创新能力、改变科技创新资源配置的分散封闭重复低效、完善科技经费管理、健全创新环境和政策等方面进一步深化改革,打通从科技强到产业强、经济强、国家强的通道,为国家强盛、民族复兴提供有力的科技支撑和动力源泉。要推进工业化和信息化"两化"融合,以智能制造为突破口,促进先进制造业规模、质量、效益同步提升。

(四)加强创新体系建设

实施创新驱动发展是一个有机整体,单打独斗很难成功。当前创新体系存在的主要问题是:产、学、研、用结合不够紧密,官、学、商分工存在大量灰色地带,直接导致科研配置不合理,科技与生产脱节,成果转化率低,缺乏投资与投资浪费并存等。建立以企业为主体、以市场为导向、产学研用结合的技术创新体系势在必行。

一要激发企业的创新活力。现在,我国大中型企业科技研发支出占主营业收入的比重仅为1%,与发达国家大企业5%的水平有很大差距。其重要原因是企业的创新主体地位缺失,创新意识不足,能力不够,主动性不强,相关机制不配套等。我们要充分发挥市场对研发方向、路线选择和各类创新资源配置的导向作用,调整创新决策和组织模式,强化普惠性政策支持,让企业成为技术需求选择、技术项目确定的主体,成为技术创新投入和创新成果产业化的主体。加快构建由企业牵头,各类创新主体相互协同的创新体系,充分发挥经济科技政策的导向作用,激发企业的创新活力。

二要围绕产业发展构建创新链。新世纪以来,我国科技研发投入快速增加,2012年已超过1万亿元,占GDP的1.98%,但科技资源配置不合理,利用效率低,大量的科研成果不能转化为应用技术的问题十分突出,科技成果转化率仅为10%左右,远低于发达国家40%的水平,这主要是由于创新体系不完善等原因造成的。我们必须对现有科技管理体制及相关的财税、人才、投资等多领域进行系统配套的改革,建立现代院所制度,完善产学研协同创新机制,构建各具特色和优势的区域创新体系,加快科技成果向现实生产力转化,为创新驱动发展提供不竭动力。要发挥高校院所的创新源头作用,推进高校优势学科建设工程,支持高校院所承担国家重大基础研究计划。鼓励企业与高等院校、科研机构建立各类技术创新联合组织,构建高校、研发机构、中介机构以及政府、金融机构等分工协作、有机结合的创新链,形成企业家和科学家相互合作、互动共赢的局面。

三要形成创新的激励机制。要首先在保护产权、维护公平、改善金融支持、强化激励机制、集聚优秀人才等方面更好地发挥政府作用,营造有利于大众创业、万众创新的政策环境和制度环境。要着力运用国家自主创新示范区试点政策,及时跟进国家科技创新体制改革,加快科技成果使用、处置和收益权改革,全面落实研发费用加计扣除等普惠性政策,建立向创新者让利的利益导向机制,加大对小微企业创新的扶持力度。要切实改革科技成果类无形资产处置方式,深化科技成果技术入股收益分配改革,形成有利于促进科技成果转化的良好政策环境。

四要强化创新的服务支撑。坚持以满足创新需求为导向,延展科技创新服务链,重点发展研究开发、技术转移、创业孵化、知识产权、科技咨询等专业科技服务和综合科技服务,促进科技服务专业化、网络化、规模化、国际化发展。要深入推动重点行业的科技服务应用,围绕战略性新兴产业和先进制造业的创新需求,建设公共科技服务平台,培育多元服务主体,创新服务模式,构建完善的科技服务体系。要强化金融支持创新的功能,发展新型科技金融机构,创新科技金融产品和服务,扩大科技金融风险补偿资金池,大力发展天使投资等创业投资,引导创业资本更多地投向种子期或初创期小微企业。

（五）深化体制机制改革

目前我国科技领域存在的一系列问题都与体制机制有关，如知识产权制度、科技资源分配和科技成果评价制度、人才激励制度、产业政策导向等。实施创新驱动发展战略，当前最迫切的是加快科技体制改革步伐，充分释放创新驱动发展的动力和活力。

第一，要转变政府科技管理的职能。政府部门不能再直接管理具体项目，要将管理的重点转向制定完善规划和政策、优化创新环境、提供创新服务等。要深化财政科研项目和资金管理改革，对基础前瞻科研项目、产业技术研发项目、公益性科研项目进行分类管理，提高财政资金使用效益。建立创新调查和科技报告制度，改进科技项目评价办法，支持社会组织开展第三方评价。推动公共科技资源向社会开放共享，准确把握新一轮改革的政策取向，注重"依靠"的政策和"面向"的政策、"改革"的政策和"发展"的政策、"普惠性"的政策和"优惠性"的政策的有效结合，切实解决好政策落实中的"最后一公里"问题。

第二，要建立科技创新协同机制。加强科技创新统筹协调和科技资源合理配置，开展知识产权、科研院所、高等教育、人才流动、国际合作、金融创新、激励机制、市场准入等改革，使投入的绩效高起来，科技成果转化快起来，努力在重要领域和关键环节取得新突破，促进创新驱动发展战略深入推进。引导社会资本投向新技术、新产品、新业态和新商业模式，促进创新资源高效配置和综合集成，不断创造新的投资空间，创新投融资方式，解决科技资源配置过度行政化、封闭低效、研发和成果转化效率不高等问题，让闲置的科研仪器忙起来。依托产业链上下游的骨干企业、重点科研单位和主要集聚区域，进一步整合技术、人才、成果和信息等资源。

第三，要搭建有利于创新的生态系统。形成市场化的激励机制，发挥市场机制激励创新的重要作用，营造公平、开放、透明的市场环境，促进企业创新发展。调整优化产业项目准入办法，形成有利于产业转型升级、创新发展的鲜明导向，鼓励支持新业态、新模式发展。加快构建支持创新、鼓励创新、保护创新的政策体系。鼓励知识产权创造，着力培育专利密集型、商标密集型、版权密集型产业。健全知识产权运用机制，支持企业组建知识产权联

盟,形成合理的产业链和成果转化的群体优势,完善市场化知识产权运营机制。加大知识产权保护力度,严厉打击侵权假冒违法行为,推进行政执法与司法保护的衔接,切实解决知识产权侵权易、维权难的问题。

第四,要加快科技成果使用处置和收益管理改革,完善科技人员股权和分红激励办法,让科技人员在科技成果转化过程中,得到合理回报,实现自身价值。完善人才分类评价标准,实行科研岗位分类管理考核,创造条件,让科技人员在企业、高校、科研机构之间流动起来。要改革科技成果处置办法,财政资金资助的科研项目形成的科技成果,其使用权、处置权和收益权下放给项目承担单位;加快下放科技成果使用、处置和收益权,提高科研人员成果转化收益比例,加大科研人员股权激励力度,破除成果转化障碍。大力培育创新文化,激励全社会创新创业。

(六)完善政策法规建设

当前,我国科技发展存在的问题,也有不少与相关政策法律建设不够有关,如各市场主体享受优惠政策的法规不明确、执行成本高或收益小、监管不到位等。要顺利实施创新驱动战略,必须进一步完善有关政策法规,为促进创新发展提供坚强保障。

其一,健全科技创新的法规制度体系。根据中央关于"到2020年,基本形成适应创新驱动发展要求的制度环境和政策法律体系"的要求,要加快重点法规的修订,如,推进《促进科技成果转化法》、《专利法》等的修订,解决知识产权创造、应用和保护方面存在的法律障碍,强化对成果持有者和转化人员的激励。要研究推动新的立法工作,重点推进科研机构立法,明确科研机构在国家创新体系中的定位,强化科研机构现代院所制度建设。要研究制订科技资源开放共享条例,强化国家财政资助,形成科技资源开放共享的义务。通过加强科技创新法规的立、改、废工作,使科技创新法规成为一个体系完整、内容和谐的有机整体,为进入创新型国家行列提供有力保障。

其二,大力推进依法行政和严格执法。建立职能分工明确的科技行政管理系统,依法行使法律赋予的科技创新管理权力,全面履行法律赋予的职责,最终形成决策、实施、监督相对分离的管理机制。严格遵循法定程序,遵循公平、公正的原则,明确行政程序中主体的权利与义务,加强信息公开,使政府行为进入制度化、规范化、程序化的轨道。健全监督评估机制,充分发挥社会组织、人民团体和新闻媒体的监督作用。坚持违法必究,对于违反科技创新法律、法规和规章的各种行为,都要毫无例外地依法受到追究和惩罚,确保科技创新管理真正步入法治轨道。

其三,加强知识产权法律保护。鼓励知识产权创造,着力培育专利密集型、商标密集型、版权密集型产业。健全知识产权运用机制,支持企业组建知识产权联盟,形成合理的产业链和成果转化的群体优势,完善市场化知识产权运营机制。加大知识产权保护力度,严厉打击侵权假冒违法行为,推进行政执法与司法保护的衔接,切实解决知识产权侵权易、维权难问题。建立完善促进知识产权创造、运用、保护和管理方面的法律,促进专利政策法规完善,实现已经成熟、稳定的专利政策法律化。通过这一举措,解决当前政策实施中的政策异化、政策矛盾和政策工具不均衡等问题,使专利技术成果既上得了"书架",也上得了"货架",由专利拥有者自主决定转让、许可和投资,迅速转化为现实生产力。完善与科学技术创新相关的其它法律、法规和政策,建立健全与之相适应的地方性法规、规章体系,营造良好的政策法律环境,切实保护和激励创新主体的创新活动。

(七)加强人才队伍建设

人才是创新的根基和关键。创新驱动实质上是人才驱动,谁拥有一流的创新人才,谁就拥有了科技创新的优势和主导权。实施创新驱动发展,首先必须把人才问题解决好。

第一,要注重引才。坚持择天下英才而用之,要实施重大人才工程,大力引进凝聚一批高层次创新创业人才、高水平管理人才、高技能实用人才,形成人才辈出、人尽其才、才尽其用的良好环境。要通过更加积极的创新人才引进政策,集聚一批站在行业科技前沿、具有国际视野和能力的领军人才,尤其重视引进海外真正的科技领军和拔尖人才。要围绕国家重大需求,面向全球引进首席科学家等高层次科技创新人才,建立访问学者制度,广泛吸引海外高层次人才回国(来华)从事创新研究。要稳步推进人力资源市场对外开放,逐步放宽外商投资人才中介服务机构的外资持股比例和最低注册资本金要求。要学会招商引资、招人聚才并举,广泛吸引各类创新人才

特别是最缺的人才。要鼓励有条件的国内人力资源服务机构走出去与国外人力资源服务机构开展合作，在境外设立分支机构，积极参与国际人才竞争与合作。

第二，要精于育才。遵循创新人才成长规律，坚持用事业凝聚人才，用实践造就人才，用机制激励人才，用法制保障人才，支持创新人才向企业集聚、向产业流动，加快形成一支规模宏大、富有创新精神、敢于承担风险的创新型人才队伍。要大力培养各类高层次创新创业人才和创新创业团队，特别是既懂科技又通市场的复合型人才。要积极推动科技大军下基层，加强企业研究生工作站、院士工作站、博士后工作站等载体建设，引导科技人员深入基层和企业，开展科技创新，转化科技成果，创办科技企业，提供科技服务。要着力构建创新型人才培养模式，紧密结合市场需求开展教育培训，形成有利于创新人才成长的育人环境。积极开展校企联合招生、联合培养试点，拓展校企合作育人的途径与方式，提高人才培养质量，为科技进步和自主创新提供良好的人才环境。

第三，要强于留才。引才育才，关键是要能留住人才。要改进科研人员薪酬和岗位管理制度，破除人才流动的体制机制障碍，促进科研人员在事业单位和企业间合理流动。对符合条件的科研院所科研人员，经所在单位批准，可带着科研项目和成果、保留基本待遇到企业开展创新工作或创办企业。允许高等学校和科研院所设立一定比例流动岗位，吸引有创新实践经验的企业家和企业科技人才兼职。加快社会保障制度改革，完善科研人员在企业与事业单位之间流动时社保关系转移接续政策，促进人才双向自由流动。要注重对创新创业的宽容和支持，充分发挥人在创新创业中的核心作用，释放出每一个社会细胞的创造活力，让人才卸掉畏惧失败的心理包袱，使创新创业成为新的生活气息、价值追求和社会取向。要切实解决科研人员的后顾之忧，比如解决好他们的子女上学、医疗、社保等相关问题。

第四，要善于用才。必须坚持唯才是举、大胆用才，着力克服用人上的唯学历、唯职称、讲资历的陈规陋习，充分发挥创新型人才的作用。对那些善于独立思考、勇于标新立异，认识事物和处理问题的角度、方法常常新于众人、高于众人的创新型人才，要不拘一格，大胆使用。要充分信任和重用

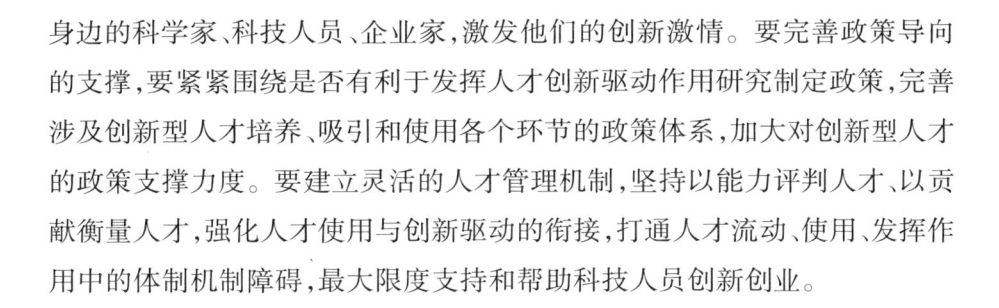

身边的科学家、科技人员、企业家,激发他们的创新激情。要完善政策导向的支撑,要紧紧围绕是否有利于发挥人才创新驱动作用研究制定政策,完善涉及创新型人才培养、吸引和使用各个环节的政策体系,加大对创新型人才的政策支撑力度。要建立灵活的人才管理机制,坚持以能力评判人才、以贡献衡量人才,强化人才使用与创新驱动的衔接,打通人才流动、使用、发挥作用中的体制机制障碍,最大限度支持和帮助科技人员创新创业。

四、以改革创新精神实施创新驱动发展战略,为建设"四个大省"提供强劲动力

我省的"四个大省"建设,是按照竞争力最强、成长性最好、关联度最高原则构建的现代产业发展新体系,是立足"四化同步"发展的重大战略举措。推进河南"四个大省"建设,必须大力弘扬改革创新精神,强化创新理念,加大创新投入,抓好创新平台载体建设,把实施创新驱动发展战略作为主要动力,为推进产业结构优化升级,转变发展方式,加快建成全面小康社会,提供强劲动力和支撑。

(一)树立创新驱动发展理念

理念是行动的先导,是思路、方向、着力点的集中体现。理念决定行动,思路决定出路。要通过学习、研究和思考,深刻认识创新驱动发展在助推"四个大省"建设中的价值、意义和作用,切实树立和强化创新驱动发展理念,卯足创新发展的劲头。

深刻认识创新。创新是人们进行创造活动的出发点和内动力,是决定一个国家、民族创新能力最直接的精神力量,是国家和民族解决自身生存、发展问题能力大小的最客观和最重要的标志。创新根源于社会生产方式,其形成和发展必然进一步推动社会生产方式的进步,进而带动经济的发展,推动社会的全面进步。创新能激发人的主体性、能动性和创造性的进一步发挥,能使人自身的内涵获得极大丰富和扩展,其突出特点是利用知识、技术、企业组织制度和商业模式等创新要素,对现有的资本、劳动力、物质资源等有形要素进行重新组合,以创新的知识和技术改造物质资本、提高劳动者素质和科学管理,是一种更高层次更高水平的增长方式。所以,创新是引领

发展的第一动力,我们只有深刻认识创新的重要性、必要性,才能大力投入到创新驱动发展之中。

强烈要求创新。当前,世界各国都在加大科技创新力度,创新已成为一种潮流汹涌而来,正在影响着深远的产业变革,形成新的生产方式、产业形态、商业模式和经济增长点,推动着3D打印、移动互联网、云计算、大数据、生物工程、新能源、新材料等领域取得新的突破,与此相联系,形成了一波又一波的新科技浪潮。如:推动着智能装备、智能工厂等制造方式的变革;形成了网络众包、协同设计、大规模个性化定制、精准供应链管理、全生命周期管理、电子商务等产业价值链体系;开拓了可穿戴智能产品、智能家电、智能汽车等制造业新领域等。可谓形势逼人,不进则退。我们必须以只争朝夕的精神和大无畏的气概,强烈要求创新,大刀阔斧推进创新,如此方能挺立时代潮头。

自觉推进创新。创新既需推动,更靠自觉。由于我国当前激励创新发展的制度环境和社会氛围尚未充分形成,制约创新的思想观念和体制机制障碍依然存在,我们的自主创新能力仍存在不足。所以我们必须消除"改革与我无关、开放离我很远"的模糊认识,克服等待观望思想和自我满足情绪,拿出自我革命的勇气,打好科技体制改革的"背水一战",让企业主体"动"起来、技术市场"活"起来、科技人员"转"起来、高新区"强"起来、高新技术"用"起来、科技成效和魅力"显"起来,成为用好创新红利的法宝,在创新驱动发展中当先锋、打头阵、做尖兵。只有把增长动力真正从要素驱动转换为创新驱动,才不会在过分依赖投入、规模扩张的老路上"原地踏步",才能充分激发各类主体参与创新活动的积极性和主动性。

(二)加大创新驱动发展投入

创新驱动发展的实践证明,经济增长由要素驱动转向创新驱动,可以节约物质资源、环境资源等物质投入,但不能节约资金投入。我省要深入推进"四个大省"建设,就必须在创新驱动投入方面加大力度,为创新驱动提供源源不断的强大动力。

第一,要进一步加大创新投入力度。当前,我国在创新驱动研发投入方面还远远不够,全国基础研究投入只占R&D(研究与开发)经费的4.8%,

只有瑞士的17%、美国的25%、日本的37%。我们要通过一系列改革举措,培育壮大创业投资和资本市场,形成各类金融工具协同支持创新驱动发展的良好局面。其一,政府要进一步加大资金投入支持力度,并通过各种政策措施予以落实;同时要争取中央财政创新资金向中西部地区的倾斜。其二,要发挥国家新兴产业创业投资引导基金、国家科技成果转化引导基金、科技型中小企业创业投资引导基金和省股权投资引导基金等促进创新创业基金的作用,带动社会资本支持战略新兴产业和高科技产业早中期、初创期新型企业发展。其三,要完善外商投资创业投资企业政策,鼓励境外资本投向创新领域。其四,要积极推进我省"瞪羚企业"培育计划,支持符合条件的高新技术企业等上市或挂牌。其五,要推进省内区域性股权交易市场建设,促进科技与金融结合,强化资本市场对技术创新的支持。

第二,要不断完善投资结构和运行机制。当前我国既存在创新投入不足问题,同时也存在创新投入对经济的驱动能力不强问题,其主要原因是创新投入的使用效率低下。因此,政府要寻求更为有效的投入方式,以企业、高校和科研机构提高研发创新能力为主要目的,优化创新投入结构,提升科技资源的配置效率,使投入资金充分发挥促进科技发展、提高地方经济发展水平的作用。要改革完善科技投资评估和评审体制,建立富有成效的科技研发运行机制,加强政府对R&D(研究与开发)投入使用的有效监督,把科技投入、项目研发、成果转化等方面紧密结合起来,提高科研项目商业化价值。

第三,要加强投资平台建设。建立全省互联互通的创新资源和科技成果共享平台,引导全省创新资源合理流动。制定优惠政策,鼓励科技人才和创新资源广泛交流,实现科技创新和经济发展互促共赢。加快全省技术交易市场、孵化器等科技中介平台建设,建立和形成科技、教育、产业、金融与技术转移和推广"五位一体"的创新体系,提高科技成果转化能力。鼓励企业与企业之间、企业与科研机构之间搭建合作创新组织机构,利用各创新主体之间的监督和制衡,加强产学研用联系,更好地提高创新成果的质量和创新资源使用效率。加快创新微观环境建设,完善科技投资环境配套服务,维护科技交易市场有序进行,促进科技创新与经济发展的紧密结合。

第四,要促进科技和金融创新融合。坚持省市联动建立政府科技贷款风险补偿和风险分担机制,支持商业银行在高新区、专业镇和孵化器等地建立科技支行,加快开展科技信贷。建立和完善创业风险投资引导机制,引导设立种子基金、重大科技专项创业投资基金、新三板基金和科技股权众筹领投基金,建设科技股权众筹平台,吸引更多的社会资金投入科技产业。加快建立全省科技金融综合服务中心信息平台等线上平台,建设覆盖全省的科技金融服务体系。发挥河南科技金融部门政策性科技金融平台作用,打造科技金融服务全产业链。支持各地级以上市举办或参与各种类型的科技创新创业大赛。

(三)明确创新驱动发展专项安排

推进创新驱动发展,既要有整体布局,又要有重点突破。要高度重视围绕产业发展需求部署创新链,实施科技重大专项,推动重点领域的创新。

瞄准前沿高端。要深入研究世界科技创新和产业变革大势,坚持主动跟进、精心选择、发挥优势、有所为有所不为。要着力围绕我省实施三大国家战略规划和建设"四个大省"的战略需求,综合运用承接转移、延伸链条、技术改造、兼并重组等手段加快传统支柱产业转型升级。要着力推动传统产业技术工艺创新、信息技术融合和商业模式创新,实施重大创新工程,大力扶持新一代信息技术引领的颠覆式创新、跨代创新,促进云计算、大数据、物联网与现代制造业结合,推动电子商务、文化创意、互联网金融等产业融合发展,培育新兴业态,打造新的产业增长点。要加强前瞻部署,在大数据、云计算、未来网络、高效能源、纳米和生物技术等领域重点部署,建设若干高水平的创新基地,争取形成创新驱动发展的技术先发优势。

注重链条设计。要着重围绕国家重大发展战略和我省产业发展需求,确定一批重点建设工程项目,如智能制造、工业强基、绿色发展等,抓紧启动实施。要以高成长性制造业、战略性新兴产业和传统支柱产业为重点,编制创新发展规划,突出高端装备、信息网络、生物与健康、新能源与节能环保、现代种业、农业物联网和装备智能化等,集中统筹配置创新资源,持之以恒地予以推进。要建立和实施产业技术创新战略联盟发展工程,依托国家创新工程研发机构,联合省内外企业、高校、科研院所等机构,建立省级产业协同创新中心,并以战略联盟和创新龙头企业为主体,在智能装备、创新药物、生物育种、光电集成等领域形成产业创新链,突破关键核心技术,培育战略性新兴产业。要充分利用国家、省、市各级财政资金及金融资本、民营资本等,实现三链融合,推动重大科技专项顺利实施。要进一步完善省重大科技专项产业投资基金的运作机制,吸引社会资金设立创业投资基金,拓宽重大科技专项融资渠道。支持有条件的地区设立重大科技专项配套资金。

强化政策支持。要实施商业模式创新培育工程,支持开展产品创新、业态创新、商业模式创新。调整省级一定规模的自主创新资金使用方向,开展商业模式创新示范活动,强化激励效应。要实施创新产品采购优先使用政策,鼓励采用首购、订购等非招标采购方式、政府购买服务方式,加大创新产品和服务的采购支持力度,促进创新产品研发和规模化应用。要完善使用首台(套)重大技术装备鼓励政策,健全研制、使用单位在产品创新、增值服务和示范应用等环节的激励和约束机制。启动我省首台(套)重大技术装备保险补偿试点,降低高端装备制造业科技成果转化中的风险,推动我省现代装备制造业加快发展。

(四)抓好创新驱动发展载体

充分发挥创新驱动发展的作用,一方面要抓好相关企业经营者、科技工作者等微观载体,另一方面要抓好企业、高校、科研院所等中观载体,同时还要抓好社会发展趋势、国际国内重大发展战略等宏观载体,从而做到高屋建瓴、纲举目张。

以"互联网+"为载体推进创新。近年来,"互联网+"以迅雷不及掩耳之势席卷了各行各业。2015年7月国务院发布的《关于积极推进"互联网+"行动的指导意见》,提出了11项重点行动,如现代农业、智慧能源、电子商务、人工智能等,无一不与互联网关系密切,"互联网+"正在形成经济发展的新动能。要推进创新驱动发展,必须通过"互联网+"抢占创新发展制高点。首先,要大力提升对"互联网+"与创新驱动联动发展重要性的认识,抢抓"互联网+"发展机遇。要把"互联网+"等以信息技术为代表的、以智能化为特征的新兴经济业态发展,作为当前稳增长的关键之举,加快推进新型城镇化建设,推进发展转型升级,使互联网产业成为推动发展的主导力量。其次，要积极实施"互联网+"行动计划，推动移动互联网产业与主导产业结合，培育新产业、新业态、新模式，打造产业集聚区转型升级新引擎，推进智慧园区建设，提升信息基础设施服务水平和普遍服务能力。再次，要加快发展以互联网产业、互联网应用、信息消费、工业化信息化深度融合为主要内容的互联网经济，走集约发展、高科技含量发展、高附加值发展道路，大力发展电子商务、社交网络、O2O等创新平台，充分发挥我省电子商务在全国"互联网+"中的优势地位以及在跨境贸易中的突出作用，以互联网应用为核心，促进创新创业快速崛起，形成新的经济增长点。

以实施《中国制造2025》为载体推进创新。实施"中国制造2025"规划方案，必须大力促进信息化和工业化深度融合。一要加快传统产业改造升级，推进行业生产设备的智能化改造，促进移动互联网、物联网等信息新技术在企业研发、制造、管理、服务等全流程和全产业链的综合集成应用，提高精准制造、敏捷制造能力，做精做强传统产业。二要探索建设工业云创新服务平台，加快发展智能制造，推动智能核心装置的深度应用和产业化，构建自主可控、开放有序、富有竞争力的智能制造生态系统，积极打造数字化车间、智能化工厂，提升制造装备和产品智能化水平，做大做强高端产业。三要大力发展新型信息消费，培育基于工业互联网的新产品新业态新模式，打造充满升级和活力的创业创新生态系统，推进互联网与工业融合创新发展。四要坚持自主研发和开放合作并举，加快建立现代信息技术产业体系，推进下一代国家信息基础设施建设和通信业转型发展，健全网络和信息安全综合保障体系，为推动两化深度融合、建设网络强省提供基础支撑。

以实施"一带一路"战略为载体推进创新。"一带一路"战略是我国推进新一轮对外开放、利用国际国内两个市场、两种资源发展的重大战略，河南地处亚欧大陆桥战略腹地，积极融入"一带一路"发展责无旁贷。我们要依托这一战略的实施积极推进，一要充分发挥河南的区位优势、交通优势、资源优势、经济技术优势和文化优势，进一步提升信息化水平，加快建设智慧航空港，优化郑州航空港国际营商环境，打造中国物流集散中心，实现交通带物流、物流带城市、城市带整个经济的发展格局。二要加快推动产业集聚区制造业向研发、设计、物流、营销、品牌推广和系统集成延伸，大力支持

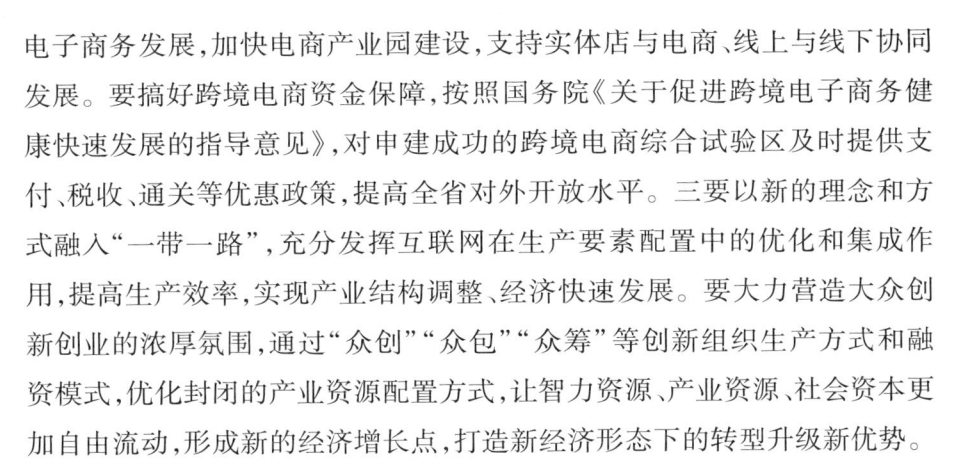

电子商务发展,加快电商产业园建设,支持实体店与电商、线上与线下协同发展。要搞好跨境电商资金保障,按照国务院《关于促进跨境电子商务健康快速发展的指导意见》,对申建成功的跨境电商综合试验区及时提供支付、税收、通关等优惠政策,提高全省对外开放水平。三要以新的理念和方式融入"一带一路",充分发挥互联网在生产要素配置中的优化和集成作用,提高生产效率,实现产业结构调整、经济快速发展。要大力营造大众创新创业的浓厚氛围,通过"众创""众包""众筹"等创新组织生产方式和融资模式,优化封闭的产业资源配置方式,让智力资源、产业资源、社会资本更加自由流动,形成新的经济增长点,打造新经济形态下的转型升级新优势。

(五)建好创新驱动发展平台

建设河南"四个大省"是一个系统工程,需要持久的动力,因而必须不断丰富和完善创新驱动发展的平台。要坚持"引进来"与"走出去"相结合,运用好国际与国内平台,打造好本省平台,以更加主动的姿态融入全球创新网络,以更加开阔的胸怀吸纳全球创新资源,在更高层次上构建开放创新的平台机制。

运用好国际平台。要鼓励创新要素跨境流动,全方位加强国际科技合作,积极与国外科技、产业进行深度对接,全面提高我省科技创新合作水平。要按照对等开放、保障安全的原则,积极鼓励和引导外资研发机构参与承担科技计划项目;鼓励有条件的单位积极参与大型国际科技合作计划,引导外资研发中心来豫开展原创性研发活动,吸引国际知名科研机构来豫联合组建国际科技中心;面向全球吸引科技领军人才和高水平创新创业团队,支持世界500强研发中心在豫设立分支机构和科技成果转化基地等。

运用好国内平台。要进一步拓展创新合作的深度和广度,提升吸纳利用国内外创新资源的能力,借力缩小我省创新差距。要积极推动企业与国内外同行、知名院校深度合作,引进或共建创新平台,参与新兴产业规则和技术标准制定,主动融入全国创新网络。要加强省部(院)合作,加快形成创新人才集聚机制,面向全球吸引科技领军人才和高水平创新创业团队,支持国内外一流大学、科研院所在豫设立分支机构和科技成果转化基地。探索产业技术研究院、协同创新中心等多种形式协同创新模式,促进跨部门、

跨区域、跨领域协作。搞好国家技术转移郑州中心、国家知识产权专利审查河南中心建设。

搭建好省内平台。要积极推动开放式创新,支持企业与国内外同行、大型央企、科研院所、高等院校开展合作,加大招才引智力度。要提高企业自主创新能力,突出抓好创新主体培育、创新平台搭建、创新载体完善,支持企业申报高新技术企业和创新型企业,力争再培育一批国家级、省级产业创新领军企业。积极创建中原城市群国家自主创新示范区,推进国家创新型城市建设,集聚高端创新资源,形成在全国具有较强辐射能力和核心竞争力的创新高地。推动产业集聚区成为产业创新策源地,打造一批产业创新中心。实施大中型企业省级研发机构全覆盖工程。依托产业创新中心和创新网络,形成实施重大科技项目的新平台,推进研发机构、实验室和设施设备向社会开放,提高原始创新、集成创新和引进消化吸收再创新能力。

(六)营造创新驱动发展的良好环境

良好的环境是促进创新驱动的基础和必不可少的条件,"栽下梧桐树,引来金凤凰"。良好环境既包括硬件环境,也包括软件环境和人文环境等。

第一,创造科技企业良好的孵化环境。制定全省新型研发机构发展规划,支持各地区大力培育和建设一批新型研发机构,充分发挥新型研发机构孵化企业、服务企业、集聚人才和深化产学研合作的平台及枢纽作用,使之成为科技型企业孵化的创新载体。加大对新型研发机构初期建设、研发投入、仪器购置及骨干团队引进等方面的财政补助力度,培养一大批新型研发机构和企业。加快科技企业孵化器建设,提供相应的政策支持,落实建设用地政策和孵化器载体房屋可分割转让政策及建立孵化器后补助制度,建设孵化器行业公共服务平台,促进全省孵化器运营机构合作与交流。

第二,推进重大科技成果产业化。创新组织方式、资金投入方式,完善省市联动协同创新模式,构建重大科技成果产业化管理体系。大力提升高等学校、科研机构及企业的重大科技成果转化能力,促进产学研合作,催生扶持一批具有核心竞争力的创新型企业。建立项目联席会议制度,形成跨部门综合决策机制,解决统筹协调不够,缺乏顶层设计问题,资源配置"碎片化"问题,科研项目不聚焦问题等。成立由企业、创投机构、金融机构、大学科研机构、政府部门及社会组织等组成的专家评审委员会。形成逐级遴选、多部门协同、有偿使用、滚动发展、政府和银信机构联动支持、第三方监管实施的新格局。

第三，强化政策法律支持保护。实施创新驱动发展，政策法律保护至关重要。要采取有力措施，实行严格的知识产权保护制度，切实保护发明创造等知识产权不受侵犯；完善商业秘密保护法律制度，制定相应保护措施，努力保护商业模式等新形态创新成果的知识产权；完善知识产权审判工作机制，发挥知识产权法院作用，打破对侵权行为的地方保护；加强知识产权综合行政执法，健全知识产权维权援助体系，将侵犯知识产权行为信息纳入社会信用记录。

第四，加强创新驱动监测、评估和督导。组织开展创新政策清理，及时废止有违创新规律、阻碍新兴产业和新兴业态发展的政策条款。完善考评和监管办法，建立鼓励产业技术创新的评价体系，强化政产学研用合作，打通科技和经济社会发展之间的通道，让科技创新的经济社会价值充分发挥。建立政策协调联动机制、政策措施落实情况督查督导机制，广泛听取企业和社会公众意见，打通决策部署的"最先一公里"和政策落实的"最后一公里"，确保各项政策措施落地生根。加强对各地各单位创新驱动发展实施情况及效果进行监测评估，形成鼓励创新、激励先进的评估机制。省有关部门要加强统筹协调和督导，完善科研创新激励政策、加快组织实施重大科技专项、推动重大科技成果产业化，形成强大工作合力。

（七）提供创新驱动发展周到服务

实施创新驱动发展，离不开政府等有关部门的良好服务，只有不断提高服务能力，打造若干服务支持平台，推出若干服务措施，才能为企业创新发展创造良好条件，充分调动他们的积极性。

切实强化服务意识。政府部门要加大简政放权力度，为新技术、新产业和新商业模式加快成长打开更大空间。要支持公共技术平台建设，围绕激励企业作为创新主体完善金融、税收、价格、财政、知识产权等管理政策，增强企业创新的内生动力；聚焦研发、市场、企业、人才四大产业基础，打造支撑产业中高端迈进的政策体系，为企业减负、为制造松绑、为创造护航；支持中小企业公共服务平台和服务机构建设，促进社会科技基础条件平台开放共享，加强电子商务等基础建设；深化商事制度改革，为创业企业工商注册提供便利，对众创空间等新型孵化机构的房租、宽带接入费用和公共软件等给予适当财政补贴；加强创业导师队伍的建设，为初创群体提供市场导引、技术支撑、社会交流和融资知识传播等服务；加强政府和社会资本合作，探索建立中央带动地方、财政资金引导民间资金的联动机制，辅以政策激励，引导社会资本集聚并投向创新创业；完善创业投融资机制，开展互联网股权众筹融资试点，规范和发展服务小微企业的区域性股权市场，鼓励银行业金融机构为科技型中小企业提供金融服务。

积极支持新兴产业发展。新兴产业发展的要求是人力资本需求高、研发周期短，需要交通、电力、港口等硬的基础设施和法律法规等软的制度环境，需要与新技术和新产业相关的基础科学的突破，企业自己难以解决。但这一产业前景非常广阔，国内市场巨大，政府应当针对这类企业发展的需要，协调相关部门和企业来克服，提供孵化基地、加强知识产权保护、鼓励风险投资、制定优惠的人才和税收政策，甚至直接提供服务，支持新兴产业快速发展。要制定关于发展众创空间的实施方案，发挥政策集成和协同效应，充分利用高新区、科技企业孵化器和高等学校、科研院所的有利条件，充分利用科技金融相融合的手段，采取创客空间、创业咖啡、创新工场等形式，实现创新与创业相结合、线上与线下相结合、孵化与投资相结合，为广大创新创业者提供良好的工作空间、网络空间、社交空间和资源共享空间，加快形成大众创业、万众创新的局面。要培育市场化的创新机制，破除一切制约创新的思想障碍和制度藩篱，在保护产权、维护公平、改善金融支持、强化激励机制、集聚优秀人才等方面积极作为，把全社会的创新热情和创造能力都调动出来，加快形成新的增长点和发展的新动力。要围绕创客群体，形成众创、众包和众筹的创新创业的生态与服务体系，降低创业门槛，提高创新创业效率。

着力加强人力资源开发。要破除人才自由流动的体制机制障碍，鼓励人才自由流动组合，引导人才深入基层和企业开展服务，形成人才辈出、人尽其才、才尽其用的局面。要允许高等学校和科研院所设立一定比例流动岗位,吸引有创新实践经验的企业家和企业科技人才兼职。要切实落实国家有关政策,提高科研人员成果转化收益比例,对用于奖励科研负责人、骨干技术人员等重要贡献人员和团队的收益比例,可以从现行不低于20%提高到不低于50%。科研人员通过科技成果转化取得股权奖励收入时,原则上在5年内分期缴纳个人所得税,让所有创业者都能"用其智、得其利、创其富"。

充分发挥产业集聚区和开发区的示范效应。产业集聚区和开发区是一个地方经济发展的引擎与样板,它既有创新要素的聚集,也有创新产业的聚集,代表着一个地区的发展方向。要最大限度地盘活利用国家自主创新示范区、国家高新区、大学科技园、科技企业孵化器的创新创业资源,激励高校、院所开放科研仪器设备和科技服务,完善现有创业服务机构的服务业态和运营机制,发挥创新创业资源的集聚效应和创新创业活动的规模优势,为创业者提供低成本、便利化、全要素、开放式的创业服务平台。要把我省以生产性服务功能为特征的"商务中心区"和以生活性服务功能为特征的"特色商业区"的工作重心放在推进创新驱动上,充分发挥其促集聚、育特色、提服务、强融合的作用,加快培育一批产业高集聚、产出高效益、功能高复合、空间高密度、就业高容量的产业集群。要充分利用河南高校、科研院所优质的智力资源,针对产业政策开展协同创新研究,并将政策实施逐步走向市场化——通过政府采购动态地获取优质高效的第三方服务,使集聚区开发区的市场主体尤其是小微市场主体也能够快速成长,更有效率地参与市场竞争。

总之,推进河南"四个大省"建设,要按照党中央"四个全面"的战略布局,把其融入到国家整体发展战略之中,与创新驱动发展战略、人才强国战略、对外开放战略、建设网络强国以及"一带一路"战略等紧密扣合、协同发展,建设一个生机勃勃的创新型河南。

(作者分别系省社科联主席、副主席,大河网副主任)

关于加强和改进
党的群团工作的调研报告

王喜成　齐善兵

中央关于加强和改进党的群团工作的意见下发后,2015年3月,由省直有关部门组成的省委第三调研组,赴三门峡、洛阳、济源、南阳、平顶山、许昌、汝州等地就群团工作开展调研,先后召开专题座谈会8次,听取了117人次座谈发言,并深入到5个乡镇、办事处进行座谈,走访34个乡村、社区和企业,调研的主要情况如下。

一、基本状况

(一)党委政府积极支持

各地党委政府对群团工作都是比较支持的,市委基本上能够定期或不定期听取群团工作汇报,研究解决有关问题,在组织建设、阵地建设、班子建设、经费保障等方面不同程度地给予了支持。在组织建设方面,除社科联县(市、区)组织不健全外,其他群团在县(市、区)级都比照省里设立了相应组织;乡镇(街道办)普遍设立了工会、团委、妇联、残联组织;村(社区)普遍建立了妇代会、残协。许昌市自2010年起在全市开展党群共建活动,目前在全市打造党群共建示范点74个,符合条件的企业或单位全部建立了工青妇组织。在领导班子建设方面,一般市县党委都比较重视,如南阳市的社科联、工会、工商联主席均由市有关领导兼任;许昌市委2012年以来调整和提拔重用群团干部10名;汝州市委任命的团委、妇联、科协主要负责同志分别兼任市教育局、工商局、发改委等部门班子成员,作为年轻后备干部重点培

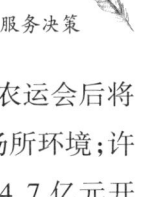

养。在活动场所方面，各地能够结合实际加以推进，如南阳市在农运会后将一些场馆交由群团组织使用，极大地改善了他们的办公条件和场所环境；许昌市把残疾人无障碍设施建设纳入新型城镇化统筹推进，投资4.7亿元开工建设市科普教育基地；洛阳市将新区科技馆建设列入政府工作报告，20个办事处、58个社区建有科普活动场所；济源市残疾人综合服务中心2014年底投入使用，每年可为1万余人次残疾人提供康复、就业培训等服务。在经费保障方面，群团组织的人员经费和工作经费都能列入同级财政预算，每年也能不同程度地安排一定数量的专项活动经费。济源市还将妇联"人均一元钱"工作经费纳入财政预算。所以总体上说党委政府是比较支持的，不过各地情况不尽相同，重视程度也很不一样。

（二）群团组织工作努力

各地群团组织在党委领导下，积极组织动员群众、教育引导群众、联系服务群众、维护群众合法权益，大胆履责，积极作为。如：洛阳市总工会在全国率先推行"首席员工"制度。平高集团有限公司工会充分发挥职工首创精神，深入开展职工创新工作室活动，取得多项创新成果。共青团三门峡市委深入开展天鹅使者青年志愿服务活动，目前已吸纳志愿者2000多人。共青团南阳市委援建希望小学157所，探索出生源地贴息贷款资助方法并在全国推广，先后筹集资金1.2亿元，资助贫困大学生3万余名。共青团许昌市委围绕贫困学生、孤残儿童、农民工子女、青年英雄等特殊群体，大力开展希望工程圆梦行动、青年志愿者助残"阳光行动"、关爱农民工子女志愿服务行动和青年英雄帮扶行动。三门峡市科协两年来举办大型学术交流活动20余场，开展学术讲座百余场。洛阳市科协坚持每两年举办一届学术年会，每届年会举办十余场重点学术活动，并邀请知名院士作专题报告。洛阳市社科联充分发挥学会、协会、研究会的作用，通过"河南人文化促进会"的作用，在省内外组织了一系列"凝聚河南力量、弘扬河南文化、彰显河南精神、树立河南形象"的活动，树立了良好的河南形象。三门峡市社科联在人员很少的情况下，能够履职尽责、主动作为，积极宣讲党的十八大和十八届三中、四中全会精神，开展社科普及活动，每年为基层群众宣讲100多场次。南阳市文联连续多年组织开展"文学论坛"活动，实施"南阳历史名人长篇小说精品工程和签约作家制度",多次举办重点作者作品研讨会、座谈会,发现、扶持、推介了一批文艺人才,保持和提升了"南阳作家群"的影响力。洛阳市文联积极实施"百日传帮带"计划,组织知名画家定期到孟津县平乐村为农民画家辅导培训,促进了"平乐农民牡丹"品牌的形成和发展。平顶山市侨联深入开展侨情普查,坚持做到婚丧嫁娶必访、重大节日必访、生病住院必访,并设立两处归侨侨眷法律服务中心,妥善处理涉侨纠纷。许昌市现代聋儿听力语言康复中心自1990年成立以来,累计为1000多名聋儿进行康复训练。南阳市和济源市残联着力做好聋儿、智障儿童康复训练,开展残疾人就业实用型技能培训等。可以说,各地群团组织是在自身资源有限,不在经济建设主战场,不是核心工作部门,甚至是处于被边缘化的状态下,却躬身力行,想方设法开展工作,并且取得了很大成效,有些成绩和经验还受到全省或全国表彰。

(三)积极发挥职能作用

各地群团组织均能依照自身章程开展工作,在发挥桥梁纽带作用、维护群众合法权益、推进社会主义民主建设等方面取得了较大成效。如工会组织普遍把工作的着力点放在推行平等协商、签订集体合同、开展困难帮扶上,较好地维护了职工合法权益。共青团组织普遍深入开展"希望工程"等活动,较好地服务了团员青少年。妇联组织普遍建有"妇女之家",在维护妇女儿童权益等方面做了大量卓有成效的工作。科协组织注重搭建学术交流平台,服务创新型科技人才的成长提高。社科联组织联系社科理论界大力开展理论研究和社科普及,通过"高层论坛""学术年会""中原大讲堂""社科知识大篷车进基层"等活动平台,打造"中原智库"。文联组织积极搭建文艺交流载体平台,推进文艺人才培养。侨联组织持续实施"情暖侨心"工程,努力为侨服务、维护侨益。残联组织大力开展残疾人康复项目,对辖区有康复需求的残疾人进行康复训练治疗。他们能够大力践行党的群众路线,倾听群众呼声、反映群众意愿,在群众所急、党政所需、群团所能方面狠下气力。如:三门峡市总工会建立了一支工资集体协商指导员队伍,聘用专兼职律师149人,在全市789个规模企业建立劳动争议调解委员会,通过"春季要约行动""百日攻关行动",在推进困难行业工资集体协商方面取得

积极成效。平顶山总工会大力推进法律援助中心建设,发挥"劳动者权益保护审判庭"和"12351 职工维权热线"职能作用,积极为困难职工、弱势群体维权开辟"绿色通道"。平顶山市妇联在全市设立 11 个市、县级妇女信访代理服务中心,123 个乡级妇女信访代理服务站,2234 个村级妇女信访代理工作室,并组建一支有 2487 人的妇女信访代理员队伍。洛阳市妇联将 12338 维权热线全面开通至县级妇联,在基层建立 248 个妇女儿童维权站(点),首创妇联干部和律师、心理咨询师共同接待来访群众的"三位一体"信访接待制度。南阳市妇联着力打造"代理妈妈"品牌,连续 18 年倾力为贫困、孤残、留守儿童献爱心、送温暖,2014 年新增代理妈妈 3000 余名。汝州市侨联依托神鹰律师事务所成立归侨侨眷法律服务中心,帮助解决多起涉侨纠纷,依法维护侨益。

(四)努力围绕中心、服务大局

各地群团组织工作思路比较清晰,方向比较明确,重点比较突出。一是积极团结动员群众建功立业。南阳市妇联联合市农信社持续开展"百万妇女信用创业大行动",累计为城乡妇女创业提供小额低息贷款 16 亿元。许昌市妇联推动全市 39 名女企业家与女大学生村官结成帮扶对子,288 名女大学生村干部走上创业之路。洛阳市科协组织开展科技协作对接活动,搭建产学研协同创新平台,加快轴承工业、材料产业等新技术新成果向现实生产力的转化。汝州市科协建立科普惠农服务总站,培育扶持 55 个农村专业技术协会和 7 个科普示范基地,促进解决科技支农的"最后一公里"问题。洛阳市社科联在重大改革试点上联合攻关,推出众多有深度、有价值的研究成果,为市委决策提供了有益参考。洛阳市侨联主动走出去,加强内联外引,先后引进加拿大金鑫集团洛阳天基地产项目、香港恒丰集团中原康城项目等侨资企业,在汝阳产业集聚区建设了侨商科技产业转化基地。许昌市侨联积极探索寻根活动新方式,深入开展海外联络联谊,通过侨眷、侨胞引进了新型智能化仿生食品生产项目等。南阳市社科联依托主办的理论刊物《卧龙论坛》,将本市众多研究成果呈送有关领导和部门,积极为经济社会发展服务。南阳市工商联着力打造"百企进南阳暨宛商回归工程"品牌,在全市组建异地商会 66 家,参与、协办各类大型招商活动 30 余次。共青团济源市委积极推动大学生村官创业就业,成立于2013年8月的"济源市大学生村官创业联盟"已经拥有大学生村官创业培训中心、电子商务专修学院等10多家独立法人机构。汝州市工商联组织回乡创业团到汝州考察,引进投资25亿元的机绣纺织产业园项目和投资15亿元的中国汝州汝瓷小镇项目并先后签约。二是积极引导群众培育和践行社会主义核心价值观。共青团济源市委2014年举办首届三大青年领军人物评选活动,并相继开展青年文明号20周年系列活动。市妇联组织广泛开展寻找"最美家庭"活动。市科协组织以实施《全民科学素质行动计划纲要》为抓手,深化科学技术普及,组织开展面向基层的全国科普日、流动科技馆巡展、反邪教警示教育活动,提升公众科学健康生活意识。许昌市社科联利用"中原大讲堂—许昌春秋讲堂"等多种形式,共举办弘扬优秀传统文化公益论坛40余场,听众5万余人次。许昌市工商联积极开展"爱在许昌"光彩事业系列活动,引导非公有制经济人士履行社会责任、奉献爱心,近4年来全市非公有制企业和经济人士共捐款9290万元。三是积极参与创新社会治理和维护社会稳定。南阳市总工会大力推行社会法庭创建活动,已组建社会法庭13个,邀请退休法官参加,为其发放补贴工资1000多元,截至目前,共聘请社会法官61人,受理案件186起,结案164起,涉案金额156万多元,较好地维护了当地的社会稳定。

(五)不断创新工作方式方法

各地群团组织积极适应社会发展变化,不断在管理模式、运行机制、联系服务、开展活动上开拓创新。在基层组织设置方面,济源市总工会向富士康济源科技园派驻了1名工会主席,于2012年底成立了富士康济源科技园工会,目前组建工会小组475个,会员3.41万人、入会率97%,专兼职干部人数597人(其中专职干部13人),实现对车间班组的全覆盖,活动开展丰富多彩。共青团南阳市委着眼于"强县固乡活村",完善青年工作委员会设置,开展全市乡镇(街道)团委集中整建规范年活动,实现全市2300多个村团支书由大学生村官担任。在整合社会资源方面,济源市园丁苑社区"妇女之家"成立爱心求助站,打造社会关爱平台。2013年10月,该市爱心人士李玉线以"苦姐"为网名建立了"济源爱心求助之家"QQ群,主要为贫困学生寻求资助,仅1年多时间就得到五六百名济源爱心人士热情参与。该社区为这个爱心群体专门腾出一间办公室,并积极参与其中,以更好地开展扶贫帮困活动。共青团宛城区委充分发挥"青少年宫"品牌作用,运用社会力量共同打造青少年校外素质拓展基地——宛城区青少年宫,派驻一名工作人员负责日常管理和规范引导,采取社会化运作模式设立绘画、舞蹈、钢琴、跆拳道等10余个专业,投资2万余元建立"微笑吧",为进城务工子女提供免费服务,在确保公益性的同时,充分调动了社会力量。在依靠群众推进工作方面,洛阳市天元社区2011年9月在团市委支持下创立"时间银行",面向全体居民建立一个居民互助、志愿服务的平台,用制度规范志愿服务的时间存取,充分调动居民参与社区服务的积极性,目前共建立家电维修、心理咨询、法律援助、家政服务等常态化服务项目10余个,组建了一支分类明确的时间银行储户队伍,成立了社区人才库,已发展储户1300余人,存储服务时间5000多小时,实现了居民自我服务与社区服务有效对接。在服务载体建设方面,共青团平顶山市委2013年以来依托平顶山市党员群众综合服务中心建设平台,推动全市建立青少年服务中心1个,市级团青服务岗51个,县、乡、社区三级服务岗202个,在团员队伍建设、希望工程救助、青年志愿服务、青年创业就业、青少年权益维护等方面发挥了积极作用。在帮扶留守儿童方面,2006年在许昌市妇联大力支持下,原许昌市东城区邓庄乡马庄小学正式挂牌成立为留守儿童学校,现有教学班12个,教职工26名,学生500多名,其中来自周边多个县(市区)的留守儿童有316名。在运用新媒体方面,共青团汝州市委联合市委宣传部成立了700余人的汝州市网络文明宣传员队伍,并不断完善管理机制、联动机制、奖惩机制,提升网络宣传员队伍的整体素质。济源市侨联创新海内外联谊新途径,成立"愚公之家"QQ群,进一步接近了与海内外华人华侨、侨属侨眷之间的距离。在凝聚社会新组织方面,共青团许昌市委与15个影响较大的青年社会组织结成伙伴关系,依托许昌市青年音乐家、舞蹈家协会,建立青年社会组织服务平台"青春谊站"。

二、存在的困难和问题

总体上说，我省群团组织在履职尽责方面发挥了重要作用，但与新形势新任务相比，与党对群团工作的要求相比，与所联系服务群众的期盼相比，仍然存在一些亟待解决的困难和问题。

（一）领导重视不够

调研中，市县和乡镇领导以及一些相关党政部门都表示重视群团工作，但实际上还有很大差距。从思想认识上看，一些领导干部没有从群团事业是党的事业的重要组成部分的高度来认识，不能真正把群团工作放到"四个全面"战略布局、打造"四个河南"推进"两项建设"的全局来推进，"讲起来重要、做起来次要、忙起来不要"的现象比较普遍。个别人甚至认为群团组织可有可无，群团工作加强不加强影响不大，各项工作照样能够推进。从工作安排与考核看，多数市县只重视经济工作、GDP，不重视群团工作，或忽视群团工作，群团工作未摆上应有位置，没有列入党建工作考核体系，口头号召多、研究部署少、真督实查少。群团工作的考核体系不健全，一些基层党委、政府甚至以群团组织完成招商引资、信访稳定、拆迁安置、卫生创建等任务指标的好坏来评价群团工作，致使群团工作忙于"副业"、荒了"主业"。从干部选配与使用看，没有真正把群团干部选拔、配备、培养和使用纳入到党委干部工作总体布局，一部分市县群团不能按期换届，领导班子配备不强不齐，年龄结构、知识结构不适应群团工作需要，个别地方甚至把群团组织当作解决干部职级的地方。群团干部晋升通道狭窄、向外流动困难，"黑头发进、白头发退"的现象普遍存在，有的干部连续在群团工作超过20多年，有的群团干部在一个职级上辛勤工作10多年，都没有机会获得提拔或交流，影响了群团干部队伍的积极性。

（二）基层基础薄弱

从调研中了解的情况来看，省辖市一级群团组织设置基本比较齐全，力量配备也基本到位，但作为群团工作"桥头堡"的县区、乡镇、社区、企业等基层组织普遍比较薄弱，组织覆盖存在盲点，群团组织的作用逐级"弱化"，被"边缘化"现象比较严重，"倒三角"问题突出。也有一些省辖市把社科联作为宣传部门的内部机构对待，要么设置不规范，不按时换届；要么社科联的职数、人员配备很少，不能正常开展工作。从县乡两级群团组织设置看，县（市、区）工会、共青团、妇联、科协、残联、文联、工商联等群团组织设置基本到位，但绝大多数县区没有建立社科联，一些县区没有建立侨联。乡镇一级除设置有工会、团委、妇联和残联外，群团组织缺位现象比较普遍。从社区和村级群团工作看，妇联和残联工作通过妇代会主任和残疾人专职委员对多数社区和行政村实现了工作覆盖，但工会、共青团等其他群团工作在这一层级存在很大的空白，对农村青年特别是进城务工人员缺乏有效的工作抓手。据洛阳、三门峡、平顶山、汝州等地反映，社区和村级的妇代会主任、残疾人专职委员收入待遇偏低，还有一部分农村离任妇代会主任因没有生活保障而走上信访之路。从企业、学校以及"两新"组织群团工作看，大型国有企业和一部分民营企业、外资企业成立有工会，个别企业还设有妇联与科协，高校和中学共青团工作开展较好，但多数中小型企业普遍没有设立群团组织。有的企业中设立不设立工会等群团组织、群团组织发挥多大作用，在很大程度上要依赖于企业行政领导或者老板的认识，实际工作中要看领导或者老板的眼色行事。新经济组织、新社会组织群团工作跟进不及时，组建率较低。从群团工作人员队伍规模来看，县级群团组织编制人员数普遍偏少，平均为3至5人，有的群团组织除班子成员外几乎没有工作人员，最极端的情况下一个县级群团单位多年只有1人。如汝州市文联、侨联、工商联在本单位空编情况下因全市编制总控制等因素无法及时招录工作人员。绝大多数乡镇群团组织没有专职人员，兼职现象十分普遍。洛阳市各乡镇（办事处）兼职工会干部达63.8%，济源团市委直属的105个团（工）委中97%以上的团干部为兼职，汝州市各乡镇团委书记100%为兼任，由于忙于中心工作，对群团工作基本上无暇顾及。

（三）工作手段有限

群团组织承担着组织动员群众、教育引导群众、联系服务群众、维护群众合法权益的职责，但调研中发现群团组织可以运用的资源和开展工作的手段非常有限。维护群众权益的手段较少且没有约束力。洛阳、许昌、南阳、汝州等市县工会、妇联、残联负责人反映，在处理拖欠工人工资、妇女遭受家庭暴力、农村土地权益受侵犯等群众诉求时，只有与当事方协商调解、向有关行政部门反映等"软措施",法律和政策没有赋予相关群团组织相应职权,缺乏"硬约束",没有对侵权方说"不"的权力,导致群众对群团组织不信任,宁肯选择"上访"而不愿向群团组织反映和寻求支持解决,群团组织"减压阀""缓冲器"作用得不到有效发挥。群团活动阵地普遍比较缺乏。各地县乡两级的科技馆、文化宫、职工俱乐部、残疾人康复中心、社科活动中心等基础设施不完善,功能不完备,服务群众的阵地不够,影响了群团工作的正常开展。农村和城镇社区的群众活动阵地建设明显滞后于现实需求,群众科学文化活动场所与设施匮乏。洛阳、南阳等市县党委领导与群团组织负责人在访谈或座谈时指出,一些地方农村教堂或者寺庙比村两委、文化活动中心规模还大、还漂亮,宗教活动、迷信活动比群团活动还要频繁,希望引起高度重视。群团组织存在着机关化行政化和脱离群众倾向。一方面,不少群团组织习惯于以行政手段和行政方式开展工作,把会议、发文当作安排工作的主要方式,重管理、轻服务,工作要求多、分类指导少。市县群团组织联系服务群众的制度不健全,对所联系服务群众的需求研究不深、把握不透,推动工作做不到点子上,走不进群众的心坎里,存在有脱离群众的倾向。另一方面,由于体制的惯性,党委政府习惯于用行政管理的逻辑和方式来管理群团,群团组织也习惯于依据行政机构的组织结构来设计内部组织和进行内部管理,这也是导致群团组织行政化机关化倾向产生的重要原因。

(四)活动方式单一

群团组织的生命力在于活动。但由于群团组织思想观念、活动经费等方面的限制,导致目前群团组织开展活动方法不多,形式单一,这也是导致群团组织影响力、凝聚力不足的重要原因。一是活动缺乏品牌效应。群团品牌活动的顶层设计不到位,市县群团没有积极跟进并根据本地实际加以创新和丰富,存在有"各吹各的号、各唱各的调"的情况,自拉自弹自唱自我欣赏,使本就有限的精力和资源更加分散,活动缺乏吸引力、凝聚力。二是形不成良好机制。群团组织开展了多种形式的群众性劳动竞赛、技能比武、科技创新、科学普及、创业帮扶等活动,但还没有形成一定的机制,群众参与的积极性不高,影响力和实际成效都有待拓展与提高。不少市县群团反映在开展知识技能培训中受到了行政部门指标和任务分配的限制。三是不够

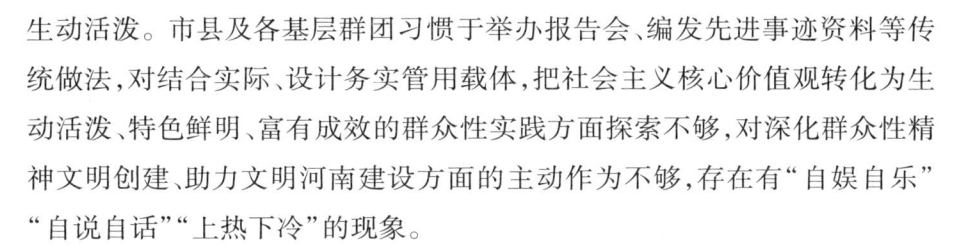

生动活泼。市县及各基层群团习惯于举办报告会、编发先进事迹资料等传统做法,对结合实际、设计务实管用载体,把社会主义核心价值观转化为生动活泼、特色鲜明、富有成效的群众性实践方面探索不够,对深化群众性精神文明创建、助力文明河南建设方面的主动作为不够,存在有"自娱自乐""自说自话""上热下冷"的现象。

(五)经费保障不足

各群团组织的工作经费虽然基本上都能列入同级财政年度预算并予以保证,但各地群团组织在座谈中普遍反映经费保障不足,严重制约了群团活动开展。一是活动经费严重不足。市县群团组织普遍反映,群团组织经费预算额度偏少,主要是只能将人员经费和工作经费列入预算,活动经费一般不能列入,开展活动时都需要临时向财政申请追加专项经费,缺少制度性保障,今后工作越来越困难。二是上级关于群团工作经费保障的要求没有全面落实。平顶山、许昌、三门峡等市县团委、妇联、科协反映,共青团中央、财政部《关于进一步支持和推动共青团基层组织和基层工作的意见》中关于"乡镇共青团工作每年2万元的工作经费"政策在一些乡镇没有得到落实,全国妇联2010年"各地政府按照当地妇女人数人均1元钱的标准为妇联组织划拨工作经费"的政策要求在多数市县没有得到全面落实,2011年7月16日省委常委会议确定的"同意按照各省辖市、县(市、区)常住人口每年每人至少0.3元的标准安排财政科普经费"的政策在一些市县未能得到很好落实。三是群团组织多渠道筹措事业发展资金能力不强。虽然部分市县团委、妇联、文联、工商联在开展活动的过程中,尝试着向企业和一些社会机构"拉赞助""搞化缘",但多数是临时性救急措施,与上海、广东等发达地区普遍建立群团公益事业基金会、科普教育发展基金会等成功实践相比,我省群团组织在筹措社会资金方面还有很大差距。对中央"鼓励群团组织在国家法律和相关规定许可范围内,通过多种方式筹措事业发展资金,依法享受扶持政策"的研究不深,缺乏政策指引和宏观指导,没有建立健全社会资金募集、管理的相关制度。在经费方面,各个群团组织的情况差异也比较大,工会、科协、残联等经费情况比较好,共青团、妇联、社科联、文联等情况较困难。

（六）创新能力不强

主要表现在：一是工作理念明显滞后。随着市场经济和改革开放的深化，各个群体的思想观念多元化、聚集形式多类化、利益诉求多样化、行为方式差异化，已从原来的对群团组织的思想和感情认同，向注重满足自身物质需要、精神需求和民主权利等利益认同转变。一些群团组织和群团干部思想观念转变不及时、不到位，不善于从服务应联系群众的角度思考解决问题、研究推动工作，片面强调编制少、人员少、经费少，存在有"等、靠、要"的思想，即使有一些好的想法也没有积极地付诸实践，没有积极利用政府购买服务等政策，解决自身工作遇到的瓶颈问题。二是对群团参与创新社会治理和维护社会稳定的探索不深。对群团组织如何承接社会管理服务职能的思考不深、研究不透，没有主动地从健全内部管理机制着手，探索建立符合公共服务特点的运行机制，提升自身服务能力。一些群团组织在协调化解矛盾纠纷和利益冲突、救助困难群众、帮扶特殊人群的实践中，更喜欢沿袭旧办法，缺乏创新性，没有主动建立与相关行政执法部门、司法部门和社会公益机构的协调合作机制。三是运用新兴媒体凝聚服务群众的创新不及时不主动。多数县级群团组织受人员数量和年龄因素限制，开展活动过多依赖挂图、展板、宣传页和报告会等传统方式，没有充分运用现代科技手段和网络信息平台来凝聚和服务群众。部分县乡和企业、社区、村级群团组织网上群众工作水平不高，"上网工程"进展缓慢，对网络论坛、微博、微信、手机报等新媒体平台不熟悉、不擅长，也不善于主动与本地主流媒体、门户网站加强合作，群团组织的"发声"渠道拓展不够。四是群团工作资源共建共享机制创新不够。市县群团组织多"各自为战"，工作平台和阵地分别建设、管理和运用，造成了本就不多的群团工作资源比较分散甚至闲置，没有积极探索尝试群团之间的合作，推动建立资源共建共享机制，促进群团组织由单一参与走向联合运转、由相对封闭走向开放多元、由自成体系走向整体联动。与此同时，市县群团组织在调动社会力量参与群团工作，利用社会资源开展群团工作方面，还缺乏创新性，导致群团组织"独唱"多、社会力量"合唱"少，没有形成社会化群团工作格局。

三、思考和建议

结合中央《关于加强和改进党的群团工作的意见》精神和本次调研情况,对切实加强和改进我省党的群团工作,我们有如下一些思考和建议。

(一)思考与认识

1. 历史上的重大作用。正如中央在《关于加强和改进党的群团工作的意见》中所说的,党的群团工作是党治国理政的一项经常性、基础性工作,是党组织动员广大人民群众为完成党的中心任务而奋斗的重要法宝。从某种意义上说,我们党也是靠群团组织起家的。如建党初期,我们党就是靠组织工会领导工人运动,靠组织农会领导农民运动,从而掀起了第一次大革命的高潮,我们党登上了政治舞台。我们党还靠共青团组织吸收进步青年为党培养助手和后备军,发动青年学生运动等,产生了重大政治影响,为党准备了大批可靠的干部资源。在革命战争年代,我们党还大力依靠妇女组织支持革命工作,如靠妇救会"扩红",动员群众参军,以至当时出现了父送子、母送子、妻送夫、兄弟相争参军的动人场面,为革命军队建设建立了不可磨灭的功勋。在新中国诞生过程中,中国文联依靠自己的重大影响,成为中国人民政治协商会议的主要发起单位之一,即由中国文联促成了全国政协的诞生,而全国政协当时行全国人大职权,完成了建国重任。由此我们可知,当时中国文联在全国社会中的巨大影响。

2. 现实中的迫切需要。当前我国正在发生深刻变化,党面临的挑战和考验前所未有。国内社会多元化、价值多元化、思想多元化,意识形态领域面临非常复杂、尖锐的斗争;国际上西方敌对势力西化分化我们的图谋从来都没有停止,甚至愈演愈烈。他们先后在东欧地区策动了一系列"颜色革命",在西亚北非地区策动了一系列"阿拉伯之春",从而导致东欧和西亚北非地区一大批国家陷入混乱,如今的乌克兰危机就是最现实的例证。他们还在中国香港策动支持"占中事件",其目的就是要在中国搞"颜色革命",颠覆我国家政权。试想,当年波兰的"团结工会"不就是被西方支持利用而推翻了波兰统一工人党的执政地位吗?所以,群团组织的力量在一定条件下是不可低估的,尤其不能成为异己的力量。但这并非不可能,去年一个重要调研报告研究显示,现在一个正在形成的以工商企业家为主体的社会阶

层需要引起应有注意,这些新生阶层和利益集团掌握着巨大的社会资源,组织程度较高,社会动员能力较强,其态度、立场和影响不容小视。正如习近平同志在2012年全国宣传思想工作会议上所讲的:"一个政权的瓦解往往是从思想领域开始的,政治动荡、政权更迭可能在一夜之间发生。"认识不到这一点,我们可能会犯历史性的错误。

3. 理论上的重要课题。在理论界,一些专家学者研究指出,在改革时代,"世界工厂"的建构不仅召唤着资本,也同样召唤着作为商品的劳动。市场化和新工业化的另一种表达就是阶级关系的重构。他们认为,农民工是新工人或新工人群体,这个群体是国家主导的改革开放过程的产物,是后社会主义时期劳动商品化的新形势的产物,也是中国在将自己打造为世界工厂过程中所创制的新的政策、法律、伦理规范、城乡关系和社会模式下的综合产物。作为一个客观的社会群体,新工人可以定义为工人阶级,新工人群体理应获得与城市居民同等的待遇。但同时他们指出,当前存在着新工人在政治领域的缺位与工人阶级作为领导阶级的宪法原则的瓦解,由此推导我们的治理结构缺陷。这虽然还只是一个理论问题,是一种思想观点,而且也未上升到主流思想领域,但它对我们认识当前的社会问题和如何发挥群团组织的作用则不无启示和借鉴意义。

4. 国家治理体系和治理能力现代化的必然要求。党的群团组织是我们党直接领导的、经过长期考验的群众团体,是党联系广大人民群众全面建成小康社会、坚持和发展中国特色社会主义的基本力量,是推进"四个全面"、巩固党的执政地位、维护国家长治久安的基本依靠,所以它是我们党的重要执政资源。要推进国家治理体系和治理能力现代化,实现中华民族伟大复兴的中国梦,就必须把这个资源利用好、挖掘好、发挥好。对此,我们的各级党组织对加强和改进群团工作责无旁贷。

(二)一些建议

1. 加强组织领导。一是要充分认识群团组织的特殊优势。工会、共青团、妇联等群团组织是党领导下的群众组织,是党联系广大群众的桥梁和纽带,是国家政权的重要社会支柱。各级党委要进一步强化对群团组织重要地位和职责的认识,把群团工作摆在重要位置,自觉加强领导,充分发挥群团组织的政治优势、群众优势。二是要进一步明确对群团工作的领导责任。各级党委要认真担负起领导责任,分管群团工作的专职副书记要承担起第一责任人的职责,及时发现和解决群团组织发展中存在的问题。要切实把群团建设纳入党建工作总体部署,完善党建带群建制度机制,制定群团组织推优办法,推动形成以党建带群建、以群建促党建的工作格局。三是要积极推进基层群团组织建设。对尚未建立群团组织的机关、企事业单位,比如县(市、区)和高校社科联等,要因地制宜加快建设步伐。现在一些地方的社会组织或群众团体非常活跃,经常组织开展一些活动,有些影响还比较大,这就很需要加强引导和管理,规范其活动,不然就容易出问题。对已经建立的群团组织,要改革和改进群团组织机关的机构设置、管理模式、运行机制以及职能定位,使群团组织能够充分发挥桥梁纽带作用。要适应经济结构和社会群体分布的新变化、新特点,积极推进工会、共青团和妇联等群众组织在"两新"组织中的建设,不断扩大群团的组织覆盖面、工作覆盖面和活动覆盖面,切实发挥群团组织团结动员群众干事创业的重要作用。

2. 强化政策支持。一是要根据新的形势和任务要求,修订、完善有关加强群团工作的文件。要在贯彻落实中央《关于加强和改进党的群团工作的意见》的基础上,根据"十三五"发展需要,联系群团工作实际,分别制定工会、共青团、妇联、科协、社科联、文联、侨联、工商联等事业发展"十三五"发展规划,从顶层设计上为群团事业发展提供政策支撑。要根据新形势下群团组织担负的任务,适时修订和完善我省《关于进一步加强和改进党对工会工作领导的意见》《关于进一步加强与改进共青团和青年工作的意见》和《关于进一步繁荣发展哲学社会科学的实施意见》等,使其适应新的时代发展要求。二是要细化政策内容,使其更具可操作性。中央《关于加强和改进党的群团工作的意见》有11个部分、125项政策措施或工作要求,含金量很高,但还比较原则。省委在制定实施意见时,建议根据我省群团工作实际,尽量具体化一些,使落实起来有抓手、好操作。比如推进群团组织干部跨系统多岗位交流,加强群团组织与党政部门之间干部双向交流,如何交流、如何推进,应有具体的实施办法和措施。又如,共青团的双重领导如何具体实施,上级群团组织如何指导下级群团组织的工作,地方党委如何听取

上级群团组织的意见,有关群团组织主要领导参加或列席地方党委有关工作会议的要求等,都应有刚性规定。在安排工、青、妇负责人作为同级党委委员候选人提名人选方面,以及群团组织在人员、编制、经费等的要求方面,也都应有刚性规定。

3. 提供制度保障。一是要进一步建立和完善党委定期研究群团工作制度。各级党委常委会每年至少要听取一次群团工作汇报,帮助群团组织解决重点和难点问题;推动建立由党委副书记召集、有关职能部门领导和群团负责人参加的党委群团工作联席会议制度,做到每半年召开一次群团工作专题会议,定期研究交流群团工作。二是要对现有群团工作条例进行修订完善。改革开放以来,民政部、中华全国总工会、共青团中央、全国妇联先后制定了《社会团体登记管理条例》《基层工会工作暂行条例》《中国共产主义青年团社区工作条例(试行)》和《妇联团体会员工作条例》等。目前,这些条例有些内容已不适应经济社会的发展,要着眼群团工作面临的新形势新任务,对之进行修订完善。三是要推进群团组织工作立法。对工作上、事业发展上有需要,但现实中还没有立法的群团组织,要积极开展立法工作。如我省在社科工作中的社科普及方面就需要开展立法工作,希望有关部门给予支持,促进这项工作法制化,体现中央关于社会科学与自然科学两个"同等重要"的定位。这方面我省科学界已经有"科普条例",社科界目前还没有,应该加强。文联工作方面,也急需有关立法支持。

4. 强化干部队伍。一是要加强领导班子建设。按照信念坚定、为民服务、勤政务实、敢于担当、清正廉洁的好干部标准,切实把群团组织干部的培养、选拔、交流和使用纳入党政干部工作的总体规划,按照法规和各自章程的要求,配齐配好群团组织干部。群团组织的主要干部,应有各群团的社会活动家和知名专家担任,以发挥其强大的影响力、凝聚力。要着眼群团组织干部容易老化、固化和弱化的现实,采取切实措施加大群团组织与党政部门之间干部双向交流的力度,拓展群团组织干部成长进步渠道,优化群团组织干部队伍结构,提高群团组织干部工作的积极性、能动性和创造性。二是要重视基层群团干部的选拔任用。要严格按照上级有关规定,认真落实基层群团组织干部的政治经济待遇,特别是要重视推荐村(社区)相关群团工作负责人进入"两委"工作。对历史遗留下来的村妇代会主任退休待遇等问题,要积极想办法解决。三是要加强对群团组织干部的培训。各级党委在拟制培训工作规划时,把群团组织干部的教育培训工作纳入到各级干部教育培训规划之中,有计划地组织他们到党校和其他教育培训机构学习,不断提高群团组织干部的能力素质。

5. 改善工作条件。一是要切实加大经费支持力度。建议将群团工作的活动经费也列入同级财政预算,形成科学合理的群团工作经费保障机制。建立重大专项活动经费的财政预算,按照人均标准合理确定群团组织的活动经费,并根据财政收入增长和工作需要逐步增加。同时,支持群团组织探索建立群团事业发展基金会,比如职工帮扶基金会、妇女发展基金会和哲学社会科学发展基金会等,充分利用社会捐赠资金开展群团工作,以解决群团组织经费保障不足的问题。二是要切实加强群众组织阵地建设。要把群团组织所属的工人文化宫(俱乐部)、科技馆、科技和社科活动中心等公益性群众活动场所的建设,纳入经济社会发展规划和城乡建设总体规划,加大各级财政投入,鼓励和引导社会资本参与,力争每个群团组织都有所属的群众活动场所。三是要创造支持群团工作的良好氛围。要把群团工作方面的政策法规列入各级党委中心组的学习内容,增强各级党委重视和关心群团工作的思想意识。各地有关部门在制定重大政策法规时,要充分听取群团组织的意见和建议,发挥他们代表各自群众利益的职能。各级党校要专门开设党的群团工作课,培养各级党政领导干部主动抓好群团工作的自觉性。各级新闻媒体要加强对群团工作的舆论宣传,广泛宣传报道群团组织的工作成就和工作经验,引导社会各界关心和支持群团工作。

6. 提升创新能力。一是要创新工作理念。各群团组织要整合力量,建立"大群团"工作格局。要积极承担一些适合自己职能的社会管理服务职能,要立足自身优势,以适当方式参与政府购买服务。建立有关基金,采取市场经济的办法,多渠道筹措资金和经费等。二是要创新工作内容。坚持"群众需要什么、群团组织就做什么""群众喜欢什么、群团组织就做什么",自觉克服群团组织机关化倾向,把握工作规律,增强工作的针对性、有效性和主动权,打造有特色有影响力的活动品牌。三是创新工作方式。要着眼

于信息时代发展的要求，实施上网工程，建设各具特色的群团网站，重点加强群团组织"两微一端"建设，引导群团组织自觉站在舆论斗争最前沿，主动发声、及时发声，牢牢把广大群众团结在党的周围。

7. 加强工作考核。一是要把群团工作成效作为考核领导班子和分管负责同志工作的重要内容。把群团工作纳入党委、政府的工作目标，细化群团组织工作职责，建立考评机制，与年度考评工作同谋划、同部署、同考核。二是要加强对群团组织领导班子和领导干部的考核。要依据相关文件精神，完善群团组织干部考评办法，并将群团组织领导班子和领导干部的考核结果作为选拔任用干部的重要依据，强化群团组织领导干部的责任担当。三是要建立督促检查机制。建议由有关领导部门牵头，相关部门参与，适时对群团工作进行督促检查，认真落实有关群团工作的方针政策。要切实加强群团组织作风建设和党风廉政建设，大力营造高效优质服务、廉洁清正干事的良好氛围。

（作者分别系省社科联副主席、办公室副主任）

领导干部要牢牢掌握意识形态工作的领导权和主动权

王喜成

意识形态是政党的精神旗帜,是整合力量、凝聚人心的思想武器,也是建立和巩固国家政权的重要手段和有力支撑。习近平总书记在2013年8月全国宣传思想工作会议上指出,意识形态工作是党的一项极端重要的工作,必须把意识形态工作的领导权、管理权、话语权牢牢掌握在手中,任何时候都不能旁落,否则就要犯无可挽回的历史性错误。当前,我国意识形态领域的主流积极健康向上,主旋律更响亮,正能量更强劲,但同时也必须看到,随着我国进入经济转轨、社会转型的加速期和社会矛盾的凸显期,各类社会热点问题叠加出现,意识形态工作面临的内外环境更趋复杂,同时由于信息传播手段日益多样便捷,特别是境内外敌对势力一直在通过各种途径、运用各种手段,对我发展上牵制、形象上丑化、思想文化上渗透,企图压我接受西方的价值观念和制度模式,而且涉及的领域和话题日益增多,手法不断翻新,矛头指向明确,意识形态领域的斗争尖锐复杂,有时甚至非常激烈,我国维护意识形态安全和政权安全的任务相当繁重。对此,我们要有清醒的认识,站稳政治立场,切实担负起做好意识形态工作的政治责任和领导责任,确保宣传思想文化工作的领导权牢牢掌握在忠于党和人民的人手里。

一、要充分认识极端重要性

毛泽东同志指出:"凡是要推翻一个政权,总是先造成舆论,总要先做意识形态方面的工作,革命的阶级是这样,反革命的阶级也是这样。"习近

平总书记提出的意识形态工作"事关党的前途命运,事关国家长治久安,事关民族凝聚力和向心力"的重要论断,指明了意识形态关乎旗帜、关乎道路、关乎国家政治安全的重大作用,道出了意识形态工作的根本性、战略性、全局性意义。这是因为,意识形态所强调的核心是信仰、信念,说到底是世界观、人生观、价值观,是人的精神之钙。同时,在综合国力构成中,以意识形态为核心的思想道德建设是极其重要的软实力。重视意识形态工作,全面加强思想道德文化建设,使之与经济社会协调发展,让软实力硬起来,这也是贯彻落实科学发展观的必然要求。所以,意识形态工作是维护党的执政地位的极为重要的工作。经济工作搞不好要出大问题,意识形态工作搞不好也要出大问题,在集中精力进行现代化建设的同时,一刻也不能放松意识形态工作,这是我们党从历史中得出的重要结论。我们要从推动事业长远发展、巩固党的群众基础执政基础的高度,认清肩负的责任、面临的挑战,进一步增强做好意识形态和宣传思想工作的自觉性坚定性,巩固马克思主义在意识形态领域的指导地位,巩固全党全国人民团结奋斗的共同思想基础。

二、强化领导权

意识形态工作的领导权事关党的执政大局,我们任何时候任何情况下都不能疏忽松懈。首先在思想上要坚持马克思主义的指导地位。马克思主义是我们党立党立国的根本指导思想,只有坚持马克思主义在意识形态领域的根本指导地位,用马克思主义中国化的最新成果武装全党、教育人民,不断巩固和发展中国特色社会主义意识形态,才能统一思想、凝聚人心,并有效引领和整合社会思潮,团结不同社会阶层、不同认识水平的人们为坚持和发展中国特色社会主义、为实现中国梦而奋斗。其次在价值观上要毫不动摇地坚持社会主义核心价值体系。社会主义核心价值体系是社会主义意识形态的本质体现,要大力培育和践行社会主义核心价值观,把其作为凝魂聚气、强基固本的基础工程,抢占价值体系制高点。其三在工作上要毫不动摇地坚持党性和人民性相统一的要求。要坚持正确政治方向,站稳政治立场,切实解决好"为了谁、依靠谁、我是谁"这个根本问题,坚持以全体人民整体、长远、根本利益为工作原则,大力宣传阐释马克思主义关于人民性、人民利益的科学概念、科学观点,不被形形色色的错误思想所左右。其四在组织上要强化领导。各级党委要对意识形态工作负总责,履行好把握正确方向、部署指导工作、加强督促检查、抓好队伍建设等责任,把意识形态工作纳入重要议事日程,加强分析研判,以高度的政治敏锐性和政治鉴别力认识和处理好相关问题。党委书记要承担起第一责任人的责任,带头履职尽责,主动站到意识形态工作第一线,牢牢把握意识形态工作主动权主导权。要在事关政治方向、政治原则的问题上,对舆论热点、理论争论和工作中暴露出来的问题,及时表明立场态度。要把党管宣传、党管意识形态的原则落到实处,真正把那些具有高度的马克思主义理论修养、政治立场坚定、坚持走群众路线的干部,选拔到意识形态工作领导岗位上来,确保宣传思想文化工作的领导权牢牢掌握在忠于党和人民的人手里。要建立健全意识形态工作责任制,出了问题要追究领导责任。其五在行动上要严格遵守党的政治纪律和组织纪律。党员领导干部要自觉维护中央权威,始终在思想上政治上行动上同以习近平同志为总书记的党中央保持一致。要自觉坚持党的领导,坚持党的基本理论、基本路线、基本纲领、基本经验、基本要求。绝不允许"吃共产党的饭,砸共产党的锅",不允许散布违背中央决定的言论,不允许泄露党和国家秘密,不允许参与各种非法组织和非法活动,不允许制造、传播政治谣言及丑化党和国家形象的言论。各级党组织要自觉担负起执行和维护党的政治纪律和组织纪律的责任,对大是大非问题要立场坚定,对背离党性的言行要有鲜明态度,不能听之任之、置身事外。

三、规范管理权

要把党管意识形态的原则落到实处,做到守土有责、守土负责、守土尽责,我们必须要有强烈的责任感和担当精神,敢于管理、善于管理、科学管理。一是要形成强大合力。要切实加强党的领导,建设形成党委统一领导、党政齐抓共管、宣传部门组织协调、工青妇等有关部门和地方分工负责的工作格局,努力构建各级组织、宣传、教育、公安、司法、国家安全、民政、工商等部门的工作网络,整合有关资源和力量,理清关系,区分责任,形成强大合力。二是要强化队伍建设。要切实加强马克思主义理论队伍建设。要着力培养一批政治坚定、学贯中西、勇于创新,在国内外有广泛影响的马克思主义理论家;培养一批具有深厚的马克思主义理论功底,熟悉中国国情,精通中国特色社会主义理论体系,具有创造活力的中青年理论人才;培养一批思想理论水平高,善于在国际舞台上维护我国权益的外向型理论人才,不断推进马克思主义理论研究、建设和宣传工作。同时,还要大力培养一批政治可靠、为党和人民所用的网络舆论"意见领袖",培养更多代表党和人民立场意愿的名人引导员、"草根"评论员、微博微信人气王,使党的思想主张宣传更接地气聚人气、更富实效。三是要完善法律法规。要建立健全监测采集机制,定期对舆情信息进行监测采集,搞好梳理汇总、分析研判、风险评估和预警防范,对一些苗头和倾向性舆情前移预警关口、前置防范措施;建立健全危机处置机制,加强组织指挥、综合协调、应急保障、舆论引导和处置反馈的研究演练,确保一旦有事能够迅捷反应、稳妥处置;建立健全意识形态工作法规体系,加快推进意识形态管理的立法工作,积极推进新闻、出版、网络管理法律制度建立和行政法规体系建设,积极推进地方相关立法工作,促进依法行政、依法管理。特别是高度重视对网络等新媒体的管理,采取经济、行政、法律、教育等手段,建立健全新媒体从业人员准入制度,全面推进网络、微博、微信等实名制,加强对网站舆论导向的关注和有效管理。四是要综合施治。管好意识形态,要坚持辩证分析、正确对待不同情况,采取"一分为三"的方法,把正面引导舆论、善待诚恳批评、打击破坏势力有机结合,有理有力有节地搞好管控。突出弘扬主旋律,对正面的舆论要敢于发声;宽容宽待各种善意的批评意见,勇于纠治解决问题;建立健全依法查究机制,坚决打击各种捏造事实、造谣传谣、恶意诽谤等行为。同时还要讲究策略,按照网络生态和运行规律,综合运用法律手段、技术手段治理网上乱象,既打好正规战、阵地战,又打好运动战、游击战,机动灵活、针锋相对、出奇制胜,牢牢掌握舆论战场的主动权。

四、提高话语权

作为执政党的意识形态阵地,我们不但要该发声时发声,而且要主动引导舆论。一要把握导向。要坚持党管媒体原则不动摇,牢牢坚守媒体的党性原则和社会责任,把正确导向要求贯穿到工作的各领域和全过程,从政治、内容、程序、技术等各方面把好关口。要着力建好用活舆论阵地、理论阵地和文化阵地,加强新闻出版、学术交流、文化活动以及网上舆论生态等的建设与管理,切实把好关、把好度、把好导向,决不能让敌对势力在我们的阵地上发声。要善于用好新媒体这个资源,纳入我们党的执政资源,为我所用,变被动应对为主动引领,把抓导向、造声势的要求体现在每一块版面、每一面荧屏、每一个频道、每一个网页,旗帜鲜明地"亮剑"、理直气壮地发声、有理有据地批判,在抢占阵地中确保话语权始终为我所用。二要快速反应。要把抢占舆论先机作为重要策略,快速甄别事实、深度研判情况、及时处置化解,主动引导舆论,努力掌握主动权。要采取定性分析与定量分析、人工搜索与技术检测、综合分析与专题分析等相结合的方法,准确分析思想舆情状况,科学预测舆情发展走势,增强处置工作的前瞻性,第一时间拿出针对性的处置办法,避免出现"谣言面前,真相也投降"的被动局面。三要积极引导。要引导党员干部明辨理论是非,对影响大、危害大的错误思潮和主张进行有力批驳,帮助人们分清是非、澄清认识。要针对网络时代的特点,及时回应社会关切,对一些群众对党和政府工作的具体意见,对由现实利益问题引发的不满,对因社会变革冲击而产生的非理性心态,通过建立健全信息发布机制和政策解读机制,及时发出权威声音,有针对性地解疑释惑,疏导情绪,化解矛盾。四要善于创新。要积极适应互联网时代意识形态工作的新要求,认真研究宣传规律和艺术,在话语体系、表达方式、传播手段等方面主动求新求变,着力打造融通中外、雅俗共赏、易于为大众接受的话语,使党的声音更富时代特色、为群众喜闻乐见。要充分弘扬社会主义意识形态自身的吐故纳新功能以及整合、引领和对话能力,努力构建起以主旋律统摄多样化、以多样化滋养主旋律的社会主义意识形态氛围。

五、增强主动权

靠"两论起家""理论当家"的中国共产党,要继续发扬意识形态工作的强大优势。第一,要加强理论武装。坚持不懈地用马克思主义中国化的理论创新成果武装全党、教育人民,以思想的力量、真理的力量引领和推动事业不断发展。要把马克思主义立场、观点、方法贯穿于意识形态工作的各方面、全过程,始终保持清醒头脑和战略定力,不为任何风险所惧,不为任何干扰所惑。切实增强党的思想理论工作的说服力和战斗力,充分发挥其提升价值认同、协调利益整合、强化力量凝聚、抑制不良思想和行为的重要作用,及时回答干部群众关心的重大思想认识问题,调动一切积极因素,团结一切可以团结的力量,引导各方面支持改革、参与改革、投身改革。第二,要加强思想教育。切实加强马克思列宁主义、毛泽东思想、邓小平理论、"三个代表"重要思想、科学发展观的学习,加强习近平总书记系列重要讲话精神的学习,坚定理想信念,筑牢思想根基,不断增强道路自信、理论自信、制度自信。在整个思想理论界、文化艺术界及媒体从业人员中要经常开展形式多样的思想政治教育,提高他们的政治鉴别力和政治敏锐性。第三,要壮大主流舆论。把提高舆论引导能力作为推进国家治理体系和治理能力现代化的重要方面,正确把握舆论导向,有效引导社会热点,培育健康向上的舆论生态,唱响主旋律,激发正能量,凝聚起理解改革、支持改革、参与改革、推进改革的广泛共识和巨大合力。加大对重点新闻网站的支持力度,尽快做大做强,放大客观理性声音,同时把从事新闻传播业务的商业网站和其他网站纳入管理体系,加强指导,明确要求,加强舆论引导,净化网络环境,形成网上正面舆论强势。积极开展舆论斗争,在涉及方向、道路、理论、制度等根本问题上,必须立场坚定、旗帜鲜明、及时发声、勇于碰硬、敢于亮剑。第四,要提升文化软实力。在经济全球化的影响下,文化已经成为西方国家颠覆和控制别国、实现自身战略意图的重要工具,成为政治斗争和意识形态较量的重要领域。我们要把提升文化软实力作为一个系统工程,通过深化改革,改变陈旧的思想观念、做法规定和体制弊端,为文化的繁荣开辟广阔空间、提供强大动力。要在推动文化内容形式、体制机制、传播手段创新,解放和发展文化生产力上狠下功夫,加快构建传输快捷、覆盖广泛的文化传播体系,形成与我国国际地位相称的舆论力量。

六、加强和改进知识分子工作

意识形态工作,一定意义上是知识分子工作。因此,要充分认识到知识分子在意识形态建设中的重要作用,大力加强和改进知识分子工作。要坚持尊重劳动、尊重知识、尊重人才、尊重创造,完善和落实党的知识分子政策,充分调动广大知识分子的积极性、主动性、创造性。要鼓励和引导广大知识分子坚持为人民服务、为社会主义服务的方向,深入学习中国特色社会主义理论体系,认真研究思考改革发展稳定实践提出的重大问题,努力为推动理论创新、实践创新、制度创新提供理论依据、政策建议、咨询服务。要繁荣发展哲学社会科学,深入推进学科体系、学术观点、科研方法创新,鼓励哲学社会科学界为党和人民事业发挥思想库作用。要支持我国学者加强对外学术交流,推动我国哲学社会科学优秀人才和优秀成果走向世界,不断增强在国际学术论坛上的话语权。要拓宽同知识界联系沟通的渠道,多同知识分子特别是那些学术造诣高、社会影响大的知识分子交朋友,认真听取意见,加强思想引导,主动提供服务,最大限度地把知识分子团结和凝聚在党的周围。同时,要加强对高校相关活动的管理。健全教师政治理论学习制度,扎实推进师德建设,严把教师聘用考核政治关。将以马克思主义为指导进行学术研究落到实处,防止借学术研究之名传播错误观点。强化高校课堂教学纪律,完善教师教学考核、教材使用、教学过程督导制度。加强对高校讲座论坛、校报校刊、校园网及社团活动、社会实践等的管理,严防宗教渗透。加强对境外基金和非政府组织资助的管理,明确高校接受外基金资助范围,规范审批程序。加强高校师生到境外进行交流访问管理。

七、加强传播手段和传播能力建设

西方之所以能够掀起一轮又一轮的反华舆论浪潮,一个很重要的原因就是拥有较为强大的国际传播能力。相比之下,我们的传播能力主要是国际传播能力还有很大差距。据有关资料,目前西方的四大主流通讯社——美联社、合众社、路透社、法新社,每天发出的新闻量占整个世界新闻发稿量的4/5;传播于世界各地的新闻,90%以上为美国等西方国家所垄断;西方50家媒体跨国公司占据世界95%的传媒市场。美国还控制了全球75%的

电视节目生产和制作，许多第三世界国家的电视节目有60%—80%的栏目内容来自美国。它们还是世界互联网信息的主要制造者，并通过文化工业所制造出来的文化产品传播西方的价值观念和生活方式。因此，我们要充分认识到传播手段、传播能力在意识形态斗争中的重要性，大力加强传播手段和传播能力建设，精心构建对外话语体系，着力建设语种多、受众广、信息量大、影响力强、覆盖全球的国际一流媒体，增强对外话语的创造力、感召力、公信力，讲好中国故事，传播好中国声音，阐释好中国特色，使我们的图像、声音、文字、信息更广泛地传播到世界各地。要加强对外宣传提升国际话语权。积极向国际社会宣介中国经济社会发展形势、发展成就，增进国际社会对我国发展理念、发展道路、内外政策的理解和认同。深化中国梦对外阐释，通过各种活动和方式，全面客观准确生动地解读好中国梦，传播好当代中国价值观念。探索打造面向不同国家和地区的传播平台，扶持一批面向国际的智库和研究机构，积极进入境外有影响的社交网站。积极开展多种形式的对外文化交流、人文交流，加强海外中国文化中心建设。积极开展国际涉华敏感热点问题的舆论引导和斗争，对妖魔化、污名化我们党、政府和人民的言论，及时予以揭露和驳斥，有效应对西方对我国舆论的围堵和遏制。

八、强化阵地建设和管理

对意识形态阵地的管理，要按照谁主管谁负责和属地管理的原则，各地各部门各单位看好自己的阵地，管好自己的队伍，对本地区本部门本单位意识形态领域出现的问题，要理直气壮、敢于负责、及时处置，把问题解决在萌芽状态，决不给错误思想观点提供传播渠道。一是要加强对哲学社会科学报告会、研讨会、讲座、论坛、培训等活动的管理，加强对各种研究会、协会、学会等社团的管理，加强对民办社科研究机构的管理。加强对图书影视制作机构和各类民间文化工作室的管理，加强对社会服务场所举办的各种讲座、论坛的管理，明确主管部门，严格管理制度。二是要加强对境外非政府组织和境外基金会在华活动的管理。对境外非政府组织要全部纳入依法管理，特别是严格管控背景复杂的境外非政府组织在我国教育社科领域、司法领域、新闻出版领域和边远贫困地区、边疆民族地区的活动,防止其借培训、交流、资助等名义对我国境内新闻记者、律师、高校师生、农民工群体搞渗透。进一步严格体制内单位和个人与境外非政府组织开展合作的外事审批管理,明确合作对象、内容、资金等事项,对违反规定的要严肃处理。三是要加强各类宣传文化阵地的管理。要坚持政治家办报、办刊、办台、办出版社、办新闻网站,严把媒体从业人员入口关,确保媒体始终坚持正确导向。抓好马克思主义新闻观教育,自觉抵制西方新闻观侵蚀。切实加强对报纸、杂志、图书,以及广播电视谈话类节目、现场直播节目等的有效管理,确保各类宣传阵地严守宣传纪律。四是要加强对互联网的管理。切实加强网络信息内容建设,加强网络编辑、网络评论员等队伍建设,分领域、类型、分层次建设强大网军。加强对网络论坛社区、博客微博客、手机客户端、语音聊天室、视频、短信等的管理,加强对微信等社交类网站应用的管理,构建"横向到边、纵向到底"的网络舆论管理格局,依法打击网络谣言、网上淫秽色情信息和网上违法犯罪活动,加强网络空间治理。严格管控网上非法串联活动。五是要适应形势发展要求,不断加强和改进对意识形态领域的管理方式。健全体制机制,创新管理理念、管理方式、管理手段,综合运用法律、行政、经济、思想教育等手段,提高管理效能,确保阵地巩固、导向正确,确保国家意识形态安全。同时,要大力推进改革创新,创新传播理念、传播手段和基层宣传思想工作,善于做"看不见的宣传",着力提升舆论引导质量和水平,不断增强意识形态工作的吸引力和、感染力。要建立上下联动、分级负责、部门协同、分类处置的工作体系,强化传统媒体和新兴媒体联动,强化内宣和外宣联动,让中国的声音传得更响更远更强。

(作者系省社科联副主席、研究员)

专题七

聚焦"互联网+"

以"互联网+"让河南现代公共文化服务体系更加出彩

李庚香

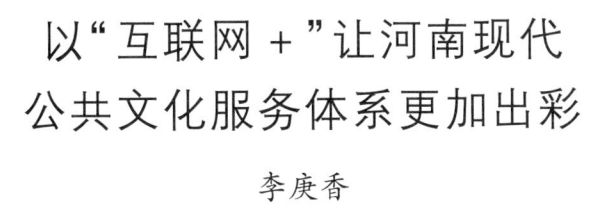

紧紧围绕"四个全面"战略布局,加快构建覆盖城乡、便捷高效、保基本、促公平的现代公共文化服务体系,是宣传思想文化部门的重要战略任务。而"互联网+",则是修筑现代公共文化服务体系"最后一公里"的根本性保障,是让河南公共文化服务体系更加出彩的有效招数,是紧迫的战略举措。

一、推进数字化建设,建设"文化河南"云平台,解决公共文化服务产品内容数字化滞后和"信息不对称"问题

我们知道,信息化的发展已经从 PC 时代经过互联网时代而迈入了大数据时代。河南现代公共文化服务体系也必须适应数字化和大数据这一浪潮,推动用数据说话,用数据决策,用数据管理,用数据创新。要充分利用最新的数字技术,加快建设数字农家书屋以及数字图书馆、数字博物馆、数字美术馆、数字科技馆等,让公共文化服务内容与产品数字化结合,形成具有河南特色的公共文化服务内容与产品数据库,解决公共文化服务产品和内容数字化建设滞后问题。

未来的文化竞争中,数字化平台建设是制胜关键。因此,要加快"文化河南"云平台建设。要坚持宽带通路,统一平台,各自终端,通过集中构建统一的互联网政务数据服务平台和信息惠民服务平台,形成开放共享的全省数据平台体系。要将全省各种文化资源打包上"云",打造网上公共文化

产品和公共文化服务超市,推动形成资源配置优化、百姓点单选菜、供需无缝对接、社会广泛参与的公共文化服务新格局。要支持和推动微博、微信等新媒体平台在乡镇、村的推广和使用,让群众在"云端"上尽享标准化、均等化的公共文化服务,形成全社会文化资源大配送、大循环的格局,解决"书屋没人进、电影没人看"的问题,解决"信息不对称"问题。

二、筑牢"网络高速公路",建立"互联网+"公共文化服务机制,解决公共文化服务的"最后一公里"和"可持续发展"问题

构建现代公共文化服务体系,必须筑牢硬件,创新和完善软件。如今,互联网已经和水、天然气、电力一样,成为一种新的公共基础设施。要加强数字文化设施建设,筑牢高能高效、快速通达的公共文化服务"网络高速公路",提高公共文化的覆盖率和服务效能,使政府治理精准化,文化民生普惠化,切实解决公共文化服务的"最后一公里"问题。"互联网+"并不神秘,其本质就是要提高效率。要使互联网与公共文化服务"+"起来,并"+"出巨大效益。要注意互联网信息技术可能带来的风险与挑战,未雨绸缪,掌控风险点。要完善党委领导、政府管理、部门协同、权责明确、统筹推进"互联网+"公共文化服务体系建设的协调机制;要充分发挥市场的主导作用,不断优化"互联网+"现代公共文化服务体系的体制制度环境,抓好社会参与机制建设;要把公共文化服务成效纳入科学发展考核评价体系,把公共文化服务工作纳入《河南省城市文明程度指数测评体系》,并建立网上群众评价和反馈机制,抓好评价工作机制建设,让公共文化服务为人民群众带来更多获得感,真正解决公共文化服务的"可持续发展"问题。

三、培育"互联网+"公共文化创客人才,激活"互联网+"公共文化众创空间,努力解决公共文化服务体系创新问题

创新是一种眼光。不在于你过去曾经是什么,而在于你站在什么角度看到了什么。培育"互联网+"公共文化创客人才,激活"互联网+"公共文化众创空间,是丰富公共文化服务体系内容、提高公共文化服务产品质量,解决公共文化服务体系创新问题的关键之举。要抓住大众创业、万众创新的机遇,营造良好的创客人才的教育、涌现环境。要创新和完善支持机制,努力形成创新平台和孵化器,大力打造以郑州为核心,辐射全省其他区域的众创空间等新型创业服务平台。要努力实现公共文化服务的"适销对路"、供需对接,使群众真正喜欢文化、参与文化、创造文化。我们相信,"互联网+",一定能赋予传统公共文化服务内容与产品新生命,一定能使公共文化所承载的文化价值更能深入人心,使河南公共文化服务体系建设更加出彩。

(作者系省社科联主席、研究员)

以"互联网+"提升党的群团工作水平

何白鸥

党的群团工作是党组织动员广大人民群众为完成党的中心任务而奋斗的重要法宝。习近平总书记深刻指出:"新形势下,党的群团工作只能加强、不能削弱,只能改进提高、不能停滞不前。"当前,随着互联网以不可逆转的态势介入人们的生产生活,新形势下加强和改进党的群团工作,要重视运用互联网思维,以"互联网+"提升党的群团工作水平。

一、党的群团工作是党治国理政的一项经常性、基础性工作,必须适应新形势予以加强和改进

人民群众是历史的创造者,是党的执政基础。党要始终保持与人民群众的紧密联系,组织动员人民群众为完成党的中心任务而奋斗,除了通过党的自身组织直接联系与组织群众外,还要通过建立或整合与社会各方有着密切联系或体现利益代表的群团组织,并通过他们的工作实现党对人民群众的组织动员。这是党的群团工作的功能所在,也可以说是党的群团工作的主要任务。它要求党的群团工作必须不断保持和增强政治性、先进性、群众性,必须自觉防止和克服机关化、行政化、贵族化、娱乐化倾向,提高群团组织在群众心目中的动员力、号召力、影响力,推动党的群团工作持续健康发展。

在党领导的革命和建设时期,社会结构和人民群众的生产生活方式是相对单一的。在改革开放特别是全面深化改革的新形势下,由于市场经济的发展和互联网的融入,社会结构和人民群众的生产生活方式发生了深刻变化,特别是社会结构日益变得多元和复杂,从而给党的群团工作带来很多前所未有的挑战。譬如,随着群众就业、生活、聚集方式日益多元化,如何适应新经济组织、新社会组织发展,探索构建网络化群团组织体系,实现全覆盖、夯实基层基础的问题;随着形势和任务的发展变化,如何改革和改进机关机构设置、管理模式、运行机制,更好地适应基层工作和群众工作需要的问题;随着互联网时代的到来,如何运用互联网思维,借助新兴媒体做好群团工作的问题,等等。要从容应对这些前所未有的挑战,有力有效把广大人民群众紧密地团结在党的周围,必须着眼于实现中国梦,协调推进"四个全面"战略布局,全面把握"六个坚持"和"三个统一"要求,毫不动摇地走中国特色社会主义群团发展道路,不断加强和改进党的群团工作,提高党的群团工作的科学化水平。

二、运用互联网思维加强和改进党的群团工作,是时代发展的客观需要

当前,互联网以其强大的渗透力,全方位影响着我们的工作生活。据统计,目前我国互联网用户达 6.68 亿,而且还在持续不断地增加。对此,习近平总书记指出:"现在人类已经进入互联网时代这样一个历史阶段,这是一个世界潮流,而且这个互联网时代对人类的生活、生产、生产力的发展都具有很大的进步推动作用。"互联网的本质是连接一切,改变一切,这也是互联网的基本属性。从某种意义上讲,互联网就像引发第二次工业革命的电能一样,以其强大的魔力在与社会各行各业结合之后,能够使之产生更具有活力和效能的新业态。

党的群团工作在不同的时代有不同的任务,它向前所走的每一步都带着一定时代的印记,它必须紧跟时代的节拍,随着时代的发展而发展。在中央召开的党的群团工作会议上,习近平总书记一针见血地指出:"有的群团组织工作方式方法不适应新环境,特别是对网络空间不适应。"可以说,习近平总书记指出的这一问题,抓住了互联网时代加强和改进党的群团工作的关键所在。实质上,互联网本身所具有的广泛性的特点,能够在更广阔的范围内覆盖和联系社会各方,深入影响社会各方每一个人的思想、工作和生活。它的这一特点,与党的群团工作所具有的群众性的特点极为相似,把二者"＋"起来,更容易使党的群团工作贴近群众发挥作用。因此,互联网时代要加强和改进党的群团工作,使党的群团工作走在时代前列,切实把工人阶级主力军、青年生力军、妇女半边天作用和人才第一资源作用充分发挥出来,把13亿多人民的积极性充分调动起来,必须摒弃传统的思维方式,树立互联网思维,努力为党的群团工作插上互联网的翅膀。

三、创造属于党的群团工作的"互联网＋"时代,让党的群团工作充满无限能量

时代属于每一个人,属于每一项能够创造价值的工作。党的群团组织要紧紧抓住"互联网＋"大发展的时代机遇,创造属于党的群团工作的"互联网＋"时代,更好地把广大人民群众团结在党的周围。

顺势而为,积极实施党的群团工作上网工程。党的群团工作的活力在于血脉畅通。要积极探索建立省、市、县统一的党的群团工作网站,包括微博、微信和客户端等新兴媒体平台,努力打造网上网下相互促进、有机融合的党的群团工作新格局。同时,各群团组织要立足自身实际,建设具有本群团特色的网站,并推进互联互通以及与主流媒体、门户网站的合作,大力实施党的群团工作上网工程,畅通党的群团工作的毛细血管,通过"互联网＋"把党的群团工作做活做实。

协同行动,着力提高党的群团组织"互联网＋"能力。从一定程度上讲,"互联网＋"不是简单地"互联网＋社会各行各业",它需要能够把社会各行各业"＋"起来产生良好效益的能力。因此,党的群团组织要把"互联网＋"运用好,就必须充分认识"互联网＋"的内涵要求,着力提高运用"互联网＋"的能力,实现党的群团工作跨界合作、跨界发展,最终融合成一股磅礴的力量,切实把社会各方面的群众紧密联系在一起,自觉听党话、跟党走。

围绕大局,切实从严从实加强网宣队伍建设。站在党和人民的立场上,坚持为党分忧、为民谋利,把思想政治工作贯穿所开展的各种活动,多做组织群众、宣传群众、教育群众、引导群众的工作,多做统一思想、凝聚人心、化解矛盾、增进感情、激发动力的工作,是党的群团组织的使命所在。要充分认识新形势下意识形态斗争的复杂性和长期性,努力加强群团组织的网宣队伍建设,充分运用网上阵地,亮出群团组织的旗帜,主动发声、及时发声,弘扬网上主旋律,引导广大人民群众咬定青山,不为歪风、邪风所左右,紧密地团结在党的周围。

着眼发展,努力建立"互联网+"党的群团工作机制。工作实践表明,运行机制不健全是影响党的群团工作健康发展和持续发挥作用的重要障碍。要研究探索"互联网+"在党的群团工作中的实际运用,通过改革和改进机关机构设置、管理模式以及推动群团干部跨系统多岗位交流等,建立有保障能力的"互联网+"党的群团工作运行机制,以保障"互联网+"能够很好地与党的群团工作融合在一起,进而给党的群团工作带来新的发展格局。

总之,"互联网+"与党的群团工作深度融合,是互联网时代党的群团工作的发展方向,是新形势下加强和改进党的群众工作的必然选择。我们必须主动拥抱、自觉融入"互联网+"的大世界,推动党的群团工作水平更上一层楼。

(作者系省社科联党组书记)

"互联网+"行动计划的战略重点及对策

张占仓

近年来,在科技革命推动下,随着互联网新技术、新应用、新模式的不断涌现,以互联网为基础设施的互联网经济表现出强劲的增长势头,带来了完全不同于过去传统农业社会和工业社会的发展理念的历史性跨越,也使全社会的生产方式、生活方式、消费方式以及社会管理方式发生了翻天覆地的变化,互联网已成为重要的经济社会活动和创新创业集聚发展基础平台。国家实施"互联网+"战略,根本任务是通过搭载高速信息基础设施,提高全社会资源配置效率,重构新常态下中国经济发展的生态系统。在国家全面推进"互联网+"战略的新一轮竞争中,谁主动出击谁将赢得更多的主动权。

一、互联网与"互联网+"的科学内涵

"互联网+"是以互联网为主的一整套技术在社会生活各个部门的扩散和应用过程,代表了一种新的经济形态,其本质是传统产业的在线化、数据化,即充分发挥互联网在生产要素配置中的优化和集成作用,将互联网的创新成果深度融合于经济社会各领域之中,提升实体经济的创新力和生产力,形成更广泛的以互联网为基础设施和创新要素的经济社会发展新形态。"互联网+"是在大数据时代把互联网作为一种新型公共基础设施,为全社会提供越来越便利的智能化信息服务,从而使信息资源成为新的驱动经济社会发展和创造财富的源泉,促进智能化社会建设,逐步形成新的经济社会发展生态系统。正像农业社会必须有土地资源、工业社会必须有"铁公机"

(铁路、公路、飞机)一样,在信息社会必须有"互联网+"支撑经济社会的可持续发展。

"互联网+"最大的优势是可以有效提高全社会资源配置效率,有利于重塑经济形态、促进提质增效,推动互联网由消费领域向生产领域加速拓展,构筑新常态下的竞争新优势;有利于重构创新体系、激发创新活力,大幅度降低全社会的创业门槛和创新成本,推动大众创业、万众创新,加速推进由要素驱动为主向创新驱动为主的发展动力转变;有利于通过播撒互联网本身具备的低成本"分享"功能,提升公共服务水平、推动社会全面进步,为人民群众广泛便捷获取公共资源提供有效途径,最大限度地保障和改善民生。

二、"互联网+"行动计划的战略布局

充分考虑河南是人口大省、经济大省、制造业大省的基本省情,衔接省委省政府提出并正在努力推进的把农业做优、工业做强、服务业做大的重大部署,推动"互联网+"行动计划,建议考虑以下重点:

(一)"互联网+"创新创业

中央高度重视的大众创业、万众创新以及在"互联网+"行动计划中首推的"互联网+"创业创新,是最为有效和主动的策略。河南应该把大众创业万众创新摆在更加突出的位置。这是基于河南人口大省和工业结构偏重、经济下行压力巨大的基本省情。要发挥互联网对创新创业的驱动作用,推动各类要素资源聚集、开放和共享,大力发展众创空间、开放式创新等,激活全社会的创业创新资源,快速形成新业态、新增长点、新爆发点,为我省经济社会增添生机和活力。

(二)"互联网+"协同制造

河南是制造业大省,拥有原国家工业部委320个专业机构中的38个研究院所,在盾构机、超硬材料及制品、超高压电气、大型成套矿山装备、智能终端、数控机床、机器人、大型客车、电池、食品等领域均形成了较好的发展优势。面对《中国制造2025》的战略部署,以数字化、智能化、国际化为发展方向,整合国内外最新技术,持续立足于把工业做优的既定策略,务实推动

工业创新发展和升级增效,进一步巩固工业大省的地位,是全省发展大局的需要。

(三)"互联网+"现代农业

河南是国家粮食生产核心区,承担着国家粮食安全的重任,对农业的发展,只能加强,不能削弱。而对农业发展效益偏低问题,"互联网+"农业提供的机遇迎面而来。从鹤壁市的试验企业来看,通过"互联网+"农业的转换,种植业和养殖业等资源配置效率都大幅度提高,优质农产品进入市场的成本也大幅度降低,为农业全面提高发展效益带来新的希望。所以,我们在"互联网+"农业方面,要投入更多的人力、物力与财力,大幅度提高农业资源配置效率,加快推动新一轮农业现代化的跃升。

(四)"互联网+"电子商务

服务业未来发展潜力最大的是电子商务等新兴服务业。要充分发挥综合性交通枢纽优势,做大做强电子商务,特别是在跨境贸易电子商务、行业电子商务、线上线下互动体验式电子商务等方面力争取得新突破,促进电子商务持续实现跨越式大发展;要进一步调整战略部署,充分发挥河南在中国经济地理中心的区位优势,在服务业新业态、新领域、新增长点上下功夫,力争有更大的突破,把郑州由过去传统的以商品零售与批发为主的商都建设成为新的以电子商务为标志的国际化商都。

(五)"互联网+"高效物流

郑州是全国重要的传统公路物流港、亚洲最大铁路枢纽、全国唯一的"米"字形高铁中心等,还拥有在国家快速推进的"一带一路"战略中货运量与货运价值均居全国领先地位的郑欧班列、已经开通业绩增长迅速的郑州—卢森堡双枢纽、双基地空中"丝绸之路"等综合性交通枢纽优势。应利用"互联网+"带来的高效物流的技术优势,全方位提升采购、仓储、运输、配送、管理等物流关键环节网络化、标准化、智能化、国际化水平,打造具有重要影响力的智能化国际物流中心。

(六)"互联网+"党政管理

全国已经公布的"互联网+"行动计划和河南正在完善的"互联网+"行动计划都没有安排这项工作,其实在现行体制下,很难想象在快速"互联

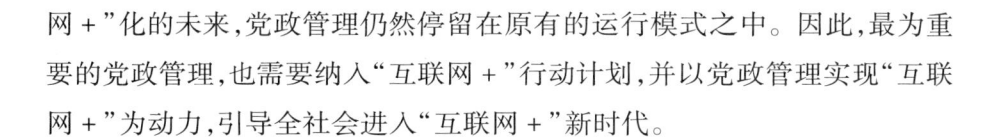

网＋"化的未来,党政管理仍然停留在原有的运行模式之中。因此,最为重要的党政管理,也需要纳入"互联网＋"行动计划,并以党政管理实现"互联网＋"为动力,引导全社会进入"互联网＋"新时代。

三、促进"互联网＋"战略实施的对策

按照省委省政府要求,在推动"互联网＋"行动计划过程中,全省各个方面要自觉着眼大局,高度重视,恪尽职守、同心协力,共同打好这一总体攻坚战。

一是要加强组织领导,健全组织保障。要在省委统一领导下,一方面发挥市场配置资源的决定性作用,另一方面发挥省委、省政府顶层设计的作用,有序推进。要建立专家咨询和智力支持系统,建立健全体制机制,确保"互联网＋"行动有序高效推进。

二是以改革开放的精神来推进落实。要充分发挥市场的主导作用和党政系统的引导支撑作用,调动社会各界的积极性,共同推动大众创业、万众创新。近期要着力解决基础设施、数据采集、存储、开放、开发、保密和资源共享等问题,促进全省有序进入"互联网＋"时代。

三是夯实基础设施。继续实施"宽带中原"战略,加快推进4G网络、公共场所和机关单位高速无线Wi-Fi普及等,使越来越多的城乡居民能够低成本享受信息服务。

四是加强政策支持。要强化资金引导与政策支持,结合发展实际,在省财政厅已经出台的支持"互联网＋"发展基金的基础上,研究出台进一步鼓励"互联网＋"发展的政策措施,激励更多的社会资本进入"互联网＋"领域。

五是加强学习培训,解决人才和应用普及问题。把"互联网＋"列入各级党委、政府中心组学习的内容,提高领导干部适应"互联网＋"的能力。用改革创新的办法引进和培养一批"互联网＋"领域高端人才。

六是要不断完善河南的"互联网＋"行动计划,要看一看沿海各省怎么干的,切实把行动计划和省情结合起来。

(作者系省社科院院长、研究员)

河南省智慧城市建设的主要内容与路径

杨迅周

智慧城市是指充分利用现代信息通信技术,汇聚人的智慧,赋予物以智能,使汇集智慧的人和具备智能的物互存互动、互补互促,促进城市中信息空间、物理世界和人际社会的融合,并通过丰富的应用系统,加速经济社会发展与转型、提高政府及公共服务的效率、方便市民的工作生活、有效地保护和利用环境,以实现经济社会和生态环境的和谐发展的城市发展新模式和新形态,也称"互联网+城市"。河南省智慧城市建设虽然取得了一定成效,但也存在各领域、各部门资源未能充分整合,存在着信息孤岛与资源浪费现象突出、市民感知度和参与度不高、信息资源价值战略未形成等问题,需要在主要内容与路径等顶层设计方面进行研究。

一、着眼城市宜居,营造普惠化的智慧民生

在加快建设智能化基础设施的基础上,推动构建普惠化的智慧民生,是智慧城市建设的重要内容。主要包括智慧交通、智慧健康与养老、智慧教育等。

(一)智慧交通

应加快交通基础设施的智能化改造,实现车流量、车速、车型等交通信息的实时监控,交通信号灯的智能控制和路况信息的动态发布,有效提高市内道路的运行效率,缓解市内道路的拥堵情况,最大限度地提高城市路网的通行能力。同时,为了方便居民出行,增强旅客周转能力,还应大力推广市内智能公交站台建设,对城际公路客运实施BRT、ETC改造,并积极与周边

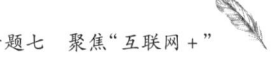

城市开展一卡通平台的互联互通。

（二）智慧健康与养老服务

要充分利用全民健康信息和医疗卫生服务信息网络系统，建设全民健康信息监护平台，逐步推进养老、保健、医疗服务一体化发展，实现与养老、医疗、社区服务等相关部门业务系统的互联互通、资源共享和服务协同。全民健康信息监护平台以市信息监护平台为中心，连接社区卫生中心，建立居民、社区、各级医院、120急救中心多方联动的预警体系，通过远程健康监护系统，使医疗卫生服务延伸到各个家庭，实现公共卫生服务全覆盖。远程健康监护系统包括远程监护、远程护理、远程诊断、联动预警等子系统，主要利用物联网健康监测设备，远距离对病人、老人的身体状况进行监测。推出"智慧医疗"APP，用信息技术手段逐步联通区域内各级医疗机构及社区卫生服务中心，以签约服务为抓手，不断推进分级诊疗和双向转诊体系形成，同时积极推进市民卡智慧医疗诊间结算。通过云技术平台整合优化全市养老服务资源，实现城市养老服务在网络空间上的延伸。

（三）智慧教育

该体系由云计算、物联网、互联网、数字课件、公共服务平台和先进的云端设备组成，将教育信息化工作从之前的学校"单兵作战"升级到区域层面整体部署，加强资源共享。积极开展"智慧校园"试点建设，通过建设无盲点视频监控系统实现校园安全监测、分析、预警；通过建设校园一卡通，实现校内消费结算、身份识别的统一管理和一体化服务；建设由校园RFID卡、人脸识别终端、RFID读卡器等构成的安全识别系统，通过校园网络实现在校学生进出、人数统计、外来人员识别、访客路线安全等管理措施，提高安全防范能力。建设智慧校园物联网共享平台，打通校园内各个子系统之间的数据集成，实现信息共享及业务协同。

二、着眼运行可靠，完善精细化的智慧政务和智慧城管

"智慧政务"和"智慧城管"作为"智慧城市"的重要部分，将大大提升城市综合管理水平，实现智慧管理和高效服务。

（一）智慧政务

智慧政务应在城市各政府部门原有的政务外网、信息平台的基础上，通过建设统一的政务外网、基于地理信息系统的城市基础信息管理平台，配合智慧城管、呼叫中心智能化改造等专项应用建设，促使市政府从原有的"电子政府"升级成为行政效率高、城市管理成本低的"智慧政府"。

（二）智慧城管

运用计算机技术、信息技术和智慧技术，通过资源整合、手段创新、功能拓展，建立健全"智慧城管"应用体系，着力实现"一个平台"（即统一支撑平台）、"两个中心"（即运行监管中心和指挥调度中心）、"六大核心应用"（包括智慧城管、智慧市政、智慧安防、智慧环保、智慧环卫、智慧应急）等的总体架构，构建以基础服务、数据交换、GIS 共享服务、统一 GPS 监管、统一视频监控为应用支撑，以数字城管、应急指挥、队伍管理、网上办案、决策辅助、行业监管为主要功能的城市管理公共服务平台，实现城市综合管理信息化、食品安全管理信息化、环境保护信息化、公共安全信息化和城市生命线（水、电、油、气）智能化。

三、着眼产业创新，发展高端化的智慧经济

智慧经济是基于新一代信息技术应用，通过大数据共享开放营运，既带动传统经济转型升级，又催生出新经济、新业态，集科技、信息、知识、环境、文化、伦理、道德于一体的战略性和创新性经济，表现形式是产业智慧化和智慧产业化。

（一）电子商务

积极创建国家电子商务示范城市，加快制定出台相关规划文件及优惠政策，完善基础设施与支撑体系，营造良好的电子商务产业发展环境；积极发展制造业电子商务、旅游业电子商务和"名优特"产品电子商务等；通过建设一批电子商务产业园区，全面促进电子商务产业及相关产业互联网化的快速发展。

（二）互联网金融

大力引进一批金融投资企业，创新投融资模式，鼓励发展 P2P 网络借

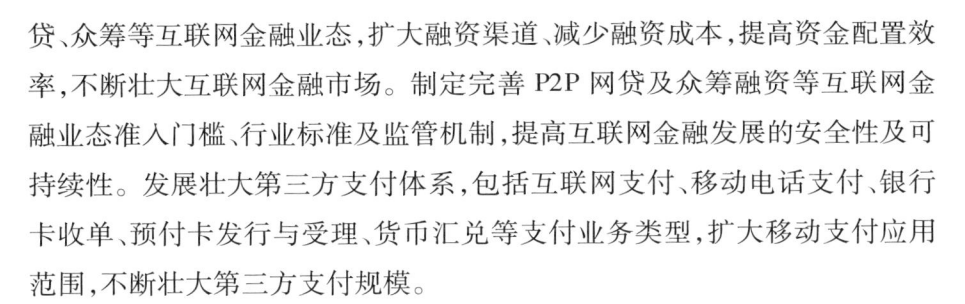

贷、众筹等互联网金融业态,扩大融资渠道、减少融资成本,提高资金配置效率,不断壮大互联网金融市场。制定完善P2P网贷及众筹融资等互联网金融业态准入门槛、行业标准及监管机制,提高互联网金融发展的安全性及可持续性。发展壮大第三方支付体系,包括互联网支付、移动电话支付、银行卡收单、预付卡发行与受理、货币汇兑等支付业务类型,扩大移动支付应用范围,不断壮大第三方支付规模。

（三）智慧物流

推动物联网技术在城市现代物流领域的应用,加快推进物流中心建设。通过建设现代物流信息平台,为物流中心提供有力的技术支持和信息服务;通过信息化手段整合城市铁路、公路与航空等运输资源,结合RFID、北斗卫星定位导航等技术,实现物资的高效快速传递,并打造出一条全程可追溯的物流链条。

（四）智慧制造

加快互联网与物联网、云计算、大数据的融合创新应用,促进制造业互联网化发展,提升制造业全产业链、全价值链信息交互和集成协作能力,重点加强传感器和传感器网络、RFID、大数据等在制造业的创新应用,全面支持生产过程控制、生产环境检测、制造供应链跟踪、远程诊断管理等物联网应用,提升行业竞争力。支持机器人及装备制造、新材料等领域行业云服务平台建设,推进研发设计、数据管理、工程服务等制造资源的开放共享,推进制造需求和社会化制造资源的无缝对接,鼓励发展基于互联网的按需制造、众包设计等新型制造模式。支持和鼓励骨干企业在生产经营过程中应用大数据技术,提升生产制造、供应链管理、产品营销及服务等环节的智能决策水平和经营效率。

四、着眼区域示范,打造智慧城市新地标

积极打造智慧城市空间载体和平台,开展试点示范。

（一）智慧社区

城市智慧社区指的是充分借助物联网、大数据、云计算及移动互联网等新一代信息技术,构建社区发展的智慧环境,形成基于海量信息和智能过滤处理的新的家居生活、便民服务、社会治理等模式,面向未来构建全新的社区形态,即"互联网+城市社区",其典型应用包括智慧便民服务、智慧物业、智慧政务和智慧家居等。河南省城市智慧社区建设尚处在萌芽阶段,发展还很不平衡,还主要集中在主要中心城市的主要社区;智慧社区建设缺乏统一标准,产品与技术方案尚不成熟,社区智能化产品"智能化"程度还不够高,技术方案还存在很多问题;缺少成熟的商业模式,缺乏建设和管理服务等各类人才,也没有政策引导和支持。智慧社区建设应该由政府部门牵头,在智慧城市的顶层设计下建立平台标准,设立专项基金,集聚产业力量,将分散的各种资源进行整合,构建集成的、开放的平台,让越来越多的智慧应用走入千家万户。在进行智慧社区建设时应选取若干基础良好、条件满足的社区进行试点,根据实际实施效果,有针对性地调整智慧社区提供的公共服务种类,进而在全市范围内进行推广,增强居民对智慧城市的感知程度。

(二)智慧园区

智慧园区是智慧产业的聚集地,以促进入园企业"集群发展"为核心理念。园区的产业打造将运用平台化的思路,迅速聚集产业资源,积极培育和扶持企业转型发展,营造健康的智慧产业生态环境。积极推行"产城一体、以产促城"战略,推动智慧应用在多个领域取得突破性进展。智慧园区具有物联化、互联化和智能化的特点,因此建设智慧的园区,重点应关注园区底层设施的智慧化和管理平台的智慧化,进而实现园区的物联化、互联化和智能化。智慧园区建设首先应强化智慧产业集聚集群发展,重点吸引物联网、移动互联网、云计算、大数据和信息经济等新兴智慧产业以及电子商务、智慧物流、智慧制造等产业的发展,引导扶持一批"互联网+"孵化器或众创空间,成为智慧产业发展的主要载体和平台。智慧园区还应通过物联网等技术建立统一的业务管理和运营平台来提高园区管理效率、提升园区产业服务水平,实现园区经济可持续发展和产业价值链提升的目标。

五、几点建议

一是成立协调机构。智慧城市建设牵涉方方面面,特别是要依靠许多国家、省和市等单位，协调难度较大，需要成立权威的专门协调机构。

二是开展多方面的前期研究。智慧城市建设创新性较强，需要进行全方位探索试验。应针对各城市自身特色进行超前谋划，多方论证，开展建设智慧城市的系统决策研究。

三是制定"智慧城市"建设专项规划。就建设的总体框架和主要建设任务、具体实施方案和行动计划及对策措施等进行规划，同时还应建立智慧城市建设项目储备库。

四是出台"智慧城市"建设扶持政策。针对重点发展产业和区域出台一系列扶持政策和意见，特别是在盘活要素资源和提高服务水平等方面为智慧城市建设提供政策保障。

五是强化智慧城市建设人才和智力支撑。着力培养和引进一批掌握智慧城市建设前沿技术的创新创业人才，建立一批重点实验室和研发基地。

（作者系省科学院地理研究所研究员）

"互联网+"引发文化大变革

汪振军

"互联网+"时代,是一个整合的时代。随着WEB2.0时代的到来,引起了人们生活的深刻变革。"互联网+"可以说是信息技术革新引发的社会变革,是由专业人员技术创新到广大用户广泛参与使用,其特征是跨界与融合。

"互联网+"时代,改变了很多东西,从形式到内容,如今的互联网更加个体化、智能化、数字化,特别是它的互动化和用户分享等功能,给人们的生活带来了更多乐趣。一部手机就是一台小电脑,许多功能整合发挥作用,大大方便了人们的生活。

"互联网+"模式下,互联网的信息聚合功能更加强大,改变了人们的阅读习惯、兴趣结构、传播方式。以往人们通过传统的报纸、广播、电视等接触新闻,现在则通过网络、手机等更加便利、更加灵活的新型媒体接受社会各方信息。以往的深阅读模式已被网络时代的轻阅读模式所替代,纸质媒体的书刊阅读逐步让位于手机、平板电脑,文字、知识、思想逐渐让位于图像、游戏、娱乐。

互联网产生了全新的社群模式。QQ群、微信圈等走进了人们的生活,形成了一个个以兴趣爱好、生意伙伴、朋友等特定意义的圈子文化,这些圈子就像一个部落,大家在里面交流、分享、创造、聚集,在无形中已经产生了细分市场。

互联网的用户分享功能也愈来愈被大家接受并使用。大家可以不受时间和地域的限制创作和分享各种观点、资源、信息。用户可以得到自己需要的信息,也可以发布自己的观点和信息。

互联网让人们的生活更加自主化、平等化，消解了以往的专业性、权威性。使文化从以往单纯的专业创作到大众创作，人人都可以是作家，人人都可以是记者，而人人都是读者，人人都是接受者。专业与业余的差距在缩小，自媒体时代已经到来。如今，谁都可以是创作者，都可以发表自己的观点。网络塑造的一大批"草根作家"，如一匹匹黑马进入人们的视野。与以往的传统作家相比，网络作家甚至有后来居上之势，如今他们在文坛已经占有重要的"一席之地"。网络已被人们越来越重视，一些传统的作家也开始转战网络。

"互联网+"改变了人们的思维模式，对待同一事物，传统的线性思维已被节点思维所取代。任何人的思考在互联网世界都是作为一个节点存在。这个节点又与无数个节点互通互联，因此大家都是平等的。发散性思维对封闭思维形成强烈冲击。独断思维被包容思维、对话思维所替代。

"互联网+"的另一优点是打破了传统的融资模式，每一位普通人只要有好的创意都可以通过互联网搭建自己的众筹平台，获得从事某项创作或活动的资金，使得融资的来源不再局限于传统金融机构，而可以来源于大众。作为互联网金融的新形态，众投模式激发了草根的力量，为平民创业创造了巨大的发展空间。

与众筹相关，众创模式集聚了各种各样的人才，大家只要有好的想法碰撞交流，优势互补就可以产生好的项目。以项目为载体的集聚更有灵活性。一个好的电视栏目，策划、制作、传播、营销完全可以与传统的企业不同，甚至人们在家里随时可以接受采访，将录制好的节目传过去就行，完全不必到电视台去。体制与机制的灵活将极大地解放文化生产力。

互联网是一个开放的平台，连接五湖四海，使广大的世界变成了小小的"地球村"。网络作为媒体，是人的思想与肢体的延伸，人们以互联网为载体，拓展了交际圈、生存圈、事业圈、文化圈、娱乐圈，拉长了产业链。"互联网+"已成为一种新常态，给传统的文化从体制、机制、内容、形式、市场都带来极大的冲击与改变。适应新常态，转变思想，主动参与，积极创造，才能不被时代所抛弃。

（作者系郑州大学文化产业研究中心主任、教授）

"互联网+"成产业园区发展助推器

杨建国

自国务院总理李克强在政府工作报告中提出制定"互联网+"行动计划以来,"互联网+"便为互联网与传统行业的融合提供了无限的想象空间。而在产业园区层面,各地纷纷上马"互联网+"产业园区,与之相对应,"互联网+"与产业的结合也在不断孕育着新的产业、新的业态、新的模式。

一、"互联网+"将成为产业园区升级新动力

第一,在产业方面,随着互联网,尤其是移动互联网与产业结合的不断深入,在产业总体规模不断扩大的情况下,信息技术的深度应用、移动互联网的发展与应用,正在推动产业生态产生巨大的变革。一方面,互联网技术与产业的结合,不断催生出新的产业、新的模式;另一方面,互联网的信息技术和方法论也在不断地助推着传统制造业的转型升级,大数据+云计算成为连接一切和智能化的根基,金融、汽车、物流、教育、智能硬件、O2O、泛娱乐这些行业都被互联网"+"了。

第二,在产业园区方面,从重速度到重质量、重创新,中国产业园区历经30年时间高速增长,愈加重视对技术引领与创新带动的依赖,在产业园区的平台之下,信息、技术、人才、金融加快融合,形成了互联互通的体制。这也为产业园区平台打造提出了更高要求,体制创新、服务创新、技术创新需要统筹推进,任何一个软肋都可能引发水桶效应。在当前互联网技术蓬勃发展的背景下,"互联网+"通过聚焦资源、让利市场、加强资产流动性,正在逐步成为中国产业园区升级发展新的动力,塑造一批更具生命力的产业

园区。

第三,从长远的角度来看,"互联网+"将成为我国产业园区发展的助推器。以物流产业为例,目前我国物流产业在发展中普遍存在着两大问题,从宏观上,基础设施不配套、自动化程度低、同质化严重等,从具体的物流企业上看,存在着企业规模小、规划不合理、专业化程度不高、专业人才缺乏等问题。而在目前"互联网+"热潮中,随着互联网产业和信息数据产业的蓬勃发展,互联化、智慧化已经渗透到传统行业的各个领域,物流作为电子商务发展至为关键的一个环节,金融互联化、物联化是发展的必然趋势。物流园区的信息化特别是移动互联的发展,大数据等高新技术的运用,将有力促进物流资源的社会化整合和物流园区的集约化经营,全面提升物流业的专业化、市场化、社会化和信息化水平。

物流园区的"互联网+"效应只是"互联网+"助推产业园区发展的一个具体案例。从整体上来看,"互联网+"将会开启产业园区升级新纪元,而目前对产业结构升级的推动才刚刚开始,这种作用力绝非是简单的叠加和拼凑,而是从表到里的化学反应,产业园区必须构筑新的平台体系和产业生态,促进生产要素的流转,打造现代产业体系。

二、产业才是"互联网+"产业园区的灵魂

首先,"互联网+"战略是相对超前的,从提出到实施再到效果显现会有一个漫长的过程,虽然在电商等领域互联网企业取得了显著的效果,但相当一部分传统产业并没有找准、找好与"互联网+"战略的结合点,甚至是抵触的。地方在积极推进"互联网+"产业或产业园的同时,要加强对传统企业的扶持和培育,帮助他们学习、接受和转型。

其次,真正意义上的"互联网+"产业园首先应该做好的是找准产业,盲目地追求和建设"互联网+"产业园,容易脱离实际。以互联网金融产业园为例,目前互联网金融概念的愈炒愈热,也促使互联网金融企业犹如雨后春笋,不断涌现,包括政府和企业在内的多方力量都在积极谋划互联网金融产业园的建设,这其中,很多二三线城市也开始纷纷上马互联网金融产业园,但互联网金融的发展程度与水平主要取决于当地中小企业的活跃程度,

而二三线城市相对缺乏建设该类型产业园的客观条件，在没有足够繁荣的市场支撑情况下，互联网金融产业园很容易就变形走样。

再次，"互联网+"是趋势不假，但也绝非永远风平浪静，稍有懈怠就有可能被风浪拍打下来。对于产业园区来说，切忌为"尝鲜"而不"择食"，盲目跟风、一哄而上，忽略了因地制宜和差异化发展，"互联网+"带来的也可能只是一个注定要破碎的泡沫。

三、"互联网+"与产业园区结合的着力点

第一，首先需要做的就是转变观念。很多地方政府其实一早就看出了运用互联网技术手段进行招商引资的便捷和高效，但在实际操作过程中，却更多止于表象，没有真正活学活用，结果把"互联网+"弄成了"+互联网"。产业园区想要借势"互联网+"首先要从思想认识上解放，高新技术产业变化迅捷，思想不革命、举措不革新，对互联网、经济业务一知半解，似懂非懂，缺乏互联网思维，甚至无法与互联网企业深入交流。从今年4月份开始，湖北省各级党政机关多次组织"一把手"级别领导针对"互联网+"产业的集中学习。部分政府机构甚至筹备成立专业的"互联网+"产业管理部门。

第二，要做好"互联网+"的输入与输出。输出是一个广而告之的过程，即打造软环境，那么对于产业园区来说，可以借助互联网平台进行形象、品牌的输出，来加深投资者对产业集聚区的环境认同；而输入，则是做好招商引资工作，强化对产业关联度、产业协同能力以及产业链的引入。

第三，需要创新服务模式。面对"互联网+"战略，产业园的管理服务必须秉承开放理念，"互联网+"时代不断产生的新模式、新业态，对产业园区的管理服务产生颠覆性的挑战，而这些挑战往往超前于各种法规和规范。因此，如何在"互联网+"的时代背景下创新政府管理服务，是产业园区管理部门必须深入思考研究的重要课题。

（作者系中国产业集聚研究专家、中华民营企业联合会副会长、民生证券研究院特约研究员、河南集聚产业咨询有限公司首席执行官）

"+互联网"与"互联网+"
政府统计调查有关问题思考

张广宇

当前,互联网已经融入社会生活方方面面,深刻改变了人们的生产和生活方式。特别是李克强总理在今年政府工作报告中首次提出"互联网+"概念后,立刻引起各方关注。作为以搜集、整理、分析统计数据为主要职责的政府统计部门正处在一个特殊而关键的时期,国际国内、社会各界对统计数据和统计工作的关注程度前所未有,也对统计工作提出了新的挑战和更高要求。随着"互联网+"时代的来临,中国统计工作必须跟上时代步伐,抢抓"互联网+"重大机遇,创新工作视角,充分挖掘利用互联网技术,积极谋求与互联网、云计算、大数据的广泛对接和深度融合,拓展统计服务的深度、广度,推进统计调查现代化。

一、互联网在我国统计调查工作中的应用

我国政府高度重视信息技术在统计调查工作中的应用。《中华人民共和国统计法》规定,国家有计划地加强统计信息化建设,推进统计信息搜集、处理、传输、共享、存储技术和统计数据库体系的现代化。我国统计信息系统建设始于20世纪80年代中期,随着20世纪90年代中期互联网进入中国并得到迅猛扩展,统计信息化建设得到了较快发展。目前,已建成以国家统计局为中心,连接各省级、市级、县级统计机构和部分乡镇、街道统计人员的统计业务专网。

近年来,国家统计局主动把握、积极适应现代信息技术发展潮流,加快

对接大数据,提出打造政府统计数据搜集的"第二轨",统计数据的采集、处理、传输、存储和发布等生产方式均发生了深刻变革。着力建设基本单位名录库、企业一套表制度、统一的数据采集处理软件和联网直报系统"四大工程";在居民消费价格统计、第三次全国经济普查,以及近两年不少专项调查,还有目前正在紧锣密鼓进行的劳动力(就业失业)调查等统计调查中,都利用了手持电子终端采集数据,在基本单位名录库维护和房地产价格调查中积极利用电子化行政记录,在人口、农业、投资、交通等领域,大力研究利用遥感(RS)、地理信息系统(GIS)、全球定位系统(GPS)为代表的空间信息技术和物联网技术。如,国家统计局河南调查总队在农业统计调查中积极利用遥感技术,成功开展了夏粮面积无人机遥感测量野外调查试验等工作。互联网在统计中的应用,既极大提升了统计信息化水平,解放了统计生产力,也为进一步推进"互联网+"下的统计应用打下了较好的基础。

二、"互联网+"对统计调查工作带来的影响

"互联网+"代表一种新的经济形态,旨在充分发挥互联网在生产要素配置中的优化和集成作用,通过互联网与经济社会各领域深度融合,促进技术进步、效率提升、组织变革,增强实体经济的创新力和生产力,形成以互联网为基础设施和实现工具的经济社会发展新形态。可以预见,随着"互联网+"时代的到来,对从事数据调查、采集、处理和发布数据的统计调查部门生产出更高质量的产品提供了难得的机遇和更大的可能性,与此同时,也将带来较大的挑战。主要表现在:

一是对现行统计数据生产方式造成冲击。现行的统计是以统计调查对象报数为主并辅之以调查员上门登记为基本方式的。在这种统计模式下,调查对象要为政府统计付出必要的精力和成本。而"互联网+"时代,政府部门电子化行政记录、企业电子化生产经营交易记录等将大大拓宽统计部门收集数据的渠道,如进出口、货币信贷、财政等数据在相应的行政记录里均可查询;运输物流、终端消费等各种交易可以直接生成可用的数据,而不需要专门的统计采集,传统的统计数据生产方式会发生较大变化,需要健全完善现行的统计体系和统计方法制度。

二是对政府统计的权威产生挑战。随着"互联网+"的发展，一些企业和机构的服务领域正在从商业领域渗透到公共服务，有些直接渗入到政府统计的传统服务领域，如光大银行推出的养老消费指数、阿里巴巴集团推出的网络零售价格指数等引起越来越多的关注，对政府统计的准确性、可靠性和科学性不断进行印证和评估，政府统计作为统计数据信息主渠道的地位正受到挑战。

三是对统计数据分析应用专业化带来挑战。在互联网推动社会发展一日千里的情况下，人类社会的数据量迅速激增，正在步入大数据时代。同传统数据相比，大数据不仅包括结构化数据，更包括大量非结构化数据，且具有数据量大、应用价值大、速度快、种类繁多、波动大等特点。如何从海量数据中"提纯"出有用的信息，更好地为社会公众服务，对统计机构的数据处理能力而言是巨大的挑战。

四是对统计工作人员的能力提出更高要求。随着"互联网+"的发展，必将推动新产品、新技术、新业态、新商业模式层出不穷，推动各个行业颠覆式的创新发展，统计工作人员如果不能结合自身业务及时捕捉、研究、跟踪这些新的产业和科技的变革，将造成一种知识断层，不利于统计业务的开展和统计工作的发展。

三、"互联网+"下统计调查工作的应对策略

一要加强统计方法制度改革的顶层设计。面对"互联网+"，政府统计即刻抛开现行的方法制度另起炉灶，全面依靠对"互联网+"的开发挖掘以获取资料是不现实的，也是没有这个必要的。应把"互联网+"作为政府统计的有益补充和验证，从"互联网+"与统计调查工作高效对接的战略高度，根据现有统计指标及标准，针对"互联网+"的特点，广泛搜集已经存在并继续增加的各类数据，分析其与目前的统计调查指标在口径、范围、内涵、定义等方面的差异，在制度设计、数据处理、分析和发布环节作出相应调整，逐步实现"互联网+"与现行统计方法制度的验证和接轨。

二要从立法角度确定统计部门在"互联网+"时代的信息主体地位。作为以搜集、整理、分析统计数据为主要职责的政府统计部门，应顺应"互

联网+"发展潮流,因势利导、主动作为,通过完善立法、健全体制机制等方式确定在"互联网+"时代的信息主体地位,充分发挥自身的牵头协调作用,如,加快推进商业交易记录和网上搜索信息与统计各项指标的测算对接;加快实施各部门各行业行政记录与统计部门条件共享的进程;加快规范统计在线会话、数据发布、数据质量交叉验证的方式方法等,逐步实现"互联网+"与统计调查工作的最佳融合。

三要切实加强统计人员能力建设。"互联网+"时代离不开现代信息技术与统计专业知识相结合的复合型人才,要引导统计工作人员充分认识到"互联网+"时代的大趋势和不可逆性,积极树立新的统计工作理念,主动学习掌握相关知识和技能,能够熟练使用统计技术和统计工具进行分析挖掘,不断提高数据挖掘分析处理能力,适应"互联网+"时代的信息处理需求。

(作者系国家统计局河南调查总队综合处处长、高级统计师、经济学博士)

"智慧河南"建设的五大误区

高 璇

城市发展在经历了绿色、生态、可持续发展等主题阶段后,吹来了"智慧"风。据世界银行测算,一个百万人口以上的智慧城市建设在投入不变的情况下,实施全方位的智慧管理,将能增加城市的发展红利2.5到3倍,这意味着"智慧城市"可促进实现可持续发展目标,投入不变,红利更多,损耗更小。从城市演进轨迹来看,智慧城市是城市发展的高级形态,是信息化背景下城市发展的新形式。从城市发展内涵来看,智慧城市是城市转型升级的转换器,是城市发展模式创新的突破口。从城市发展理念来看,智慧城市是城市治理模式创新的着力点,是人们生活方式变革的切入点。

党的十八大以来,以集约、智能、绿色、低碳为发展目标的新型城镇化战略的实施,智慧城市建设成为我国各地区发展的热点。据统计,目前河南18个省辖市均提出了智慧城市建设。面对如火如荼的智慧城市建设,河南智慧城市是否达到了理想的效果?是否陷入了个别学者所说的"智慧城市建设陷阱"?智慧城市建设误区是什么?深入研究和科学回答以上问题,对于实现"智慧河南",有效推进新型城镇化进程,实现"五化"融合发展等具有极其重要的战略意义。

一、"重项目,轻规划":智慧城市建设一哄而上

当前,河南智慧城市建设一哄而上已是不争的事实,自我国2012年首次提出智慧城市建设以来,在不到两年的短短时间里,河南18个省辖市均提出了智慧城市建设目标,如此高速的增长速度,必然带来智慧城市"一哄

而起"的过热现象。一是河南地方政府缺乏统筹规划。由于地方政府更看重智慧城市建设带来的重大项目,重视智慧城市建设的短期效应,因此政府在智慧城市建设中,很少借鉴国外智慧城市建设中规划先行的指导思想,政策在建设中决策随意,缺乏顶层设计和制度支撑。二是政府政绩观的路径依赖。长期以来,各级政府形成了以重要项目为主要考核的思维惯性,当看到智慧城市建设所带来的巨大政绩影响时,各级政府一哄而上,积极推动智慧城市建设,而忽略了智慧城市建设所需要的基础条件。

二、"重概念,轻个性":智慧城市建设千城一面

2008年,IBM公司首次提出了"智慧城市"的概念。可以说,智慧城市还是一个新兴事物,在建设方面仍处于摸索阶段,全球还缺乏可供参考的成熟模式。因此,智慧城市建设的主导者政府容易沿袭传统城市建设思路,缺乏对智慧城市建设的创造力和想象力,最终形成内容上大同小异、功能上重复的智慧城市,城市同质化、资源浪费现象严重,造成当前智慧城市"千城一面"的格局。一是智慧城市建设路径依赖较为突出。受传统城市建设路径依赖的影响,政府主导者往往只重视智慧城市的概念,没有仔细考究其内涵,认为智慧城市建设就是传统城市建设的智慧化,其建设主要围绕传统城市发展方向进行,即对旧城的改造和对新城建设上来,将传统城市的智慧化作为改造城市基础建设的主要任务,从而忽略了城市智慧管理、智慧民生等方面的内容,与传统城市建设区别不大,城市重复建设严重,资源浪费现象严重。二是智慧城市建设规划趋同现象严重。当前,河南智慧城市建设规划中大都涉及信息基础设施建设、云计算中心、信息产业、智能交通、智能医疗、智能政务等问题,规划内容大同小异,而忽略了对城市基础、城市功能、城市文化的考虑,城市之间无法形成有效的互补关系,从而出现智慧城市"千城一面"的现象。

三、"重模仿,轻创新":智慧城市建设自主创新能力不强

智慧城市建设离不开新一代信息技术如物联网、大数据、云计算等要素的强力支撑。然而,在新一代信息技术领域,多项核心技术和关键问题仍没有突破,被国外公司或研究机构所控制,河南技术对外依存度依然很高,据不完全统计,信息领域河南对外依存度高达80%以上。因此,河南智慧建设仍处在模仿阶段,智慧城市建设自主创新能力不足问题突出。一是理性"经济人"思想严重。由于智慧技术研发存在投资大、周期长、见效慢、风险高等特点,而技术模仿具有投资小、周期短、见效快、风险低等优势,因此,作为理性"经济人"主体的企业会选择模仿抄袭和"拿来主义"作为企业技术发展路线,从而缺乏智慧城市建设自主创新的动力,最终出现"重模仿、轻创新"的误区。二是政府投入严重不足。目前,河南进入信息技术的企业主要以中小企业为主,企业实力和规模相对较小,用于技术研发的资金投入、人力投入也非常有限,严重影响中小企业研发新产品、新技术的动力。而这些问题并没有得到政府的高度重视,国有大型企业进入该领域的步伐依然较慢,政府资金支持力度依然不大,最终导致河南智慧城市建设自主创新能力不强的事实。

四、"重政府,轻市场":智慧城市建设市场导向不足

当前,智慧城市建设成为一些地方政府的"政绩工程""形象工程",成为点缀城市发展的花瓶。在没有充分发动企业和社会投资参与的情况下,政府往往注重大项目建设等容易提高政绩或形象的项目,从而挤占了市场发挥作用的空间,忽略了市场对智慧城市的需求,导致智慧城市建设与实际需求相去甚远的事实,智慧城市建设市场导向严重不足。一是政府角色定位存在偏差。在智慧城市建设中,政府往往既充当规则制定者又充当智慧城市建设执行者,政府成为智慧城市建设中的"独角",忽略了市场对智慧城市的导向作用。在智慧城市投资和建设方面,由政府拨款投资,导致重复建设多、业务建设水平低、高效处理能力弱等问题;在运行维护方面,技术类、事务类业务没有剥离,全由政府部门负责,导致效果差、效率低。二是传统干部考核标准的影响。政府长期以来形成的唯GDP增长为干部选拔任用、干部考核标准没有改变,当看到政府推动智慧城市建设能给自己带来更大的政绩时,政府领导者就会忽视市场的作用,智慧城市建设就会出现政府主导的误区,导致资源浪费、效率低下。

五、"重形式,轻实质":智慧城市建设资源整合难度大

资源整合是智慧城市建设的核心所在。智慧城市概念的提出者 IBM 公司认为"智慧城市是有意识地、主动地驾驭城市化这一趋势,运用先进的信息和通信技术,将人、商业、运输、通信、水和能源等城市运行的各个核心系统整合起来,从而使整个城市作为一个宏大的'系统之系统'"。然而,在我国智慧城市建设中,更加重视智慧城市建设的形式,没有突破"信息孤岛"和体制障碍问题,智慧城市建设的核心问题仍没有引起重视。一是体制障碍迫使资源整合难度大。由于历史的原因,我国信息数据部门分块严重,没有建立统一的数据信息平台和数据共享机制,形成了众多的"信息孤岛",资源整合难度大。二是标准化建设相对滞后。由于没有形成标准化的数据统计平台,各级政府、各部门根据自身需要,在不同领域、不同部门,按不同标准对同一问题建立不同的数据网,基础数据整合难度加大。

(作者系省社科院副研究员)

"互联网+"助推河南农业走进3.0时代

林园春

农业作为"互联网+"行动计划的核心领域之一,"互联网+"农业成为时下关注的焦点。"互联网+"农业是充分利用移动互联网、大数据、云计算、物联网等新一代信息技术与农业的跨界融合,创新基于互联网平台的现代农业新产品、新模式与新业态,有利于打造现代农业发展新引擎,推进新型农业现代化进程。河南作为传统的农业大省,要加快现代农业发展,实现农业的提质增效升级,要积极抢抓"互联网+"行动计划实施的重大战略机遇,着力实施"互联网+"农业行动计划,积极推进农业生产经营的智能化、精准化和定制化,助推河南农业走进3.0时代,开创河南农业现代化发展的新征程。

具体而言,"互联网+"通过重塑农业产业链的各个环节,助推农业迈入3.0时代。

生产环节:传感技术、远程监测和遥感系统、生物信息和诊断系统等技术的应用,可以及时而精准地监测到植物生长对环境各项指标的要求,并通过智能系统定时、定量、定位处理,实现智慧化生产。信阳市的无人植保机项目,就是利用物联网数据联通,通过遥感测控获取土地数据,再根据市场情况进行适宜种植,从而解决了山地植保难题。

销售环节:电子商务让生产者和消费者可以面对面随时沟通,避免了农产品因为地域、季节等原因而滞销。更重要的是互联网可以从根本上改变生产与销售的关系,运用大数据分析定位消费者的需求,按照消费者的需求去组织农产品的生产和销售。河南省蔬菜生产第一大县,扶沟县开始试验

"互联网+"蔬菜的融合创新销售模式。苗木之乡鄢陵县,目前已建立电子商务平台实现苗木在线销售。

物流与安全管理环节:物联网技术可以实现农产品从生产到餐桌的全过程质量控制,并实现基于网站、手机的质量溯源查询。郑州的云超市,利用线上线下相结合,实现了农产品的可追溯。

融资环节:基于互联网的P2P、众筹等模式,创新了农业融资模式,进而满足农业生产和组织方式变革的资金需求。

基于以上认识,我省在"互联网+"农业方面,已经开始了积极探索,取得了较大成就,也形成了一些经验。但是如何利用"互联网+"串起农业现代化的链条,将新一代信息技术深度渗透到农业产业链的各环节,推动我省进入农业3.0时代,仍需进一步谋划和设计。

第一,加强系统谋划和顶层设计。我省应明确"互联网+"农业发展的战略地位,尽快开展针对"互联网+"农业的战略性研究,研究制定"互联网+"农业的指导意见,加快编制"互联网+"农业产业发展规划,着力制定"互联网+"农业技术发展路线图,有效指导"互联网+"农业产业发展和应用示范,着力开创"互联网+"农业发展的新格局。

第二,加快农村信息基础设施建设。加快推进农村互联网基础设施建设,重点解决宽带村村通问题,加快研发和推广适合农民特征的低成本智能终端。加快推进农村农业信息基础设施建设,积极完善农村信息化业务平台和服务中心,积极建立河南农业大数据研究与应用中心,着力打造河南省农业信息化综合服务平台、河南省农业电子政务云平台、河南省农业应急信息化平台、基层农技推广服务云平台、万名科技人员包万村服务平台、农业物联网及智慧农业系统等一批信息化平台,为现代农业发展提供基础支持。

第三,推进智能农业相关技术的开发与应用。重点推进农业传感器、农业精准作业、农业智能机器人、全自动智能化植物工厂等前沿技术的开发。积极在大田种植、设施园艺、畜禽养殖、水产养殖等领域大力推广农业物联网智慧系统。开展面向周口、商丘、信阳、驻马店等粮食核心区的粮食作物长势监测、遥感测产与估产、重大灾害监测预警等智能决策支持服务。

第四,推动农业电子商务发展。联合阿里巴巴、京东、苏宁等电商企业,构建基于"互联网+"的农产品冷链物流、信息流、资金流的网络化运营体系。积极推动河南双汇集团、科迪食品集团股份有限公司、河南永达食业集团等省内大型农业企业自建电子商务平台,进行产品网上交易。推动焦作山药、南阳猕猴桃、巩义石榴等特色农产品借助互联网在线销售。充分利用郑州航空港优势,建设跨境农产品电子商务平台,打造具有国际品牌的特色优质农产品。

第五,强化新型职业农民的教育培训。构建基于"互联网+"的新型职业农民培训虚拟网络教学环境,大力培育生产经营型、职业技能型、社会服务型的新型职业农民。积极推动智慧农民云平台建设,研发基于智能终端的在线课堂、互动课堂、认证考试的新型职业农民培训教育平台,实现新型职业农民培育的移动化、智能化。

(作者系省社科院助理研究员)

加强信用体系建设

专题八

把握关键点 加快推进社会诚信体系建设

王建国

当前,加快社会信用体系建设日益被提上议事日程,建立健全社会信用体系成为完善我国市场经济体制的内在要求。社会主义市场经济既是法制经济,也是信用经济。党的十六届三中全会提出:"建立健全社会信用体系,形成以道德为支撑、产权为基础、法律为保障的社会信用制度是建设现代市场体系的必要条件,也是规范市场经济秩序的治本之册。"党的十八届三中全会明确提出:"建设社会信用体系,褒扬诚信、严惩失信。"这些精辟的论述,为中国的社会信用体系建设指明了方向。社会信用体系是一个广义的概念,它由社会信用制度、信用服务行业、社会信用活动和信用监管体制四个方面组成。社会信用体系建设是一项系统工程,不可能一蹴而就。要从实际出发,抓住不同层面的关键点,找准突破点,全方位突围,有效推进社会信用体系建设。

一、紧紧围绕核心点:尽快建立和完善制度

一是建立健全社会信用方面的法律、法规,建立健全法律法规下的产权制度,建立健全社会中介组织以及企事业单位以道德为支撑的信用自律制度和信用风险管理制度,制定统一的信用行业标准化体系。二是建立健全信用服务行业及其管理制度。信用行业服务是信用体系的重要组成部分,是依据市场的需求,对信用主体进行独立、客观、公正评价的中介服务行业。三是进行企业和个人的信用自律和信用风险防范,开展社会诚信方面的宣传教育。四是建立健全信用监管体制。建立社会信用体系,需要政府有关

部门抓紧做好基础工作,积极予以推动,也需要全社会各方面的共同参与。

二、牢牢抓住重点:完善诚信机制

一是信用信息公开机制。政府公用事业单位和金融机构、工商企业和行业协会等社会信用体系的各个主体,应当在保护国家秘密、企业的商业秘密和个人隐私的基础上,依法、依规以不同的形式,公开在行政管理和业务活动中掌握的信用信息。二是信用产品供求机制。社会信用体系的正常运行要求形成发育良好的信用服务市场。通过政府鼓励示范,增强社会信用意识,引导企业重视实行防范机制等措施,培育和形成信用产品的需求,市场主体通过应用信用产品辅助决策,规避市场交易中的信用风险,降低交易成本,提高经济效益,从而扩大信用产品的需求,刺激信用产品的供给,使信用市场良性发展,社会信用机制得以正常的运转。三是信用的惩戒和褒扬机制。行政管理部门通过信用分类管理,严格监控有失信记录的市场主体,形成社会约束机制,让违法失信者在公共服务、银行信贷等方面丧失便利,在生产经营中减少交易的机会,提高交易的成本,直至被优胜劣汰的市场机制逐出市场。司法机关通过信用体系获取案件线索,加大对犯罪分子的惩戒力度,依法追究违法失信者的行政民事和行政法律责任,使违法行为无处藏身。新闻媒体对失信行为进行曝光,使他们的形象受到打击。

三、有效突破难点:建立诚信政府

在林林总总的失信现象中,政府部门的诚信缺失最为可怕。有些地方党政部门也存在严重的诚信缺失问题,说话不算数,承诺不落实,敷衍群众,造成的危害比市场失信更为严重,损害政府形象,透支政府信用和公信力。干部不讲诚信,在老百姓面前就没有说服力;政府诚信缺失,就无法推进诚信社会建设。政府言而有信,才能为企业经营作出良好示范,更有利于推进社会诚信提高。作为市场监督和管理者,政府应推进政务公开,建设诚信政府。要依法公开在行政管理中掌握的信用信息,提高决策法治化、民主化,提高透明度。以政务诚信示范引领全社会诚信建设。做好行政审批、财政预决算、保障性住房建设、价格收费等与经济社会发展和百姓民生息息相关

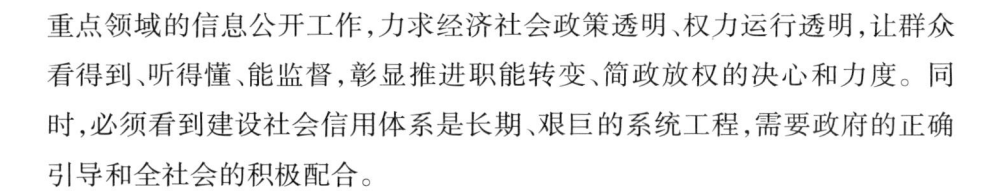

重点领域的信息公开工作,力求经济社会政策透明、权力运行透明,让群众看得到、听得懂、能监督,彰显推进职能转变、简政放权的决心和力度。同时,必须看到建设社会信用体系是长期、艰巨的系统工程,需要政府的正确引导和全社会的积极配合。

四、冲出突破点:严惩失信

推进诚信建设制度化,要建立"红黑榜"发布制度,定期组织发布,使诚信的人受益、不诚信的人吃亏。要构建奖励诚信、约束失信的工作机制,坚持依法惩戒失信,司法机关要对相关法律作出司法解释,会同有关部门签署"构建诚信、惩戒失信"合作备忘录,实施惩戒失信行为。要开展诚信创建活动,在生产企业开展"诚信做产品"活动,在商场、集贸市场开展创建"诚信经营示范店"活动,在农村推介"道德信贷""信用农户"等经验,引导农民诚实劳动、诚信经营。

五、稳稳把握基点:强化诚信教育

诚信的宣传教育是政府的一项长期工作,应当继续加强在全社会开展诚信宣传教育和人才的培养。一是结合贯彻实施公民道德建设纲要和普法教育,深入持久地开展全社会诚信宣传教育,政府、企事业单位和个人都要牢固处理诚信守法的观念,把诚实守信作为基本准则,制定具体的方案,组织多样的诚实宣传活动。二是大力普及信用知识,各类院校、研究机构、行业组织和信用服务机构,面向社会开展系统的信用知识培训。三是切实强化职业道德建设,教育企业和个人重视社会对自身的信用评价。四是发展信用行业的专业教育,培养一支能够满足社会需要的专业队伍。

(作者系省社科院城市与环境研究所所长、研究员)

社会信用关系的经济理论思考

郭 军

信用往往被视为社会学范畴,称之为社会信用或社会信用关系。然而,人的社会信用及其关系影响变化,又无一例外地总是通过相应的经济行为、经济利益表现出来。现代社会,社会信用与经济信用实际上永远都是结合在一起的。一方面,社会信用关系直接、鲜明地反映着经济信用关系;另一方面,经济信用关系和社会信用关系的内生互动性则构成了人类经济社会的基本的运行机理。如果说社会信用关系是一种游戏规则,那么,这种游戏规则就是对人们的经济行为、经济利益的一种规制,一种激励和约束——大家必须按照游戏规则做事。显然,社会信用并非只是社会学范畴所专属,还应该从经济学的视角研究社会信用对个体的、集体的,宏观的、微观的经济运行、经济动力和经济效能的影响。

一、全面提升国家公务员的社会信用关系水平

按照人在社会中的地位、作用、影响进行机械划分,社会信用关系的第一个内容层面应是国家公务员的社会信用关系问题。公务员是代表政府履行国家行政职能的严谨规范的岗位工作者,其公务机关大楼悬挂的国徽宣示着这一岗位的内涵与外延,表明公务员的责任、权力、利益,而贯穿公务员行为准则的一根红线是社会信用。人民政府为人民,公务员手中的一切权力都是人民赋予的,公务员所做的一切都应该为着人民的利益。因此,维系公务员——政府——人民之间关系的本质内容就是这种社会信用关系。公务员的社会信用度不仅直接影响着政府的社会信用度,还直接影响着政府在人民中间的形象、权威。人类社会走到今天,无论是原始社会、奴隶社会、封建社会、资本主义社会,无论是发达国家和地区、发展中国家和地区,之所以社会变迁、吏治波动、朝代更替、政府换牌,最终的成因无外都是社会信用出了问题,都是社会信用关系的破裂所致。革命者加速旧政权的崩溃和新政权的诞生,关键的也都是看到和利用了社会信用关系的微妙变化。所谓失民心者失天下,失去的恰恰不是政府大楼,而是政府与人民之间的社会信用关系,是政府大楼里边官吏即政府公务人员社会信用的泯灭。吏治腐败是最大、最危险的腐败,这种腐败不仅仅会导致经济社会的畸形发展,更可怕的是由于人民感觉到政府社会信用的不再,必将会动摇国家政权和整个社会的安危。

以习近平为总书记的新一届党中央领导集体审时度势,也正是看到了这一点,所以下大决心和气力整治国家公务人员贪腐问题。无论是"老虎苍蝇一起打",还是具体的八项规定反"四风",以及践行社会主义核心价值观、推进群众路线教育实践活动,也包括重学焦裕禄等,其历史的、现实的意义就在于调理重塑公务员——政府——人民之间的社会信用关系,促使公务员及其政府社会信用关系的本源回归。

二、不断完善生产关系,加快企业社会信用关系体系建设

经济史告诉我们,人类经济社会文明的标志之一,是人们从单个劳动生产进入聚集在一起建立现代企业组织,进行社会化大生产。而维系这种组织生命力、保持企业生产经营的高级化发展,实现马克思所揭示的生产、流通、分配、消费的生产关系运动的正是社会信用关系,即人与人之间、人与企业之间、企业与企业之间所结成的社会信用关系。从这一视域看,社会信用关系是经济社会发展中的普遍的、重要的关系,属于社会生产关系的范畴。马克思主义经济理论认为,社会生产关系包括生产资料所有制关系、社会就业关系和劳动产品的分配关系。生产资料所有制关系表明的是一种产权关系,就业关系和分配关系则反映的是社会劳动关系,而无论是产权关系,还是劳动关系,内在的都体现着一种社会信用关系。比如,农民工所以工资微薄且经常不能按时拿到工资,表象上看是"拖欠",本质上说是企业社会信用的缺失,企业主社会信用关系的沦丧。我国社会主义企业按照所有制关系划分,总体上包括国有企业和民营企业。国有企业作为代表国家和人民兴办的经济体,本应一切为着国家和人民,却也时有发生偷逃漏税现象,除了制度、机制方面的原因,重要的是国有企业与国家之间社会信用关系的不断弱化,出现国有企业法定代表人贪腐,国有法人组织运营差强人意。民营企业的科技研发能力呈持续走高态势,但是不容忽视的是,民营企业和科技研发人才、重要岗位的技术工人之间的摩擦、冲突,也同时呈上升趋势,甚至成为制约民营企业跨越的瓶颈。民营企业与劳工之间、民营企业与民营企业之间、民营企业与银行之间、民营企业与政府之间应有的社会信用关系和现实之间的背反,是该反思、省悟的时候了。企业社会信用关系的欠缺,不仅使企业间失去了基本的诚信和相互促进的动能,长此以往,必然使企业的生产关系僵化起来,严重影响企业的发展——企业生产关系不适应企业生产力的性质,阻碍企业目标的实现。

三、深化人的社会信用关系意识,增强经济运行的生机活力

社会是人与人之间关系的总和,信用是构成和维护人与人之间关系的脊柱,人是社会信用关系的主体和主导。人的社会信用关系构建是整个社会信用体系的基础。不同国家、不同民族、不同社会制度条件下,既有着共同的社会信用内容特征,也有着差别化的社会信用内容规则。所谓共同,即全人类社会发展的过程,要求人与人之间、群体与群体之间都应当以诚相待,人际交往、群体交往都必须要讲信用。所谓差别,是指一个国家、一个民族、一个社会所坚守的社会信用关系理念与信念,人们诚信与失信的评判规则,以及以社会信用关系为基础所建立的社会制度、体制、机制,抑或说,一个社会所追求的核心价值观。社会信用关系,从来就是约束、规范人们经济社会活动的、带有制度的、道德的、伦理的性质的价值取向及其行为遵循,上至一个国家领袖,下至一个普通公民,概莫能外。然而,今天之时代,社会信用关系似乎只是一个标签,似乎只是用来说给别人听的训诫,像手电筒一样只照别人不照自己。

现在,从中央高层到地方决策者,从政府红头文件到行业下发规定,一方面说明目前我们的社会信用问题已经严重地影响到经济运行正能量的释放,社会信用关系的相悖正在对经济活动产生着负效应;一方面当政者已经不能容忍社会信用关系再这么如此模糊和紊乱下去,全面提高社会信用度,把它放到各级党的、政府的领导者的重要议事日程,放到各类各级企业决策者、经营者、管理者的重要议事日程,放到每一个人的脑海中、心窝里,已成为必须要干的工作。

在我国,社会信用关系是与社会主义核心价值观结合在一起的,社会主义核心价值观的支撑点就是社会信用关系。如对国家而言,要正确处理好国与国之间的关系,致力于国家和民族经济富强和社会民主、文明、和谐;对社会而言,国家政府必须致力于创造一个自由、平等、公正、法治的经济社会大环境,让每一个人都能够自由地全面地发展自己的体力和智力,每一个人、每一件事情都能够得到平等、公正、法治的相待;对公民个人而言,要求每一个人都应该以社会主义国家主人翁的姿态,做到爱国,敬业,诚信,友善。社会主义核心价值观,既是对我国社会信用关系的历史传承,也是对改革开放创新发展、实现中国梦进程中,国家、团体、社会、个人言谈举止、交差共事的信用保障,已经成为我们处理国内外一切事务的基本遵循。研究、贯彻社会主义核心价值观,维护并形成良好的社会信用关系,必须着眼于人,着力于事,从我做起,从小事做起。同时,使每一个人都能够感觉到,在我们的国度里,不讲信用,不诚实守信,不维护社会信用关系,最终都会受到经济的、行政的、法律的惩处。

(作者系河南财经政法大学教授)

社会信用体系建设中的诚信意识养成

单玉华

对中国社会信用体系建设问题,学界早在 20 世纪 80 年代就已经在关注、探讨和呼吁。上世纪末本世纪初,中国的信用问题已经成为社会性问题,甚至是举世关注的问题。国务院 2014 年 6 月印发了《社会信用体系建设规划纲要》(2014—2020 年),使中国的社会信用体系建设走向全新的发展阶段。纲要对社会信用体系的界定非常明确:"它以法律、法规、标准和契约为依据,以健全覆盖社会成员的信用记录和信用基础设施网络为基础,以信用信息合规应用和信用服务体系为支撑,以树立诚信文化理念、弘扬诚信传统美德为内在要求,以守信激励和失信约束为奖惩机制,目的是提高全社会的诚信意识和信用水平。"因此,社会信用体系建设的终极目标,不只是广泛而全面的信用规范、信用制约和信用处罚,而是形成全民自觉的诚信意识并自发地付诸信用行为。

一、社会信用构建的层次

信用是社会文明和社会秩序的重要衡量指标,信用社会的建构有四个层次。最高层次是全社会养成诚信意识,守信用成为全民自觉习惯,社会信用秩序井然;第二层次是社会信用体系规范严谨,人们意识到信用体系的制约力量并不得不接受这一力量的制约;第三层次是社会成员意识到信用体系的重要性,并且开始建设信用体系;最低层次是知道守信用是正确的,但是社会个体和各种单位、组织不同程度地存在着忽略信用的状况。我国现在的社会信用层次,应该处于第三层次的初始阶段。统观世界上信用发达的国家,一般具有三个条件:全民的诚信意识,自觉的信用行为与完善的信用体系制约。事实上,前面的两个条件可以合并为一个条件:有了诚信意识,自然会有诚信行为。而如何养成诚信意识、使诚信行为成为全民自觉,成为社会信用体系建设的难点。

二、社会信用意识的培养

社会信用体系建设固然需要关注企事业单位和各种社会组织,它们作为社会活动的主要参与者,其信用程度的提高会给人耳目一新的感觉,也是形成社会信用氛围的重要环节。但是,社会信用体系建设的最终目标,是全民信用意识和信用行为习惯的养成。一个人有了信用意识和信用习惯,无论是求学、务工、经商、当公务员,等等,都会以诚信为准则,规规矩矩做事,实实在在做人。这是解决信用问题的根本路径。反过来,一个还没有走向社会就习惯于考试作弊的学生,一旦走向社会,无论他干的是什么工作,能经受住漫长人生中的种种信用考验吗?

总结国外这方面的成功经验,可以看到,这些国家培育公民诚信意识和信用行为的主要路径是:教育灌输,环境影响,完善的制约、监督与处罚系统。当下中国,人们不缺少对诚信的认知,大家普遍认为诚信是美德,信用缺失是当今社会的显著弊病。但是,我国道德建设近些年存在的一个普遍问题是"知行反差",即"知道""认可"与行为的脱节。在信用问题上同样如此。知行反差在信用问题上的表现,是人们普遍知道信用的重要,甚至由于信用缺失而蒙受过各种损失。

提升我国公民的诚信意识,重要的不是教育与灌输,而是征信体制的完善、信用监督和处罚体制的建构和落实。此前有不少报道与文章,描写西方社会公民高度的诚信理念和普遍的信用行为。事实上,这些国家公民信用意识的养成,也是一个逐渐推进和持续维护的过程。这些国家投入了大量的时间和人财物用于建设个人信用系统,实现了各种信用信息的交换、共享,最终与处罚机制对接,使不守信的行为成本非常之高,甚至贻害终生。如此的"信用硬环境"势必引导和督促人们的信用行为,使人们不得不守信用,进而在信用的社会氛围中逐渐养成信用意识和信用习惯。

三、社会信用体系的构建

我国社会信用体系存在的主要问题包括：覆盖全社会的征信系统尚未形成，社会成员信用记录严重缺失，守信激励和失信惩戒机制尚不健全，守信激励不足，失信成本偏低。解决这一问题的关键有两方面：一方面，要加快全民征信系统建设。征信系统不仅要涵盖企事业单位及其他社会组织，还要涉及每一个公民，做到依法采集、整理、保存、加工每个人的信用信息；另一方面，要建立全方位的信用信息查询、交换、共享、处罚机制。

在完善信用法律法规体系的前提下，征信机构在建立健全内部风险防范、避免利益冲突和保障信息安全规章制度的基础上，必须依法向社会提供方便、快捷、高效的征信服务；与此同时，推进各信用信息系统的互联互通和信用信息的交换共享，逐步形成覆盖全部信用主体、所有信用信息类别、全国所有区域的信用信息网络，建立多部门、跨地区信用联合奖惩机制。通过信用信息的交换共享，使守信者处处受益、失信者寸步难行，使个人的信用信息在就业、事业发展、金融活动和商业活动等人生多领域活动中发挥重大作用。

完善的信用采集监督系统和高昂的失信成本，是人们不敢失信的重要保障。在社会信用体系建设比较成熟的环境中，失信是非同小可的大事。只有人人都把诚实守信当成大事，一生谨守信用，讲诚信守才能蔚然成风，人们才能在这样的社会氛围中逐渐养成诚信意识，塑造守信品格，形成信用习惯。现在，在我国建设涵盖全体公民的社会信用体系，其技术条件和资金力量基本具备，只有把全民信用体系建设落到实处，强化社会信用体系建设的硬件基础，全民诚信意识的提高和信用习惯的养成才能驶入快车道。

(作者系河南财经政法大学教授)

河南省信用体系建设的几个关键问题

孙发锋

一、河南省社会信用体系建设正当其时

诚信是中华民族的传统美德、中国优秀传统文化的重要组成部分和人类文明的优秀成果之一。美国某些著名大学的课程考试和北欧某些国家的公务员考试,答案就在试卷的背面,其目的在于方便应试者在考试结束后对答案,以初步确定自己的考试分数,便于在不通过考试的情况下,及时复习,准备下次考试。反观国内的一些考试,存在"猫和老鼠""警察和小偷"现象。我省也存在一些诚信缺失现象,比如,老人倒地"扶不扶"、假冒伪劣商品泛滥,人民群众不满意,政府也面临着公信力考验。事实上,近年来,党和政府高度重视社会信用体系,比如,十八大将社会主义核心价值观概括为24个字,其中就有"诚信"二字。在这种背景下,河南省加强社会信用体系建设正当其时。

二、河南省社会信用体系建设的关键是完善失信惩戒机制

首先,必须建立一种机制,能够使失信的成本远远高于诚信的成本,才能督促个人、企业、社会组织等主体诚实守信。有一种观点认为,"道德来源于惩罚",我认为非常正确,也就是说,他律多了,自然而然地使诚实守信成为一种下意识的行为,就成为自律了。

其次,必须建立一种机制,能够"硬碰硬"地执行失信惩戒机制,无论何人,只要有失信行为,都应受到惩罚,唯其如此,才能维护失信惩戒机制的权威性。要求失信惩戒机构的地位要高、有职有权。

再次，必须建立一种机制，能够促进失信惩戒制度化、长效化，使之不随领导人的改变而改变，不随领导人看法和注意力的改变而改变。

最后，必须建立第三方评估机构，以澄清社会主体公布信息的真实性、准确性。对于企业、社会组织等主体公布的信息，要由第三方评估机构进行评估，以确定其信息公开是否存在虚假、误导性陈述、重大遗漏等行为。因为现代社会，普通公民不一定能够看懂一些专业性的信息，所以需要第三方评估机构。

三、河南省社会信用体系建设的着力点是加强诚信文化建设

如果失信惩戒机制是硬制度的话，那么诚信文化建设就是塑造软环境。文化是制度的观念基础和精神支撑。一种制度，如果失去与之相匹配的文化支撑，就会变形。我们都希望引进国外的一些好经验、好做法，但是一定要以文化建设为前提。从这个意义上说，我们要建设最适合河南的社会信用体系建设，而不一定是最好的，特别是从某一个时间点来看，更是如此。

首先，党报党刊、通讯社、电台电视台要拿出重要版面时段、推出专栏专题，出版社要推出专项出版，运用新闻报道、言论评论、访谈节目、专题节目等形式进行典型宣传（包括正面典型和负面典型）。都市类、行业类媒体要积极发挥自身优势，多联系群众身边事例，多运用大众化语言，在生动活泼的宣传报道中塑造诚信光荣、失信可耻的社会氛围。

其次，运用公益广告形成诚实守信的正向效应。加大公益广告刊播力度，广播电视、报纸期刊要拿出黄金时段、重要版面和显著位置，持续刊播公益广告。互联网和手机媒体要发挥传输快捷、覆盖广泛的优势，运用多种方式扩大公益广告的影响力。社会公共场所、公共交通工具要在适当位置悬挂张贴公益广告，目的在于增加先进典型的传播力和感染力。

再次，诚信教育要从小抓起、从学校抓起。特别是要适应青少年身心特点和成长规律，积极探索对青少年进行诚信教育的方式方法。完善学校、家庭、社会三结合的教育网络，形成家庭、社会与学校携手育人的强大合力。

最后，深化公民道德宣传日活动，在组织道德论坛、道德讲堂、道德修身等活动中，增加政务诚信、商务诚信、社会诚信和司法公信建设的内容，善于

挖掘党的诚信文化资源,并在新的条件下发扬光大。

四、河南省社会信用体系建设重在落实

从政策科学上看,制定一项政策,仅完成了实现目标的10%的任务,其余的90%要靠政策执行。社会信用方面存在的问题,有些是制度缺失的问题,有些是制度执行不力的问题。一是完善社会信用体系建设的政策执行机制。政策资源(人、财、物、信息、权力等)的保障、执行主体知识水平和能力的提高、执行机构的职权分配、内部设置及规章制度建设、执行过程中的反馈控制、政策效果的评估等,都要进行周密部署。二是领导干部要率先垂范。端正党风、政风是端正社会风气的关键。同样道理,诚信政府建设是社会信用体系建设躲不过、绕不开的坎,政府要慎重承诺,做不到的事情,办不好的事情不要急于承诺,防止政策多变、朝令夕改。要在选拔领导干部时,对其进行诚信评估,以便把好干部队伍的关口。三是警惕社会信用体系建设中的形式主义。象征性执行、"作秀""假社会信用体系建设",是对社会信用体系建设的最大戕害。四是把社会信用体系建设落实到基层。城乡基层是社会信用体系建设的重要依托和场域,农村、企业、社区、机关、学校等基层单位要重视社会信用体系建设,使之融入基层党组织建设、基层政权建设中,融入城乡居民自治中,融入人们生产生活和工作学习中。

(作者系郑州大学公共管理学院副教授、博士)

浅谈服务型企业持续性信任关系的建立

陈爱国　毕亚斐

服务型企业的信任关系是自身在激烈的市场竞争中求得生存和发展的关键因素。对服务性企业来说,信任的获得能够降低消费者的购买风险,带来更多收益。

一、影响服务型企业信任关系的主要因素

第一,消费者的满意感是影响服务型企业与消费者建立持续性信任的最主要因素。服务性企业的信任来源于消费者对企业的满意感,其中消费者满意感又来源于服务性企业提供服务程序的公平性、交往的公平性和结果的公平性。若消费者对企业的服务态度、服务设施感到满意,就倾向于购买该企业的产品。

第二,消费者忠诚度是影响服务型企业与消费者建立信任的重要因素。消费者忠诚度是指由于商品质量、价格、服务等诸多客观因素的影响,使消费者对某一企业的产品或服务产生感情,形成偏爱并长期重复购买该企业产品的程度。对于喜欢规避风险的消费者来说,其对企业的忠诚度越高,就越不可能冒险尝试享受另一家服务,而愿意选择习惯了的服务。因此,对于服务性企业来说,维持与同一个服务享受者的长期关系可以帮助企业获取持续利润。

第三,承诺是影响服务型企业与消费者建立持续性信任关系的重要因素。服务性企业产品的无形性、不易保存性决定了只有通过承诺来获得信任。对于服务型企业来说,对服务接受方的承诺可以提供一种激励,增进双方的合作,但是承诺必须适度,如果企业总是对顾客做出承诺,在顾客看来,企业是不可信任的。

二、培育服务型企业与消费者构建持续性信任关系的措施

第一,服务型企业自身采取多种措施培育信任关系。服务型企业要重视和正确理解顾客满意度,通过提高服务质量以赢得消费者满意感。其次,使企业认识到与交易方合作能为企业的长期发展带来收益,在企业信任的基础上进行长期投资和管理。

第二,利用互联网的社区沟通建立信任关系。在互联网时代,服务型企业可以通过互联网社区沟通这种更直接的、更个性化的、更具亲和力的形式来构建与消费者的关系。

（作者分别为河南财政税务高等专科学校教授、讲师）

社会信用体系建设的几个问题

乔法容

习近平总书记指出，市场在资源配置中起决定性作用，是我们党对中国特色社会主义建设规律认识的一个新突破，是马克思主义中国化的一个新的成果，标志着社会主义市场经济发展进入了一个新阶段。社会信用体系既是现代市场经济体系得以建立的必要条件，也是规范市场经济秩序的根本保障，更是社会主义市场经济的内在规定性之一。

一、建构与完善社会信用体系相适应的制度安排

在现代市场体系中，从商品市场到要素市场，从现货市场到期货市场，从实体市场到虚拟市场，从传统市场到电子商务，都需要以信用作为构建的保障平台，以市场主体相互间遵守契约为市场正常运行的必要条件。信用缺失，市场经济就失去了规范与秩序，经济社会的可持续健康发展就成了泡影。

二、重点抓好政府信用的提升

社会信用建设的载体是个人、企业、非营利组织和政府。无论是信用制度和信用体系的建立，还是信用活动和信用规范的践行，政府信用都处于一个核心而又凸显的位置。它决定着社会信用体系的建立与完善，它自身的信用又直接影响到全社会信用制度的建设。据近几年的相关调查，政府的信用状况堪忧。如何提高政府的公信力问题已严肃地摆在我们面前。政府是社会信用体系建设的组织者和推动者，政府不能缺位。实践表明，政府对

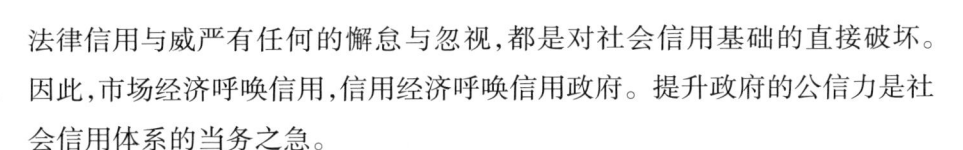

法律信用与威严有任何的懈怠与忽视,都是对社会信用基础的直接破坏。因此,市场经济呼唤信用,信用经济呼唤信用政府。提升政府的公信力是社会信用体系的当务之急。

三、强化全社会的信用意识

诚信是维护信用经济的社会资本和道德要素。如果说信用是维护市场经济关系的制度保障,诚信则是维系市场经济关系的道德纽带。社会信用体系的建构离不开诚信伦理文化的精神支撑,离不开每一位从事经济活动主体对诚信道德的恪守和自觉遵从。在发达市场经济中,诚信道德已经成为一个直接参与经济增长"大合唱"的重要社会资本,谁轻视信用,不讲诚信,谁就失去了在资源配置中的优势地位,最终在激烈的市场竞争中败下阵来。实践也充分证明,一个缺乏诚信道德的社会,难以构筑起社会信用体系的大厦。

(作者系河南财经政法大学经济伦理研究中心主任、教授)

后　　记

《中原智库(2014)》出版之后,受到了省领导、有关部门和社科界的肯定与好评,这是对河南省社科联致力于中原智库建设的鞭策与鼓励。2015年,河南省社科联深入学习贯彻党的十八大和十八届三中、四中、五中全会精神,高度聚焦重大理论和现实问题,围绕"四个全面"战略布局在河南的实践、"四个河南""两项建设"等省委省政府重大决策部署,组织社科界专家学者,举办系列理论研讨会、高层论坛和学术年会,开展重点课题研究,形成了一系列有思想、有价值的研究成果,得到省领导批示21次。为更好地发挥研究成果对我省经济社会发展的推动作用,促使其向现实生产力转化,我们对这些研究成果进行了梳理,选编了部分有代表性的观点与成果,编成《中原智库(2015)》一书。

省社科联主席李庚香、党组书记何白鸥提出了本书的选题,策划确定了研究专题;巡视员孟繁华,省政协纪检组长、省社科联原副主席唐玉宏,副主席王喜成策划组织了各项研讨、调研活动;何泽斌处长、李同新处长带领学会处、普及处的全体同志分别对各自承担的研讨活动进行了具体实施,收集了专家学者的发言内容;李庚香对本书收入的内容进行了把关、审订;办公室主任李新年执行了本书的具体出版工作,并和齐善兵、王沛栋、于茂世同志对本书的书稿进行了整理、编辑;河南人民出版社张素秋处长及其同仁对本书的出版给予了大力支持,付出了辛勤劳动。

因本书收录内容涉及方面多,加之时间仓促,编辑水平有限,不尽如人意之处,敬请读者原谅。

编　者

2015 年 12 月